東京大学
精神医学教室 120年

「東京大学精神医学教室120年」編集委員会・編

株式会社 新興医学出版社

「東京大学精神医学教室120年」編集委員会

原田憲一	元東京大学教授
岡田靖雄	元東京都立松沢病院
風祭　元	帝京大学名誉教授・元東京都立松沢病院院長
松下正明	東京大学名誉教授・元東京都立松沢病院院長
加藤進昌	東京大学教授

執筆者一覧（執筆順）

秋元波留夫	元東京大学教授
岡田　靖雄	元東京都立松沢病院
松下　正明	東京大学名誉教授
	元東京都立松沢病院院長
安永　　浩	元東京大学助教授・長谷川病院顧問
広田伊蘇夫	元東京都立松沢病院・同愛記念病院
加藤　進昌	東京大学教授
佐野　圭司	東京大学名誉教授
春原　千秋	日本精神衛生会常務理事
岸田　省吾	東京大学工学系研究科建築学専攻教授
広瀬　徹也	晴和病院院長・元帝京大学教授
藤澤浩四郎	元東京都神経科学総合研究所部長
原田　憲一	元東京大学教授
大内田昭二	元日赤医療センター部長
大熊　輝雄	元国立精神・神経センター総長
福山　幸夫	東京女子医科大学名誉教授
井上　英二	元東京大学教授
岡崎　祐士	東京都立松沢病院院長
風祭　　元	帝京大学名誉教授・元東京都立松沢病院院長
加藤　尚彦	元横浜市立大学教授
本多　　裕	財団法人神経研究所理事長
川合　述史	元自治医科大学教授
高橋　清久	国立精神・神経センター名誉総長
内海　　健	帝京大学医学部助教授
土居　健郎	元東京大学教授
太田　昌孝	東京学芸大学教授
安西　信雄	国立精神・神経センター部長
古川　俊一	東京大学医学部附属病院リハビリテーション部講師
加藤　忠史	理化学研究所脳科学総合研究センター精神疾患動態研究チーム
森　　温理	元東京慈恵会医科大学教授
渡辺　　憲	明和会医療福祉センター渡辺病院院長
石井　　毅	元東京都精神医学総合研究所所長
	相模台病院名誉院長
川田　仁子	社会福祉法人藤倉学園理事長
臺　　　弘	元東京大学教授
浦野　シマ	元東京都立松沢病院総婦長
加賀　乙彦	（小木貞孝）作家・元上智大学教授
飯田　　真	元新潟大学教授
中井　久夫	元神戸大学教授
森山　公夫	陽和病院院長
富田三樹生	多摩あおば病院院長
丹羽　真一	福島県立医科大学教授
鈴木　二郎	元東邦大学教授
湊　　崇暢	東京大学医学系研究科・大学院生
滝沢　　龍	東京大学医学系研究科・大学院生
笠井　清登	東京大学精神医学教室講師

目　次

第一部　はじめに代えて　——歴史は脈々と今日に——

「東京大学精神医学教室120年」刊行に寄せる ……………………………………………………3
精神科医療史のなかの東京大学精神科 ……………………………………………………………5
東京大学医学部精神医学教室120年の歩み
　　——とくに，片山國嘉教授をめぐって—— ………………………………………………12
分院神経科の50年 …………………………………………………………………………………23
都立松沢病院と東大医学部精神科 ………………………………………………………………29
PKC物語——榊の臨床講義と呉の症例報告—— ………………………………………………34
Uchimura Artery (Arteries) ………………………………………………………………………39
文学者と東大神経科 ………………………………………………………………………………49
「赤レンガ」物語—南研究棟に重ねられた時間 …………………………………………………55

第二部　研究の系譜　——その過去・現在・未来——

臨床精神医学研究の系譜——治療に関わる研究を含めて—— ………………………………63
社会精神医学の伝統 ………………………………………………………………………………69
神経病理学研究の系譜 ……………………………………………………………………………76
神経学と東大精神科 ………………………………………………………………………………83
心理検査と東大精神科 ……………………………………………………………………………91
東大精神科脳波研究室の発展 ……………………………………………………………………96
東大精神科と私 ……………………………………………………………………………………100
脳研と東大精神科 …………………………………………………………………………………102
臨床遺伝学の発展と東大精神科 …………………………………………………………………105
司法精神医学と東大精神医学教室—とくに精神鑑定について— ……………………………113
神経化学研究の曙から紛争による頓挫まで ……………………………………………………119
東京大学精神医学教室における睡眠研究の歴史 ………………………………………………126
基礎科学との連携，華やかなりしころ …………………………………………………………135
精神薬理学と東大精神医学教室—その研究と実践— …………………………………………141
東大精神科と神経内分泌・時間生物学研究 ……………………………………………………146
目白台の残照——精神病理のマエストロ達 ……………………………………………………152
精神分析と東大精神科 ……………………………………………………………………………157
教室120周年　精神科小児部の40年 ………………………………………………………………163
精神科リハビリテーションと東大精神科 ………………………………………………………169

東大精神科研究の今日〜20年の歩み ………………………………………………176

第三部　東大精神科の明治・大正・昭和そして平成

森田正馬のこと―東大と慈恵医大と― ………………………………………185
下田光造＝その足跡と人となり
　　――臨床家として，研究者として，そして教育者として―― …………191
林道倫について ……………………………………………………………………197
戦前戦後の東大精神科と私 ………………………………………………………202
戦中戦後の東大精神科と松澤病院 ………………………………………………209
小説『頭医者』の虚実――1954〜1960の精神医学 …………………………214
東大分院に集いし人々 ……………………………………………………………219
東大分院神経科がある風景 ………………………………………………………223
東大闘争と東大精神科 ……………………………………………………………228
自主管理闘争の私的回顧 …………………………………………………………234
精神神経科外来における脳波・臨床神経生理研究 ……………………………241
日本精神神経学会と東大精神科 …………………………………………………243

第四部　おわりに

内村先生胸像建立――榊先生と呉先生の胸像とともに―― …………………253
東大精神神経科臨床統計120年 …………………………………………………259
診療統合後世代からみた東大精神科の歩みと将来 ……………………………268
東京大学医学部精神医学教室年表 ………………………………………………275
編集後記―120年は重かった― …………………………………………………286

第一部
はじめに代えて
── 歴史は脈々と今日に ──

東京府巣鴨病院

呉　秀三先生

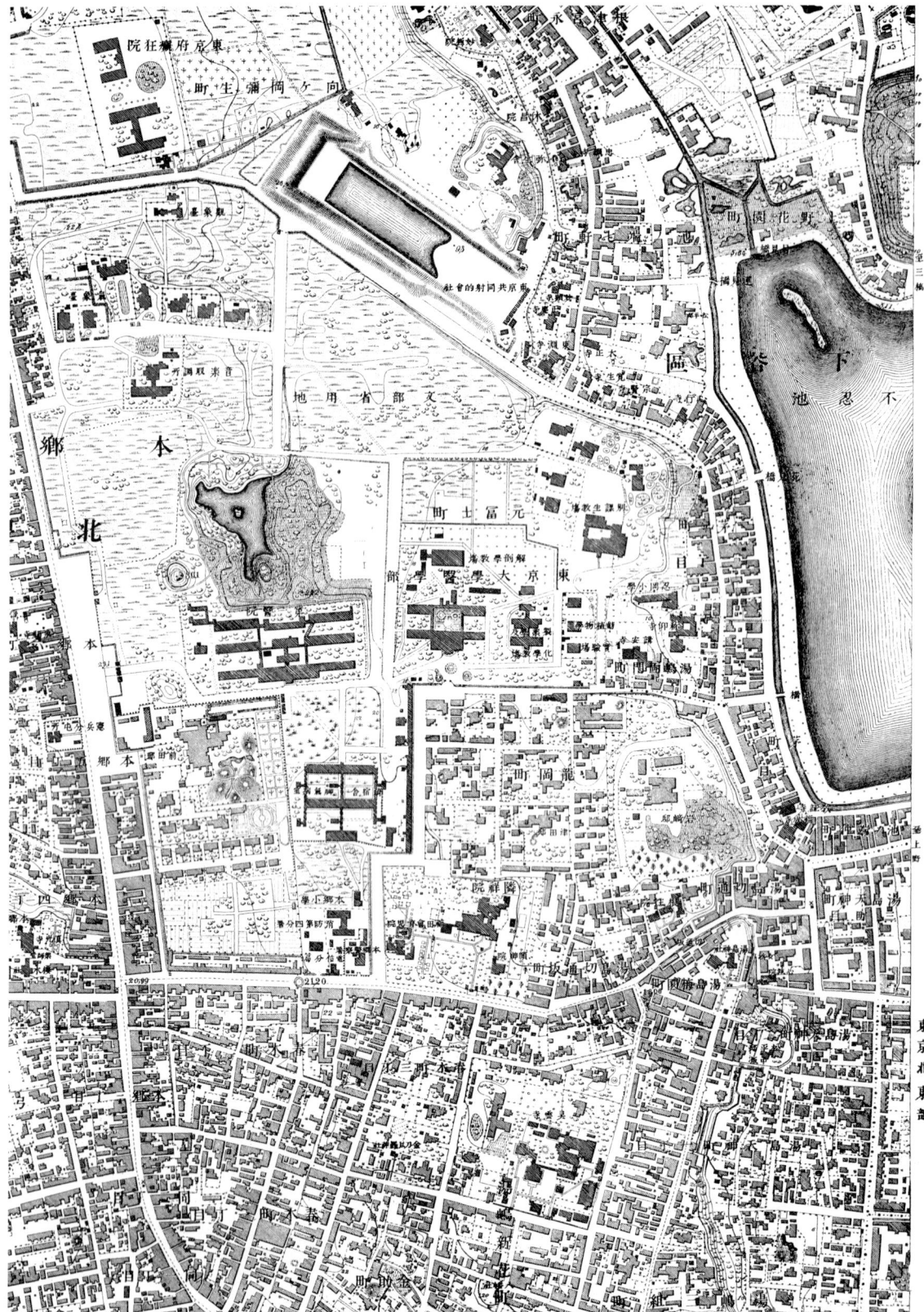

「東京大学精神医学教室120年」刊行に寄せる

▍秋元波留夫

　東京大学精神医学教室創立120周年を迎え，その記念事業の一環として，本書の刊行が企画され，編集委員会から寄稿の依頼があった。かねて，わが教室の創立100周年を持つことができなかったことを遺憾に想っていた私であるから悦んでお引き受けすることにした。

　わが国の医学教育は明治維新までは藩によって作られた医学所の他に，漢方医や，和蘭医学が渡来した後は蘭方医の経営する医学塾があって徒弟的教育による医師の養成が行われた。明治政府の成立によって中央集権が教育に及ぶとともに，初めて国立大学が作られた。明治10年（1877年）に発足した東京大学がこれである。東京大学は徳川幕府が設けた医学所の後身である東京医学校と開成学校を合併したものであった。そして，その前年，本郷旧加賀藩主前田邸跡に移っていた東京医学校は明治19年3月帝国大学令公布，東京大学医学部は帝国大学医科大学と改称，明治35年，京都帝国大学創立に伴って東京帝国大学医学部となる。創立匆々の東京帝国大学医学部では，主としてドイツから招かれた医学者が学生の教育にあたった。わが国の医学教育の開拓者たちである。精神医学に関しては内科医のエルウィン・ベルツ（Baelz, Elwin；1849-1913，「ベルツの日記」の著者）が明治12年（1879）から内科講義の中で精神疾患に関して定期的に講述した。明治15年（1882）に至り，彼は本科学科過程の改正に伴い，正式に精神病学講義を兼担した。すなわち，この年，わが国の大学においてはじめて精神医学の講義が独立したのである。ついで明治19年（1886）11月東京大学医学部に初めて精神医学教室が設置され，11月3日榊俶（図1）が齢30にして教授に任ぜられ，教室主任となり，初めて精神病学の講筵を開いた。樫田五郎はその著「精神病学の日乗」に「これ実に東洋において大学に精神病学講義を正課として教授するの最初にしてまた本邦における実験精神病学教授の嚆矢たり」と記している。

　榊は安政4年江戸に生まれ，明治5年東京大学医学部予科に入り，明治13年（1880）東京大学を卒業し，はじめ第一医院眼科に勤務したが，明治15年，精神病学講座開設の準備のため文部省より3年間のドイツ留学を命ぜられた。彼は

図1　榊俶（1857～1897）

つぶさにドイツをはじめヨーロッパ各国の精神科医療の実際を学んで明治19年10月に帰国した。榊の帰国をまって精神病学講座は開講された。いまから120年前，明治19年（1886）11月3日のことであり，この日をもって東京大学精神医学教室の歴史がはじまるのである。

しかし，実際に，私自身がこのことを明確に認識したのは私が新任の院長として1979年，昭和54年11月7日，東京都立松沢病院創立100周年の式典を執り行うことになった折のことである。当時，松沢病院医局は東大病院赤レンガ病棟自主管理の影響をまともに受けて混乱の真っ最中であり，院長も辞職して，火中の栗を拾うのはごめんとばかり，なり手がないという有様であった。東京都から私に院長を是非頼みたいという要請があったとき，私の院長就任受諾を決意した決め手となったのが松沢病院の前身東京府巣鴨病院こそが東京大学精神医学教室創立当時の紛れもない分身であったという私の切実な想いである。肝心の東大精神医学教室が創立100年を祝うことのできないいまこそ，東大精神医学教室創立100年の意味を籠めて松沢病院創立100年の記念式典を実現しなければならないというのが当時の私の決意であった。院長発令から1週間で，記念式典の行事を執り行うことになったがさいわい多くの職員の協力で，100年を記念するのに相応しい式典をあげることができた。

その夜，新宿京王プラザホテルで開催された祝宴には内村祐之東大名誉教授も出席され，久しぶりで先生の謦咳に接することができた。それから27年，紛争から完全に立ち直った東大精神医学教室は，加藤進昌教授らの努力で東大精神医学教室創立120周年の記念祝典と記念行事が執り行われることはまことに悦びに堪えない。

この度刊行される本書は，第1部 はじめに代えて―歴史は脈々と今日に―，第2部 研究の系譜―その過去・現在・未来―，第3部 東大精神科の明治・大正・昭和そして平成，第4部 おわりに，の4部からなり，44人の執筆者が予定されている。

本書はひとり東京大学精神医学の歴史にとどまることなく，日本精神医学史の一翼を担うものとして役立つにちがいない。ひろく多くの読者に読まれることを期待したい。

秋元波留夫教授退職にあたって（南研究棟玄関前にて）

精神科医療史のなかの東京大学精神科

岡田　靖雄

　本稿およびのちの「社会精神医学の伝統」では，東京大学医学部精神医学教室を一般的には東京大学精神科（ところによっては単に"教室"）としるす。歴史としては，そのときどきの呼称をもちいる。

精神病学講義　西ヨーロッパの精神病学の体系による日本で最初の講義は，1875～78年に裁判医学校（→警視医学校，東京大学医学部の副源流の一つ）でデーニツ Friedrich Karl Wilhelm Doenitz が"断訟医学"のなかでしたものである。東京大学医学部教師であったベルツ Erwin Baelz は1879年10月30日の日記に，今日までの夏学期には水曜日に1時間の精神病学講義をしてきた，と記している。同年9月から愛知県公立医学校でローレツ Albrecht von Roretz は"断訟医学講義"をしたが，その7分の2強が"裁判上精神学"でしめられている（岡田所蔵筆記録による）。

　榊俶は1886年（明治19年）10月21日にドイツ留学から帰国すると，11月9日に帝国大学医科大学教授に任ぜられ，12月3日に精神病学講義をはじめた。その講義の，文科大学選科生高嶺三吉による筆記録が金沢大学図書館に蔵されているのを，正橋剛二氏が発見された。その内容にはグリージンガー W. Griesinger の"Die Pathologie und Therapie der Psychischen Krankheit"（1845年）の総論部分にそっくりの部分がいくつかある（岡田靖雄・吉岡眞二・長谷川源助：榊俶教授精神病学筆記録（高嶺三吉）――開講100年をまえに――。精神医学，第27巻第12号，1987；岡田靖雄：グリージンゲル『精神疾患の病理学と治療』。科学医学資料研究，第125号，1984）。榊ははじめはグリージンガーによっていたとみてよかろう（ベルツもグリージンガーをつかっていた）。榊はもちろん日本で最初の精神病学担当の大学教授であった。

　相馬事件とは，旧相馬藩主相馬誠胤の監置・入院が，お家乗っ取りの陰謀かと1883―95年と日本中をさわがせた事件である。相馬は今日の統合失調症にかかっており，榊が相馬を診察したこともある。途中から相馬の主治医となったのは，東京府癲狂院長中井常次郎である。相馬は1892年に糖尿病で死亡した。死亡診断書は中井，榊の連名になっている。だが相馬の死は毒殺とうたがわれ，中井は"毒医"と称された。榊の名は"毒医"の仲間という，かんばしからぬ形で天下に知られたのである。

　のちに，3代目教授呉秀三は内科の三浦謹之助教授と主唱して，1902年（明治35年）に日本神経学会（現日本精神神経学会）を設立した。二人はながく主幹として学会の指導的立ち場にあった。三浦は新しい学会の設立に積極的ではなくて，日本神経学会設立は呉の主導による。

精神病学教育の場　榊は精神病学臨床教育の場として，当時小石川区巣鴨駕籠町にあった東京府癲狂院を選び，1887年からそこの治療は医科大学が負担することになった。榊は中井院長

から医務をひきつぎ医長となった（病院は院長主宰から，医長―主事〔事務長〕の2頭制となった）。臨床講義室もつくられて，精神病学教室は1919年まで同院内におかれていた。院名は榊の発意により1889年から東京府巣鴨病院と改められた。すぐに臨床教育の場をえるためには，榊の選択はやむをえなかったのだろう。

榊が医長に就任してから一番はやい変化は，当直医員による夜半の巡視が中止されたことである。中井院長の時代のほうがよかったとの患者手記もある。主事にたいする府庁からの監督も強化された2頭制のもとで，院内紊乱の指摘がされたこともある。もちろん，患者診断の学問的水準は高まっていた。治療の場であるよりは学問研究の場であるとする雰囲気は，わたしが知る松沢病院時代（1958―1966年）にも残っていた。この問題は，1931年（昭和6年）に杉田直樹副院長が名古屋に赴任したときの後任に齋藤玉男が府庁側からおされたときにだされていた。治療的な病院の管理に三宅院長では頼りない，との考え方である。三宅院長から内村院長に交代する1936年にもこの問題がまただされた。東京府は，できれば教授と松沢病院長とを分離したいとの意向さえもっていたが，大学側は"研究よりも治療本位に改革すること"を条件におりあったのである（日本医事新報，第706号，1936）。

精神病学教室が大学構内におかれぬことは長く続いた。大学構内に精神病科の診療施設をもうけたいとの動きは，榊をついだ片山國嘉教授―医長の時代にはじまっていた。精神病患者は大学構内にいれられぬとする青山胤通医科大学長に呉教授がつかみかからんばかりであったことも伝えられている。構内の皮膚病外来診療所の半分に，癩病者診察所に接して精神科外来診療所がもうけられたのは，1914年（大正3年）のことである。1916年になって外来診察所につづけて13床の精神病科病室が完成したが，この建設は精神病者慈善救治会（精神病者救護・精神衛生団体）の寄付による。施療4床分の経費も数年間同会から寄付されていた。

東京府巣鴨病院は1919年（大正8年）11月7日府下松沢村に移転して，東京府立松沢病院となった。これにさきだつ8月1日に精神病学教室は大学構内に移転した。呉は大学の近くに精神病学教室の病院を建設したいと，その候補地をさがしていた。医局同人による「東京帝国大学医学部精神病学教室ノ歴史」（『呉教授莅職二十五年記念文集』，1928年）には"我教室ニハ幸カ不幸カ（似而非ナル）代用病院即チ東京府巣鴨病院ノ在存スルタメ"云云の文がある。つまり，教室として巣鴨病院に満足していなかったのである。さて，永楽病院（のちの分院）や伝染病研究所構内などが候補地となったが，最終的には巣鴨庚申塚の地6,000坪が買収された。そこに建設にかかろうというときに，関東大震災がおこり，その復興に建設予算はまわされた。

精神科病室は，のちに内科東病室となるところに1928年3月31日に落成して，精神科は3階の1階，2階をつかった。赤れんが棟にうつったのは1934年9月8日である（このあたり，『東京大学医学部百年史』の記載に不備が目だつ）。庚申塚の地の権利を放棄するかわりに，赤れんが棟全体の使用が約束されたという。

榊が東京府癲狂院を臨床教育の場としたことは，当座の策としてはよかったのだろうが，教室が大学構内に根づけるまでには，上記のように長い年月を要した。それはまた他の医育機関にも悪影響をおよぼしたようである。つまり，精神病科の診療施設は内部になくてもよく，外の精神病院の見学でよい，とするものである。すべての医科大学，大学医学部に充分な診療機能をもった精神医学教室が確立したのは，戦後のことである。それには，内村祐之教授（東京大学）および荒木直躬教授（千葉大学）の，視学としての共同しての指導があった（じつはこの二人，三宅教授の後任をあらそった仲であったが）。

教室出身の教授たち　呉教授の定年退官は1925年（大正14年）であった。このときにあった医育機関は19校で（植民地のものはのぞく），診療施設をもった精神病学教室はうち14校にあった。北海道帝国大学には教室出身の久保喜代二が助教授として赴任したが，大学中枢部とあわずに間もなく辞任し，1925年の精神病学講義には呉などが出張した。診療施設をもたない残る4校の教授は，いずれも教室出身者であった。診療施設をもった14校中11校には教室出身の教授がいた。

京都帝国大学の今村新吉は，榊および呉の講義を受けていたが，はじめは生理学を志していた。京都府立医科大学の野田浦弱は，教室出身の島村俊一の門下である。私立熊本医学専門学校の三角恂は，榊教授の講義をきいているが，卒業後は病理学と外科学とをおさめた。熊本では病理学と精神神経病科学とを担任していた。在職中にボンに1年間留学しているが，そこで精神病学を学んだかどうか不明である。

東北帝国大学の丸井清泰は教室員名簿にのっているので，11名のうちに数えた。だが，かれはもともと青山内科に属していた。東北には教室から杉田直樹または齋藤玉男が教授候補と目されていた。丸井を東北帝国大学の教授候補に指名したのは青山医科大学長で，そののちに丸井は精神病学教室に留学見学し，ついで合州国に留学した。精神病学講座担当者の力が，学内でまだよわかったのである。齋藤茂吉はミュンヘンから青木義作にあて"患者一人見たことがなく，あっぱれ精神病学者のつもりゆゑ，滑稽に御座候"とかいているのは，丸井のことである。

こういうこともあったとはいえ，日本で最初の精神病学教室が送りだした教授は多い。いま教室年報にのっている在籍者名簿（記載の誤りがまだかなり残っているようだが）によって，入局年代により教授（植民地をのぞく医育機関の臨床精神医学担当主任教授，講義だけした人も含む）をざっと数えてみると，つぎのようになる，――

　1886―1901年（榊俶教授，片山國嘉教授）　5名（榊，片山はのぞく）
　1902―1924年（呉秀三教授）　28名
　1925―1935年（三宅鑛一教授）　7名
　1936―1957年（内村祐之教授）　23名
　1958―1965年（秋元波留夫教授）　5名
　1966―1989年（臺弘教授，土居健郎教授，佐藤倚男教授，原田憲一教授）　7名

この数字はいろいろによめるだろう。医育機関がふえる時期に教授がふえる，時代とともに東京大学の相対的地位が低下する，学園闘争の影響がみられる，などの要因があげられよう。

脳研究室　東京帝国大学医学部附属脳研究室は1936年（昭和11年）3月16日にその開所式をあげた。これはもちろん日本で最初の本格的脳研究施設で，世界的にもはやいものの一つである。これは，幼時に病いをえて三宅教授の診療を受けてきた堀越久三郎が，還暦を期に社会奉仕の一環として寄付金の使途を三宅に一任した結果，設立されたものである。その主任は原則として精神病学教室の教授が兼任することとされていたが，最初にかぎっては上記の経緯にかんがみて，すぐに定年をむかえる三宅が長與又郎総長指名により主任となった。間もない5月1日に内村祐之が教授として着任するのだが，精神病学教室のすぐ隣りに前教授が主任をしている脳研究室がある。両者の関係はかなり緊張をはらんだものであった。三宅が1942年5月24日に主任をやめて翌日から内村が所長を兼任したとき，脳研究室にいた人たちは"追い出されるか"とビクビクしていたが，内村にはそういうところはまったくなかった。それまで内村の悩みはふかかった。高橋角次郎は"内村先生は良く言われたが，大学を去った教授は二度と自分の元の巣へ帰るべきでは無い，とはっきり言

われた"(『我が回想　精神医学・神経学の今昔』,牧野出版・東京,1985年)とかいている。わたしも西丸四方から"だから前教授は儀式的な事でなければ元の教室へいっちゃいけないのだ"ときかされた(ただし,当時の関係者でも内村の教訓を受け継がなかった人もいる)。

　脳研究室の第1部は脳組織学,第2部は脳生化学,第3部は精神衛生を主としていた。第2部の部長は村松常雄であったが,第2部が実際に動きだしたのは懸田克躬が脳波研究をはじめてからである。脳研究室は脳波研究の初期においてはもっとも重要な拠点の一つであった。第3部の部長となったのは吉益脩夫である。のちに犯罪学に集中するようになる吉益は初期には村松とともに児童研究にとりくんでいた。脳研究室には1936年5月に児童研究部が開設された。名古屋医科大学精神病学教室に堀要が小児科の協力をえて児童治療教育相談室を開設したのは,1936年4月で,脳研究室のそれは日本におけるこの種施設としては2番目のものであった。ここでの研究成果については,「社会精神医学の伝統」の章でのべる。

　脳研究室が日本精神分析学会誕生の触媒となったことは次項でとりあげる。脳研究室はのちに東京大学医学部附属脳研究施設となり,1997年(平成9年)4月1日には,東京大学の大学院講座化にともなって閉設された。そのまえに,第3部をうけついだ心理学部門の井上英二教授が1980年4月1日に退官したあとに教授となったのは,神経生理学の高橋国太郎であった。つづいて心理学部門は神経生物学部門に改組された。"第3部がなかったら従来の精神科と選ぶところがないからなあ"と開所当時はいわれていた(小川鼎三「脳研究所26年の回顧」1962年,に引用されている)のに,途中から脳研究施設の精神科色は一掃されたといってもよいのである。

日本精神分析学会誕生への触媒

"東大は生物学だよ"といいならわされてきた。だが,のちにみるように,東京大学精神科には社会精神医学の伝統がつよい。それだけでなくて,日本精神分析学会とのあさからぬ因縁がある。精神科医療史研究会でうかがった懸田克躬回顧談「流れ流され大学生活五十年」(呉秀三先生記念精神科医療史資料通信,第29号,1993;『懸田克躬先生追悼文集』1997年,に再録)に,"脳研について忘れてならないことをいい落としました。東大精神科で誰と同期か覚えていませんが,渡辺宏君という,精神分析に興味をもって古澤先生にも接触をもった人物がいて,東大の精神科の医局の集まりに古澤先生をお呼びして話をお願いしたことがあるということと,渡辺君も主導者の一人かも知れませんが,井村〔恒郎〕さんや私どもをひっぱり出して脳研で精神分析研究会をはじめたことです"とある。

　1944年卒業の渡辺宏にお尋ねすると,"精神分析を勉学したく,古澤平作先生に師事し教育分析らしきものをうけ,S.フロイドの正統分析療法にも接しました。内村教授も関心を持っておられ皮肉な批判をされておられましたが,むしろ弾圧的な環境でした。〔中略〕昭和21—22年頃脳研で古澤流〔中略〕を主体とした東京精神分析研究会を結成し,私や2,3の同志が世話して,何回か会合をした。場所は東大医学部会議室が多く〔下略〕"といった返事をいただいた。

　このあたりを日本精神分析学会側の記録でみよう。古澤は『精神分析研究会々報』第1巻第1号(1957年10月18日発行)の「会報発刊に当りて」に,"我々の大志の一つ学に忠ならんとすることは「精神分析は科学である」との信念である。この信念を揺ぎなく培養するために我邦の精神病学の殿堂,脳研究室にその中枢を置くことを願った。幸い内村教授の御好意により願いは叶えられた。ここに謹しんで感謝を致す次第です"とかいている。当時懸田が脳研究室の講師であったので,研究会の発足には内村の

賛意と懸田の協力とがあったのである。

編集部「脳科学懇話会から日本精神分析学会まで」（精神分析研究，第3巻第5号，1956）に"昭和24年6月29日，精神分析研究を志す有志により東大医学部脳研究室に於て，脳科学懇話会が開催され，以後三回にわたる月例会に於て，精神分析研究会設立の準備が行われた。〔中略〕精神分析研究会々則にもとづく第一回例会が，昭和24年9月24日，国府台国立病院〔当時村松常雄院長――岡田〕に於いて開催され，以後昭和30年10月の学会成立により東京支部として再発足するまで，毎月1回，例会が開かれた。この間，昭和27年10月からは，月刊「精神分析研究会々報」（昭和29年1月「精神分析研究」と改題）が発行された。〔下略〕"とある。

『精神分析研究会々報』第1号，第2号の発行所は"脳研究室"となっていたが，第3号からは"田園調布精神分析学診療所内"となった。研究会例会の初期の発表は渡辺宏がもっとも多く，そのほか懸田克躬，井村恒郎，加藤正明が名をつらねていた。荻野磐も1度ウィリアム・メニンジャの"The Emotional Factors in Pregnancy"の抄読をした（荻野は荻野久作の息子である）。ついで，土居が毎回のように症例報告をする時期があり，1954年になると慶應義塾大学関係の人が主流になった。日本精神分析学会の創立総会は1955年10月23日に慶應義塾大学医学部北里講座で開かれ，このあいだまでの学会体制ができあがった。

（この項の調査には，武田専，狩野力八郎両氏のご助力をいただいたことに深謝する。）

精神医学と神経学　日本でもっとも古い臨床神経病学者として知られるのは，1887年帝国大学医科大学卒業の三浦謹之助である。かれはJ. M. Charcotのもとにも学んで，1895年医科大学教授となり三浦内科をはじめた。呉とともにかれが主幹となって日本神経学会が発足したのは，周知のことであろう。かれの監修による『三浦神経学』は1928，1929年に刊行された。そのまえ1897年に川原汎『内科彙講　神経係統篇』が刊行されていて，これが日本で最初の神経病学教科書であった。1883年に東京大学医学部を卒業した川原は，1883―1897年と愛知医学校教諭として在任していた。川原には『精神病学提綱』（1894年）の著もある。残念ながら川原は一つの学派を形成するにはいたらなかった。

ふるい『神経学雑誌』をみると，神経病学の範囲がひろく，とくに機能的神経病（神経症群が中心）を含んでいた。これにたいし，精神病学の主対象は大精神病というべきものであった。原著論文数をみると，第26―30巻までは精神病学と神経病学とはほぼ拮抗していたが，第31巻（1929―1930年）―第35巻からは精神病学の論文数がぐんと伸びた。日本神経学会の実務を担当する幹事は，内科（神経病学）側と精神病学側とからほぼ半半にだされていたが，1923年から内科側の幹事が激減した（三浦の定年退官は1924年，主幹は1937年まで）。

治療の実態をみると，ある時期までは精神科側がかなりの数の神経疾患例（ところによっては末梢神経疾患も）をみていて，精神神経科の呼称がふさわしい時期がかなりながく続いた。わたしは1956年入局の年に，Charcot―Marie―Tooth病の兄弟例をうけもった。また戦前かなり多くの精神病院に脳病室があって，"脳病"，"神経病"として軽症の精神病患者を受け入れていた（精神病者監護法および精神病院法の適用をまぬがれさせるため）。他方，戦前には内科側からヒステリー，神経衰弱症についての報告も多かった。

沖中重雄は1946年（昭和21年）に第3内科教授にえらばれると，神経学の独立を目ざした。評議員にえらばれた沖中の声をうけて日本精神神経学会は1954年に，評議員選挙は精神，神経両部門に分けて行うこととし（かなり多くの精神医学者が神経学部門に登録した），理事20名

は両部門10名ずつとした。日本臨床神経学会は1960年に発足した（1963年に日本神経学会と改称）。日本精神神経学会は1961年に，神経病学的側面については日本臨床神経学会に可及的に協力することとして，学会における両部門の区分を解消した。学会名は"暫定的にそのまま"とされた（このあたりの詳細は，岡田靖雄「日本神経学会，日本精神神経学会と日本の神経学」，『日本精神神経学会百年史』，2003年，をお読みいただきたい）。

神経病学部門の独立にもっとも強硬に反対していたのは，1960年まで日本精神神経学会理事長であった内村祐之で，精神医学的神経学は精神医学にとっても神経学にとっても必要かくべからざるものである，というのが内村の信念であった。神経学会独立をめぐっての内村―沖中の対立がきわめてはげしいものであったことは，当時を知る周辺の人びとにかたりつがれている。1923年卒の内村と1928年卒の沖中との間になにか個人的問題があったことは伝えられていない。しかし，二人が書き残したものには，感情にはしった表現が目だつ。

さて，東京大学医学部附属脳研究施設の臨床部門助教授に椿忠雄が就任したのは1957年１月１日で，1964年11月16日には豊倉康雄が臨床部門教授に就任し，医学部附属病院に診療科として神経内科が開設された。この神経内科独立については，精神科側と内科の１教授とからつよい反対があった。こうして，ふるい世代の神経学者には精神医学者への怨念が語りつがれてきた。

いまは精神医学と神経学との分離（相互独立）は日本においても完全に達成されたといってよい。暫定的とされた精神神経学会の名称はそのままで，同会の会員は"精神医学と神経学の発展に寄与しなければならない"とされている。しかし同学会で発表される神経学的研究は皆無といってよく，同学会が制定したのは精神科専門医制度である。

標榜科とは利用者にわかりやすいものでなくてはならない。しかし実際は，精神科，神経科，神経内科，心療内科，脳神経外科が併存し，内部的には精神神経科の呼称もある。利用者がこれらをどう区別できるだろうか。世界的に，また歴史的に，精神科が神経科と同胞関係にあることには，異論はないだろう。多くの国の卒後医師専門教育では，たとえば３年として，精神科医になるにはそのうち１年は神経学部門で研修する，神経科医になるには精神科部門で１年間研修することが通例である。日本では研修面で両者のこういった密接な交通もたたれているようである。

水俣病の病像把握，認定などをめぐっては，精神科側と神経内科側との亀裂はふかい（三井三池炭塵爆発後遺症についても）。この亀裂がどうして生じたかは解明されていない。だが，上記のような感情的対立が両者の対話を困難にしたのではなかろうか。

こういった点を考えると，学内対立もからむ両者の対立は，日本の国民生活全般にも重大な影響をおよぼしているのである。

大学闘争　東京大学闘争（紛争）における精神科の位置づけ，また全国の精神科闘争における東京大学精神科（赤れんが）の位置づけはどんなものだろうか。わたしもその闘争の初期に参加していただけに，客観的な評価（そのまえに自分にとっての総括）はできぬままでいる。全国という立ち場でみると，東京大学における闘争はその先駆けをなすものではあったが，各地における同時多発の面が強かった。わたしは２，３の大学によばれて赤れんがでの活動を報告した憶えがある。といって，東京大学のそれが主導的であったとはいえぬようである。金沢学会の会場についたとき，会場入り口で京都の人たちがピネル病院問題についてのビラをくばっていて，赤れんがで感じていたよりは事態がはるかに進んでいることを知らされた。このあ

たりは，森山公夫により，つづけて富田三樹生により記されるはずである。だが，充分な歴史的評価をするには，まだはやいのかもしれない。

金沢でわたしは日本精神神経学会の理事に選ばれたが，赤れんがでの，また学会の状況がわたしの手にあまることを感じて，両方から身をひいた。学会での事態は，やや批判的にみまもってきた。いま当時の役員名簿をみると，教室出身の理事が20名中7名，8名をしめる時期がかなりつづいて，1991年9月に副理事長制度がもうけられたとき，えらばれた副理事長3名がいずれも教室出身者であった。それらの人びとの立ち場はさまざまであった。とはいっても，教室出身者がこんなに多数をしめるという事態は，事情はあったろうが，異様であった。

なお，東京大学精神科教授が精神科医療，精神衛生の問題につき行政側への御意見番的な役割りをもちえたのは，秋元波留夫教授までである。

明治40年12月17日第2期巣鴨病院看護学校第2期卒業式にて。中央に呉秀三院長。

東京大学医学部精神医学教室120年の歩み
―― とくに，片山國嘉教授をめぐって ――

■ 松下　正明

　2006年11月，東京大学医学部精神医学教室（かつては精神病学教室）は開設後120年を迎えることになった。

　精神病学教室の初代の教授となった榊俶が1886（明19）年10月にドイツ留学から帰朝し，同年11月3日に，東京帝国大学医科大学の教授に任命され，「精神病学教室」が開設されたことをもって120年とする。もっとも，1928年に公刊された『呉秀三茳職二十五年記念文集』に掲載された精神病学教室の歴史[1]によれば，「精神病学教室は明治二十二年榊教授の同教室の主任なりし時より始まり」とあり，1889年4月9日での精神病学教室開設の説もある。しかし，同じく『呉秀三茳職二十五年記念文集』に掲載された樫田の年表[2]にもあるように，1886年11月開設説が一般に流布しており，今回の記念誌発行もそれに倣っている。

精神医学教室の120年の歩み

　本稿は東京大学医学部精神医学教室120年の通史ではない。通史を記述することは筆者の能力をはるかに超えていることに加えて，120年の間に生じたさまざまな事実の確定という基礎的作業が十分に進んでいないことによる。

　ここでは，通史を記述するかわりに，120年という歴史の流れを，ひとつは主任教授の在籍期間によって区分し（表1），ひとつは120年間に生じた主要な事柄を，その背景にある大きな社会的出来事とともに，歴史年表（表2）として示すことで満足しておきたい。もっとも，東京大学医学部精神医学教室120年の間の年表を作成するという行為は，たとえそれがきわめて

表1　東京大学医学部精神医学教室主任教授一覧

期間	在籍年数	主任	（代）	特徴
1889.11-1897.2	8年	榊　俶	初代	創設期
1897.8-1901.10	4年	片山國嘉	2代	〃
1901.10-1925.3	24年	呉　秀三	3代	発展期
1925.4-1936.3	11年	三宅鑛一	4代	〃
1936.5-1958.3	22年	内村祐之	5代	安定期
1958.4-1966.3	8年	秋元波留夫	6代	〃
1966.7-1974.3	8年	臺　弘	7代	混乱期
1979.1-1980.4	1年	土居健郎	8代	〃
1980.8-1984.3	4年	佐藤倚男	9代	〃
1984.7-1990.3	6年	原田憲一	10代	収拾期
1990.6-1998.3	8年	松下正明	11代	〃
1998.4-2007.3	9年	加藤進昌	12代	安定期

表2　東京大学精神医学教室年表

年	主任教授	東大精神科	日本の精神科関係	社会での出来事
1886	榊	精神病学教室開設		帝国大学令
1887		榊：東京府癲狂院長兼任 大学別課に精神病学		相馬事件
1888		精神病学講義・4学年。2回/週		
1889		東京府巣鴨病院に改称，主任制		大日本帝国憲法発布
1890				第1回日本医学会
1893		榊：精神病学講座担当（講座制）		
1894		呉秀三：『精神病学集要』		日清戦争
1896		呉・助教授		
1897	片山			京都帝国大学設立
1900			精神病者監護法	
1901	呉	呉：巣鴨病院医長兼任		医学専門学校令
1902		巣鴨病院・拘束具廃棄 榊保三郎・助教授	精神病者慈善救治会 日本神経学会創立	第1回日本連合医学会
1904		呉：巣鴨病院院長	精神病科談話会	日露戦争
1906			精神病学科設置建議案	
1908				医学専門学校令 （精神病科必須）
1909		三宅鑛一・助教授		
1910			精神病者私宅監置調査	
1911			官公立精神病院設置建議案	大逆事件判決
1912		呉：『我邦における……』		
1914		精神病科外来診療所（53.5坪） （呉：週3回の臨床講義）		東京大正博覧会 第一次世界大戦勃発
1916		精神病科病室（併設）（62.3坪）		大日本医師会創立
1917				ロシア10月革命
1918		呉：『精神病者私宅監置……』		米騒動，スペイン風邪
1919		巣鴨病院→松沢病院に移転 精神病学教室・本郷へ（59坪） 仮教室（旧看護婦宿舎に）	精神病院法	医科大学→医学部に改称
1920			日本精神病医協会	第1回国勢調査 （総人口7698万人）
1921		杉田直樹・助教授	精神病者救治会	
1922		呉教授在職25年祝賀会		健康保健法 ソ連邦成立
1923				関東大震災
1925	三宅			治安維持法
1927				金融恐慌
1928		教室：赤レンガ棟へ（本教室）		
1929			第1回精神衛生国際会議	
1931			日本精神衛生協会	満州事変
1932		呉：逝去		五・一五事件
1933				ヒトラー政権
1934		病室・外来：赤レンガ棟へ		
1935			日本神経学会→日本精神神経学会に改称	
1936	内村	医学部附属脳研究所創設		二・二六事件
1938				厚生省設置
1939		東大医専設置		第二次世界大戦

年	主任教授	東大精神科	日本の精神科	社会での出来事
1940				国民優生法
1941				太平洋戦争
1943			精神厚生会	
1945				終戦
1946				日本国憲法 インターン・国家試験制度
1947				帝国大学→大学に改称
1948				医療法,医師法
1949		林暲・松沢病院長		中華人民共和国成立
1950			精神衛生法	朝鮮戦争
1952		東大医専廃止	国立精神衛生研究所設立	
1954		三宅：逝去	精神衛生実態調査	
1956		東大分院神経科（笠松章・助教授） 吉益脩夫：教授,島薗安雄・助教授	厚生省に精神衛生課	
1957		笠松・教授	第1回病院精神医学会	水俣病発症
1958	秋元	精神病学教室から精神医学教室に改称		
1959		白木博次・教授 田縁修治・助教授	「精神医学」誌刊行	
1960			児童精神医学会発足	臨床神経学会発足
1962		井上英二・教授		
1964				ライシャワー事件 東京オリンピック
1965		東大医学部衛生看護学科 →医学部保健学科に改称	精神衛生法改正 全家連結成	
1966	臺	高橋良・助教授		青医連・国家試験ボイコット
1968		精神科医局解散→精神科医師連合		
1969		上出弘之・助教授	日本精神神経学会（金沢総会）	
1971		土居健郎・教授,安永浩・助教授		
1973		黒川正則・教授		
1974		臺教授・退官		
1977				世界精神医学会でハワイ宣言
1979	土居	山本達也・教授,佐藤倚男・助教授		
1980	佐藤	逸見武光・教授 内村・逝去		
1984	原田		宇都宮病院事件	
1985		西山詮・助教授 佐々木雄司・教授	精神保健法	
1986		榊教授開講100周年記念会		
1990	松下	中安信夫・助教授		
1991				メンタルヘルス国連原則
1992		栗田廣・教授		
1995		病棟・外来統合→紛争解決	精神保健福祉法	
1998	加藤	綱島浩一・助教授		
2000				介護保険制度発足
2001				成年後見制度発足
2003			医療観察法	
2007		加藤教授・退官		

簡略なものであっても，年表作成者の私的な歴史観に基づくのであって，ある種の独断や偏見に捉われるのはやむを得ないものとする。

表1は，教室主任教授の在籍期間による120年間の区分である。期間ではいくつかの空白期間がある。第1は，1897年2月から同年8月までで，この間は助教授・呉秀三が主任となった。初代の榊俶教授が1897年2月，食道癌のため39歳の若さで逝去され，引き続き助教授の呉秀三が，ドイツ国へ渡欧する8月までの6ヶ月間，主任を継ぐという事態が生じたのである。第2は，1974年4月から1978年12月までの4年8ヶ月間で，東大医学部紛争，とくに精神医学教室における混乱のために，臺弘教授の後任教授が決められなかったという事情による。その間，医学部保健学科の土居健郎教授が主任を代行していた。もし，代行（代行発令の時期は不詳）の期間を入れれば，土居教授の在籍期間は6年となる。第3は，それぞれの教授の退官と後任教授の就任との間に数ヶ月の空白があるが，その理由としては，後任教授の私的な理由によって発令が遅れたという事情が大きいのだろう。

ちなみに，在籍期間の長さからいえば，最も長いのが呉秀三教授の24年（前記の助教授で主任の時期を算入すれば25年），ついで内村祐之教授の22年，ついで，三宅鑛一教授の11年となる。三者とも戦前から戦後10年までの時期で，その後の大学紛争後の世代からいえば，古きよき時代での，よくいえばアカデミックな時代での教授在籍であった。

それぞれの主任教授時代の特徴をごく簡単にまとめれば，榊教授と片山教授時代はまさに精神医学教室の創設期，揺籃期に相当し，呉教授，三宅教授時代になって東京大学精神医学教室が確立し，数多くの専門家としての精神科医が育ち，臨床と研究活動が活発となり，それぞれの若い精神科医が日本の各地の大学，専門学校，病院，診療所にちらばっていくという時代であり，東京大学精神医学教室は日本の精神医学界の中心として発展していくことになる。とりわけ，日本の精神医学の祖とも称される呉秀三教授の役割はきわめて重要であった。呉教授の遺産を引き継いで，日本の精神医学の教育，診療，研究の中心として活発な活動が展開されていくのが，内村教授，秋元教授時代の安定期である。ただ，その間，満州事変に始まって太平洋戦争に至る十数年，東大精神医学教室出身の精神科医の多くも戦場に狩り出され，なかには戦死した方もおられたことは精神医学教室にとって不幸な時代ではあった。

臺教授から佐藤教授までの期間を混乱期と称したのは，1965年以降の大学紛争，医学部における医局講座制反対など，いわゆる大学医学部を中心とした反体制運動が精神医学教室にも大きな影響を及ぼし，精神科医局解体，精神科医局連合形成という事態が生じ，それによって東京大学精神医学教室が外来グループと病棟グループ（いわゆる赤レンガ派）に二分された状況による。その背景には従来の大学医学部の医局講座制が抱えていた種々の問題が一挙に露呈してきたという精神医学のみならずすべての診療科に多少とも共通した現象があった。とりわけ，東大だけでなく全国の大学精神科医局において紛争が激化したのは，精神科という診療科において社会との関わりが深いという精神医学の特性と無縁ではなかったのだろう。しかしながら，東大の精神医学教室における分裂は，その発端においてはそれなりの意味があったにせよ，結果的には，精神科診療において，また精神障害者との関わりにおいて，さらには教育と研究面において，混乱と荒廃を招いたことは否定のしようがない。混乱期と称した所以である。

その混乱した状況を精力的に収拾に努めたのが原田教授で，それを引き継ぎ，終局的に外来グループと病棟グループを統合し，曲がりなりにも一つの精神医学教室というかつての姿に戻したのは松下であった。

表2における東京大学精神医学教室年表につ

図1　榊　俶（1857-1897）

いては，本誌の別稿でみられる年表と重複するところがあるが，筆者の観点から見た歴史観のひとつとして作成した。しかし，それぞれの項目についての説明は紙数の関係上省くことにする。東京大学精神医学教室関係の年表では，樫田の日乗[2]を最も詳細なものとして（1922年までの年表），他には『榊俶先生顕彰記念誌』[3]に詳しく（1986年までの年表），日本の精神医学全体としてみれば，日本精神衛生会による著書[4]，岡田靖雄による著書[5]などの年表が参考になる。

精神医学教室初期におけるヨーロッパ精神医学の受容

その後の東京大学精神医学教室の発展を考えるうえで，榊，片山，呉の3教授時代，欧米のどのような精神医学的思想に強く影響を受けていたのかを知ることは重要である。

1871（明治4）年，相良知安らの建議により，明治新政府における医学はドイツ医学に倣うことを決めたが，実際には，当時の医療の現場では，英米仏の医学や医療が混在しながら存在していた。精神医学の分野においても同様で，近代日本で最初の精神医学教科書とされている神戸文哉の『精神病約説』（1876）は，イギリスのMaudsleyの総説を訳したものであった。また，東京癲狂院は1879（明治12）年に上野の養育院内に設置され，初代は長谷川泰が院長となったが，1881年に中井常次郎が第2代の院長となり，そこでは，「早くも放任不羈束制度（non restraint system）を採用し」，Bucknill, Maudsley, Hammondなどの「諸家の著書は最もよく応用せられ」[6]（引用文において，カナはひらがなに変えた。以下同じ）といわれているように，当時の癲狂院に勤務していた精神科医（専門の精神科医がいるわけでなく，もともとは内科や外科の医師だったのであろうか）は英国の教科書や論考を読んで，精神医学を学んでいた。

しかし，1877（明治10）年に創立された東京大学医学部は唯一の官立の医学校であるだけにドイツ医学を学ぶことが義務づけられ，初代の精神医学担当を命ぜられることが予定された榊俶（図1）もまたドイツへ留学して，ベルリンでWestphalやMendelに師事してその精神医学を学ぶことになる。また，榊教授の弟子たちも刊行された精神医学教科書を通して，ドイツ精神医学を受容したのであった。その間の事情を，呉教授は，「明治十九年医学士榊俶の独逸留学より帰朝するや彼は伯林大学教授ウェストファル同メンデルに親炙したるより其大学に教授となり精神病院に医事を司るに当たりて学説上にも治療上にも右二家の説を根拠として之によりて当然のことにして我邦の精神病学は学説上又実地上此に至りたりと謂うべし」，「其後明治25，6年頃よりしてフォン・クラフト・エービングの著書我邦に輸入せらるると同時に榊俶及びその助手呉秀三によりてその説は徐々に採用せらるることとなり，二十七年，二十八年に亘りて呉の精神病学集要刊行せられクラフト・エービング氏の説は殆ど全部我邦医師の間に紹介せられたり」と述べている[6]。

図2　呉　秀三（1865-1932）

　ちなみに，呉秀三教授（図2）の精神疾患分類（表3）と von Krafft-Ebing のそれ（表4）とを比較してみる．呉教授は，精神疾患には，病理解剖上，心理上，原因上，経過上，臨床上など種々の分類原理があるが，自身は初家の説に折衷した分類を採るとしたが，自らも述べているように，主として，von Krafft-Ebing に拠っていることは明らかである．
　呉教授の記述にはないが，榊俶教授はベルリンに留学し，ウェストファルやメンデルに師事したとしても，ベルリン大学の先代の教授であった Griesinger の精神医学観の影響を強く受けたはずである．呉教授の『精神病学集要』の参考文献に Griesinger の教科書が引用されており，おそらくは，東京大学精神医学教室の最初の10年は，Krafft-Ebing に加え Griesinger の精神医学が主として受容され，その学説や治療法が導入されたと考えられる．
　次の片山教授に関しては次章で詳しく述べるとして，呉教授に関して言えば，ウィーンとハイデルベルグに留学し，von Krafft-Ebing とともに，Kraepelin にも師事し，彼の学説に大きな影響を受けることになる．のちの1915年，呉教授は，『精神病学集要』の第2版を刊行することになるが（残念ながら，後編については未刊に終わった），その序文において，「精神病学集要が出版されてから二十数年を経た．其間に精神病学は多大の進歩発達を遂げた．学説に於いてはハイデルベルグ，ミュンヘン学派の勃興，実地上に於いては自由開放療法の発達，ともに目覚しきものであって，両方ともに殆ど全く旧来の面目を一新したと言ってもよい．（22の欧米の教科書をリストアップして）等の書物を参互翻訳して編成した．其中でも最も多く採ったのは，フォンクラフツエービング，クレペリン，チーヘン三氏の精神病学である」[8]と記した．
　榊教授，呉教授を初めとした東京大学精神医学教室は，その初期においては，von Krafft-Ebing, Kraepelin, Ziehen の三者の精神医学を主として受容したと言えるであろう．あるいは，それに Griesinger を加えてよいのかもしれない．

片山國嘉教授の業績
　すでに述べたように，初代の榊教授が急逝後，6ヶ月間ほど呉秀三助教授が教室主任となったが，呉は留学のため渡欧することになった．そのため，帝国大学医科大学の法医学（裁判医学）教授であった片山國嘉が，1897年8月より，精神医学担当の教授を兼任することになった．したがって，片山國嘉が精神医学教室の第2代の教授となる．兼担の期間は，呉秀三がドイツ留学から帰国し，正式に東京帝国大学の教授に任命された1901年10月までで，その期間は4年2ヶ月である．
　従来の東京大学精神医学教室の歴史記述において，片山教授時代は軽視されがちである．むしろほとんど無視されているといってもよい．それは，片山教授の任期が短期間であったというほかに，片山教授の本務が法医学で，精神医学はあくまでも兼任，代理であったというのが

表3　呉秀三の精神疾患分類（『精神病学集要』[7]による）

A　精神発育制止によるもの
　　白痴，クレチニスム，悖徳症
B　発育が済んだ脳髄に生じるもの
　1）単一性精神病（機能性精神病）：脳病変なし
　　　感動病（鬱狂，躁狂），偏執狂，妄覚狂，原発癲狂，定期狂
　2）機能神経病性精神病（神経衰弱狂，心気狂，臓躁狂，癲癇狂）
　3）中毒性精神病（中酒狂，モルヒネ中毒狂，鉛狂）
　4）機質性精神病（急性譫妄，麻痺狂，脳梅毒，老耄狂）

表4　Von Krafft-Ebing の分類（『精神医学教科書』，1894による）

A　成人脳の精神疾患
　I　病理変化が見られない疾患：機能性精神病
　(A)　精神神経症
　　1　メランコリー　　2　マニー　　3　消耗神経症
　　4　原発性幻覚症
　(B)　精神変性症
　　1　体質性感情精神病（folie raisonnante）　2　パラノイア
　　3　周期性精神病　　4　体質性神経症から生じる精神病
　II　病理変化を伴う疾患：器質性精神病
　　1　急性譫妄　　2　慢性麻痺，麻痺性痴呆
　　3　脳梅毒　　4　老年痴呆
B　精神発達障害
　　白痴

　その最大の理由であろう。「東京帝国大学医学部精神病学教室の歴史」[1]によれば，「惟ふに我が東京帝国大学医学部精神病学教室は明治二十二年榊教授の同教室主任なりし時より始まり，同教室在職十年を仮に同教室創立期とすれば，その後，榊教授死去せられて以後片山教授一時その主任に補されたる時あれども，こはその時期短きのみならず，単に一時の代理的時期と見做すべきにより，特にこれに或時期を画することをせず」とある。

　しかし，後述するように，精神医学教室における片山國嘉教授の業績は決して小さくはない。それどころか当時の東京府巣鴨病院の改革において大きな足跡を残したといっても過言ではない。東京大学精神医学教室の120年史を扱う本稿において，とくに片山國嘉教授の再認識を目指すことを目的とした所以である。

　片山國嘉教授について語る前に，なぜ法医学の教授が精神病学講座の教授を兼任することになったのかについて言及しておく。現在では想像ができにくいかもしれないが，もともと精神医学と法医学は兄弟のような関係にあった。法の世界で，刑事，民事を問わず，司法の対象となる者が責任能力を有するかどうかは基本的な問題であり，対象者が精神疾患者であるかどうかの判断は司法の主要な関心事であった。ヨーロッパでは，中世以来，司法の世界では独自の精神疾患分類がなされ，また，とくに19世紀の欧米の多くの精神医学教科書が「精神科医と法律家のため」という副題を有していたことなどが，精神医学と司法とが密接な関連にあることの証左である。また，明治維新後の近代日本に

図3　片山國嘉（1855-1931）

おいて精神医学が初めて講じられたのは，東京や愛知での医学校における断訴医学（裁判医学，あるいは後の法医学）の講義のなかにおいてであったこともその証左のひとつである。したがって，当時，精神医学講座の兼任をする教授となれば，法医学の教授を措いてほかになかったのである。

片山國嘉（図3）は，1855（安政2）年7月7日，浜松市の近在にて生まれ育った。1871（明治4）年10月に大学東校に入学し，1879（明治12）年10月18日，創立されたばかりの東京大学医学部を卒業した。名簿上，東京大学医学部の第2期生にあたる。生理学を専攻すべく，生理学教授であるZiegerの助手となり，1881年12月，同助教授となった。しかし，1882年より，大学当局の要請により裁判医学と衛生学の講義を受け持ち，徐々に裁判医学を専門とするようになった。1883年には，早くも『裁判医学提綱』を著している。裁判医学の将来の教授に目されて，1884（明治17）年8月，裁判医学の勉学のため渡欧，ベルリン大学にて，Liman（法医学），Virchow（病理学），Mendel（精神医学）に師事した。翌年の9月，ウィーン大学に移り，Hofmann（法医学），Meynert（精神医学），Ludwig（生化学），Nothnagel（内科学）のもとで学んだ。1887年8月より再びベルリンに戻り，Koch（細菌学），Westphal & Oppenheim（精神医学）などに学んだ。片山教授は榊俶より2歳上，学年では1期上であったが，留学は2年遅れであった。上述した理由により，裁判医学の勉学のためには，精神医学も学ぶ必要があり，ベルリン大学では榊俶と同じく，精神医学のWestphalやMendelに師事することになったことは歴史的にいっても興味深い。

1888（明治21）10月，帰朝。翌11月に裁判医学担当の医科大学教授に任ぜられ，翌年1月より，その講義が始められた。1891（明治24）年には裁判医学教室は法医学教室に改称された。片山教授の強い希望があってのことであった。その後，1921（大正10）年10月の退官までの33年間，研究，教育に励んだ。法医学における片山國嘉は，精神医学における呉秀三に相当する役割をもち，日本における法医学の開祖とされる所以である。

その間，すでに記したように，1897年8月より1901年10月まで精神病学講座教授を兼担した。法医学，精神医学関係を除くと，1898年10月には，後の社会医学会である国家医学会の会長となり，また，1902年6月には，日本の医学・医療を中国，アジア諸国に普及することを目的に創立された同仁会の副会長となっている。東京帝国大学教授を退官後はとくに禁酒運動に熱心に関わったことで知られている。1931（昭和6）年，76歳で逝去された。

さて，片山教授が精神医学を担当した際，学生の講義や医局の医師たちへの指導において，ドイツのZiehenの精神医学に拠ったことが知られている。榊教授とほぼ同時期に精神医学を学び，ドイツでは同じ師につきながら，一方はvon Krafft-Ebing，片山教授は何故Ziehenの精神医学であったのかという理由は定かではな

表5　Ziehenの精神疾患分類（『教科書『Psychiatrie』，1894による）

Ⅰ　知能障害のない精神病
　A　単純精神病
　　1　感情性精神病（躁病，メランコリア，神経衰弱）
　　2　知的精神病（昏迷，パラノイア，強迫）
　B　複合精神病
　　二次的幻覚性パラノイア，躁病後昏迷，メランコリー後昏迷，神経衰弱後
　　心気的メランコリー，メランコリー後心気的パラノイア，緊張病
Ⅱ　知能に欠陥のある精神病
　A　先天性欠陥精神病（白痴，痴愚，魯鈍）
　B　後天性欠陥精神病（麻痺性痴呆，老年痴呆，二次性痴呆，てんかん性痴呆，
　　アルコール性痴呆）

い。先述した呉教授の文章にみるように，当時のドイツでは，von Krafft-Ebing, Kraepelin, Ziehenの精神医学教科書が最も読まれるものであった。そのなかで，片山教授はZiehenのそれを採られたのである。Ziehenは当時イェーナ大学の員外教授，1900年にはユトレヒト大学教授，1904年にはベルリン大学の教授となったように，俊秀の誉れ高い精神科医であった。まったくの憶測にすぎないが，Ziehenは1885年ベルリン大学を卒業し，精神医学を専攻しているが，その時，片山教授はベルリンに留学しており，あるいは学生時代から医師になりたてのZiehenを知っていたのかもしれない。

ちなみに，Ziehenの精神疾患分類は，表5のとおりである。片山教授は，おそらく，この精神疾患分類に基づいた精神医学を講義したにちがいない。

なお，片山教授時代，精神医学教室の助手，あるいは東京府巣鴨病院の医員に，次のような医師たちがいた。船岡英之助（1894.7.9～1899.11.2），井村忠介（1894.7.9～1904.3.29），後藤省吾（1896.1.16～1898.5.31），尾崎捨蔵（1896.2.28～1899.6.10），門脇真枝（1897.8.25～1901.10.23），西田熊吉（1899.6.26～1901.4.2），松原三郎（1899.11.17～1903.11.17），榊保三郎（1900.1.22～1903.5.26），酒井栄次（1901.4.2～1902.2.28）である（カッコ内は在籍期間）。船岡，井村，後藤，尾崎は榊教授時代からの助手であり，門脇，西田，松原，榊，酒井は，片山時代に，精神医学教室に入局したことになる。

なかでも，『狐憑病新論』でよく知られている門脇真枝は片山の一番弟子であり，Ziehenに倣った精神疾患分類論を提唱した。また，初代の榊教授の実弟であり，1900年に東京帝国大学医科大学を卒業した榊保三郎は，後に九州帝国大学の精神医学講座の主任教授となったが，それ以前，ベルリン大学のZiehenのもとに留学し，師の片山教授の精神医学を継いだことで知られている[9]。

片山國嘉教授の精神医学教室における最大の業績は医長を兼任した東京府巣鴨病院の改革，とくに看護人の質の向上等看護改革にあった。また，病棟の増築，改築にも貢献した。呉秀三の正当な評価によれば[6]，「八月五日，帝国大学医科大学教授医学博士片山國嘉は大学より派遣されて医長となり，職に在ること四年余にして其間本院の為に経営されたること甚多く，明治三十三年十月，初めて本院内に水道の敷設を見る。三十三年中大いに看護上に改良必要を認め，其十二月より村上専精を聘して看護人の為に毎月二回の講義を開き（今も継続），また安藤正一，水落清輔等を本願寺信徒より抜きて看護長とす。同時に又永松アイ，多賀ウムを東京

東京大学精神医学教室120年

表6　榊・片山・呉教授の門下生たち（1886-1925）

助教授：呉　秀三（1896-1901），榊保三郎（1902-03），三宅鑛一（1909-），杉田直樹（1921-）
講師：三宅鑛一（1907-09），下田光造（1917-21），杉田直樹（1918-21），黒澤良臣（1921-），
　　　橋　健行（1921-）
助手・副手（就任順）：三田久泰，片山正義，田邊耕民，大西　鍛，杉本宇吉，井上甲之助，小野寺義卿，濱地和一，植木鉄衛，船岡英之助，呉　秀三，井村忠介，荒木蒼太郎，小池義三，上野　章，山本宗一，後藤省吾，尾崎捨蔵，門脇真枝，大金羊三，西田熊吉，松原三郎，榊保三郎，北林貞道，酒井栄次，吉川寿次郎，三宅鑛一，森田正馬，石川貞吉，石田　昇，尼子四郎，松本高三郎，田澤秀四郎，中村　讓，影山勇三，吉川省吾，斉藤玉男，松本　孟，黒澤良臣，池田隆徳，氏家　信，橋　健行，杉江　薫，水津信治，大成　潔，伊藤　光，木村男也，斉藤茂吉，下田光造，林　道倫，中村隆治，杉田直樹，樫田五郎，高瀬　清，栗原清一，後藤城四郎，谷口本事，植松七九郎，佐藤惇一，早尾虎雄，児玉　昌，太田正隆，高峰　博，金子準二，雨宮保衛，蘆田元也，大倉安次，加藤晋佐次郎，住岡多津雄，林　盛雄，内藤好文，成田勝郎，大熊泰治，松本松男，武田全一，青木義作，竹内　一，生駒正志，谷貞信一，小林郷三，和田三郎，前田忠重，内村祐之，荒木直躬，吉益脩夫

大学看護婦講習生より抜きて看護婦指導とす。就中明治三十四年十二月中，東京府会が本院改築費二十余萬を可決し，明治三十六年三十七年及び近き明治四十二年に敷地周囲の煉瓦塀並びに自費患者を収容する煉瓦造病室四棟の建築を見し如きは実に其功績なりとす」。

　当時の東京府巣鴨病院における看護の質は相当に問題があったらしい。それは医療，看護というより収容された患者の監視という類であったのだろう。それを見かねての片山教授の看護改革であった。その看護改革は，呉の文章に見るように，外部から看護長や看護人を採用することによる看護改革と在職している看護人の意識改革というふたつの側面をもっていた。また，前者では，本願寺の仏徒からの採用と東京大学看護婦講習生という正規の看護教育を受けた者の採用というふたつのルートがあった。上述した引用に見られた安藤，水落，永松，多賀はその後の巣鴨病院での看護の中心的人物となっていく者たちである。呉の文章にはないが，巣鴨病院の伝説的な看護長で，精神科看護の教科書まで執筆している清水耕一を看護人から看護長に抜擢したのも片山教授であった。

　また，「東京府立松沢病院の歴史」[10]にも記述されているように，「明治三十三年十二月，村上専精氏江原素六氏を聘して，看護人のため毎月二回の修身講義を開くこととす」。村上専精は，真宗大谷派の学僧で，駒沢大，東洋大，の講師を経て，1917年より東京帝国大学教授，1924年より大谷大学長となった仏教会の大御所であり，江原素六は，1896年に麻布中学校を創立するなど教育者として活躍し，1890年より政治家（政友会）となり，1912年には貴族院議員となった人物である。村上，江原など当時の日本での著名人を，看護人教育の講師として招いた背景には片山教授の幅広い人間関係があってのことだと推測される。

　東京府巣鴨病院の病棟改築や増築にも片山教授の功績であるとされているが，先の年表（表2）にもあるように，1916年，本郷のキャンパスに，精神病科外来診療所に併設して，精神病科病室が設置された。それにも，片山教授が関係していたようである。「教室の歴史」[1]に，「そもそも我教室は片山教授在任以来其建設を計画し，……懸案を明治三十年に提出してより殆んど三十年来の要望にして」と記述されている。

おわりに

　東京大学精神医学教室の120年とは何だったのか，教室はその間どのような役割を果たしてきたのかという問いは本稿では封じているが，役割のひとつに精神科医という専門家の育成という重大な使命があった。

　どのような精神科医たちが教室から育っていったのかという興味深いテーマは別にして，「教室の歴史」[1]に，1886年の教室創立から1925年呉秀三教授の退官までの40年間の教授，助教授，講師，助手・副手すべての氏名が記載されている。手軽に見ることのできない文献なので，ここに，その一覧を表示しておく（表6）。それ以降，現代に至るまでの，教室員の名簿一覧についてはいずれ調査をする必要があるであろう。

　これらの精神科医の名前を眺めながら，彼らが全国に散らばり，そこで多くの弟子を育て，さらにはその弟子たちがまた孫弟子を育成していくという歴史の流れを思い起こし，その結果として現在の日本の精神医学界が形成されていったことに思いを馳せると，東京大学医学部精神医学教室の歴史もそれなりの役割を果してきたのだという一入の感に捉われる。

文献

1) 東京帝国大学医学部精神医学教室医局同人：東京帝国大学医学部精神医学教室の歴史，呉秀三莅職二十五年記念文集第3部，吐鳳堂，東京，1928，pp 107-138
2) 樫田五郎：日本に於ける精神病学の日乗，呉秀三莅職二十五年記念文集第3部，吐鳳堂，東京，1928，pp 139-238
3) 榊俶先生顕彰会：榊俶先生顕彰記念誌，東京大学精神医学教室，東京，1987
4) 日本精神衛生会：図説　日本の精神保健運動の歩み―精神病者慈善救治会設立100年記念―，日本精神衛生会，東京，2002
5) 岡田靖雄：日本精神科医療史，医学書院，東京，2002
6) 呉秀三：我邦に於ける精神病に関する最近の施設，東京医学会事務所，東京，1912
7) 呉秀三：精神病学集要　2巻，吐鳳堂，東京，1894～95
8) 呉秀三：精神病学集要，前編，吐鳳堂，東京，1915
9) 松下正明：分類することの意味，九州大学精神科教室開講百周年記念誌（印刷中）
10) 東京府立松澤病院医局同人：東京府立松澤病院の歴史，呉秀三莅職二十五年記念文集第3部，吐鳳堂，東京，1928，pp 1-106

片山國嘉教授を囲んで

分院神経科[註1]の50年

■ 安永　浩

　分院神経科を18年間預からせていただいたことのある私としては，たいへん魅力ある題を頂戴した。ひとえに加藤進昌教授の御配慮によるもので，この表題で一文を書くことになるが，早速にまず註釈は必要である。分院神経科の開設は昭和31年なので，今年はたしかに"生誕"50年ではある。しかし正確には，平成13年に分院全体が本院に統合されて組織としての役割は終わっているので，寿命としては45年である。だが「分院で飯を食った」人脈は私をはじめまだ多数生きているし，亡くなられた方も業績は不滅である。人の一部は本院に合流して，その"生命体"は（多分）永遠に続くだろうし，他方，分院は形の消滅によってかえって歴史となり，"不死"となった，ともいえるわけで，そう考えればまずはめでたいことといえようか。

　今，「歴史となり」などと書いてしまったが，また実際「歴史」らしきものを少しは書かねばならぬ立場なのだが，そういう几帳面な作業は本来苦手な上に，それにはまだ新し過ぎる，という感も持つ。大体「正史」などは当事者が書くものではなかろう。本当に骨格だけの，公式的な記載だけになってしまうが御勘弁いただきたい。袖触りあった，またお世話になった，方々のことは今思えば無性になつかしい。かといってそのお名前を挙げ尽くすこともできないことはご理解いただきたく，心からお詫び申し上げる。……ただそれらの方々の面影は，私が菲才のためできなかったことへの忸怩たる思いとともに，またそれでも一生懸命やった，という満足した思いとともに，死ぬまで脳裏にとどまってゆくことだろう。

　公式的記述のあとの後半では，私個人の，個人史からの思い入れも，少々書かせていただくことにする。

　先述したように，分院神経科が開設されたのは昭和31年である。初代科長は笠松章先生。昭和28年誕生した医学部衛生看護学科（通称「衛看」）教授との兼任であり，同じく助教授が上出弘之先生，純医学科診療科医師のスタッフとしては他に平井富雄講師，飯田眞医局長の二人のみ，という小世帯であったが，衛看出身の女性スタッフと，笠松先生を慕って集まった無給研究生（医師，心理）も何人もいたので，けっこう花やかで，小世帯かつよい意味での寄り合い世帯であることからの家庭的雰囲気があった。

　念のため言うと，東大分院，という病院自体

註1　この「神経科」という名称は今日の通念とは異なる。今日なら「精神科」というに等しい。当時は，精神科，という名称にはまだ社会的偏見が強く，外来患者が来にくい……という配慮が恐らく主理由で，看板は「神経科」としているところが多かった。精神神経科，さらには神経精神科，というのもあった。もちろん精神医学というものの宿命的二重性（それぞれ狭義の精神病理学と脳神経病理学，という二本柱），開設者が考えるそれぞれへの重きの置き方，といった事情が伏在しているだろう。これ自体今日でも大きな問題であるが，大きすぎるのでここでは述べない。

は，はるか以前から存在していた。大正6年。出発時は内科，外科のみであったが，だんだんと他の専門科が加わり，既に立派な綜合病院の形をなしていた。神経科は，その最後に加わった診療科である。（ただひとつだけ例外がある。——後述）当時，内，外，婦人科は科長が教授待遇で，本院と並ぶ対等の格を持っていたが，他の科長は助教授待遇であった。分院神経科はこれに加わった第四の教授待遇にみえるが，前述のごとく衛生看護学科の誕生に伴う措置でもあったので，二つの本来異なる組織系が癒合した形であった点が，それまでの主要三科と異なる。

時間的順序に戻ると，衛生看護学科はその後徐々に発展して，昭和40年，「保健学科」と改称され，建物などハード面も昭和41年に本郷に完成した。ただ臨床の場としてはまだ分院にしかなかったので，医局の中はまだしばらく同じ状態が続いた。そして昭和46年に至り，機構，人事面も完全に改められ，医学科付属病院診療科としての分院神経科がここで純粋な形となった。時を同じくして笠松章先生が停年を迎えられ，私が第二代科長を拝命することとなった（正式職名は医学部助教授・分院神経科長）。以後18年間（私は既に昭和37年以来，分院の講師病棟医長として赴任していたので，それを入れれば27年間），幸いにも職責を全うすることができ，私の停年の昭和64年（平成元年）第三代科長関根義夫さんに引き継ぐことになる。

分院自体が，平成13年，本院との統合によって機構的に消滅したので，分院神経科としての正規の寿命は，最初に述べた通り45年である。この年は偶然，関根さんにとっても停年の年だったので，退官記念会の席でお会いした時，「うまくいきましたね」と笑いあったものである。もちろん「肩の荷をおろされた……ご苦労様……」の意をこめた冗談である。

他方引き取る側の本院精神科の方々のご苦労ご配慮，ご好意も並々ではなかったことと思う。その場でも申し上げたのだが，今あらためて，あつく御礼申し上げたい。

さて，分院神経科という組織の解説とその公式的経過の概説だけは，実際に書いてみたらもう済んでしまった。なにしろ小さな科（有給の責任医師は科長を含めて四人だけ）なので仕方がない。与えられた紙面の余裕はあるので，だんだんと肉付けして行こう。前述の様に，私が代替わりした時から，保健学科系の方々は一斉に本院に引き移ってしまったので，分院の医局は一時淋しくなった。だがその代わりのように，（当時の制度に則り）新卒の研修医が，分院神経科を志望してくるようになった。その数は年々増し，従来からの，また新しく希望してこられる外部からの無給研究生の方たちも加わったので，一時期には狭い医局が溢れるばかりにすらなった。ただこれには，そうなる必然の周辺事情があった。

昭和43年，つまり私の科長就任の3年前，いわゆる東大紛争が勃発していた。その最盛期は機動隊の導入によって鎮静したものの，もともとの火種でもあった本院精神科では頑強に闘争が残り，延々平成6年まで及ぶことになる。これは完全に私の在任期間を覆っている。この間，本来ならば卒業後本院精神科に入局する筈の新卒者が，紛争の雰囲気を嫌って分院へ入局希望する，という形が生じたのである（紛争のとげとげしい雰囲気は，当時を直接体験していない方には想像が難しいかも知れないが）。私の立場からすれば分院神経科の小規模さから，診療実務をこなすだけでも精一杯で，教育，研究の設備，研究費，精神科各部門を教え得るスペシャリストの資源，などは無きにひとしいことは十分自覚していたから，決してこちらからは誘わなかった。むしろ「お役には立ちませんよ」と言い言いしてきた。それでも来たい，と言う方を袖にする訳にはいかなかった。私の任務は，今の場合，若い方たちに，静かな雰囲気で勉強，

実習できる臨床初期体験の場を提供，確保することにある，と早くから覚悟した。他方，分院全体の管理体制からすると，無給医局員と雖も，無制限に導入可能だった訳ではない。各科への割り当て数があって，神経科の実人員は遥かに割り当て数を超えるようになっていた。これが可能だったのは，各科長の上記事情へのご理解と，本院親元科の健在な他科では，実際には希望者が少なかったためである。

さきに，神経科が総合病院東大分院に加わった「最後の」診療科であったが「ひとつ例外がある」，と述べたが，これは私の在任中，新たに加わった「心療内科」のことである。

ただこれは他科の場合と違って，本院既存の科からの飛び地としてではなく，本院にはないのに，全く新たに設けられたのである。これは当時，分院内科におられた石川中先生（故人）の誠実なご努力の賜物で，最初は分院内科の一分枝として独立する形をとった。これは当座の処置であって，次第に発展し，逆に本院に帰り，今日の正規の講座となる。

これも一例となるわけであるが，衛生看護学科（今日の健康科学・看護学科。平成4年改称）の場合といい，「分院の50年」は，戦後日本の精神医療が，大きく様変わりしてゆくその胎動を，内側から見ていたことになるのであった。長い戦争と戦後の疲弊から，日本の精神医療は世界の趨勢から大きく遅れをとっていたが（狭義の技術の問題よりも制度，組織，社会の中の位置づけ，などにおいて），この頃ようやく問題意識に目覚め，苦悶の中にも対策が具体化しつつあった。精神衛生法に始まり，今日の精神保健福祉法に至る法制整備の流れもその一環であるが，看護のレベルの向上が図られ，ソーシャル・ワークの概念と実活動が普及してゆき，身体医療にも「心」が重視されてゆく，その過程において「分院」という，小さいがその分，重たい既製権威からはなれて自由に考えたり，動ける組織が，「新しい試み」の揺籃，苗

床として機能した，と考えると（当時はただ遮二無二働いていた），分院時代の思い出にも，胸温まるものを感じるのである。

だんだん話が個人的になってきた。前記のような社会動態の中の分院，ということとは別に，分院神経科45年をつらぬく雰囲気を決定したのは，私の恩師でありかつ初代科長，笠松章先生（故人）のお人柄だった，といってよいだろう。いつも温容，高ぶらない方であった。私が本院医局に入局した時からそうだったので，分院からお呼びがかかった時，私は何の迷いもなく喜んで参入させていただいた。気がつくと，いつもの私に似ず，言い過ぎたり，やり過ぎたりしていた。汗顔の至りである。先生の最後の御著書に「不確実性時代の精神医学」がある。小さく，読みやすい，しかし良識に満ちた本である。診療に，あるいは研究に，疲れた頭でこれを読むと，山の清涼な風に吹かれるような心地がする。

他に，助けていただいた上級スタッフの方々のお名前だけを挙げさせていただく。先ず平井富雄先生（故人）。前述もしたが，分院神経科創始の時からのメンバーで，停年まで勤めてくださり，たいへんお世話になった。「座禅の脳波的研究」は精神と脳生理の相互関係を探る領域で古典となる研究である。飯田眞，中井久夫両氏は，それぞれ私の次弟，三弟と同年齢，という年恰好。性格はちがうがウマが合い，実務に，談論に楽しい日々であった。両氏転出の後は中村豊講師がかためてくださり，更に関根科長の時代にかけては，分院育ちの五味渕隆志，松浪克文両講師がんばってくださった。

私をはじめ，分院に籍をおいた方たちには，精神病理，精神療法方面に優れた活動をしている方々が多い。これはある意味当然のことであって，先述したように，分院では身体病理を研究する設備も研究費もほとんど無かったのである。始めからそれを承知で入って来た人々だった。ただ経験と，文献と，自前の思索を頼りに，

自由に，既製権威や一身の利害に縛られることなく，ましてや学閥などにとらわれることなく，つきすすむ，という覚悟のようなものが，青臭いかもしれないが，分院には満ちていた。

[附] 東大分院は小石川養生所の末裔か？

この質問，実は私が分院に勤め始めた頃によく知人から訊かれた質問である。分院は通称「小石川分院」とも呼ばれていたので連想が走るのであろう。テレビドラマでは，小石川養生所はよいイメージなので，この質問はいやではなかった。答を先に言うと，残念ながらノーである。

実在の小石川養生所は八代将軍吉宗によって設置され，幕末まで続いたが，明治維新によって廃止された。ただし同じ地所の御薬園は保存され，今日の通称「小石川植物園」(正確には東京大学大学院理学系研究科付属植物園──長い名前！)に連続する。今の地名では文京区白山である。

ついでにのべておくが，養生所の機能は，創設者の熱意にもかかわらず，決して終始うまくいったわけではない。たとえば当初から，御薬園の実験台にされるのでは？というような噂が流れ，思うように病者が集まらなかった，とのことである(庶民の感覚は鋭いのである)。その後まあまあの時期はあったが，それをすぎると医師側，病者側双方から，退廃も生じ，時々改革も試みられたのだが，ことに江戸末期になるといささかどうしようもないような状況だったらしい。この種の問題の難しさとともに，身につまされる話である。

これらについては安藤優一郎氏の著書，「江戸の養生所」(PHP新書，PHP研究所発行，2005)があるので，興味ある方は参照されたい。小説「赤ひげ診療譚」(山本周五郎，昭和33年，昭和39年には黒澤明監督によって映画化)は，さすがにこの辺も踏まえて描かれている。

他方，明治30年に至って，当時の内務省が，医術開業試験場を兼ねて無料で診療を行う施療病院を麹町区一丁目に開設，これが通称「永楽病院」と呼ばれた。これが明治41年文部省に移管され，小石川区雑司が谷(今の文京区目白台)に新築移転する。更に時代の推移により，試験場の機能は廃止となったが病院はそのまま，大正6年，東京帝国大学に無償交付され，ここにいわゆる「東大分院」が出発することになる。初代分院長塩田広重はそれまでの「すべて無料」を改めて一部有料とし……やがて全医療科の整備につれて今日の形になる[註2]。

このように時空の上では，小石川養生所とは断絶しているものの，「精神」は受け継いでいる，といってもよいかもしれない。維新から数十年たっても，施療を必要とする社会構造は変わることはなかったのである。

我ながら，また偶然ながら，ちょっと面白い，と思うのは，私自身の個人史が，上記の伝統，というか，DNAというか，を受け継いできたのかな？と思われるようなことがある，ということである。私の父は(出身地は広島だが)京大医学部を出て，昭和初頭頃には小児科の助教授をしていた。一方，関東大震災があって東京が壊滅したあと，米国赤十字社を窓口として全アメリカ国民から戴いた迅速，厖大な義捐金(これは実にありがたいことであった)，その一部を基金として，両国，蔵前橋のたもとに総合病院が建設されることになった。「同愛記念病院財団」という。昭和4年診療開始。無料または軽費を原則とした(今もその場所にある，墨田区横網，社会福祉法人)。つまり，当時としてはよく知られた，いわゆる「施療」病院である[註3]。

註2，註3 東大分院の沿革については東京大学医学部眼科学教室の，同愛記念病院の沿革については同病院の，それぞれホームページを参照させていただいた。

初代院長は三浦謹之助。元東京帝国大学教授で天皇家侍医でもあった。この時，私の父は小児科科長として呼ばれ，東京に着任したのである。東京に家は無かったので，三浦家の一隅にあった貸家に入れ，と言われ，そのまま駿河台のその家に住み着く。

　その百日前に私は生まれ，つまり乳児としてこの家に入った。そこで私はこの家を実質生家として，育ち，結婚し，長男が生まれ，31歳までを過ごすことになる。

　その父は終戦の翌年，過労がたたって，祖父母のあとを追うように病死する。戦後の激しいインフレで，なけなしの資産はないも同然。私は旧制高校，大学医学部を通して，ずっとアルバイトしながらしのいだ。後に私が結婚した時，妻が母に「勤務医は貧乏なものなのだが，必要な本のための支出だけは惜しまないように……」と言われた，と，妻からあとできいた。

　思わぬ形で身の上話する破目になったが，話のはずみなのでお許しを乞う。要するに父から施療医……赤ひげ精神を受け継いだ，という話なのだが，もう一つ別筋の話がある。私が何故医学部卒の時精神科を選んだか？　という動機についてのことで，これには消去法的理由もいくつかあるのだが，感情的動因としてはっきり言えるのが一つある（以前或る論稿の中で書いたことがある）。それは学生時代に見学した松沢病院での体験で，みすぼらしい畳の大部屋に点々と，ただつくねんと坐り込んでいる年齢不詳の女性たち，……その一人に恐る恐る声をかけてみると，表情もなくゆっくりとこちらへ向けた顔，その口からたらーりと涎が垂れた……（向精神薬のあった時代ではない）。その時私は，こういう方たちと一生付き合って行く自分の将来，というものを想像しつつ，同時に，不思議なくらいに，「あまり花やかなものにはなりそうもないな……（だが）それでもいいや……」という，静かな諦念のような，心の定まりを覚えたのである。

　後の世代，ことに最近の方たちでは，こんな動機の方は少ないであろう。もちろんそれは当然で，どちらがよい，などという話ではない。他方，私より上の世代では，似た動機の方がそう少なくはないと思う。要するに「時代」の差なのである。

　私が今の年齢になって，改めて分院時代を追憶する時，全体を茫と包む空気の色は，すこし貧しい，しかしどこか「いじらしい」，（これは明治日本を追憶して，どなただったか作家のなさった表現をお借りしたのだが）面影である。その頃はまだ残っていたかなり年数のたった木造の建物，未だにその名を知らないが二階の窓近くに枝さしのべる喬木，裏手にひっそりとふだんは人影もないバレーコートとその辺の緑，そして春ともなれば駐車場を取り巻いて桜が美しくほほえみかける……全体が小振りだがその分威圧するようなところがなかった。……その間にも外の世界ではどんどんと変化が進んだ。高度成長の時代であった。都心や副都心ではいつの間にか巨大なビルが立ち並んだ。それから更にバブルの時代，バブル崩壊，……急流のような改革の時代の現在に至る。

　最後になって，やや懐旧の情に浸りつつ，この稿を終える。先日（2006年7月19日。雨が降っていたが明るい曇り空だった），思い立って7，8年振りにかつての分院の地に行ってみた。分院解散後もう3，4年たつのだが，分院はまだそのままにそこにあった。「東京大学総合教育研究施設」と表札はかかっていたが，門は閉まり，有刺鉄線がめぐり，平日だったが門番も居らず，つまり使用されている形跡はほとんど無かった。まだ次の計画が立っていないのであろう。だがいずれそれは決まり，建物は消え失せるだろう。それを前にした僅かな時間，分院は静かにそこに立っている。煉瓦モザイク文様の壁は意外にシックで明るく見えた。中央三階，左右対称に翼を広げた姿は，私が働いていた頃の記憶像に比べて，こんなにも美しかったのか，

と思うほど，均整がとれ，堂々としていた。人っ子一人居ない。しかし廃墟ではない。遺跡，と言いたいような静謐の中，最後の王女，とでも言いたいような気品がそこにはあった。

……そしてそのあと坂を下り，通の対岸，群林堂の豆大福を妻への土産に買って，家路についた。

(了)

分院神経科（発足初期），笠松章教授を囲んで

都立松沢病院と東大医学部精神科

■ 広田伊蘇夫

　ふたつの，それも多彩な個性の坩堝ともいえる施設の広範な足跡を，世紀を越えて長期にわたり，かつ正確に記述することは，筆者にとり荷の重い課題である。そこで，ひとまず表題としている両施設の揺籃と，以後の関係を概記し，付記的に患者動態と処遇の流れを略記することとし，研究史についての詳細は他の筆者に任せることにしたい。

I. 両施設の揺籃

　まず都立松沢病院の源流を跡ってみると，1872年，明治維新・廃藩置県に伴って激増した難民のうち，主として行路病者の収容を目的として，上野護国寺跡地に設置されていた養育院内の盲人室を改修し，仮設癲狂室としてここに精神病者を収容・運営（50床）した時点にまで逆上ることができる（この改修は1875年で終了している）。

　1879年，養育院の神田移転を機に，癲狂室は東京府の運営する独自の精神病者収容施設「仮設東京府癲狂院」として上野公園内に開院され，長谷川泰（以下，敬称は略す）東京府病院（1873年設立）院長が初代癲狂院院長を兼任した（当時の在院者は73人）。ちなみに，京都府仮寮病院の所轄する，日本最初の公立精神病院，京都癲狂院は1875年，京都府洛東南禅寺に設立されたが，1882年に廃院となっている。

　1881年，東京府癲狂院は3万坪の敷地内に新築された本郷区東片町（現・東大農学部）に移転，中井常次郎が第2代院長に就任（在院者は自費10名を含め113名）。この時点で癲狂院は東京府病院とは分離・独立した施設となる。患者処遇については，中井はなるべく不羈束方法を原則とし，遊戯品を購入し，運動場を設け，庭園に草花を植え，慰安を図り，また男女病室を区別し，女子患者には看護婦を，男子患者には看護夫を添わせた。

　1886年，癲狂院は小石川区巣鴨駕籠町に移転（年初在院者150人）。第3代院長・榊俶の英断により"癲狂"の字句は廃され，1889年，院名は東京府巣鴨病院と改称された。この間，1887年3月，東京府と東京帝国大学との間で協議の上，在院患者の治療を帝国大学医科大学に一任することとなり，東京府巣鴨病院内に精神病学教室をおき，精神病学の榊教授が院長を兼務することになった（平均在院患者186人）。府立病院長を東大教授が兼務するという関係は第二次大戦後，国家公務員法の施行された1949年まで続いた。

　1882年から1886年の期間，主としてベルリン大学に留学し，精神病学を専攻してきた榊は，院長就任後，日本の精神病学の確立を目指して，患者統計の整備，治療環境の改善，非拘束療法の実践等を理念としたものの，1897年，39歳にして夭逝した。この間，1893年に帝国大学に講座制がしかれ，榊の学生講義は週2回となり，1回は巣鴨病院，1回は大学構内の病理学教室，または法医学教室で行われ，両施設は不則不離となっていた。

　榊教授の後任には法医学教授・片山國嘉が就

任し，第4代巣鴨病院院長を兼務した。当時，法医学，精神病学，衛生学は国家医学と総称され，片山もドイツ留学中は榊と同様，C. Westphal, E. Mendel に学んでいたが，自らの精神病学講義は G. T. Ziehen の所説に拠っていたと齋藤茂吉は記している（引用：呉秀三小伝；精神医学神経学古典刊行会，1973）。なお，片山は1900年に公布された精神病者監護法の立案に際し，中央衛生会の臨時委員に任命され，専門家として関与している。

II. 呉 秀三の業績

　1901年，Wien, Heidelberg, Berlin 等に留学し，E. Kraepelin により体系化されつつあった近代精神医学を知得し，また当時のドイツ神経病理学の基礎となった Nissl 染色法の技術等を身につけた呉秀三が5年ぶりに帰国，東京帝国大学医科大学精神病学教授に任ぜられ，同時に東京府巣鴨病院医長を嘱託された（1904年，一時廃止されていた院長制の復活で院長となる）。1925年，呉院長は定年退職となったが，帰国後の四半世紀にわたる業績は日本精神医学の建立者の名に値するものであった（齋藤茂吉）。この間の諸業績については岡田靖雄らを中心として編集，刊行された松沢病院医局・精神医療史研究会の［呉　秀三先生――その業績（1974年）］に詳しい。

　この刊行本から呉の主な業績を紹介してみると，1) 無拘束治療・作業治療・外来診療開始・保護室の改造・看護者教育等の巣鴨病院における医療の改革・整備，2) Kraepelin の記述精神医学の導入・「精神病学集要」の纂著（但し，Kraepelin 説による最初の教科書は，呉門下の石田昇による「新撰精神医学」であった），3) 精神障害者の実態調査「精神病者私宅監置ノ実況及其統計的観察」報告書を樫田五郎と連名で内務省に提出し，治療施設の大幅な不足を指摘し，後の精神病院法制定に理論的根拠を与えた，4) 内科の三浦謹之助と協力して1902年，日本神経学会（日本精神神経学会の前身）を創立し，また同年に精神衛生運動を発展させるために精神病者慈善救治会（日本精神衛生会の前身）の設立等を挙げることができる。なお，附記すると，日本で老人痴呆例をはじめて報告したのは呉であり，1915年，この疾患を「老耄性痴呆」として，80歳の老媼についての特異な病像を臨床講義で論じている。更に追記しておくと，作業治療を強調した呉の意向を体し，前田則三看護士らと患者の協力を得て，ほぼ4年をかけて「将軍池」「加藤山」を造成したのは，「眷医者」と称された加藤普佐次郎医師であり，1925年のことであった。加藤らの労汗は治療の一環とはいえ，以来，松沢病院入院者に静寂な憩いの場を提供してきた。その後，加藤と前田は，自らが精神病院入院歴をもち，アメリカの精神衛生運動の先駆者と評価されている C. Beers の名著「わが魂にあうまで」を訳出（1951年），巷間に精神衛生の実態と，その改善を今日にいたるまで喚起している名訳書であることを追記しておく。

　記述は前後するが，入院患者の増加に伴って府立巣鴨病院は手狭となり，呉は東京府に巣鴨病院の移転を提議し，同時に開放・作業療法の視点を重視し，患者一人に百坪の土地を求めた。東京府は当時の荏原郡松沢村の現在地（世田谷区八幡山）に約6万坪の土地を入手，精神科病院を新築，1919年11月7日に巣鴨病院から定員700名のほぼ全患者の移転が終了した。この日は現在，都立松沢病院の創立記念日となっている。

　この間，1919年8月1日，精神病学教室は本郷の東京帝大構内に移転，現在に至っている（なお，1943年の東京都制施行に伴って，府立の名称は東京都立に変更された）。

　この移設にあたり，東大病院の実力教授連の間に精神科不可入の意向が根強く，精神病学の橋頭堡としての精神科教室の東大構内設置には，呉秀三の十数年にわたる尽力のあったことを指

摘しておく。いずれにせよ，1936年，第6代院長・三宅鑛一の後を継いだ内村祐之院長の回顧によれば「当時（1923年）の精神科教室は，東大の構内の貧弱きわまる二棟からなっていた。一棟は，二，三の研究室と図書室とをもつ茅屋であり，他の一棟は手狭な外来棟と，それに続く仮建設の，わずか十数床の病棟であった」と記されている。この記述は，今なお赤レンガ棟と呼称されている当時の精神科教室の粗末な相貌と，その根底に潜む医学界の精神病に対する偏見を彷彿させてくれるものとみてよい。

ところで，現在の東京大学医学部精神医学教室の創設日時について，1939年，内村祐之は教室開講50周年記念講演会で，榊俶と東京帝国大学医学部精神病学教室の関係に触れ，「教室の真の字義は明瞭ではないが，之を大学の重要なる使命の一である学生への講義と関連せしむべきであるならば，私は大体榊先生が医科大学の学生に対して日本人最初の精神病学講義行った明治19年（1886年）12月3日を以て，教室が開設されたと理解してよいのではないかと思います」と述べている。さらに「榊先生の日記にも明かなように，東京帝国大学医学部精神病学教室の創設は，東京府巣鴨病院内で行われており，従って，同病院の歴史と教室の歴史との関係が，爾来最も密接であることは周知の通りであります」と論じている。なお，内村はこの講演で，呉秀三の筆になる追悼文を紹介し，「榊先生は巣鴨病院医長に就任以来"諸他の強迫方は其軽薄なるものまで除却し，Conolly 以来の不羈束方を応施し，……精神転導方として玩具楽器を採取し，隔離室の構造を改按して之を一新して"居られます。強迫具の撤廃は呉先生の時代に至って一層徹底的に励行される事となりましたが，既に榊先生の時代にこの改革のあったことを知る人は，今日では殆どないのでありますまいか」と述べている。

III. 内村祐之と両施設

内村は1936年，第6代院長・三宅鑛一の退職に伴い，慣例として東大医学部精神病学講座教授を兼任し，第7代都立松沢病院院長に就任した。しかし，時代は日中戦争の前夜であり，入院患者の生活維持すら困窮化しつつあった。ちなみに，立津政順の報告は，内村就任時の1936年，患者死亡率は5.5%，終戦時の1945年，40.9%と記しており，その半数は飢餓によるとの惨状を記している（この年の年間在籍者数は1,169名，死亡者数478名，うち栄養障害による死亡者298名だった）。つまるところ，内村をはじめとして，かかる状況に留められた入院患者の看護にあたった病院職員もまた，無謀な国家政策の中で苦難の日々を送らざるを得なかったのである。なおちなみに，江副勉・臺弘による「戦後12年間の松沢病院の歩み」と題する報告によれば，終戦10年後の1955年，1日平均在院患者数1,124名，年間死亡者数36名と記されており（1958年），立津の報告と比較すれば明々白々であるが，戦争のもたらした病者の悲劇は筆舌につくし難いものであった。

敗戦後の1949年，戦中・戦後の混乱の中で入院患者の生活と医療を辛うじて維持した指導者・内村は新規に制定された国家公務員法の規定により，都立松沢病院と国立東京大学との兼任が禁止され，松沢病院を辞任，後任には林暲が就任し，内村は東大教授に専念することとなった。しかし，この人事を内村は唯々諾々と受けたわけではなかった。内村は自著［わが歩みし精神医学の道（1986年）］で，「東京大学精神科教室と東京都立松沢病院との間の，過去半世紀以上にわたる不即不離の関係を顧み，また，この二つの施設の協同が，わが国の精神医学界のために果たした役割の大きかったことを思うとき，私は，この突然の分離を，簡単に考えることはできなかった。それは，双方にとって重大な問題であるはずであった」と記し，ついで「結局，私は，退任を是とする結論に達した。

その理由としては，……東京大学の精神科教室の施設は，国立大学として，お話にならぬほどの貧弱なものだが，それは，松沢病院があるから教室はこれでいいじゃないかという考えが教授会の中に根強く残っているためでもある。この考えを改めさせ，教室の設備を充実させるためには，一時の不便を忍んでも，松沢病院との直接の関係を絶つべきだ。それが百年の計というものである。また松沢病院とても，専任の良い院長を得たならば，古い伝統もあることだし，発展の可能性は大いにあるだろう。さすれば，私とて，三代の先輩に対して面目を保つことができるというものだ。――これが私の最後の判断であった」と述べている。かくて，現在のMax‐Planck研究所に留学中，W. Spielmeyerの許で，てんかん発作の発現機序に関わる機能的血管攣縮の役割を解明し（1928年），北海道大教授時代には比較精神医学の規範とされる論文，「あいぬノいむニ就イテ（あいぬノ精神医学的研究）」（1936年）を報告してもいた内村は，1936年から1958年まで東大精神科と松沢病院の指導者として多くの逸材を育てつつも，苦渋の決断をもって松沢病院を去ったのである。

IV. 戦後の松沢病院

前記した江副・臺の論文によれば，敗戦後，松沢病院の医療が再出発したのは1952年からとみられる。この論筆によれば，今後の治療方針として，1）病棟内で無為・寡動の患者を活動的にすること，2）生活圏の拡大，3）実社会への復帰の三段階を基本路線にする，との吉岡晋等の主張する慢性患者への所謂［働きかけ］が活発化し始めた。これに加え，1954年からは向精神薬の試用が始まり，1957年からはかなり大幅に使用されるようになった。かくて，1961年には基本路線の最終段階の準備としてアフターケア委員会が発足，更に，1965年にはナイトケアが開始され，1970年にはリハビリテーション医療部門の設置に至り，入院患者処遇の視点は徐々に実社会への復帰援助に向かっていったのである。

一方で，1919年に建築された旧病棟の改築が1962年から始まり，旧本館とのお別れパーティが1973年にささやかに行われ全面改築は終了した。この間，1964年，駐日アメリカ大使・ライシャワー氏が精神病者により負傷した事件を契機に，政府は社会防衛的色彩を強化すべく精神衛生法の改正を意図したものの，松沢病院医療従事者は烏山病院医局と共に反対運動の中軸として，全国運動を展開したことは特記しておく（なお，この間の動きは岡田靖雄の「五月の十日間：1964年」に略記されている）。

1967年，松沢病院に勤務経験のある大学教授9名が連名で，美濃部知事に「都の精神衛生行政について」と題する陳情書を提出した。内容を要約すると，都立病院では身体合併症・リハビリテーション医療を受け持ち得る施設，及び研究施設の充実が必要であり，また地域精神衛生網の整備を求めるものであった。更に，1972年，都知事の諮問に対して，東京地方精神衛生審議会は答申として，「当面の対策として，松沢病院を精神科を中心とした総合病院とし，更に都立総合病院に有床の精神神経科を設置することが望ましい」と提起した。こうした各方面からの意見を受けて，1972年に都立世田谷リハビリテーションセンター，1973年に都立精神医学総合研究所が松沢病院敷地内に開設された。また1977年には精神障害者身体合併症病棟が開設され，内科，外科，整形外科等が診療を始めた。以上は筆者が都立松沢病院に在籍した時代に知り得た経過を素述したものである。

V. 内村以後の東大精神科教室

ところで，退官した内村の後任として，1958年，秋元波留夫が東大精神科教授に就任した。秋元は北海道大学時代の内村の許に赴き，研究生活を送ったが，たまたま炭鉱のガス爆発による一酸化炭素中毒後遺症の二人の患者を克明に

診察し、今日ではリハビリテーション関係者からも評価されている名著［失行症］を1935年に出版した。その後、秋元は金沢大学精神科教室に移り、研究の中心を脳波学に置き、多くの逸材を育てたものの、請われて東大精神科に移り、1966年まで教室を主宰した。秋元の定年退職後、群馬大学精神科教授・臺弘が教室を主宰することとなった。臺は松沢病院時代、大学の同級生のよしみもあって、江副と共に化学室のリーダーとして分裂病者や覚醒剤中毒者の脳組織の含水炭素代謝異常を研究すると同時に、作業療法や上記した戦後の松沢病院の歩みに関する報告も行っていた。群馬大学時代には［分裂病の生活臨床］と題した予後改善の治療指針を著するなど、その活動は多彩であった。

VI. エピローグ

1965年以降、日本の精神医療界は大きな混乱の渦の中にあった。精神病床はとどまることなく増加し（注：英米ではすでに精神病床の減少が進んでいた）、新たな病院での不祥事件が頻発し、向精神薬の総生産額は増加の一途を辿り、過鎮静（クスリ漬）にして隔離収容する状況が生まれつつあった。この流れを押し止めるには「医局講座制」を解体し、主体的な自立した医師として活動し、それぞれの場で精神医療改革を目標とする集団、「東大精神科医師連合」が1968年に設立された。かくて、東大精神科教室には長期にわたる混乱がみられたものの、1984年、精神神経科領域は「個人の病理」と「社会の病理」との両者を視野に置くべき学問領域との信念をもつ原田憲一が教授に就任し、西山詮が助教授として補助役に就き、教室としての混迷は収束に至り、1990年、松下正明が教授に就任した。振り返って、この20年有余を空白の期間とみる人々もいるが、筆者は精神医学が地域社会の中に浸透した期間とみており、生活者としての精神病者の"こころ"と"脳"に関する広汎な領域を再検討するための準備期間であったとの思いを記して稿を閉じる。

東京府巣鴨病院

PKC物語
―榊の臨床講義と呉の症例報告―

加藤　進昌

　Paroxysmal kinesigenic choreoathetosis (PKC) は稀ではあるが，日本人に比較的多い疾患である。日本語では定訳がないと思われるが，発作性運動誘発性アテトーゼとでも言えばよかろうか。家族性で優性遺伝する発作性疾患の代表であり，典型的には下肢の運動開始にともなって突然上肢がねじれるような不随意運動―ヒョレオアテトーゼ―が出現するものである。学童期から思春期にかけては毎日くらいに頻発するが，長じるにしたがって頻度もおさまっていく。病気の報告が重なると，乳児期にしばしばけいれん発作が前駆することがわかった。この乳児けいれんは独立に benign familial infantile convulsion (BFIC) と呼ばれていたが，個人内や家系内でそれぞれが並存することから，合わせて infantile convulsions with paroxysmal choreoathetosis (ICCA) という名称もある。発作性の不随意運動とてんかんという病因が別とされる症状が重なることから，その責任遺伝子や表現型の差がどこから来るのかについて，重要な示唆を与えると目され，興味をもたれている疾患である。

　私はこのPKCの大家系を，滋賀での助教授時代にたまたま発見する僥倖にめぐり合った。その家系で症状が強い二人に協力してもらい，ビデオ脳波同時記録を動きながら録るという仕事を論文にまとめて報告することができた[1]。さらに，およそ20名のご家族の協力を得て採血した検体を長崎大学の原爆研究所遺伝研究室（新川教授）に送ったところ，長崎の中根教授も大きな家系症例をお持ちであったので2家系を中心に解析が可能となり，疾患遺伝子座を16番染色体のかなり狭いところにまで特定することができた[2]。この報告は相当の反響をよぶことになり，うれしい思いをしたのであるが，この発見のそもそもの発端，つまり私がどうして最初の患者をすぐに判断できたかについて，思い出をたぐっていくと榊・呉教授の臨床講義（図1）にたどりつくことから，その経緯をここに紹介したいと思う。なお，この内容は是非とも世界に知らせたいと思い，英文原著として報告した[3]。

榊教授の臨床講義

　1892年春，榊教授は「トムゼン氏病ノ一種」と題して臨床講義を行った。教授になって6年，まさに油の乗った頃だったろうと思う。もっともその記録は何もない。その2ヵ月後に呉先生（当時は助教授就任前，弱冠27歳の気鋭の精神

図1　呉教授の巣鴨病院講堂での臨床講義風景（呉教授在職25年記念文集より）

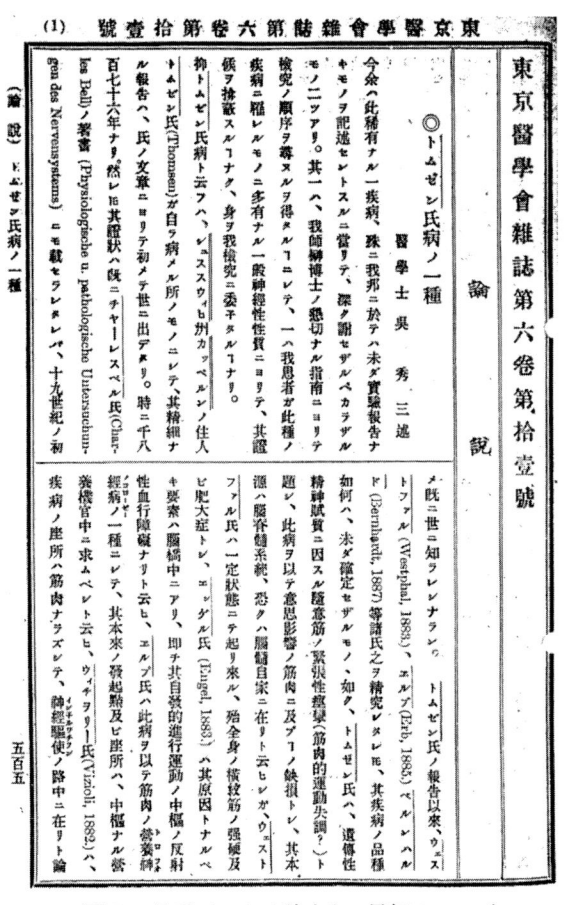

図2 呉秀三による論文[4]の最初のページ

図3 呉論文[4]中の「早取写真」。下肢の随意運動にともなう上肢の不随意運動に注目。実際のアテトーゼ様運動は私たちの論文[1]に詳しい。

科医であった）が東京医学会雑誌に同名の症例報告[4]をしており，その記述から推測できるのみである。呉先生はその論文の最初に榊教授の指導に対する謝意とともに，特に一切を包み隠すことなく「身ヲ我ガ検究ニ委ネタル」患者への深甚の謝意を掲げている（図2）。

呉先生は巣鴨病院に入院したこの23歳の男性患者の不可思議な「発作」の様相をいきいきと描写している。発作は随意運動の開始時におこるが，症状が強い時期には「今立つのだ」と思うだけでおこり，また，階段を上って「さあ，もう登りきるぞ」と不図思った瞬間におこる，特に誘発に良いのは椅子などの障害物を置き，それを「躍リコユルカノ類ナリ」と描写して，早取写真（実際にどういうものか判然としないが）の模写（図3）を掲げている。患者さんが熱心に協力してくれなければできないものであり，まさに私たちがビデオとテレメーターをかついで患者さんと一緒に大学構内を走り回ったときの苦労と喜びを髣髴とさせる。

さて，呉先生はこの診断に苦慮したものと思われ，1876年にThomsenが発表した今日の先天性強直症（myotonia congenita）の非定型なタイプの一種であろうとされた。この診断に80年後，東大神経内科の今日を築かれた豊倉康夫先生が疑義を唱えられた[5]。豊倉先生はたまたま発見した呉論文とその内容に驚嘆された。その詳細かつ漏れのない症例提示を絶賛され，

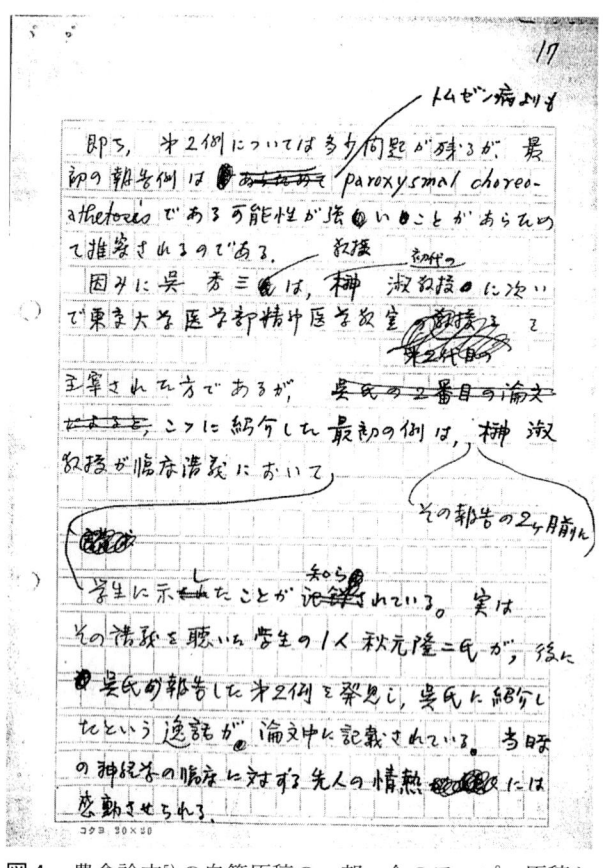

図4　豊倉論文[5)]の自筆原稿の一部。今のワープロ原稿と違う味わいが如実である。

その上で今日の知識に照らせばこれこそPKCの，わが国最初は言うに及ばず世界最初の報告であることを明確に証明されたのである。PKCの世界最初の報告は，当分野に詳しい研究者の間ではMount & Reback（1940）というのが常識である。またGowers（1881）が著書の中でPKCと思われる症例を記述していることから，この年を世界最初とすることもある。しかし，Gowersの記載は文中の逸話であり，かつ他の医師から聞いたという伝聞に過ぎない。

PKC患者との遭遇

15年位前，ひとりの外来患者さんが「てんかん」の治療に私の外来を訪れた。彼の「歩き出そうとすると手がねじれる，野球でヒットを打って走り出そうとするとこけそうになる」という訴えに，私は心の中で欣喜雀躍した。しかも「従弟も同じような症状がある」というのである。PKCが目の前にいる！

私は1975年の1年間弱，本誌にご寄稿もいただいている女子医大小児科の福山幸夫先生の下で，小児神経学の勉強をしていた。福山先生はてんかんを含む多くの小児神経疾患の分類と症状論に多大な貢献をされているが，PKCもそのひとつである。私はその頃診療の合間に先生の論文を読み，また呉先生の貢献があるとの豊倉論文にも接して，面白いなあと記憶していたのである。その後症例の解析もかなり進んできた頃，私は記憶を頼りに豊倉論文を図書館で探した。今ならさしずめネット検索で済むことだ

図5 呉先生が弟子に与えた額〈現高田西城病院（元高田脳病院）院長である川室優先生の厚意による〉

が，私の頭には図3の早取写真だけが残っていたので，似た図版を探したのだが見つけられなかった．まあ，雑誌名もあやふやだったから無理もないが．

それからまた数年，期せずして呉先生から何代も経ての後任教授に私がなってしまった．PKCを巡る奇遇を思い，またかなり近いところまで追いつめた[2]とはいえ，まだPKC遺伝子は特定できていないことからさらに症例を増やしたいと思い，福山先生に連絡を取った．先生からは快く共同研究の承諾をいただいたが，その際に件の論文を聞いたところ即座に所在を答えられ，また先生が編集長をしていた関係から図4の豊倉先生自筆の原稿コピーまでいただいたのである．しかもなんと以前新聞の夕刊小説だった北杜夫の「奇病連盟」にPKCと思われる患者が登場することまで教えていただいた．これは本を取り寄せたところ，「ピョコリ氏」ということがわかった．福山先生の記憶の確かさに驚嘆すると同時に，整理保存のすばらしさに感じ入った．何しろ毎日のように私は迷宮入りの資料を探しているので．

PKCと耳垢の深い関係―おわりに代えて

PKC物語はこれで終わらなかった．私が見つけた家系の発端者である男の子のお母さんがPKCの症状がある人たちは皆，耳垢がやわらかい（通称，飴耳）と言い出したのである．飴耳というのは日本人に多く，かつ優性遺伝とされる形質なので遺伝子を見つけるには有利な条件があるのだが，今まで不思議に見つかっていなかった．お母さんの言われる飴耳を家系内の皆さんに聞いてみると確かにPKCの発現とほぼ符合しているので面白いと思い，長崎の新川教授に伝えたところ，ほぼ同じ遺伝子座にある（が同一ではないことは後にわかった）ことを突き止められ，まずLancet (2002) に第1報が掲載された．以後同研究室で責任遺伝子特定の仕事が脈々と続けられ，2006年ついにABCC11なる遺伝子が特定されたのである[6]．これは新聞でもテレビニュースでも大々的に取り上げられた．

患者さんのお母さんとの近しい関係は，こうして思いもかけない大きな果実を科学にもたらすこととなった．実はここにも呉先生の軌跡と符号するところがある．1892年，榊教授の臨床講義を聴いた学生で秋元隆二君が，同じような患者を知っていると言い出したという．呉先生は「喜ビニ禁ヘス，」即日その患者さんの主治医である開業医（佐野謙二医師）と連絡をとり，診察の上で2例目の症例報告をわずか1ヵ月後に掲載している．この経緯はその報告にいきいきと表現されており，豊倉先生を感激させるものとなった．

最後に，榊先生と呉先生の足跡に100年後奇しくも私が関与しえたことに思いをいたし，豊倉先生の引用[7]を私ももう一度引用して，このように教授，教室員，学生，開業医，そして患者自身の協力のもとに不滅の症例報告が生まれたことを喜びたい．

1902年，三浦謹之助とともに神経学雑誌を創刊した呉秀三はその序言に書いた―「歳月は遷て盡くる所なく學藝は闢けて窮まる所なし」．

文献

1) Sadamatsu M, Masui A, Sakai T, Kunugi H, Nanko S, Kato N, 1999. Familial paroxysmal

kinesigenic choreoathetosis: an electrophysiologic and genotypic analysis. Epilepsia 40, 942-949
2) Tomita H, Nagamitsu S, Wakui K, Fukushima Y, Yamada K, Sadamatsu M, Masui A, Konishi T, Matsuishi T, Aihara M, Shimizu K, Hashimoto K, Mineta M, Matsushima M, Tsujita T, Saito M, Tanaka H, Tsuji S, Takagi T, Nakamura Y, Nakano S, Kato N, Nakane Y, Niikawa N, 1999. Paroxysmal kinesigenic choreoathetosis locus map to chromosome 16p11.2-q12.1. Am. J. Hum. Genet. 65, 1688-1697
3) Kato N, Sadamatsu M, Kikuchi T, Niikawa N, Fukuyama Y, 2006. Paroxysmal kinesigenic choreoathetosis: From first discovery in 1892 to genetic linkage with benign familial infantile choreoathetosis. Epilepsy Res. 70S, 174-184
4) 呉　秀三 1892．トムゼン氏病の一種．東京医学会雑誌 6, 505-514
5) 豊倉康夫 1973．呉　秀三（1892年）によるparoxysmal choreoathetosis の「症例報告」について．脳と発達 5(4), 1-6
6) Yoshiura K, Kinoshita A, Ishida T, Ninokata A, Ishikawa T, Kaname T, Bannai M, Tokunaga K, Sonoda S, Komaki R, Ihara M, Saenko VA, Alipov G.K, Sekine I, Komatsu K, Takahashi H, Nakashima M, Sosonkina N, Mapendano CK, Ghadami M, Nomura M, Liang D-S, Miwa N, Kim D-K, Garidkhuu A, Natsume N, Ohta T, Tomita H, Kaneko A, Kikuchi M, Russomando G, Hirayama K, Ishibashi M, Takahashi A, Saitou N, Murray JC, Saito S, Nakamura Y, Niikawa N, 2006. A SNP in the ABCC11 gene is the determinant of human earwax type. Nature Genetics 38, 324-330
7) 豊倉康夫 1974．呉　秀三と神経学―Paroxysmal choreoathetosis の世界最初の症例報告（明治25年）によせて．神経内科 1, 271-273

Uchimura Artery (Arteries)

■ 佐野　圭司

　内村祐之（ウチムラユウシ）(1897-1980)（図1）先生[38,39]（以下，敬称略）は無教会派の基督者として名高い内村鑑三（1861-1930）の長男として明治30年，東京に生まれた。独協中学から第一高等学校（以下，一高）に進んだ。中学時代はゲーテ，シラー，ハイネなどを読みふけったという。一高に入ってから野球に熱中した。もともと100mを11秒で走る程運動神経に恵まれた方であったが，たちまち左利き投手として一高のエースとなった。

　大正6～7年（1917-1918）は一高野球部の全盛時代（まだ六大学リーグはなかった）で，内村は早稲田大学，慶應大学をほとんどの場合，シャットアウトし，日本一の大投手としてマスコミに騒がれた。内村自身の言によると，外角をかすめる速くて鋭いインドロップ（現在の言葉で云う鋭く落ちるカーブか）は誰にも打たれなかったという。後年，内村は阪神タイガース時代の江夏投手を見て，「自分に似ている。しかし彼のpitching formは泥くさいが，自分のformはもっとスマートだった」と言っている。きめ球がよく似ているということであろう。内村の学生時代の文部省高官は「君が将来どんなに有名になっても，今以上有名になることはあるまいよ」と内村に言ったという。

　大正8年（1919）東京帝国大学医学部（以下，東大）に入学，大正12年（1923）卒業，ただちに呉　秀三教授（1897-1925在職）の主宰する精神科に入局した。当時，東大の精神科の教授は松沢病院の院長，助教授以下の医局員はそれぞれそこの副院長と医員を兼ねていたから，内村も当然松沢病院の医員となった。当時，読売新聞は社会面に三段抜きで「近代の名投手内村祐之氏東京府の松沢病院に入る」と出した（あとに小さく，内村氏が精神異常を来したわけではないが，とつけ加えた）という。

　父の鑑三は大変喜び，内村に発刊されて間もないWalther Spielmeyer (1879-1935)のHistopathologie des Nervensystems (Springer, 1922)を贈り，「To be used in service of the suffering humanity, 1923，4月1日父より」と添え書きしたという。

　なお余談であるが，筆者の師，清水健太郎教

図1　内村祐之（50代）

本論文は，脳神経外科（医学書院）より許諾を得て転載（脳神経外科 34(4)：365-373, 2006）。

図2 Walther Spielmeyer。死の前年（1934）[27], 55歳。

図3 Spielmeyer の教室員[27]。1：Hallervorden, 3：Gagel, 5：内村, 8：Grombach 夫人, 10：Spielmeyer, 11：Spatz

授（学生時代六大学リーグのスタープレイヤーであった）が金田投手の全盛時代に，日本の三大投手として，内村，沢村，金田の名を挙げたことを今でも覚えている。

大正13年（1924）秋，北海道帝国大学（以下，北大）から呉教授に若い優秀な精神科医が欲しい，すぐに海外留学させてから教授にすると云う申し出があり，内村が選ばれた。父の鑑三は北大の前身，札幌農学校の第二期生であったから大変喜んだという。こうして内村は北大精神科の助手となり，翌年（大正14年，1925）4月，欧州に向かって旅立った[38,39]，父鑑三は彼に「聞きしのみ　まだ見ぬ国に神しあれば　行けや　わが子よ　なに恐るべき」という和歌を贈ったという。

当時，München はドイツ精神医学の中心であり，老 Kraepelin 教授の創設した精神医学研究所（現在の MaxPlanck 研究所）は精神医学のメッカであった。そこの Histo-pathologisches Institut の所長は内村が感銘を受けた本の著者である Spielmeyer（図2）[27]であり，世界中から研究者が集まって来ていた（図3）[27]（ドイツから Scholz, Spatz, Hallervorden, Gagel 等，米国から Zinmerman, Malamud 等－ただし，留学の時期は同時では

なくて，少しずつずれている）。ここに内村は腰を落ち着けて神経病理の研究を始めた。彼の染色の技術を見て，研究室の主任技師 Grombach 夫人は彼には自由に標本を作ることを許したという。

その頃大きな問題とされていたのは，てんかん，その他の疾患（血行障害が多い）にみられる海馬（アンモン角）の変化，いわゆる Ammonshornsklerose アンモン角硬化がいかにして発生するかということであった。

海馬 hippocampus という構造物は1587年発行された Julius Caesar Arantius（イタリア名の Giulio Cesare Aranzi）の De Humano Foetu という著書に初めて記載されたが[9,23]，hippocampus という名がタツノオトシゴを意味するのか，神話の海神ポセイドーンの馬を意味するのか（タツノオトシゴも頭が馬に似ているのでそう名づけられた）あいまい（Arantius はタツノオトシゴを意味していたらしいが）であったため，色々の名称が後世につけられた[22,23]。Winslow（1732）は Cornu arietis（雄羊の角）と命名した。一方, de Garangeot（1742）はエジプトのアンモン神の初期の像は雄羊の頭を持ち，角をそなえ，首以下は人体という姿であらわされているので，

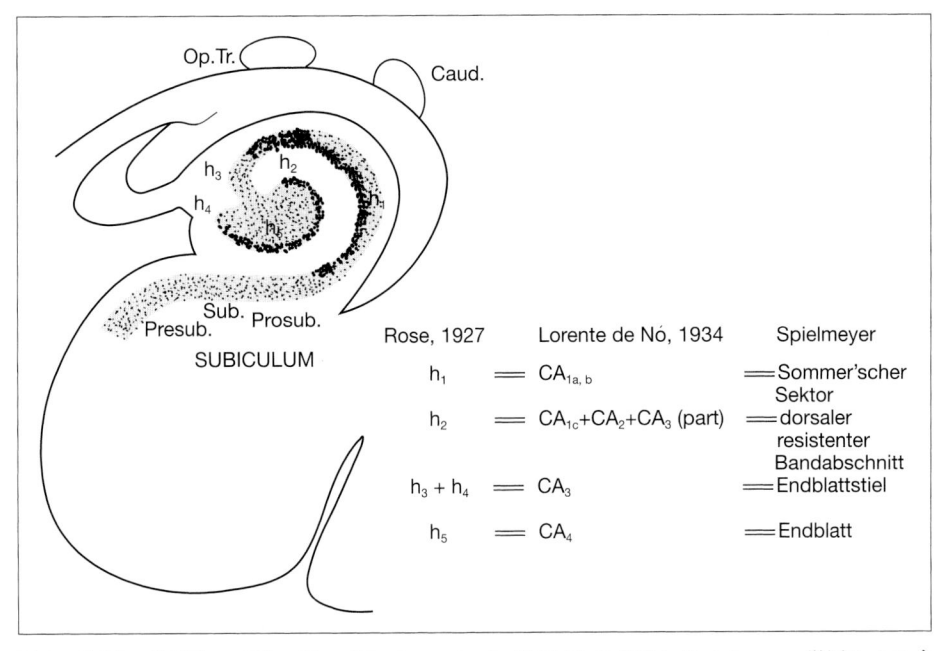

図4 海馬の各部位の名称。Rose[18]，Lorente de Nó[10,11] の分類と Spielmeyer 学派による名称[3]。Pnesub：Presubiculum，Sub：Subiculum，Prosub：Prosubiculum。なお，hippocampus（pes hippocampi＋alveus hippocampi＋fimbria hippocampi）と gyrus dentatus と subiculum を合わせて，hippocampal formation と呼ぶ。

Cornu Ammonis（アンモン神の角，アンモン角）という名称を提案した。こちらのほうは臨床でよく用いられるようになった。ことに Ammoshornsklerose（アンモン角硬化）という名称は Sommer[28] 以来定着している。彼はてんかん患者の海馬の顕微鏡的研究を初めて行い，海馬の特定の部位に錐体細胞の脱落と神経膠細胞の増殖を認めた。以来その部は Sommerscher Sektor（Sommer's sector）と呼ばれるようになった。この現象につけられた Ammonshornsklerose という名称も彼によるものである。1899年，Bratz[4-6] は Sommer の所見を追認し，さらに海馬の錐体細胞が歯状回の顆粒細胞層に接する部分，いわゆる Endblatt（endplate, endfolium）も Sommerscher Sektor と同様に神経細胞の脱落と神経膠細胞の増殖を示すことを発見（Bratzscher Sektor）し，さらに多くの症例で錐体細胞層の背側の部分は抵抗が強く，神経細胞が残っていることを記載した。てんかん患者の脳がすべてアンモン角硬化を示すわけではない。Bratz[4] の50例のてんかん脳のうち25例（50％），Stauder[35] の53例中36例（68％），Sano と Malamud[25] の50例中29例（58％）にアンモン角硬化が確認されたにすぎない。

海馬の細胞帯は Rose[18]，Lorente de Nó[10,11] によって分類されているが，図4に両者と Spielmeyer 学派の用語[3] の関係を模型的に示す。

アンモン角硬化の病因について，ドイツの2大学派の間に有名な論争があった。Vogt ら[40,41] は Sommer の Sektor と Endblatt，これらの両者間の神経細胞群および Subiculum には明らかな形態学的な相違が認められるのみならず，物理化学的な性質にも差があるとして Pathoklise 説を提唱した。

これに対し，Spielmeyer[29-34]は血行障害説を主張した．こういう時期に内村はこの説の核心をなす，海馬の血管構築の研究を命じられたのである．彼の研究の成果は二つの論文にまとめられた．

第1の論文 Über die Gefäß versorgung des Ammonshornes[36]で内村はアンモン角を栄養している血管について研究成果を発表している．この論文の著者名は Jushi Uchimura（Tokio）となっており，自分の名前をドイツ式に「ユウシ」と発音させるべくローマ字を選んでいる．この論文が受理されたのは1927年5月，雑誌に発表されたのは1928年である．

（以下抄訳）

「21例のアンモン角を調べた．12例にはアンモン角硬化（AHS）はなく，正常例と痙攣発作例とが混在していた．9例に AHS が認められた．これは痙攣発作例と脳血管に病変のある例（結核性髄膜炎，脳動脈硬化等）であった．AHS 例のうち5例は一側性の硬化であり，健側との比較ができた．ほとんどのアンモン角は連続切片にし，すぐに Van Gieson 染色を行った．正常脳の数例には血管内にカルミンゼラチン液を注入し，固まってから連続切片にした．

アンモン角は少数の例外はあるが，みな栄養を後大脳動脈からもらっている．この後大脳動脈の主幹は Gyrus hippocampi（現在の用語では Gyrus parahippocampalis，海馬傍回）に沿って後方に走っているが，この動脈から血管束（Gefäß bündel）が Fissura hippocampi（現在の用語では Sulcus hippocampi，海馬溝）に向かって出て，溝の底辺近くで方向を変え，歯状回（Gyrus dentatus）に沿って走る．この血管束からアンモン角を栄養する2本の比較的太い動脈枝が出ているのである．

（1）1本は海馬溝の下縁すなわち海馬傍回と歯状回の間から Markseptum（この両回の間の白質の中隔）に入り，この中を走って Sommerscher Sektor に達して，この錐体細胞層に分枝するので Sektorgefäß と内村に命名された（図8の3）．この血管の枝の一部は，隣接する resistenter Bandteil にも行き，そこをも養う．またこの Sektorgefäß，あるいはその根元の血管から小さな枝が出て Subiculum に行き，そこを養う（図8）．

（2）もう1本の動脈枝は(1)の動脈枝より上方で歯状回に入り，歯状回の中ほどで上方に彎曲して扇状に分枝し，resistenter Bandteil（Bandabschnitt）と歯状回顆粒層に血液を送る（図8の4）．

以上の2本の大きな枝の他に，小さな血管が海馬には来ている．Sulcus fimbriodentatus からいくつかの小枝が来て，脳室上衣や Endblatt の一部や Endblattstiel を養うなどである．また以上の他に，歯状回の表面から入る長短2本の血管をみることがある．長いほうは Endblatt の深部と顆粒層を養い，resistenter Teil にも血液を送る．短いほうは歯状回の表面と顆粒層に血液を送る．すなわち顆粒層は，種々の血管で養われ，緻密な毛細血管網を備えているのである．

これに反し Endblatt ははるかに粗な毛細血管を持ち，ことにその外側隅と内側隅はその中央部に比してずっと粗い毛細血管網しか持っていない．

以上に述べたように，Sommer の Sektor は Sektorgefäß という1本の動脈枝，しかも Markseptum 中を長い距離走ってきた動脈枝（他の動脈と側副血行路を作らない）によって養われているのである．これに反し，resistenter Teil はさまざまな方向から来る，いくつかの血管により養われている．Endblattstiel もそうである．resistenter Teil（resistenter Bandabschnitt）はまた，Sektorgefäß の終末部からも血液をもらっている．resistenter Teil は少なくとも3本，Endblatt の Stiel は少なくとも2本の血管から養われてい

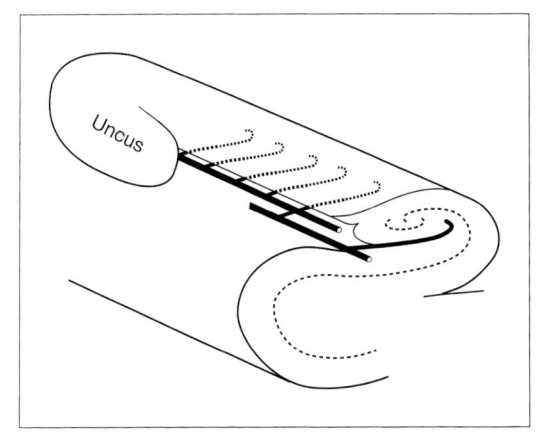

図5 Altshul 論文の図[2]。クマデ状に出ている動脈群。

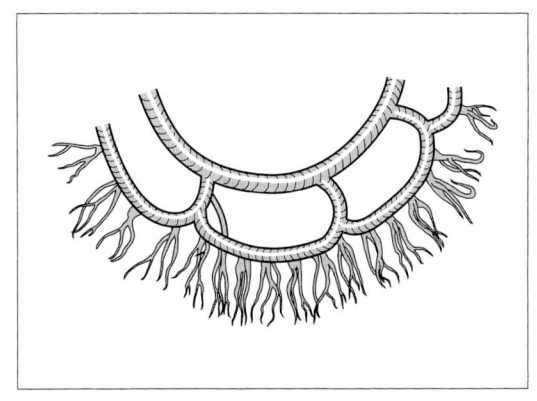

図6 Heiman[8] の海馬を養う動脈群の Arkade 構造（Arkadenbildung）。一番上が後大脳動脈，それから出た枝が吻合して arcade をつくり，これから直接海馬に行く血管群が出ている。

る。

　Sektorgefäß は常に Markseptum 中のみを走るとは限らない。著者内村の調べたてんかん患者でアンモン角変化のなかった7例では，わずかに3例で Sektorgefäß が Markseptum 中を走っていたにすぎず，4例では歯状回の上を走っていた。アンモン角硬化のあった8例では，7例で Sektorgefäß が Markseptum 中を長々と走っており，1例のみが短い走行をみせていた。こういうことから，Sektorgefäß が Markseptum 中を長く走ること自体が Sommer の Sektor に循環障害を生じやすい素因の一つを形成していると考えられる。

　すべてのてんかん患者がアンモン角硬化を示すわけではないことが知られている（Bratzによればアンモン角硬化のあった例は50%）。また，1側のみのアンモン角硬化の存在する例がある理由は，両側の血管の性状の差のみによるとは考えられない。

　Bratz は，両側性アンモン角硬化はてんかんよりも脳梅毒のほうに多くみられると述べ，さらに白痴の4例に両側性のアンモン角変化をみたと記している。同様な例は，Hiller と Meyer が一酸化炭素中毒例で，また Husler と Spatz が2例の百日咳子癇で報告している。てんかんでは病気のプロセスが，梅毒や一酸化炭素中毒，子癇等の場合ほど激烈広汎でなく，比較的限局しているので一側の大脳半球のみがより強い血行障害を起こすのかもしれない。

　前述したように，Endblatt への血液供給は resistenter Teil のように複数の血管から来ているのではない。Endblatt の内側隅と外側隅の毛細血管網は粗であるのに反して，顆粒層の毛細血管網は極めて密である。てんかん発作の例ではこの毛細血管網の密な顆粒層は残っているのに，Endblatt の内側隅と外側隅の神経細胞は消失してしまうのはこのためであろう。
（抄訳以上）

　この論文に続く第2の論文も同じ雑誌に発表された。Zur Pathogenese der örtlich elektiven Ammonshornerkrankung[37] で著者名は，今度は Dr. Uchimura, Tokio（Japan）となっており，受理されたのは1928年で，雑誌に掲載されたのは同じ1928年である。症例は39例に増加している。さらにそのうち4例は急性期例で，これらについても詳細な記述がなされている。要するに，Sektorgefäß と内村が命名

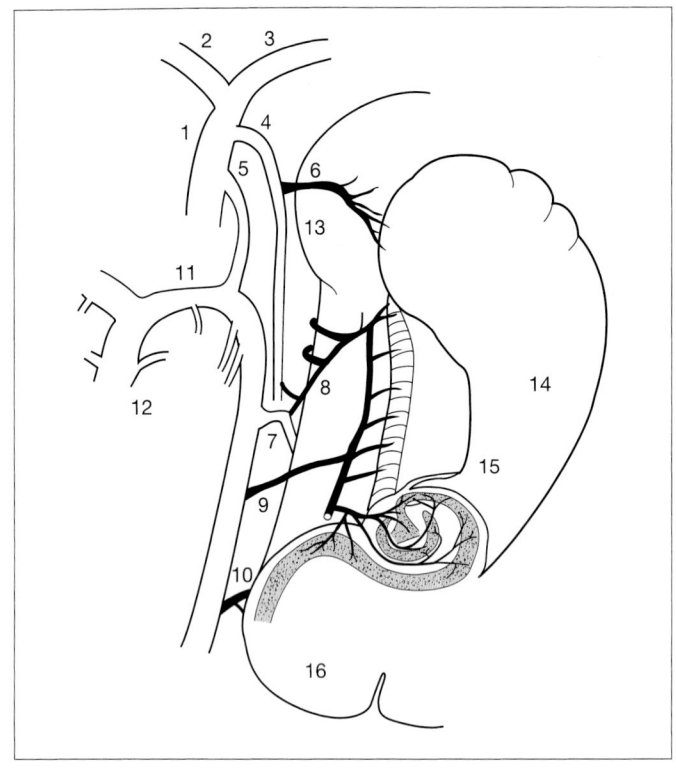

図7 海馬を養う主要な動脈の概観図[20]。1：内頸動脈，2：前大脳動脈，3：中大脳動脈，4：前脈絡叢動脈，5：後交通動脈，6：4の uncal branch，7：anteior temporal artery，8：anterior hippocampal artery，9：middle hippocampal artery，10：posterior hippocampal artery，11：後大脳動脈，12：脳底動脈，13：鉤，14：海馬，15：海馬采，16：海馬傍回。図のように，8，9，10は多くの場合吻合して，arcade をつくり，これから海馬に行く動脈（複数）が出ている。ただし，これには種々の variation がある。

した動脈は，Markseptum 中を長々と走り，側副血行路もなく，Sommer の Sektor に行ってそこを養っている。したがって些細な血行変化でも Sommer の Sektor は血行障害を受けやすい。また Endblatt はその内側隅と外側隅で毛細血管網の発達が悪く，これも血行障害時におかされやすいと思われる。かように血管構築の面からアンモン角の変化を説明しているのである。

10年後の1938年，Altschul[2] は "Sektorgefäß Uchimuras" と内村の名をこの動脈に冠し，この動脈は複数で（Sektorgefäße），海馬溝に沿って前後に走っている Arterien（複数）から熊手状（rechenförmig）に出て海馬に入っている（図5）（その数12～15本）と記載している。ただし，Altschul は Sektorgefäße の血行変化が Ammonshornsklerose の主因になっているとは必ずしも考えていないようである。

Heiman[8] は，海馬に血流を送る動脈は後大脳動脈から出ていて，お互いに吻合して Arkade（arcade）をつくっている（図6）。この arcade から動脈枝が出て海馬を養っていると報告している。Muller ら[13] は，15人の正常成人脳で調べて，後大脳動脈から直角に1～4本の枝が出てお互いに吻合し，海馬に平行に（したがって後大脳動脈にも平行に）走り，これからさらに直角に動脈枝が出て海馬に入り，これを養うという。つまり，内村が Gefäß bündel と称したのが，お互いに吻合する前者，これから出る比較的太い動脈枝が内村が Sektorgefäß と名づけたものと，歯状回に入る動脈枝であろう。両動脈枝とも内村によって初めて記載されたもののようである。

Marinković ら[12] は25例の大脳で，血管内に色素を注入して調べた。Anterior hippocampal artery（AHA）（88.2％に存在）

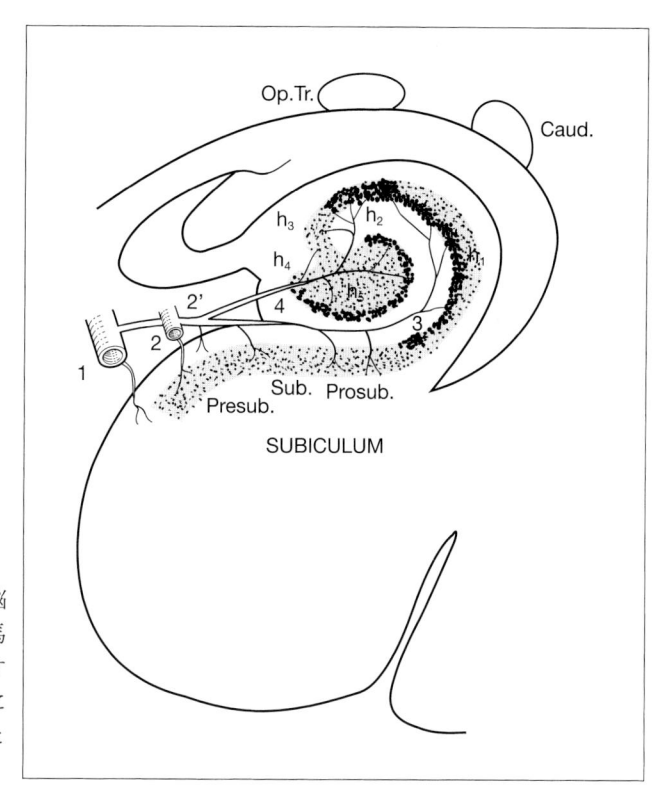

図8 海馬を養う主要な動脈（細部）。1：後大脳動脈，2, 2'：海馬動脈，3：Sektorgefäß（海馬溝下縁から Markseptum に入り，Rose の h_1，すなわち Sommer の Sektor を養う。Subiculum にも枝を出す），4：歯状回に入る動脈枝（歯状回と Rose の h_2, h_3, h_4, h_5 を養う）。

は後大脳動脈と anterior temporal artery から起こる。29.4％は前脈絡叢動脈からも起こる。この AHA は，Uncus（鈎）と海馬傍回の間を進み海馬の前部を養う。Middle hippocampal artery（MHA）は100％に存在し，後大脳動脈（と common temporal arteries）から起こり，海馬の中部に血液を送る。Posterior hippocampal artery（PHA）は94.1％に存在し，後大脳動脈（と splenial arteries）から発し，海馬の後部を養う。これら AHA, MHA, PHA をつなぐ anaotomoses は29.4％に存在するという。彼らは内村の Sektorgefäß を large ventral hippocampal artery，その上方で歯状回に入る大きな枝を large dorsal hippocampal artery と命名している。

Yaşargil[42,43]は手術解剖の立場から海馬の血行を図示しているが，海馬の前部（前1/3）は前脈絡叢動脈の枝から養われ，後部（後2/3）は後大脳動脈から血液を受けているとし，Duus[7]の著書にこの動脈が記載されて Uchimura's artery と称されているとしている。ただし，Duus 自身は海馬へと行く後大脳動脈の枝を Ammonshornarterie と名づけ，それが海馬溝に入り，2本に分かれてから Sommer の Sektor へ行く枝を Ramus longus （Uchimura）と呼び，その上方から歯状回に入るもう1本の枝には名を与えていない。

ここで Uchimura's artery という名称に関しては二つの立場がある。Yaşargil のように Ammon's horn artery を Uchimura's artery と呼ぶか，Duus のように Sommer の Sektor に行く枝（Sektorgefäß）のみを Uchimura's artery と呼ぶかである。

実際は内村によれば，後大脳動脈が海馬傍回に沿って後方に走っているうちに，これから Gefäß bündel が海馬溝に向かって出て，溝の

底辺近くで方向を変え，歯状回に沿って走るようになる。これから海馬を栄養する２本の比較的太い枝が出て海馬を養う。そのうち海馬溝の下縁から入る枝は主にSommerscher Sektorに行く（Sektorgefäß）。もう１本の枝は前者より上方で歯状回に入り，歯状回とresistenter Teilを養う。図７は諸家[8,12,13]の報告とYaşargil[42,43]の所見と自らの経験とを交えて模型図にしたものである[20]。

Sektorgefäßのみを内村の動脈というDuusの考え方はおかしい。Yaşargilのように Ammonshornarterie，あるいはhippocampal artery（複数）を内村のarteriesと呼ぶほうが，これらを初めて記載した内村の名誉のためにはよいのではなかろうか（図７の８，９，10，あるいは図８の２，２'，３，４）。すなわち，Arteriae hippocampi s. hippocampales（s.は"sive あるいは"の略）を内村のarteriesと呼ぶのが妥当であると考えるのである。Sektorgefäßは内村の動脈枝（ramus）と命名してもよいであろう。

Ammonshornsklerose, Sclerosis of the cornu Ammonisはてんかん脳のかなりの例にみられるのみならず，脳虚血，脳乏血，脳の血行障害があると考えられる例，酸素欠乏症，低血糖症などにも認められる。Spielmeyerは内村の解剖学的所見に基づいて，これらの病的状態の場合，Sektorgefäßの前記の解剖学的特性により，その灌流領域のSommerのSektorに神経細胞の死，脱落，それに続く神経膠細胞増殖が起こると考えた[29-34]。

Scharrer[26]は，内村が見出したと同様な血管構築をOpossumの海馬に見出し，一酸化炭素中毒にみられるアンモン角硬化をこれで説明した。Nilges[14]もAltschul同様，クマデ状に主幹から発して海馬に入る血管群をサルを含む哺乳類に見出している。彼らの見解ではかような血管構築の場合，わずかな血圧下降でも血管末梢での下降が著しく，局所の血行障害を起こしやすいという。AlexanderとPutnam[1]によれば，Sommer's sectorは脳の他部と異なり，Vessels of the fourth orderより大きな血管枝では養われていない。しかもそのfourth orderの血管も，同じorderの血管のなかでは最小径（20〜16μ）であり，したがってこの部は酸素欠乏に対し最も抵抗の弱い部と考えられる。SugarとGerard，その他によればアンモン角は小脳とともに乏血に対し，電気生理学的に最も抵抗の弱い部であるという[20,23]。

かように内村の研究はSpielmeyerの主張に大きな基盤を与えただけでなく，後世の多くの研究者の興味をかき立て，アンモン角（海馬）の血管構築と，アンモン角硬化に関する多数の論文を生むことになった。

現在の考え方はexcitotoxicity theory[15-17,19,23,24]で説明される。前述のように脳虚血，乏血も酸素欠乏もてんかん発作時のneural dischargeも低血糖症も神経突起末端のpresynaptic部で興奮性神経伝達物質（L-glutamateやL-aspartate，ことに前者）の過常なシナプス腔への放出を来す。これによってpostsynaptic neuronが障害されて死に至り，やがてその部に神経膠細胞の増殖が起こってくる。脳虚血，乏血，酸素欠乏，低血糖などの時は，ただでさえ十分な血液供給が保たれにくいSommerのSektorは乏血に陥りやすい。てんかん発作のときの異常なneural dischargeが海馬以外のところに起きても，そちらに血液をとられ，SommerのSektorは比較的な乏血状態になるであろう。しかも，この部位（h_1, CA_1）はglutamatergic synapseの多い（例Perforant path, Schaffer Collateral等）部位である。こういう考え方でみると，Spielmeyer学派もVogt学派も両方とも条件付きで正しかったことになるであろう[23]。アンモン角硬化はmesial temporal lobe epilepsy（psychomotor seizure）の最も多い原因となる[20-25]ので，臨床的にも重要である。

内村は昭和2年（1927）欧州を去り、米国をまわって2年余りの旅を終え東京に戻り、9月、札幌に家族（外遊前に結婚していた）を連れて赴任した。彼の二つの論文は最も頻回に引用される有名な仕事となったが、彼はこれを東大に提出して医学博士の学位を得た。彼は北大の教授としてアイヌのイムの研究など優れた仕事を残している。一方、東大では呉　秀三教授退官（1925）の後、三宅鑛一が教授職にあったがその退官（1936，昭和11年）にあたり、内村はその後任に任ぜられ、昭和33年（1958）まで22年間、東大教授の職にあった。その間、医学部長、第13回日本医学会総会準備委員長を務め、昭和34年（1959）には第15回日本医学会会頭の大役を果たすなど、医学者として名誉ある地位を占め続けた。なお彼の野球での名声から、退任後のある時期、プロ野球のコミッショナーに担ぎ上げられたこともある。

文献
1) Alexander L, Putnam TJ: Pathological alterations of cerebral vascular patterns. Res publ Ass nerv ment Dis 18: 471-543, 1938
2) Altschul R: Die Blutgefässverteilung im Ammonshorn. Ztsch ges Neurol Psychiat 163: 634-642, 1938
3) Bodechtel G: Die Topik der Ammonshornschädigung. Ztschr ges Neurol Psychiat 123: 485-535, 1930
4) Bratz E: Ammonshornbefunde bei Epileptischen. Arch Psychiat Nervenkr 31: 820-836, 1899
5) Bratz E: Über das Ammonshorn bei Epilepstischen und Paralytikern. Allg Ztschr Psychiat 56: 841-844, 1899
6) Bratz E: Das Ammonshorn bei Epileptischen, Paralytikern, Senildementen und anderen Hirnkranken. Monatsch Psychiat Neurol 47: 56-62, 1920
7) Duus P: Neurologisch-topische Diagnostik 6. Auflage, Georg Thieme Verlag, Stuttgart, New York, 1995, (邦訳) 花北順哉：神経局在診断4版, 文光堂, 東京, pp386-387, 1999
8) Heiman M: Über Gefäß studien am aufgehellten Gehirn, I Die Gefäße des Ammonshornes. Schweiz Arch Neurol Neurochir Physchiatr 40: 277-301, 1938
9) Lewis FT: The significance of the term hippocampus. J comp Neurol 35: 213-230, 1922-1923
10) Lorente de Nó R: Studies on the structure of the cerebral cortex. I: The area entorhinalis. J Psychol Neurol 45: 381-438, 1933
11) Lorente de Nó R: Studies on the structure of the cerebral cortex. II: Continuation of the study of the Ammonic system. J Psychol Neurol 46: 113-177, 1934
12) Marinoković S, Milisavliević M, Puškaš L: Microvascular anatomy of the hippocampal formation. Surg Neurol 37: 339-349, 1992
13) Muller J, Shaw L: Arterial vascularization of the human hippocampus I. Extracerebral relationships. Arch Neurol 13: 45-47, 1965
14) Nilges RG: The arteries of the mammalian cornu Ammonis J Comp Neurol 80: 177-190, 1944
15) Olney J: Neurotoxicity of excitatory amino acids. McGee EG, Olney JW, McGeer PL (eds): Kainic Acid as a Tool in Neurobiology, Raven Press, New York, pp95-121, 1978
16) Olney JW, de Gubareff T: Extreme sensitivity of olfactory cortical neurons to kainic acid toxixity. McGee EG, Olney JW, McGeer PL (eds): Kainic Acid as a Tool in Neurobiology, Raven Press, New York, pp201-217, 1978
17) Olney JW, Ho OL, Rhee V: Cytotoxic effects of acidic and sulphur containing amino acids on the infant mouse central nervous system. Exp Brain Res 14: 61-76, 1971
18) Rose M: Der Allocortex bei Tier und Mensch I. Teil J Psychol Neurol 34: 1-111. Die sog. Riechrinde beim Menschen und beim affen II Teil des "Allocortex bei Tier und Mensch". J Psychol Neurol 34: 261-401, 1927
19) Rothman SM, Olney JW: Glutamate and the pathophysiology of hypoxic-ischemic brain damage. Ann Neurol 19: 105-111, 1986
20) 佐野圭司：てんかんと海馬．てんかん治療研究振興財団研究年報 6: 1-24, 1994
21) Sano K: Hippocampus and epilepsy surgery. Epilepsia 38 (Suppl): 4-10, 1997

22) Sano K : The role of hippocampus in epirepsy. Historical review. Kato N (ed) : The hippocampus : the functions and clinical relevance, Elsevier, Amsterdam, Tokyo, pp3-12, 1996

23) 佐野圭司：アンモン角硬化：歴史的考察と発生機序，眞柳佳昭，石島武一監修，てんかんの外科，メディカルサイエンス・インターナショナル，東京，pp327-356, 2001

24) Sano K, Kirino T : Ammon's horn sclerosis : its pathogenesis and clinical significance. Tohoku J exp Med 161 (Supple) : 273-295, 1990

25) Sano K, Malamud N : Clinical significance of sclerosis of the cornu Ammonis : Ictal "psychic phenomena". Arch Neurol Psychiat 70 : 40-53, 1953

26) Scharrer E : Vascularization and vulnerability of the cornu Ammonis in the opossum. Arch Neurol Psychiat 44 : 483-506, 1940

27) Scholz W ed : 50 Jahre Neuropathologie in Deutschland 1885-1935. Georg Thieme, Stuttgart, pp87-107, 1961

28) Sommer W : Erkrakungen des Ammonshorns als aetiologisches Moment der Epilepsie. Arch Psychiat Nervenkr 10 : 631-675, 1880

29) Spielmeyer W : Zur Pathogenese örtlich elektiver Gehirnveränderungen. Ztschr ges Neurol Psychiat 99 : 756-776, 1925

30) Spielmeyer W : Die Pathogenese des epileptischen Krampfes. Histopathologischer Teil. Ztschr ges Neurol Psychiat 109 : 501-520, 1927

31) Spielmeyer W : Über örtliche Vulnerabilität. Ztschr ges Neurol Psychiat 118 : 1-16, 1929

32) Spielmeyer W : Kreislaufstörungen und Psychosen. Ztschr ges Neurol Psychiat 123 : 536-573, 1930

33) Spielmeyer W : The anatomic suabstratum of the convulsive state. Arch Neurol Psychiat 23 : 869-875, 1930

34) Spielmeyer W : Funktionelle Kreislaufstörungen und Epilepsie. Ztschr ges Neurol Psychat 148 : 285-298, 1933

35) Stauder KH : Epilepsie und Schläfenlappen. Arch Psychiat Nervenkrankh 104 : 181-212, 1936

36) Uchimura J : Über die Gefäß versorgung des Ammonshornes. Ztschr ges Neurol Psychiat 112 : 1-19, 1928

37) Uchimura : Zur Pathogenese der örtlich elektiven Ammonshornerkrankung. Ztschr ges Neurol Psychiat 114 : 567-601, 1928

38) 内村祐之：わが歩みし精神医学の道．みすず書房，東京，1968

39) 内村祐之：鑑三，野球，精神医学．日本経済新聞社，東京，1973

40) Vogt C, Vogt O : Erkrankungen der Gehirnrinde im Lichte der Topistik, Pathoklise und Pathoarchitektonik. J. Psychol Neurol 28 : 1-171, 1922

41) Vogt O : Der Bergriffe der Pathoklise. J Psychol Neurol 31 : 245-255, 1925

42) Yaşargil MG, Teddy PJ, Roth P : Selective amygdalohippolampectomy, operative anatomy and surgical technique. Symon L, et al (eds) : Advances and technical standards in neurosurgey vol 12, Springer, Wien/New York, pp93-123, 1985

43) Yaşargil MG : Microneurosurgery IV B, chapter 17, Georg Thieme Verlag, Stuttgart, New York, pp253-258, 1996

文学者と東大神経科

■ 春原　千秋

はじめに

　榊俶（1857〜97）が3年間のドイツ留学を終えて帰国し，東京大学神経科の初代教授に任ぜられ精神病学講座を開いたのは1886（明治19）年である。

　一方わが国の近代文学は，坪内逍遙が評論『小説神髄』（1885）を著し，二葉亭四迷が『浮雲』（1889）を発表した1887（明治20）年前後に始まったと言われている。つまり東大神経科教室（現精神医学教室）は，日本文学の黎明期と同時期に始まり，共に120年の年月を歩んで今日に至ったことになる。

　今回私に与えられた課題は，「文学者と東大神経科」である。しかし東大はわが国で最初に神経科の講義を始めた大学であり，榊俶，片山國嘉，呉秀三，三代にわたって薫陶を受けた若き俊英たちが，その後に新設された大学，医専の神経科教授として赴任したのである。したがって東大神経科の系譜は，綿々として日本全国の神経科教室に受け継がれているのである。しかしここでは東大神経科に入局し，その後東大，松沢病院（巣鴨病院）あるいは医局と関連の深い施設や精神病院などで勤務した精神科医のなかで，「文学者」として実績をあげた者を中心に述べることにしたい。

　ただ精神科医を志す者は，他科志望の者に比べると，文学，心理学，哲学などの分野に興味や関心を持つ者が多い。また文筆にも秀でており，すぐれた随筆，伝記，翻訳などの著作も少なくない。たとえば教室の大先輩であり，わが国における代表的精神医学者である呉秀三は，生来文学，歴史を好み，また名文家としても知られていた。学生時代に書いたという『精神啓微』（1889）は優れた作品であり齋藤茂吉が一高生のとき読んで感嘆したという。しかし呉を「文学者」と称するのにはいささか抵抗を感ずる。ここでは「文学者」として活躍した精神科医に限って紹介することとした。ただ戦後，「文学者」とはいえないが，私の心に残るエッセイを残した精神科医についても記載しておきたい。

　また文学者で心の病にかかった者も少なくない。彼らのなかでは東大神経科出身の医師に診察，治療を受けた者も多い。それらの中で公表されているものについても二，三触れておきたい。

（1）1886（明治19）年〜1945（昭和20）年まで

　明治，大正時代で東大出身の医師で文学者といえば，まず第一に文豪森鷗外，劇作家で詩人の木下杢太郎が思い出される。正木不如丘なども作家として活躍した。しかし精神科医としては何といってもまず歌人齋藤茂吉をあげねばならない。

　齋藤茂吉（1882〜1953）。はじめにその生涯を簡単に述べておこう。彼は山形県上山市の生れ，旧姓守谷。親戚に当る医師齋藤紀一の招きで1896年上京し，中学，高校を卒業して東大医科大学に進み1910年卒業。巣鴨病院に勤務し呉秀三教授の指導を受ける。17年長崎医専教授として赴任，21年10月ウィーン及びミュンヘンで

研究に専念し24年帰国。帰国途中養父の経営する青山脳病院全焼の悲報に接し失意のうちに帰国した。以後再建に努力し、27年父紀一のあとを受けて青山脳病院長に就任する。45年に郷里に疎開したが、そこで終戦を迎えた。空襲で病院も自宅も全焼、47年東京の自宅に帰り、53年2月心臓麻痺のため72歳の生涯を閉じた。

彼の文学活動は、一高時代に正岡子規の遺稿『竹の里歌』に出会ったことによる。そこで彼は歌人を志し、伊藤佐千夫に師事し『馬酔木』同人となり作品を発表、08年歌誌『アララギ』創刊にかかわり生涯その中心として活躍した。13年には第一歌集『赤光』を刊行して注目を集める。次いで『あらたま』から『寒雲』『暁紅』『白桃』をへて『白き山』（49）に至る数多くの歌集のほか『柿本人麿』の大著、歌論、随筆を発表した。37年芸術員会員、51年には文化勲賞を受章している。なお17年から27年まで、すなわち長崎医専教授時代から外国留学時代の10年間は、精神医学の研究に没頭し、学位論文を書き、学会発表も行っている。

彼の歌集や随想には病者を歌ったものが多いが、それについては岡田靖雄の労作『精神病医齋藤茂吉の生涯』（2000）の中で数多く紹介されている。

私は短歌については全くの素人であり論評はできない。しかし彼は大正、昭和歌壇の中心であるアララギ派の指導者であり、対象をよく見てその中に自己を投入していくという「実想観入」という独自の短歌理論を打ち立て、佐藤春夫、芥川龍之介らの支持を得て、歌壇を越え広く文学界全般に影響を与えたという。

次に茂吉と同年で巣鴨病院では2年先輩であった**氏家信**（1882〜1949）も記しておかなくてはならない。彼は1908年東大卒、巣鴨病院医員、音羽療養所院長、東京医大教授等を務めた。歌人窪田空穂の教えを受け、「朝の光」を発行、晩年は「頸草社」の指導者となった。創作した長短歌は二、三千首を超える。短歌雑誌「頸草」の「氏家信追悼号」（1949.12）の中で、齋藤茂吉は「氏家信君を偲ぶ」を書き、「君の歌風は君そっくりで、温厚活淡であった」とのべている。

次に東大医局出身ではないが、**中村古峡**（本名蓊）（1881〜1952）についてのべておきたい。彼は東大英文科出身の文学士であり、後東京医専を卒業して精神科医となり千葉で開業した。彼は夏目漱石門下であった文学士時代、朝日新聞に長編小説『殻』（1912）を発表した。これは彼の弟が統合失調症にかかり、関西の精神病院で悲惨な最後を遂げたことを書いたもので、当時の病院の状態を知る資料ともなっている。また彼は森田正馬とも親交があり、森田の協力を得て「日本精神医学会」（1917）を設立、機関誌「変態心理」を発行した。呉秀三、杉田直樹、下田光造、森田正馬らが筆を取っており1926年まで103号を発行している。

次に東大神経科出身の医師が文学者の診察や治療に当った記録のあるものを書いておく。

まず東大教授呉秀三（1865〜1932）が夏目漱石（1867〜1916）を診察したことは有名である。漱石はイギリス留学から帰国した1903年夏ころ精神異常を疑われ、鏡子夫人の希望でかかりつけの尼子四郎（一時巣鴨病院の医員だったことがある）の紹介で呉博士の診察を受け「追跡狂」と診断されたという。ただこれは鏡子夫人の『漱石の思い出』（1927）による話であり、診察の記録などは残されていない。

森田正馬（1874〜1938）は1902年東大医学部卒、呉秀三に師事し、巣鴨病院に勤めた後東京慈恵医大の初代教授になった。神経質症に対する森田療法の創始者として著名である。文学者では倉田百三（1891〜1943）が強度の強迫神経症を病んだが森田療法によって克服し、当時の感想を『絶対的生活』（1930）にまとめた。また詩人日夏耿之介（1890〜1971）も、不眠、不安症状に悩まされたが、短期間森田療法を受け回復している。

齋藤茂吉は晩年の芥川龍之介（1892～1927）の診察を行い睡眠剤を与えている。また宇野浩二（1891～1961）が発病した際も相談を受けている。なお浩二は1927～32年にかけて小峰茂之（1907年入局）が院長をしていた小峰病院に入院した。当時の病状については橋爪健（1900～64）の「鬼浩二」（『多喜二虐殺』1962所収）に詳しい。さらに茂吉は永井荷風（1879～1959）が不眠症に悩んでいた1932年秋ころ青山病院で診察を行っている（『断腸亭日乗』巻16）。

次に文学者自身（あるいはその家族）が東大関連の病院に入院した体験を書いたものをあげておこう。

まず詩人，紀行文家である大町桂月（1869～1925）はアルコール中毒となり，一高時代の同級であった石川貞吉（1904年入局）が院長を勤める巣鴨脳病院に入院。退院後に入院中の生活や病院の規模などを『酒精中毒記』『鉄窓の三十日』（1918）で紹介した。

また島崎藤村（1872～1943）には『ある女の生涯』（1921）という作品がある。これは晩発性の統合失調症にかかった姉がはじめは音羽養生所（院長氏家信）その後根岸病院（顧問森田正馬）に入院した，そのときの症状や病院の有様が描かれている。

島田清次郎（1899～1930）は，生来特異な性格の持主であったが，自分の分身と思われる少年を主人公として，社会に反抗し，ひたすら偉くなりたいという野心に燃えて人生の遍歴を続ける物語『地上』（1919～22）を書き爆発的な人気を得た。しかし統合失調症を病み保養院（院長池田隆徳，1908年入局）に1924年から5年半入院し，同院で死去した。その時の状態は彼と実際に交流があった橋爪健の「狂い咲き島清」（『多喜二虐殺』所収）に詳しい。

詩人千家元麿（1888～1945）は1929年ころうつ病を病み半年余松沢病院に入院した。その間に歌った詩11篇が全集に残されている。またプロレタリア作家中本たか子（1903～90）は昭和のはじめ検挙されて厳しい取り調べを受け拘禁反応を起し松沢病院に入院させられた。当時の病状は病院のカルテにも詳細に記載されており，また自身の書いた『赤いダリア』（1941）などの自伝的小説もある。

また高村光太郎（1883～1956）は，妻智恵子（1886～1935）が斎藤玉男（1907年入局）の院長をしていたゼームズ坂病院に入院した。光太郎の友人宛書簡にはその悲惨な末期症状が記されている。

最後に石上玄一郎（1910～）は，戦争一色に塗りつぶされ，文学の世界にも厳しい検閲制度が設けられるようになった1942年，東大神経科教室を舞台に，医学の進歩のために犠牲が必要かという科学とヒューマニズムとの対立を描いた問題作『精神病学教室』を書き問題を提起した（後述する「津川武一」参照）。

（2）1945（昭和20）年～現在まで

戦後における東大神経科教室出身の本格的作家は**加賀乙彦**（本名小木貞孝）（1929～）である。彼は東京生れ。1953年東大医学部卒，精神医学教室に入り，精神医学，犯罪学を専攻。大学病院と東京拘置所に勤務したのち，57年フランスに留学，現地の精神病院に勤務した後60年に帰国。その後東京医科歯科大学助教授，上智大学教授を歴任するかたわら執筆活動に入る。79年大学を退職して創作活動に専念して今日に至っている。処女作『フランドルの冬』（69）は，留学体験をもとに，北仏の精神病院を舞台に，狂気と正常との狭間を生きる医師たちの姿を描いたもので「芸術選奨文部大臣新人賞」を受賞した。次いで『荒地を旅する者たち』『帰らざる夏』『宣告』『湿原』『錨のない船』『永遠の都』（三部作）『高山右近』などの大作を書き，「日本文学大賞」ほか多くの賞を受ける。現在も『雲の都』第三部『城砦』を書き続けている。その他評論『文学と狂気』『ドストエフスキー』

『仮構としての現代』などがある。彼の作品は，精神医学，犯罪心理学の豊富な知識を基に広い社会的な視野に立ち，常に問題意識を持って書かれており，現在わが国における数少ない貴重な長編作家である。

また彼には異色作品として『頭医者事始』(76)『頭医者青春記』(80)『頭医者留学記』(83)の三部作がある。これは彼が入局した最初の1年，犯罪学の研究を志した東京拘置所医官のころ，そしてパリ留学時代を回想し，ユーモラスに描いた自伝的小説である。とくに『頭医者事始』は，登場人物がデフォルメされ実在の二，三人の医師が一人の人物として書かれているが，当時の医局員を知る者にはモデルになった人物が想像でき，また当時の医局の雰囲気が思い出されその意味でも懐かしい作品である。

津川武一（1910～1988）。東大在学中セッツルメント活動に参加，徴兵から復学，卒業後1939年入局。先にのべた『精神病学教室』の著者石上玄一郎とは弘前高校時代の友人であり，小説の素材の提供者で，作品の中の青年医師高津のモデルである。しかしこの作品が基で医局を去り郷里の弘前に帰った。そこで福祉医療に専念，また活発な政治活動を行い1969年から共産党系の衆議院議員を五期務めた。一方，帰郷後「弘前文学」同人となり文学活動を続け多くの作品を発表した。『農婦』(1970)『生けるしるし』(1971)『骨肉の姦』(1973)などの著書のほか詩集や評論『葛西善蔵』(1972)もある。

杉本研士（1937～）。長野県生れ。信州大学医学部卒業後1966年入局。1968年から府中刑務所，関東医療少年院，神奈川医療少年院をへて関東医療少年院長を務めて退職するまで37年間少年矯正の仕事に携った。1977年小説『蔦の翳り』を書き昭和52年度下半期の芥川賞候補となる。以後少年犯罪の多発のため多忙を極める中で創作活動を続けた。小説集『蔦の翳り』(1996)，報告と論評『頭上の異界』(2006)は，長年問題少年たちと対峙してきた著者なればこそ書けた作品である。多忙な公務から解放された現在，さらなる文筆活動が期待される。

次に異色の作家に小林司（1929～）がいる。彼は新潟大学医学部卒。東大大学院博士過程を終了して1954年入局。晴和病院に勤めた後上智大学カウンセリング研究所教授となる。彼はわが国のホームズ研究の第一人者であり，多くの研究書，翻訳を手掛けてきた。代表作に夫人の東山あかねと共著の『真説シャーロックホームズ』(1980)がある。そのほか奈良宏志のペンネームで創作も行っている。

俳句の領域では阿部完市（1928～）がいる。金沢大学医学部卒。1960年東大神経科に入局。63年より浦和神経サナトリウム院長となり現在に至る。彼は22歳ころから句作を始め「青玄」に入会，以後句作を重ね多くの句集，俳書を発表した。代表句集に『阿部完市俳句集成』(2003)がある。現代俳句協会副会長，国際俳句交流協会副会長を務める俳句界の重鎮である。私は論評は全くできないが，句集を読むと難解ななかにも深層心理に迫る作者の心境を窺い知ることができる味わい深い重厚な作品である。

次に「文学者」とはいえないが，私が在局した昭和20年代，実際に接したことがあり，心を打つエッセイや論文を書き，記憶に残る先輩をあげておきたい。

まず島崎敏樹（1912～75）である。彼は東京大学医学部を卒業し1937年入局。松沢病院をへて東京医科歯科大学，成城大学で教授を務めた。彼はすぐれた精神病理学者であり，『感情の世界』(1952)『生きるとは何か』(1974)等々多くのエッセイを発表した。文学者で詩人の串田孫一（1915～2005）との往復書簡，対談集もある。

また島崎敏樹に触発されて精神科医を志したという神谷美恵子（1914～79）も忘れられぬ精神科医である。彼女は津田塾卒業後，東京女子医専を出て1944年入局。その後関西に移り教職を務めるかたわら長島愛生園精神科に十数年間

勤めハンセン病患者の診療に従事した。その間『生きがいについて』(1966)『人間をみつめて』(1971) をはじめ珠玉のエッセイ，評論を書いた。それらは誠実で真摯な彼女の人柄がにじみ出た感銘深い書であり，今日も多くの人々に読み継がれている。なお彼女の人と業績については『神谷美恵子・人と仕事』(1983)『神谷美恵子の世界』(2004)（共にみすず書房刊）に詳しい。

　土居健郎（1920〜）もぜひ取りあげておきたい。彼は東大医学部卒業後皮膚科教室に入局したが1951年神経科に移った。そして当時まだ教室員の中ではあまり顧みられなかった精神分析の研究を始め，二度のアメリカ留学によってその学問を修得した。帰国後聖路加国際病院神経科医長，東大保健学科教授，国立精神衛生研究所長を務めた。彼は著書『「甘え」の構造』(1971) を発表，「甘え」を精神分析の鍵概念として導入した。そのため今や「甘え」は国際的な学術語となった。そしてこの概念は現在文学ばかりでなく，社会学，文化人類学などの隣接の学問に対しても大きな影響を与えている。

　さて戦後になってからは入局者も増え，彼らが各地の大学，病院，クリニックなどに転出していったために，文学者を診察する機会も当然増えてきた。また文学者自身が己の体験を作品や日記などに発表することも多くなっている。

　私も二，三の文学者の治療に当ったことがある。しかしここでは私が精神科医となって最初に出会った印象深い作家について書いておきたい。

　それは無頼派作家であった坂口安吾（1906〜55）である。彼は戦前からときに覚醒剤を飲んでいたというが，常用する程ではなかった。しかし戦後流行作家になってからは執筆に追われて乱用するようになった。さらに睡眠剤も大量に飲み始めたため幻覚や妄想が現れ興奮状態になった。そこで主治医であった外来医長千谷七郎（後東京女子医大教授）により東大神経科に1949年2月から約2ヵ月間入院した。入院後持続睡眠療法を実施し落着きを取り戻したが，十分療養することなく，主治医に置手紙を残したまま一方的に退院した。当時入局早々の新米医師だった私は，先輩に頼まれて当直する機会が多く，そのため夜廻診で安吾としばしば会話を交した。当時の印象は『白痴』を書いた作家とは思えぬ物静かな紳士であった。しかし彼は退院後『精神病覚え書き』(1949) などを書いたように，作家の眼でよく院内の状況を観察していたのである。なお余談になるが，主治医の千谷博士の診断は「うつ病」であった。当時千谷はゲーテを引用しつつ独特な「うつ病論」を展開しており，「千谷のうつ病」として医局内で多くの議論があったことを懐しく思い出す。

　最後に病跡学について一言しておきたい。この研究は戦前からも散見されていたが，学会では余技的なものと受け取られていた。しかし戦後1960年代ころから活発となり，1974年には学会組織となり，以後年1回の総会が開かれ，2回の機関誌も発行されるようになり今日に至っている。病跡学の対象には文学者が多く取りあげられるため，文学と精神医学との距離が一層縮められてきた。今後東大精神医学教室出身者からも更に優れた研究の発表が期待される。

　なお学会設立以前にも教室出身者によって二，三の注目すべき著書が発行されているので記載しておく。

　千谷七郎『漱石の病跡』(1963)，西丸四方『島崎藤村の秘密』(1966)，土居健郎『漱石の心的世界』(1969)。

おわりに

　わが国近代文学の歴史と共に歩んできた東大精神医学教室120年をふり返り，わが教室からどのような文学者が生れ，また文学者たちがどのように教室出身者たちと係わってきたかを眺めてきた。

しかし120年の長い歴史の中で，私は戦争直後の僅か10年余の医局しか知らない。とくに明治，大正時代の大先輩については知識に乏しく，また戦後では昭和50年以降の医局員とは殆んど面識がない。したがって戦前では下記の著書を参考とし，岡田靖雄氏よりご教示をいただいた。また戦後を書くに当っては，津川武一の秘書真嶋良好氏より貴重な資料を拝見させていただき，阿部完市，杉本研士両氏にはご著書とコメントを頂戴した。心からお礼申し上げる。

　ただ私はとくに文学に造詣が深いわけではない。記述に関して不十分な点や誤りがあるかも知れないが，それはすべて私の責任でありお詫び申し上げる。

　将来「東大精神医学教室150年史」が編纂されると思うが，その際には適任の筆者によってより充実した正確な内容のものが執筆されることを期待したい。

文献
野村章恒　『森田正馬伝』（1974）
東京精神病院協会編　『東京の私立精神病院史』（1978）
岡田靖雄　『私説松沢病院史』（1981）
岡田靖雄　『呉秀三その生涯と業績』（1982）
金子嗣郎　『松沢病院外史』（1982）
岡田靖雄　『精神病医齋藤茂吉の生涯』（2000）
岡田靖雄　『日本精神科医療史』（2002）

「赤レンガ」物語－南研究棟に重ねられた時間

■ 岸田　省吾

●早過ぎたモダンデザインの裏にキャンパスの古層が見える

　「赤レンガ」の愛称で親しまれてきた南研究棟は，病院の現役の建物の中では最も古い。大正14年6月，地上2階建て地下1階の建物として竣工した。当時は耳鼻咽喉科，整形外科病室が入るだけであったが，昭和9年に精神科が加わり，それ以降三科の拠点施設となっていた。昭和42，3年には産婦人科と老人科教室が相次いで移転してきたのに伴い，南研究棟と表記されるようになった。

　この建物は暗赤色のタイルを使っていることからわかるように，大講堂や工学部2号館，あるいは旧理学部1号館といった一連の建物と同じく大正末の完成である。当時，東京大学は分科大学の連合体のような古い大学から，学部からなる近代的な総合大学に生まれ変わろうとしていた。建築でも新しい大学像に相応しい新しいデザインが求められた。

　設計した岸田日出刀は震災復興を指揮した内田祥三の門下生で，当時のヨーロッパの建築，ことにオランダのアムステルダム派と呼ばれる煉瓦を使ったモダンな建築に惹かれていた。明治以来のゴシックスタイルの校舎が並ぶキャンパスにあって，新しいデザインにかけようとした若い世代の初々しさと幾分かの悲愴感がこの建物には漂っている。

　岸田の力作であり，今見ても強烈な異彩を放っている。内田は当時の岸田の作風を「どうにも思うようにならない」と嘆いたが，戦後，内田自身がモダンデザインを積極的に取り入れたことを考えると，若い世代が少ないチャンスを使って一気に未来を切り拓こうとしたといえる。

　よく見るといろんな形のタイルが貼り分けられ，色調も暗赤色とダークグレーが組合わせられている。外壁には柱型の出っ張りが一切なく，基本は単純な四角い立体である。窓の上下を押さえる水切タイルの太いラインが全周を回り，凹凸感ある壁面上部のバンド状腰壁が異様に高く作られている。いずれも鈍重になりやすい四角い建物を引き締め，ダイナミックな構成と細やかな質感が共存する力強いデザインが生み出された。

　興味深いのは，南研究棟が新しい流れを先取りしたことだけでなく，震災前のキャンパスの記憶を意外なところで受け継いでいる点である。赤煉瓦の校舎が立ち並んでいた明治のキャンパスでは，校舎はI字型やコの字型の平面形をもち，背後には裏庭的な場所が広がっていた。例えば震災前の医学部基礎系の校舎では御殿下グランドや育徳園側に開かれた裏庭があり，そこは実験・実習のための建屋や動物小屋などが作られ，あるいは正面玄関からの出入りを禁じられていた学生たちにとって息抜きの場となっていた。開かれた大きな裏庭のある南研究棟も，そうした明治の校舎の末裔に他ならない。

　さすが学生も正面から入ることがあっただろうが，この裏庭は銀杏などの巨木が育ち，表の喧噪とは隔絶した静けさだ。ここに医局建物や

図1　竣工時の「赤レンガ」，大正末

図2　現在の姿　正面玄関ポーチの上に講義室が増築されている。

脳研究室の増築がなされたのも明治の頃と同じ発想である。北側の病院本体と離れていて、また病棟の庭でもあったためか大きな開発を受けずに残った貴重な緑でもある。おそらくかつての校舎裏とは緑もあって必要な建築は適当にできる、そうしたのどかな場所であったのだろう。震災前の校舎としては、理学部化学館（大正4年竣工）が挙げられるが、背後の庭はもはや痕跡のような場所になりはて、南研究棟の静謐な緑の庭とは比べるべくもない。キャンパスでは早過ぎたモダンでありながら、ほとんど失われてしまった明治が匂い立つ別世界がここにはある。

● 時代の始まりと時代の終わりを記す

　南研究棟は今でこそ一つの完成した建物として見えるが、用地の整備から設計、工事、利用形態の変遷に至るまで、病院やキャンパスの再編に関係し、それらに関わる大きな変化を映し出している。

　そもそもこの建物の建設自体がそれ以前に作られた病院建築の体系を覆し、新しい病院の構想を予告するものとなった。それまで病院建築は、どれも旧医学校本館とその正門であった鉄門の関係にならって東西方向に細長い建物を平行配置する形式をとっていた。しかし、まず、南研究棟の建設用地をキャンパスに編入する際、かつて鉄門が面し、東京医学校本館がその正面を向けていた道路とそのむこうの龍岡町の街区が撤去され、ついに医学部や病院建築の起点を伝える最後の「よすが」ともいうべき町が姿を消し、代わって建設された南研究棟では、龍岡門から直進する病院通りの方に正面が向けられ、これ以降、病院の建物は最大の正面を西側の「山の上」側に向けられることになった。キャンパス全体と病院を空間的、景観的に一体化しようとした震災復興の時代がはっきりと予告されたのである。

　南研究棟はまた、明治以来の前世紀的なパビリオン形式の木造建物に代わり、初めて複数の診療科を収容する近代的な大規模総合病棟を実現した。内部も新しい装備を誇り、明るく広い病室を備えていた。当時の図面では地下に耳鼻咽喉科と整形外科両科の医局、研究室、看護婦室や診療室、レントゲン室などが入り、上階の1階には玄関受付の他、病室、手術室などが並んでいた。教授室は南北両翼地下の南面した奥の角部屋である。病室は第一病室といわれた個室と三等病室といわれた相部屋病室に分かれていたが、第一病室には専用便所の他、付き添い人のための小部屋がとられ、今日見ても十分ゆとりある設計といえる。

　設計においても、時代を画するような経過を辿っている。岸田によって現在見るようなデザインが描かれたのは、大正13年6月の増築設計であったが、実はこれとは違う別案があった。大正13年3月付けの設計案として残されているもので、外観は縦長窓と柱型を強調し、どちらかというと明治の赤煉瓦時代の建物を思わせるような古典的デザインであった。おそらく震災復興で忙殺されていたであろう内田がそれまでの担当に代えて岸田にデザインをまかせた瞬間、水平ラインを強調した新しいモダンデザインが生まれたのであろう。

　南研究棟は増築に増築を重ねてできあがった。竣工時には正面2階部分の増築を行った上で完成したらしいが、その後、間をおかず工事が再開され、昭和2年には南北両翼の2階が増築され、さらに昭和7年ごろ西側正面2階に講堂が付けられた。大正14年の竣工から7、8年かけ今日見るような形が整った。

　震災復興で予算の都合があったのか、設計当初から計画的に増築する予定であったようだ。先に入居していた耳鼻咽喉科、整形外科に遅れること10年あまり、昭和9年に精神科病室が移転してきた後、北側玄関外側に大きなポーチが付けられた。診療科の特殊性を考えた当時の配慮かもしれないが、精神科独自の入り口として

図3　竣工時の北側エントランスポーチ，昭和10年頃

体裁が整えられた。「東京府癲狂院」から始まり「駒込病院」，「松沢病院」と臨床教育の場を学外に置いてきた精神科にとって，南研究棟は教室創設以来はじめて自分たちの顔をもった「終の住処」ともいうべき場となったのである。

この北側のポーチも近年の病院建設工事のため取り壊され，精神科病室も新病棟完成とともに移転した。かつて地階の窓には頑強な鉄格子が取り付けられていたが，今では外壁に痕跡が残るのみである。南研究棟が名実ともに「研究棟」となると同時に，戦後40年近くにわたって続いた病院の機能別再編の時代は一応の完了を見たといえる。

● キャンパスに時の厚みを加える

この建物は，早過ぎた未来の形の中に，失われたキャンパスの古層ともいうべき場を垣間見せる。一見古臭い「赤レンガ」なる愛称も，実はそうした南研究棟の面白さをよく表している。それは大学とキャンパスが大きく変化した一瞬を捉え輝いた時間を刻むとともに，病院の一つの時代の始まりを画し，また別の時代の終わりをも記す場でもあったのだ。

現在の美しく，かつ力強い本郷キャンパスの姿は，内田祥三が灰燼に帰した明治キャンパスの上に一気に書き上げたものである。しかし，もし内田の構想ですべてが統一されていたら，それがどんなにすぐれたものであっても単調きわまりないキャンパスとなっていたに違いない。さまざまな人間の営為の足跡が刻まれ，それぞれが互いに引立てながら輝いて初めて，生き生きとした環境が生まれる。本郷キャンパスには

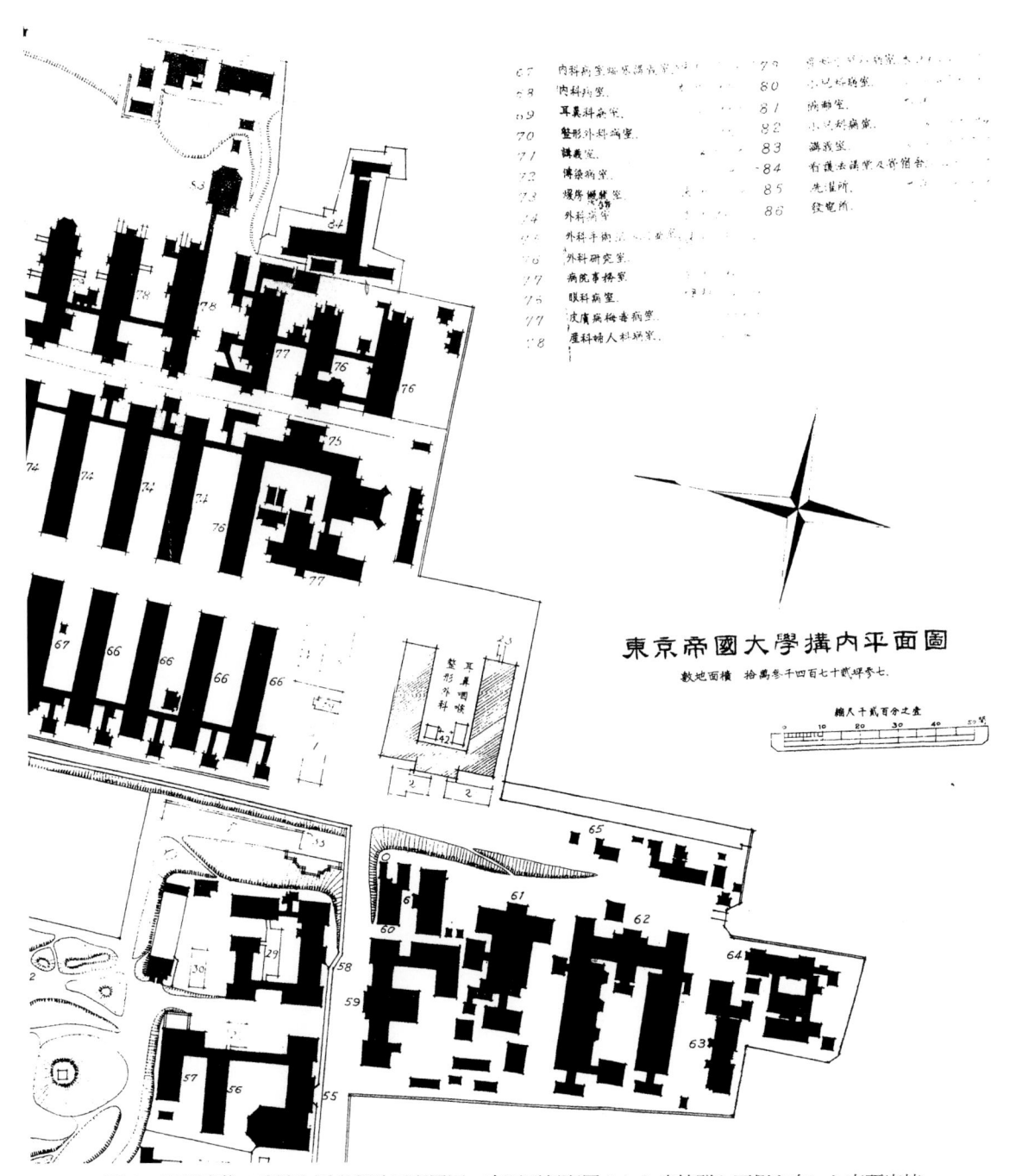

図4　震災直後の病院と医学部地区配置図　南面平行配置された病棟群と西側を向いた南研究棟

図5 「赤レンガ」の中庭　まだ精神科の病室があった1995年頃の様子

　江戸期から現在に至るまで営々と営まれてきた記憶が重ねられている。「赤レンガ」は様々な時間が交錯する特異な転回点となり，キャンパスに時の厚み，あるいは深さともいえる陰影を加えている。
　一応の完成をみた附属病院は，今後「研究棟」をどう整備し，維持するかという課題に取り組んでゆく。病院の計画では，南研究棟は一部改修保存・増築した上で転用の予定である。南研究棟の裏庭は今や構内随一の「秘境」ともいえるが，この「秘境」をどう後世に伝えるか，そんな知恵も求められるのであろう。

第二部
研究の系譜
― その過去・現在・未来 ―

井上英二先生を囲んで

昭和9年現在の南研究棟へ移転する前の精神医学教室で
中央に三宅鑛一教授

昭和13年　医局旅行（伊豆熱川）
前列左より　諏訪望，松原太郎，高橋角次郎，臺弘，島崎敏樹，井村恒郎，猪瀬正

臨床精神医学研究の系譜
――治療に関わる研究を含めて――

広瀬徹也

はじめに

本書の構成を一瞥して，与えられたテーマである臨床精神医学研究とは何かをまず明らかにしなければならないであろう．土居も指摘しているように，臨床精神医学にしても精神科臨床にしても，臨床を殊更付け加える傾向があるのは臨床医学の中では精神医学だけであるので，それはとりもなおさず精神医学の特殊性を意味していることになる．患者のこころを捉え，真に理解することが限りなく困難で奥深いものであるから，それを目指すものとして敢えて精神医学でなく臨床精神医学というのであれば，意義のあることであるが，精神医学研究が臨床から離れた内容が主流であるためとすれば，問題があることになる．一方，精神医学が臨床以外にも広範な領域を持つためとすれば，それも当然ということになる．実態はこれらすべてを含むものといえるのではないだろうか．

臨床精神医学とは精神神経科での患者の診療に直結する精神医学を意味すると定義して良いと思われるが，専門分化が進む時代の流れの中で，神経病理学，精神薬理学，精神分析学などより専門的な方法論を持った学問ほど早期に分化，独立する方向をとったのは当然の成り行きであった．臨床精神医学の根幹をなす精神病理学も同様な方向を辿ったが，日本精神病理学会が日本精神病理・精神療法学会と最近再び名称を改めたのは臨床精神医学からの完全分化が不可能であることを示している．

本書でも臨床精神医学と深いかかわりや接点を持つ精神薬理学，ドイツ精神病理学，精神科リハビリテーション，精神分析，神経学などは別に項を改められているので詳細はそちらに譲る（症状・器質精神障害は神経学，神経病理学などで触れられると思うので割愛する）．また最近の10年間の東大での歩みや分院での活動，精神科小児部の40年についても別に述べられるので一部を除き触れないこととする．

呉秀三，森田正馬，下田光造，林道倫などの巨星についてもその詳細はそれぞれの論述に譲る．したがって，ここで扱われるのは期間的には主として戦後から平成の初期までの，内容的には上記のカテゴリーからはずれる，一般に臨床研究といわれる臨床に結びついた研究を中心とすることとする．したがって，臨床精神医学研究という言葉から想像されるものよりはずっと限局したものになっていることをお断りしておきたい．とはいえ，その数は膨大であり，すべてを網羅することは短期間に筆者が成しえる限界を遥かに超えているため，多少とも独断の入り混じった不完全なものであることを最初にお詫びしておきたい．なお紙幅の関係で文献リストも割愛せざるを得なかったことをお許し願いたい．

I. 系譜の概観

疾患別に述べる前に東大精神医学教室の臨床精神医学研究の系譜を概観したい．榊俶が1886年初代教授として就任したのち彼による臨床研究は進行麻痺や狐憑依の研究が知られている．

彼を継いだ呉秀三は25年に及ぶ在任期間中，「精神病者私宅監置ノ実況及ビ其統計的研究」（1918）としてまとめられた，有名な私宅監置の調査など精神医療に直結する調査研究や改革のほかは，わが国にKraepelinの精神医学を導入したことが東大精神科の臨床精神医学の伝統を築く上で最も大きな功績があったといえる。1970年代に世界的にNeo-Kraepelinismの勃興をみて，Kraepelinが臨床精神医学の祖と再認識された経緯を考えるとこのことは計り知れないほど重要である。理論，学説にとらわれず，患者の示す症状，経過をありのまま捉えるというKraepelinの姿勢，自説の誤りをいさぎよく認めて正す態度こそ臨床精神医学研究の範とすべきものだからである。この伝統は3代目教授の三宅鑛一，4代目教授の内村祐之によってさらに強固なものとされた。

弟子の研究としては呉の教授就任以前から続けられていた，門脇真枝の憑依妄想についての多数例による研究が1902年に発表された。森田正馬についてはここでも簡単ながら触れないわけにはいかない。呉の指導期間は数年と短く，本格的な業績は慈恵会医科大学教授に栄転後であるから，森田と森田療法は慈恵会医科大学精神科と結びつけられるのは当然であるが，「呉教授在職25年記念論文集」（1928）に森田の代表的論文である「神経質ノ本態及療法」を献呈していることから，東大精神科の臨床精神医学研究の系譜においても欠かせない巨星といえよう。優れた治療法こそ臨床精神医学研究の中心に位置付けられなければならないが，森田療法はまったくの独創であり，今日に至るまで実施，研究されている事実は圧巻というほかない。

森田同様，他大学に転出後に臨床精神医学の領域で今日に残る業績を残した巨星の一人が下田光造である。彼は10年間呉の指導を受け，主として神経病理学的研究を行った後，慶應義塾大学を経て，九州帝大，米子医科大学などの精神科教授や学長を歴任中にズルフォナールによる持続睡眠療法（1922）を考案，1970年代までうつ病の治療に用いられた。また躁うつ病の病前性格について，Kretschmerの循環気質に反対して執着性格を提唱（1941）したことは有名である。この学説は当時あまり注目されず，広く受け入れられないまま忘れ去られていたものが，1960年代におけるTellenbachのメランコリー親和型性格への熱い注目から再評価されたという，決して稀とはいえないものの，日本人としては恥ずかしい経緯がある。

3代目教授の三宅鑛一は留学して直接学んだKraepelinの学風を東大精神科に定着させるとともに，三宅式の名が残る心理テストの開発などの研究によって臨床精神医学の領域で成果を残した。

4代目の内村祐之教授は呉に次ぐ22年にわたる長期在任期間中に多方面の業績を残し，東大精神科の黄金時代を築いたといっても過言ではない。Kraepelinの学風を最も尊重しながらKretchmerやAdlerにも関心を示すなど，その幅広い見識が多方面で活躍した人材を生んだものと思われる。自身臨床家であることを目指し，実際類まれな幅広い臨床家であったが，研究も臨床から離れるのを諫めていたので，当時の東大精神科の業績はすべて広義の臨床精神医学的研究といえるものであった。

とはいえ内村自身の臨床精神医学的研究は，超文化的精神医学ないしは社会精神医学にも属するものにアイヌのイムの研究がある。これは北海道大学に在任中から始められ，東大に赴任後も続けられたもので，未開民族で顕著に見られる原始意志的反応の詳細な観察と記述である。この論文がKretschmerの名著"Hysterie, Reflex und Instinkt"の第10版（1957）に引用されているのはKretschmerのヒステリー論の重要なエビデンスになっていることを示すもので，注目される。さらに狭義の精神病理学にとって大きな研究というより業績はヤスパースの『精神病理学総論』の訳出であろう。この大部

の著書を西丸四方，島崎敏樹，岡田敬三ら一級の精神病理学者の協力を得て翻訳できたことはわが国の精神病理学の発展に大きな寄与をなしたことは明白である。詳細は「ドイツ精神病理学」の章に譲る。さらに内村自身退官後の晩年になって『精神医学の基本問題―精神病と神経症の構造論の展望―』という大部の著書を著した。副題である精神病と神経症の構造について，わが国の森田正馬を含む，多くはドイツ系の先人大家の諸説を論述する中で，著者自身の考えを控えめに示して，精神医学の基本問題への道標としたもので，後世への影響が極めて大きい業績といえる。

呉の時代の森田正馬に相当するのがこの時代の土居健郎ではなかろうか。呉にとって森田が異色であったと同様，内村にとっても土居は異端に近い異色の存在であったと思われる。内村にとって土居が専門とする精神分析はKraepelinもそうであったように，受け入れがたいものであったからである。興味深いことに土居はその森田を批判する視点で彼の甘え理論の出発点となる論文，「神経質の精神病理―特に'とらわれ'の精神力学について―」を1958年に著し，それに続く多くの論文，著書で甘え理論を完成し，国際的にも受け入れられるに至った。特に日本人の患者の理解に大きく貢献する甘え理論は臨床精神医学研究の偉大な業績といえる。

なお，土居の秋元波留夫教授時代の東大精神科における貢献，業績として忘れてならないのは，いわゆる土居ゼミとして学外の関係者にも知られるようになった精神療法のグループスーパービジョンであろう。これによってそれまで，精神分析を目指す一部の者しか受けられないでいた指導が集団としてながら，一般の精神療法に関心をもつ者にも実地の指導の場が与えられたからである。その一部は『精神療法の臨床と指導』（1967）としてまとめられた。また弟子による甘え理論の発展に熊倉伸宏の『（甘え）理論と精神療法―臨床における他者理解』

（1993）がある。

このように森田の批判から出発した土居が森田とともに，精神療法における業績が全体的には少ない東大精神科の中にあって，極めて日本的内容でありながら，高い世界的評価を受ける双璧となっているのはわが教室の誇りと言って過言ではないであろう。

II. 疾患別にみた業績

内村祐之教授の後任である秋元波留夫教授の時代以降は筆者も在籍した関係で，その前の時代で触れなかったものを含め，より各論的に疾患別に述べる方が適切と考えるのでそのようにしたい。

1) 統合失調症（本文中は時代的なこともあり分裂病で統一した）

臨床精神医学の研究で中心を占めるのは分裂病であるのは洋の東西や時代を問わず変わらない。特に精神病理学的研究でそうであるのは日本精神病理学会の演題数をみても明らかである。この分野では島崎敏樹，西丸四方の兄弟学者の研究が先駆的で輝いており，古典的価値を有する。詳細は別の章に譲るが，島崎の（上）「他律性の意識について」（下）「無律性及び自律―即―他律性の意識について」からなる「精神分裂病における人格の自律性の意識の障害」（1949）は戦後間もない頃，いち早くJaspersの影響を受けながら，人格の自律性の障害を他律体験，無律体験，予定体験の三つに分けて論じたもので，分裂病を人格の病とする彼の論拠が導かれている。西丸の「分裂性体験の研究」は分裂病の幻聴，作為体験などの異常体験の発現様式をゲシュタルト心理学の影響を受けながら考察したもので，その後の研究に道を拓いた。

内村教授時代のそれ以外の分裂病研究では，奥田三郎の松沢病院の症例による「精神分裂病の欠陥像に就いて」（1942）が有名で，分裂病の欠陥像についての古典となっている。分裂病の神経病理学的研究で有名な立津政順は「自我

障害の一生起機序」という論文を著し，斎藤西洋は小児専門の梅が丘病院での経験から「小児分裂病」を，高木四郎は国立精神衛生研究所の実践から「臨床チームについて」という先駆的論文をそれぞれ内村教授の還暦記念論文集(1959) に寄稿している。

"分院"の章に詳述されるはずであるが，分裂病の精神病理で欠かせないのが安永浩のファントム理論であり，それは「分裂病の基本障害について」(1960) まで遡る。分裂病体験の了解不能性をパターン逆転という概念を用いることによって，分裂病症状を理解しようとする壮大で難解な理論であり，東大関係の分裂病の精神病理学的研究では天才的業績の地位を保っている。

秋元波留夫教授時代の精神病理研究室のリーダーであった石川清は当時盛んであった分裂病の病識について研究を深め，「精神分裂病群と神経症の病識について」(1963)，および「精神分裂病の治癒とは何か—精神分裂病の「治癒」の精神病理学的基準について—」(1965) としてまとめた。また，診断基準に関わるものとして，「精神分裂病の'硬さ'と'冷たさ'について」を Rümke の Praecoxgefuhl との関係で論じた。

安永の分院で育った中井久夫の分裂病研究は安永と対照的に，治療論という極めて臨床的なものであったこともあって，看護を含めた幅広い層から支持を受け，有名となった。「精神分裂病状態からの寛解過程」(1974) に始まる一連の寛解過程論は，従来の発病過程への注目と逆であるだけでも独創的であるが，身体症状への注目と精神療法の非侵襲性の強調という観点がユニークで新鮮であった。

高橋哲郎の「分裂病症状を呈する思春期精神障害の研究」(1966) は典型的な分裂病症状を示しにくい思春期例の臨床的研究で思春期，青年期が注目され始めた時代を反映した研究である。宇野昌人は初発時には向精神薬の投与を受けていない松沢病院例での長期経過についての研究 (1971) を発表し，長期経過研究の古典となっている。

臺弘の分裂病の再発過程の特徴や横断像の特性の観察結果と生物学的知見の対照による仮説的論考「履歴現象と機能的切断症状群」(1979) は，臨床精神病理学と脳科学との融合という臨床精神医学的研究の理想的モデルでもある。

近年の東大の分裂病研究といえば，誰でも想起するのが中安信夫の「初期分裂病」であろう。1980年代から個別に発表されていたものがまとめられ『初期分裂病』(1990) として上梓された。高頻度の初期分裂病症状として自生体験，気付き亢進，緊迫困惑気分とその関連症状，即時的認知の障害の四つを挙げて，それらの初期症状のみを呈するものを臨床単位としての初期分裂病として，治療的アプローチも特異性があると提唱したものである。その精緻な症状論はアンチ DSM の砦でもある。

分裂病圏に属するとされる特異な病像であるセネストパチーについては，吉松和哉が1967年にその精神病理について発表以来研究を重ね，『セネストパチーの研究』(1985) と題する単行書にまとめた。彼はセネストパチーとの関連から心気症についても論じており，それらも同書に収められている。

てんかん患者がしばしば見せる分裂病様症状についてまとめたのが大内田昭二の「分裂病様症状を呈するてんかんの研究」(1966) で，分裂病との鑑別について入念な考察を行っている。西山詮は「入(出)眠時の実体的意識性」(1968) について発表し，山本巌は家庭裁判所などの経験から，「病的嫉妬，とくにその成立について—現象学的精神病理学の試み—」(1967) を著し，嫉妬妄想の成因について現象学的精神病理学から追求した。鈴木純一は「分裂病者の入院治療におけるグループワークの意義」(1987) について論じ，関根義夫は精神分裂病急性期経過後の一過性残遺状態について類

型化を試みた（1988）。

分院出身で気鋭の精神病理学者内海健の名前は他の章で出るであろうが，ここでも短く触れておきたい。分裂病患者への非侵襲性を第一とする細やかなアプローチを特徴とする治療論など，主として1990年代の論文を集めた『スキゾフレニア論考』（2002）がある。

2）気分障害（躁うつ病）

統合失調症にくらべ気分障害の臨床的研究は1965年以前では多くはなかった。1940年代のすでに述べた下田の執着性格論や松村英久の「躁うつ病の一般統計」（1937）などが見られたに過ぎない。ところが，東京女子医科大学の教授となった，Klagesの表現学を信奉する千谷七郎は，分裂病も躁うつ病と診断するほどであったので，1950年代は東京女子医科大学を中心に躁うつ病の臨床精神病理学的研究が盛んとなった。赤田豊治の「内因性鬱病とヒステリー」（1958）や柴田収一の「躁うつ病と渇酒症および遁走」（1968）などである。森山公夫は当時隆盛であったTellenbachに代表される人間学的状況論的見地から，上昇と落下を鍵概念として，「躁とうつとの内的連関」（1965）や「両極的見地による躁うつ病の人間学的類型学」（1968）という論文を発表し，注目された。飯田真は留学先のドイツで，同じく状況論によって転居が女性にうつ病を惹起する「引越しうつ病」の研究を発表した（1967，1968）。これらは精神分裂病中心であったわが国の精神病理学に躁うつ病も対象に加える契機になったという意味でも価値を有している。

広瀬徹也は「躁うつ病の経過に関する臨床的研究―治療との関連において―」（1967）で，吉益脩夫の累犯の類型分類にヒントを得，初発年齢と間歇期の長さを基準にした経過類型を提唱した。彼はまたエリートサラリーマンに見られる弱力性ヒステリー性格を基盤にもつ，遊びはできても仕事から逃避する「逃避型抑うつ」（1977）を提唱してメランコリー親和型以外のうつ病に目を向ける先駆けとなっただけでなく，それは今日においても産業精神医学の分野で欠かせない疾病類型となっている。飯田門下の松浪克文の現代型うつ病（1991）はそれに続くもので，若者にみられる他責的なうつ病を類型化した。

3）その他

森田療法は慈恵会医科大学で実践され，研究，発展されたことはよく知られたとおりであるが，東大関係では鈴木知準が森田療法専門の病院を戦後に開業し，実践したことは特筆に価する。彼は実践家であり，森田療法に関する文献は多くないが，「精神療法の理論と技法」（1957）が代表的なものといえる。残念ながら教室自体としては森田療法に積極的な関心が払われたとはいえず，鈴木の活動は孤高の趣があった。当時は神経症全般に関する業績も多いとはいえない状況の中で，懸田克躬による神経症の類型（1957），井村恒郎の神経症論（1967），安永浩が不安神経症に関する論考を1967年，離人症について1987年に発表しているのが注目される。井村は秋元波留夫の失行症（1935）以来の神経心理学での業績が顕著で，語義失語（1965）の提唱者として高い評価があり，国立精神衛生研究所や教授を務めた日本大学でその研究が実った。

わが国特有の神経症類型とされてきた対人恐怖関係については他大学での研究が多い中，内沼幸雄は一連の論文を発表後まとめて，『対人恐怖の人間学―恥・罪・善悪の彼岸―』（1977）として出版した。そこで内沼はパラノイアを躁うつ病と分裂病の中間に位置付けるパラノイア中核論を提唱している。なお対人恐怖との関連で，順天堂大学に移った懸田と行動を共にした足立博の自己臭妄想症に関する優れた論考（1981）がある。また，大橋秀夫は対人恐怖についての自身の論文を含む総説を1988年に発表し，五味渕隆志は「不潔恐怖症についての考察―精神療法的かかわり合いの経験から―」

(1992)をまとめた。

摂食障害については梶山進の「Anorexia nervosa の臨床精神医学的研究」(1959)と石川清,岩田由子,平野源一共著の「Anorexia nervosa の症状と成因について」(1960)の論文がわが国ではこの分野での嚆矢といえるもので価値がある。なお,岩田(山本)は現在の不登校である学校恐怖症について1960, 1964年という早い時期に発表していることでも注目される。

境界例については井村が「いわゆる境界例について」と題する論文を1967年に発表しているのが東大関係者では初めてと思われる。その後は高橋哲郎の「分裂病・境界例と思春期」(1984)を経て,彼自身の「境界線人格障害」と題する総説(1988)や林直樹の「境界例患者の神経症症状の臨床的研究」に至る。現代的病理とされる解離性障害については,柴山雅俊の「解離性障害にみられる周囲世界に対する主観的体験」(2005)などの一連の研究が注目される。また,心的トラウマへの注目から,メニンガークリニックで研鑽した岡野憲一郎は『外傷性精神障害―心の傷の病理と治療』(1995)を著わし,この分野で活躍している飛鳥井望には「PTSDの診断と治療」(1999)などがある。

新しい精神療法的技法や理論として注目されるのが徳田良仁によって導入された絵画療法であろう。1950年代の後半から発表が始まり,絵画療法を含む芸術療法の学会化(1969)に至るまでの活動,貢献はめざましいものがある。この分野では中井久夫の風景構成法などの業績も特筆される。

薬物・アルコール依存関係の生物学的研究以外の研究は社会精神医学と重複する可能性が大きいので,以下の二つの文献を上げるに留める。松沢病院における研究であるが,立津政順,後藤彰夫,藤原豪の『覚醒剤中毒』(1956)は今日でも覚醒剤に悩まされるわが国にとって古典となる研究成果で,覚醒剤中毒患者と分裂病患者の接触の違いが臨床的な鑑別点になることが最初に指摘されたことは重要である。その後のわが国の薬物依存全般に関する研究成果をまとめた著作として,笠松章,逸見武光,滝沢和盛編『薬物依存の臨床疫学』(1971)がある。

おわりに

東大精神医学教室の臨床精神医学研究の系譜はこれまで述べてきたことからも明らかなように,偏ることなく広い範囲をカバーしていることがわかる。分裂病研究が多いのは精神医学教室としては当然といえるが,時代が下るにつれ,神経症圏のものが増えてきているのも時代の趨勢といえよう。秋元波留夫教授時代は生物学的研究が盛んであったといえるが,総じて他大学に較べると個人の興味にしたがって,自由に研究が進められてきたといえよう。森田正馬が慈恵会医科大学で森田療法を教室の看板にしたように,あるいは千谷七郎が東京女子医科大学で千谷シューレを花開かせたようには,東大精神医学教室ではいかないのが一つの歴史的事実として浮き彫りにされる。誠に個人が尊重される民主的な教室であった。そして,圧倒的に多い生物学的研究の陰でなお,最小限ここに示したような優れた臨床精神医学的研究があったことを知ることは,教室出身の精神科医として誇ってよいことであろう。

社会精神医学の伝統

■ 岡田　靖雄

　東京大学精神科は生物学的精神医学の牙城と目されている。日本に本格的に導入されだした頃の精神病学は，精神病の形態学的基体をさぐることをその至上命題としていたのだから，もっとも伝統ある教室としてこれは当然のことである。といっても，ほとんどの精神病学教室（丸井清泰のひきいる東北帝国大学も）が病理組織学を研究の主流としていたときに，東京大学精神科にきわだつ点をもとめると，社会精神医学といってよい。ここで"社会精神医学"の語は，今の細分化された意味においてでなく，広義に用いる。

　まず呉秀三の「想出すことども」（日本之医界，第12巻第42号，1922）中の文章をあげておこう。呉は"斯学の閑視されて居た"状況を縷縷のべたのちに，最近社会医学の語が各方面でさかんにつかわれているが，どれだけの人が社会医学に充分な理解をもっているだろうか，"精神病学の冷遇閑視せられて来た我国に，真に社会医学に理解を有する人は決して多数ではあるまいと思ふ。私は斯く断言する「社会医学の真髄は精神病学の応用に外ならぬ。」と。私は従来と雖も此の主張の実現に私の全力を挙げて努力し来つたのであるが，尚ほ余生を捧げて専念奉仕し度いと考へて居る。"呉の文章はやや舌たらずであるが，精神病学の社会的応用を呉が重視していたことはあきらかである。

　精神病学の社会的応用という点で第一に考えられるのは精神鑑定である（というより，精神鑑定の問題が精神病学の発達をうながしてきたし，日本における西ヨーロッパ精神病学の紹介も，初期には断訟医学の一部としてなされることがおおかった）。榊俶―片山國嘉―呉秀三―三宅鑛一―内村祐之・吉益脩夫とつづく精神鑑定の伝統は，日本の精神鑑定の標準的あり方を形成してきた。この点は精神鑑定に関する章で詳述されるだろうし，また松下正明ほか編『司法精神医学概論』（『司法精神医学』1，中山書店，2006）中の，風祭元「日本における歴史―昭和・平成時代」，岡田靖雄「榊俶，片山國嘉と呉秀三」，小田晋「吉益脩夫」にのべられている。

病院精神医学　榊俶は「癲狂人取扱法」（東京医学会雑誌，第3号，1887），「癲狂院設立ノ必当ヲ論ズ」（国家医学，第1号，1892）で，精神科医療のあり方を論じた。これらは当時としてはきわめて貴重な提言で，『榊俶先生顕彰記念誌』（1982年）に復刻されている。医長としての東京府巣鴨病院経営の経験は，「明治二十六年東京府巣鴨病院（即チ東京府ノ所轄ニ属スル癲狂院）ノ患者統計表」（東京医学会雑誌，第8巻第3，6，7号，1894），『明治二十七年医事年報（東京府巣鴨病院）』（原本不明，東京医学会雑誌，第9巻第19，20，21号，1895，に再録）にまとめられている。呉秀三は助手時代に「癲狂院ニ就テ」（中外医事新報，第324，325，326号，1893）をかいている。これは榊の「癲狂院設立ノ必要ヲ論ズ」よりもさらに詳細な論文である。なお，巣鴨病院から松沢病院の

年報（医事統計が中心）は上記から，1930年まででていた。また松沢病院における臨床統計をまとめたものとしては，三宅鑛一ほか「精神病ノ統計ニ関スル研究」（精神神経学雑法，第41巻第10号，1937）がある。ここにはいっている菅修「本邦ニ於ケル精神病者竝ビニ之ニ近接セル精神異常者ニ関スル調査」は，全国的規模のもので，当時の関連施設名もはいっていて，資料的価値のきわめてたかいものである。

榊をついで巣鴨病院医長となった片山國嘉は看護人（当時は男も女もこう称されていた）への訓育指導体制を確立しようとした。片山は法医学担当教授と兼任の精神病学担当教授であったが，週に2，3日は巣鴨病院に出勤していたことが，当時の医局日誌からわかる。

呉秀三は1901年（明治34年）に帰国して東京帝国大学医科大学教授となり巣鴨病院医長を嘱託されると，即座に手革足革の使用を禁じ，院内制度の抜本改革にとりくんだ。無拘束制導入，作業治療の本格的導入，看護部刷新，看護人養成開始，外来診療開始などなどである。そして1904年には巣鴨病院に院長制を復活させた。巣鴨病院は1919年（大正8年）に府下松沢村に移転して東京府立松沢病院になったが，呉はここに自分の理想とする精神病院を実現しようとした。呉はまた，精神病患者慰安・救援および精神衛生普及の団体として，精神病者慈善救治会を1902年に設立した。これは日本で最初の，世界的にもはやい精神衛生団体で，現在の日本精神衛生会はこの系譜をうけついでいる。

呉の帰国は1901年10月17日だが，12月5日の国家医学会で「癲狂院の組織及設備に就て」を報告。翌年1月1日の『医海時報』に「癲狂院の設立は何か為に踟蹰さるゝや」を発表，これが帰国後の第一論文である。つづいて「アルトシェルビッツ癲狂院」，「癲狂院の家族看護法に就て」，「癲狂村（精神病者の作業療法）に就きて」などと矢継ぎ早に発表している。その後も病院精神医学に関する呉の論文は多い。病院精神医学における呉の実践の評価については，岡田靖雄『私説松沢病院史』（岩崎学術出版社，東京，1981年）をみていただきたい。また，病院精神医学に関する呉の論文の主要なものは，岡田靖雄編『呉秀三著作集』第2巻（精神病学篇）（思文閣出版，京都，1983年）におさめられている。

その後の東京大学精神科で，呉の病院精神医学への熱烈な志をうけつぐ者はいなかった。

憑きもの研究 戦前の，ことに初期の日本精神病学にとっては，憑きものはきわめて大きな問題であった。

憑きものにはすでにベルツが関心をもっていた。東京大学医学部2等本科生の小池正直（森林太郎と同学年）が，犬神憑きにつきベルツにたずねたところ，ベルツは，これはグリージンガー教科書中のDaemono-melancholieと寸分たがわぬ，とこたえた。そのベルツは1885年の『官報』第469，470号に「狐憑病説」をかいた。

榊俶教授のもとで1890年から『東京医学会雑誌』に教室員による「精神病者実験記事」がのりだした。これは1896年までに45例に達しているが，そのなかで憑きもの症例は8例である（うち7例が狐）。島村俊一は大学から命ぜられて，1891年7月14日から9月22日まで，出雲，石見，隠岐の3国で憑きもの調査を行った。彼がみたのは34名で，そのうち人狐（ヒトギツネまたはニンコ）憑きが29名，犬神憑きが2名，狸憑き1名，野狐憑き2名であった。この結果は『東京医学会雑誌』第6巻第16号（1892年）から第7巻第9号にかけ8回に分載された。これまで憑きものにつき単発的な医学的症例報告はあったが，これは現地調査にもとづく多数例の報告である。東京大学精神科における研究には現地調査によるものが比較的多いが，これはその先駆けをなしたものである。しかもこの島村論文は岡田（狐憑き研究史——明治時代を中心に——。日本医史学雑誌，第29巻第4号，

1982）がとりあげるまで，精神医学者によっても民俗研究者によっても無視されていた。

榊が1893年に哲学会例会で講演した「狐憑病に就て」は『哲学雑誌』第8巻第78号，第79号にのっている（『榊俶先生顕彰記念誌』に再録）。榊は狐憑病に，1）自分はそういわぬのに周囲がそうみるもの，2）自分の体に狐がついている，周囲に狐がいる，というもの，3）自分は狐になったとしてそのような言動を呈するもの，をわけ，それらにAlopecanthropiaの学名をあたえている。榊は同年に東京医学会でも「狐憑病」の講演をしているが，その内容紹介では，上記の3）変形的妄想にあたるものだけをAlopecanthropieと呼んだ。

呉秀三は狐憑きの古文献をあつめて紹介したほか，出身地広島県を中心とする医学雑誌『芸備医事』を通じて憑きもの症例をあつめた。それにこたえた報告文書10通は，岡田靖雄・酒井シヅ編『近代庶民生活誌』第20巻（病気・衛生）（三一書房，東京，1995）におさめられている。

門脇眞枝の『狐憑病新論』（博文館・東京，1902）は，東京府巣鴨病院に入院した狐憑証ある患者113名（男60，女53）につきまとめたものである。この特徴は，狐憑証の精神病理学的考察を精緻にした点にある。従来これが明治時代における狐憑き研究の代表とされてきたが，患者の出身地や持ち筋との関係にふれていない点なんとももものたりない。

つづいて森田正馬が日本神経学会第3次総会で「上佐ニ於ケル犬神ニ就テ」を報告した（神経学雑誌，第3巻第1号，1904）。この発表は森田の祈禱性精神症（1914年）につながっていく。なお，荒木蒼太郎（1900年）は小野寺義郷が陸中の鼠憑きを調査したとしるしているが，小野寺報告はまだみることができずにいる。

憑きもの研究ではないが，初期の現地調査なのでここにしるす。榊保三郎（俶の弟）は1900年に大学の要請で，北海道でアイヌの精神病および神経病を調査し，12例のイヌをみることができた。その結果は「イムバッコ，アイヌ人における一種の官能性精神病に就て」（東京医学会雑誌，第15巻第1号，1901）およびドイツ語文の"Imubacco"（東京帝国大学紀要，医科第6冊，1903—1905）として報告されている。これは，のちの北海道帝国大学の内村祐之らのイム研究がいわば天下だり的なものであったのにたいし，現地にかなりはいりこんだものであった。

私宅監置調査 1900年（明治33年）に制定された精神病者監護法によれば，精神病院入院も監護である。衛生行政が警察行政にくみいれられていた当時，東京府であれば監護許可証は警視総監名でだされていた。病院であっても監護において優先されるのは，にがさぬように監置しておくことであって，治療は二の次ぎである。年間に何人か患者が逃走したため，1903年に東京府は，監置実行をちゃんとやれとの内訓を巣鴨病院にだした。これによって呉は精神病者監護法の問題点を感じとったのだろう。

1910年の精神科総病床数は3,071床で，人口1万対0.62床，そのうち東京・京都・大阪の3府にあるものが87.3％，東京府にあるものが67.9％である。当時の私宅監置患者数の統計は残っていない。在院患者数が病院外監置（そのほとんどが私宅監置）数をはっきりうわまわるのは，1929年からである。私宅監置こそが戦前の日本における代表的精神病患者処遇であった。呉は教室の助手・副手を1910—1916年に1府14県に派遣して，計364の私宅監置室を調査させた。その結果を調査者の一人樫田五郎とともにまとめた「精神病者私宅監置ノ実況及ビ其統計的観察」は，『東京医学会雑誌』第32巻第10—13号（1918）に発表された。時をおかずに内務省衛生局は，ほとんど同文の抜き刷りを『精神病者私宅監置ノ実況』の題で印刷配布した。

このなかで呉は"我邦十何万ノ精神病者ハ実

ニ此病ヲ受ケタルノ不幸ノ外ニ，此邦ニ生レタルノ不幸ヲ重ヌルモノト云フベシ"と，日本の精神科医療の現状をきびしく批判して，精神病者監護法の抜本改正を要求した。

現在これには復刻本もあるので，この内容にこれ以上たちいる必要はあるまい。これが教室の現地調査の系譜をうけつぐものである点だけを指摘しておこう。ところが，戦前の日本精神病学の金字塔というべきこの業績がその後忘却されていたのである。1964年（昭和39年）ライシャワー大使刺傷事件につづく精神衛生法改悪反対運動のなかで，松沢病院にいたわたしたち（松沢病院の栄養士鈴木芳次からこの論文を知らされていた）は，"二重の不幸"を運動の旗印にした。調査に参加された先輩はもちろんこの論文をおぼえておられたが，この発表の3，4年後に入局した人数人にうかがうと，ご存じなかった。この論文が広く引用されるまでにはさらに20年ぐらいかかった。

呉はひきつづき「精神病者の救済並びに精神病学的社会問題」（1918年）および「精神病者保護取締に関する意見」（1918年）などを発表した。保健衛生調査会の1917年調査にもとづく意見および呉の働きかけの結果，1919年（大正8年）に精神病院法が成立した。この法律の中心は道府県立精神病院の規定であったが，予算がろくにつかないために，この法律は代用精神病院としての私立精神病院の発達をある程度うながすにおわった。こういう状況のなかで精神科医療の改革にかける呉の情熱はおとろえだし，呉のはげしい志をうけつぐ者もいなかった。

第2講座 呉教授の定年退官をまえに，精神病学講座増設の見込みはほぼかたまっていた。呉は「想出すことども」（1922年）にすでに，講座増置も考えられるようだ，とかいている。林道倫は「日本精神医学の過去と展望」（呉秀三先生生誕百年記念講演）で，第1教授が臨床，第2教授が研究室，第3教授が法医学的事項をつかさどる3教授3分科制が構想されていた，と語った。1924年には法医学的精神病学（あるいは社会精神病学）講座の新設と泌尿器科学講座の独立（それまでは皮膚科泌尿器科教室だった）の方針が教授会でみとめられた。呉は杉田直樹を自分の後任にのぞんでいて，杉田が有利との観測が有力だった。三宅鑛一が精神病学担当の教授に選ばれたときには，杉田には第2講座があるとかかれた。ところが1926年（大正15年）7月1日に泌尿器科学の独立講座が設置されたと同時に新設されたのは，内科物理療法学講座であった。眞鍋嘉一郎講師を主任とする独立した物理療法研究所が1922年から診療していたが，眞鍋が十合信二（のちの第4代日本国有鉄道総裁）を通じて政治的働きかけをした結果，内閣から天下だりに内科物理療法学講座新設がきまったものである。精神病学第2講座はこれにさらわれたようである。

この経過は主として新聞・雑誌記事によっている。いずれもっとたしかな資料にもとづき事実経過をおいたい。それにしても東京大学精神科は，一時期確保されていた巣鴨の土地をうしない，赤れんが棟全部という約束もきえてしまい，脳研究施設から精神科関係の人がいなくなる，そして第2講座の霧散などと，空約束にふりまわされてきた。

児童調査 教室における児童調査は1925年にはじまっており，精神病学者による大規模で本格的な児童研究は，日本ではこれが最初のものであったろう。青木義作・村松常雄は東京市教育局学校衛生課に嘱託されて，小学校補助学級の全児童456名に，知能測定をふくむ医学的診察を行った。その結果が「東京市立小学校ニ於ケル補助学級全児童ノ医学的検査」（神経学雑誌，第27巻第7号，1927）である。456名中93％が成績不良の男女で，知能は尋常10名，劣等88名，劣等・低脳境界136名，低脳〔精神薄弱〕児182名であった。

ついで，吉益脩夫（脳研究室）・村松常雄「昭和12年度東京府不就学児童の精神医学的調査」（精神神経学雑誌，第43巻第12号，1939）がでた。1,840名中1,156名を診察して，精神面で精神発育障害454名，性格異常49名，てんかん28名，障害のない者333名，身体面での問題は，運動面80名，聴覚・言語面83名，視覚面36名，その他の疾患30名，一般的発育不良・虚弱70名などとなっている。

脳研究室の項でのべたように，脳研究室には1936年5月に児童研究部が開設された。1939年2月には，ここを受診したものが507名に達した。それをまとめたのが吉益脩夫（脳研究室）・村松常雄「東京帝国大学医学部脳研究室児童研究部に於ける異常児童500例に就いての精神医学的研究（第1回報告）」（精神神経学雑誌，第44巻第7号，1940）である。対象は1—22歳で，異常のない7名をのぞく500名中，知能発育障害405名，言語発育障害15名，性格異常37名，神経質17名，神経症10名，てんかん発作あり52名，精神分裂病9名，幼若性進行麻痺3名などとなっている。これに，村松常雄・時田勝世による，児童研究部開設前10年間の東大精神科外来患者中15歳以下の児童502名の臨床統計が別論文として付載されている。また前論文には，京橋区保健館内精神衛生相談における児童，京橋区内不就学児童調査，東京市養育院内異常児童の調査についても報告すると予告されている。児童研究部が精神科外来の一部として機能していたのかなど，児童研究部の活動実態はかきのこされていないようである。また，第2報告はでないままで，この活動がいつまで続けられたかも不明である。村松が松沢病院にうつり，吉益の関心は不良少年，犯罪学にうつっていくなかで児童研究部の活動は停止したのだろうか。

1939年から1940年にかけての東京市養育院収容者をしらべた村松常雄・橋本肇（東京市養育院）・齋藤徳次郎「東京市内浮浪者及び乞食の精神医学的調査」（精神神経学雑誌，第46巻第2号，1942）もここであげておきたい。

疫学的調査 国民優生法制定（1940年）までの断種法論議で精神病遺伝の様態がとわれると，きまってあげられるのはLuxenburgerなどの研究結果であった。また，行政的に把握された精神病患者数の増加とともに，民族資質の危機がさけばれていた。それまで日本についての確実な資料がなかったのである。こういうなかで内村祐之を中心とする教室員により行われた一連の疫学的住民調査などの意義は大きい。

その最初が，1939年12月7日—16日に行われた八丈島調査である。内村祐之・秋元波留夫・菅修・阿部良男・高橋角次郎・猪瀬正・島崎敏樹・小川信男「東京府下八丈島住民の比較精神医学的併びに遺伝病理学的研究」（精神神経学雑誌，第44巻第10号，1940）がその成果である。つづいて1940年10月13日—27日に三宅島調査が行われた（内村祐之・林暲・阿部良男・高橋角次郎・島崎敏樹・齋藤徳次郎・津川武一・玻名城政順「東京府下三宅島の比較精神医学的並に遺伝病理学的研究」（民族衛生，第10巻第1・2号，1942）。つづいて池袋町の調査が1941年7月4日—14日に行われた（津川武一・岡田敬藏・玻名城政順・淺井利勇・詫摩武元・森村茂樹・坪井文雄：大都市における精神疾患頻度に関する調査，精神神経学雑誌，第46巻第4号，1942）。

吉松捷五郎，玻名城政順，大山郁次郎，太田清之が病院入院患者を発端者とする穿刺法で行った調査は，内村祐之によりまとめられた（日本人の精神疾患負因負荷に関する一規準，精神神経学雑誌，第47巻第6号，1943）。1941年9月22日—10月9日には小諸町調査がなされた（秋元波留夫・島崎敏樹・岡田敬藏・玻名城政順：地方小都市における民勢学的及び精神医学的調査，精神神経学雑誌，第47巻第7号）。これらのほかに諏訪望，平塚俊亮・野村章恒によ

る調査もある。立津（玻名城）政順は，内村（1943年）がまとめた穿刺法による調査を拡大して，各地の一般病院の入院患者・外来患者2,085名を発端者として同胞10,450名を調査し，同胞での補正頻度として，分裂病0.63±0.11％，躁うつ病0.36±0.10％，初老期うつ病0.26±0.12％，てんかん0.26±0.05％，痴患＋白痴3.56±0.25％などの数字をえた（本邦人の精神疾患負荷に関する研究，精神神経学雑誌，第49巻第5号，1947）。これらの業績は，日本における精神疾患有病率，また遺伝の様態について確実な資料を提供したものであるとともに，国民優生法に事後に学術的裏づけをあたえたものでもある。

戦後には東邦大学精神神経医学教室と合同で，八丈島の再調査が行われて，前回の結果を再確認さらにふかめた（秋元波留夫・菅又淳・大熊輝雄・小木貞孝・内田亨・山本由子・大内田昭二・佐々木雄司・菊池貞雄・宇野昌人・森山公夫・三觜則子・植張和子・池田良治・新井尚賢・柴田洋子・村田譲也・佐々木道子・向山孝太郎・藤井健次郎：八丈島における精神障害の疫学的，遺伝学的および精神医学的研究，精神神経学雑誌，第66巻第12号，1964）。

社会派の流れ　林 暲は『東京大学医学部百年史』（東京大学出版会，東京，1967年）に「関東大震災と東京大学」をかいている。林が工学部造船学科の学生林良材とともに関東大震災の焼け跡をあるきまわって作製した『関東大震災系統地図，東京帝国大学罹災者情報局調査』が，東京日日，大阪毎日新聞で発行された。その原稿料が，1924年6月14日に落成した東京帝国大学柳島セツルメント・ハウスの重要な資金源となったのである。セツルメント診療所の開設には林および同級の來住彌次郎，そして曽田長宗が努力した。林および來住は教室員となった人である。柳島セツルメントは戦時下の弾圧で閉鎖においこまれた。來住はそのときの5人の整理委員の一人であった。柳島セツルメントの発足から閉鎖までにかかわった人として來住はある（岡田靖雄：來住彌次郎――その足跡――。医学史研究，第63号，1989）。

柳島セツルメントの会員あるいはセツラーであった人としては來住のほかに，三宅鑛一，石橋俊寶，諏訪敬三郎，荻野了，金原種光がいる。また渡邊道雄，津留二三子，津川武一がセツルメント医療部を手つだったことがある。その周辺には井村恒郎，高橋角次郎がいた。

三宅については，セツルメントの寄付金を集めにいくと，リレーのバトンタッチの手付きで後向きに手をだしてわたした，という挿話がつたえられている。

1925年に入局した中国人陶烈（1900―1930，京都帝国大学医学部卒）は，皮質下核，小脳皮質，脳幹部の構造につき第一級の仕事をした。彼は1930年に広東の中山大学の教授となったが，夏休暇で日本に研究にきていて病没した。中山大学教授になったことからもわかるように，彼は熱烈な革命家であった。彼が明晰な批判精神をもって世をみていたことは，当時の同僚野村章恒もつよく印象づけられていた。

教室にいた人で社会派というべき人をあげると，東北帝国大学医学部で社会医学研究会などの活動をしていた懸田克躬，共産党員として逮捕され，戦後の日本共産党に属する衆議院議員として活躍した津川武一（彼は作家でもあり，さらに石上玄一郎の『精神病学教室』のモデルでもあった），医学部在学中に朝鮮農村衛生調査に参加した江副勉，高等商業学校時代にストライキをした加藤正明がいる。

どうも精神科医には社会派が多いようである。古澤平作は東北帝国大学医学部で学生自治会をつくった。櫻井圖南男は九大セツルメント医療部で活動していたし，平田宗男は第5高等学校の社会科学研究会で活動していた。一般的に整形外科，結核医療，精神科は社会性のつよい医療分野で，そこでは社会派というべき人の密度

が他科よりもたかかったようである。
　最近では，ブントの指導者であった島成郎がいる。赤れんが棟を拠点にした運動も，こうい った社会派の流れに位置づけられるのかもしれない。

神経病理学研究の系譜

▌藤澤浩四郎

　教室の解剖学病理学に関わる研究業績の内，神経學雑誌/精神神経學雑誌に掲載された論文を該雑誌の第1巻（明治35年/1902年）から第106巻（2005年）まで通覧し120余篇を採録した。最初期数年の掲載論文には著者の所属が明記されておらず，注意して取捨選択しましたが謬りなしとしません。所属が松澤病院であっても，教授が院長を兼任されていた期間の業績は採録しました。所属が脳研究所（病理部）だけのものは，採録してありません。採録に遺漏無かりしことを願っています。教室開設は，明治19年（1886）初代教授榊俶就任を以って始まり，二代教授呉秀三の就任は明治34年（1901）のことですから，榊の神経病理学に関係する業績に就いては精神神経學雑誌掲載の内村祐之（1940）の文章に譲ります（明治30年，榊の予期されぬ病死早逝直後に4年間欧州留学に出張した助教授呉の不在中の教室は法医学教授片山國嘉が精神病学教室教授を兼務した。この事実を考慮すれば呉の教授就任は第二代でなく三代となる）。

[神経學雑誌　所載論文]

呉　秀三：神経膠ト血管トノ関係ニツイテ。1, 15-28, 1902.

呉　秀三：亜爾個保児中毒ト解剖学的変化。1, 173-175, 1902.

松原三郎：試験的酒精中毒ニ因ル中樞神經系ノ解剖學的變化。1, 165-169, 1902.

高田耕安：脊髄梅毒ノ一例及示説。2, 226-229, 1903.

呉　秀三：麻痺狂患者ノ脳髄ナル稀有ナル病變。3, 93-107, 1904.

今村新吉：視能ノ皮質的障碍及ビ胼胝體ノ意義ニ就テ。3, 341-361, 1904.

呉　秀三：癲病患者ノ脊髄ニ於ケル解剖的変化。5, 1-21, 1906.

谷口吉太郎：ニッスル氏桿状細胞ノ研究豫報。5, 67-78, 1906.

三宅鑛一：中枢神経系内ニ於ケル神経繊維ノ再生機転ニ就テ。6, 499-516, 1907/1908.

和田豊種：癲癇ノ病理解剖的変化，付中枢神経系統ニ於ケル澱粉様小體ノ発生ニ就キテ。7, 93-123, 1908.

三宅鑛一：小児ノ麻痺性癡呆例證補遺。8, 7-16/64-74, 1909.

池田隆徳：出血性硬脳膜内層炎ノ著シキモノヲ有セル老人ノ麻痺性癡呆ノ一例。8, 101-106/155-161, 1909.

森安連吉：老耄性癡呆ノ病理解剖的増補。8, 335-341, 1909.

松原三郎：神経原繊維。8, 638-658, 1909.

森安連吉：老耄性癡呆ノ病理的増補（承前）。9, 4-19, 1910.

木村男也：大脳皮質ニ於ケル神経原線維特ニ麻痺性癡呆ニ於ケル所見。10, 153-162/196-216/255-265/311-328, 1911.

齋藤玉男：麻痺性癡呆ニ於ケル視神経所見。10, 249-265/304-328, 1911.

林　道倫：麻痺性癡呆大脳皮質ニ於ケル鐵反應

林　道倫：白癬病理解剖学知見補遺。12, 313-316/386-389/422-428/482-493, 1913.

林　道倫/中村隆治：日本人ノ後頭葉ニ就テ。13, 18-23/83-90, 1914.

下田光造：麻痺性發作ノ病理解剖知見追加。13, 23-26/78-83/121-127, 1914.

下田光造：晩發遺傳性麻痺性癡呆。13, 160-164/205-213/250-254/291-306, 1914.

樫田五郎：白癬ノ一例，臨床的観察並ニ剖検所見。14, 79-85/134-140/211-224, 1915.

下田光造：神経細胞病理解剖知見補遺。14, 203-207/256-260, 1915.

三宅鑛一/橋本監次郎：酸化炭素瓦斯（急性）中毒ニ因スル精神異常。15, 222-227, 265-280, 1916.

後藤城四郎：白癬ノ脳ニ於ケルアルツハイメル氏神経細繊維変化ニ就キテ。16, 1-16, 1917.

林　道倫：合併性精神病ノ解剖學的基礎ニ就イテ。16, 215-225, 1917.

下田光造：再ビ癲癇ニ於ケル所謂「アンモン」角硬化症ノ意義ニ就テ。16, 757-763, 1917.

下田光造：神経系統ニ於ケル所謂澱粉様小體ノ發生ニ就キテ。17, 297-304, 1918.

早尾虎男：高度脳水腫ノ一例。17, 623-632, 1918.

早尾虎男：小脳性失調ヲ有セル一患者ノ中樞神經系統ニ於ケル興味アル變化。18, 59-65/97-116, 1919.

太田子太郎：臨牀及解剖上著シキ相違ヲ示セル老耄性癡呆ノ二例。18, 258-265/315-327, 1919.

林　道倫：小脳病理ニ關スル一假説。18, 389-399, 1919.

早尾虎男：高度脳内水腫ノ一例（第二，組織學的變化）。18, 400-406, 1919.

三宅鑛一/早尾虎男：舞踏病性運動發作ニ關スル學説補遺；附視神經牀腹核及ビ視神経牀　下部ニ存スル小孤立性病竈ニ因スル赤核ノ續發變性ニ就テ。18, 407-415, 1919.

林　道倫：アルツハイメル氏原繊維變化發生因ノ追補。19, 14-19, 1920.

岡崎　昌：饑餓ノ大脳ニ及ボス影響。19, 20-35, 1920.

下田光造：所謂カハール氏水平細胞ニ就テ。19, 67-79, 1920.

呉　秀三/下田光造：早發性癡呆ノ研究（第一報告）早發性癡呆者脳髄ノ解剖的所見。19, 343-358, 1920.

呉　秀三/三宅鑛一/杉田直樹：大脳皮質ノ局所解剖學的研究（第一回報告）上中下。20, 1-47/129-172/249-297, 1921.

児玉　昌：饑餓ノ大脳皮質ニ及ボス影響（續報）。20, 431-446, 1921.

呉　秀三/三宅鑛一/杉田直樹：大脳皮質ノ局所解剖學的研究（第二回報告）上，中。21, 177-220/339-375, 1922.

児玉　昌：大脳皮質ノ屍性變化ニ就テ。21, 261-304, 1922.

呉　秀三/三宅鑛一/杉田直樹：大脳皮質ノ局所解剖學的研究（第二回報告）下。22, 1-46, 1922/1923.

生駒正志：所謂毒血性精神病ノ剖検例。23, 324-331, 1923/1924.

三宅鑛一/和田三郎：人ノ大脳皮質發達ノ状況ニ就キテ（上）。26, 573-589, 1925/1926.

三宅鑛一/和田三郎：人ノ大脳皮質發達ノ状況ニ就キテ（下）。27, 27-45, 1926/1927.

遠藤義雄/金田四郎：家兎ノ偶發性脳炎ニ就イテ。27, 490-513, 1926/1927.

遠藤義雄：貧血ニ因ル神經系統ノ變化ノ實驗的

吉益脩夫：舞踏病の病理。28, 217-243, 1927/1928.

陶　　烈：人脳皮質下諸神經核ノ細胞容量ニ就キテ（一）。28, 539-549, 1927/1928.

渡邊道雄：コルサコッフ氏精神病ノ病理組織。29, 369-399, 1928.

安部達人：人ノ大脳皮質ニ於ケル細胞密度ノ研究。29, 461-534, 1928.

安部達人：同　上　（續）。29, 625-682, 1928.

陶　　烈：人脳皮質下諸神經核ノ細胞容量ニ就キテ（第二報）。29, 867-904, 1928.

荒木直躬：實驗的ニ硫化炭素中毒ノ研究。31, 57-113, 1929/1930.

村松常雄：人脳ノ肉眼的測定ニヨルニ，三ノ結果。31, 150-158, 1929/1930.

三宅鑛一：脳ノ發達。31, 517-544, 1929/1930.

陶　　烈：人脳皮質下諸神經核ノ細胞容量ニ就キテ（第三報）。32, 503-525, 1930/1931.

陶　　烈：人脳皮質下神經核ノ細胞容量ニ就キテ（第四報）。33, 112-149, 1931.

陶　　烈：人脳神經細胞ノ定量的檢索補遺。33, 327-348, 1931.

陶　　烈：脳幹部神經核ノ局所解剖其他ニ就イテ。33, 355-367, 1931.

陶　　烈：人脳皮質下諸神經核ノ細胞容量ニ就キテ（第五報完結）。33, 367-394, 1931.

持田治郎：人ノ間脳部ノ出生後ノ發達ニ就キテ。33, 395-424, 1931.

諏訪敬三郎：脳黴毒ノ一剖檢例（付圖一葉）。33, 576-585, 1931.

渡邊道雄：早發性癡呆症ノ脳髓病理組織ニ就イテ（付圖九葉）。34, 93-168, 1931/1932.

青木延春：人ノ大脳皮質。34, 603-654, 1931/1932.

關根眞一：まらりあ療法ノ麻痺性癡呆症脳髓病理組織學的知見並ビニすぴろへーたぱりだニ及ボス影響（付圖三葉）。35, 1-69, 1932/1933.

青木延春：人ノ大脳皮質各小域出生後ノ發達ニ就キテ（第一報）。35, 70-108, 1932/1933.

青木延春：同　上（第二報・上）。35, 109-147, 1932/1933.

青木延春：同　上（第二報・下）。35, 225-248, 1932/1933.

青木延春：同　上（第二報・下・續キ）。35, 306-335, 1932/1933.

鰭崎　轍：頭部外傷者ノ脳模寫圖ニ就イテ。36, 303-325, 1933.

鰭崎　轍：精神分離症者ノ中樞神經系統ノ病理組織學的研究（第一報）脂肪沈著ノ所見。37. 1-89, 1934.

稲田七郎：汎發性硬化症 diffuse Sklerose ノ一例（附圖四葉）。37, 795-824, 1934.

内村祐之："スピールマイヤー先生ヲ憶フ"。38, 335-341, 1934/935.

鰭崎　轍：ふぉるまりん材料ノニッスル染色法ノ一考案（富山氏法）。38, 403-405, 1934/1935.

荒木直躬；痙攣性疾患ノ脳病理（宿題報告）。38, 639-648, 1934/1935.

精神神經學雜誌（誌名改称，1935年7—12月，第39巻以降）

荻野　了：リッサウエル麻痺性癡呆ニツキテ。39, 1-28, 1935.

谷　　望：いんしゅりん痙攣ノ實験的研究，特ニソノ病理組織學的所見ニツイテ。39, 51-74, 1935.

田村幸雄：轉移性脳癌ノ一例。39, 86-92, 1935.

谷　　望：癲癇ノ視丘下部黒質及ビ下橄欖核ニ於ケル變化ニ就イテ。39, 105-133, 1935.

荻野　了：亜急性脊髓膜脊髓炎ノ一剖檢例。39, 134-142, 1935.

荻野　了：麻痺性癡呆構音障礙ノ解剖學的解明ニ關スル檢索。39, 318-341, 1935.

渡邊道雄：Pick 氏限局性大脳萎縮症（Pick 氏病）ノ臨牀ト解剖（第一報告）。40, 197-226, 1936.

内村祐之：丹毒後脳炎ニ就テ（獨文）。41, 604-617, 1937.

荻野　了/阿部良男：脳炎後白痴脳ニ於ケル繊維解剖學的研究。41, 668-678, 1937.

古川復一：縊首後遷延死ノ脳病理組織學的知見補遺。41, 1133-1147, 1937.

關根眞一：一進行麻痺患者脳ニ見ラレシ特殊老人性變化。42, 247-251, 1938.

渡邊道雄，奥田三郎：假性脳硬化ニ類似ノ脳變化ヲ示セル退行期脳疾患ノ一例。42, 252-259, 1938.

猪瀬　正：インシュリン衝撃の脳病理組織學。43, 899-912, 1939.

古川復一：大脳皮質顆粒萎縮に關する研究。44, 239-298, 1940.

猪瀬　正：淡蒼球の對稱性侵襲に因るアテトーゼ。45, 23-46, 1941.

島崎敏樹：精神薄弱の病理解剖。42, 54-58, 1943.

内村祐之：榊俶先生と東京帝國大學医學部精神病學教室の創設。44, 63-79, 1940.

猪瀬　正：肝脳變性疾患の特殊型。51, 245-271, 1949/1950.

白木博次：原子爆弾症脳髄の病理。53, 147-168, 1951/1952.

横井　晋：矮小回轉脳の2剖検例。53, 207-216, 1951/1952.

関野ヤス：前頭葉運動領域の細胞構築——特にその個別性について——。54, 95-127, 1952/1953.

安藤　烝：発疹チフス脳髄の病理組織学。55, 374-385, 1953/1954.

白木博次/安藤　烝/横井　晋：疫痢脳髄の病理組織学。55, 400-410, 1953/1954.

白木博次：89日間の遷延昏睡を呈したインシュリン・ショック死の1剖検例。55, 447-463, 1953/1954.

白木博次/山本達也/室伏君士：神経組織の凍結乾燥法と二三の成果。56, 111-123, 1954/1955.

横井　晋：ロボトミー後の脳変化について。56, 361-378, 1954/1955.

内村祐之/白木博次/春原千秋：脱髄性脳脊髄炎の病理及びその発生機序——狂犬病ワクチンの予防接種による脳脊髄炎を中心として——。56, 503-535, 1954/1955.

田縁修治：後頭葉視覚領域の細胞構築学的研究。58, 642-666, 1956.

安藤　烝：白血病脳髄の病理組織学。59, 1228-1259, 1957.

室伏君士：実験的脱髄性脳脊髄炎の研究。60, 37-74, 1958.

白木博次/山本達也/浜田　晋：日本における視神経脊髄炎および脱髄性脊髄炎の病理学的研究。60, 1121-1157, 1958.

原田憲一/藤井　稔：播種性紅斑性狼瘡の1例——中枢神経系の病理組織学的所見を中心にして——。61, 1370-1387, 1959.

原田憲一：播種性紅斑性狼瘡における中枢神経系の病理組織学。62, 467-497, 1960.

戸嶋　豊：扁桃核の病理組織学。63, 1178-1198, 1961.

小田雅也/津金沢政治/安倍弘昌/白木博次：8ケ月半の亜急性経過を示したv. Winiwarter-Buerger 氏病脳型の一剖検例。64, 266-282, 1962.

白木博次/山本達也/山田和夫/志方俊夫：肝脳疾患"類瘢痕脳型"の1剖検例。64, 305-318, 1962.

高橋康郎/小田雅也/白木博次：亜急性に経過した肝脳疾患"類瘢痕脳型"の1剖検

水谷　徹/原田憲一/野口拓郎/神保真也/宮本侃治：炎症性汎発性硬化症（Schilder氏病）の1例。66, 871-882, 1964.

小田雅也：肝脳疾患"類瘢痕脳型"の臨床的，病理学的研究。66, 892-931, 1964.

小田雅也/吉田哲雄/白木博次/横山　武：オリーブ核小脳萎縮を伴う両側視床系統変性症の1剖検例。67, 67-82, 1965.

山崎達二：Pick病の臨床病理学的研究——特に人格変化を中心として——。68, 891-908, 1966.

森松義雄/原田憲一：頭部通電衝撃による1死亡例の剖検所見。68, 1366-1374, 1966.

徳田良仁/原田憲一/山上松義/白木博次：家族性黒内障性白痴遅発型の1剖検例——同型疾患の2剖検例との比較臨床・病理学的考察——。69, 401-428, 1967.

原田憲一/原　満：急性出血性白質脳炎（Hurst）——末梢神経病変をともなう鞏皮症の経過中に発症した1剖検例——。70, 1110-1126, 1968.

吉田哲雄：両側線条体に病変を有する遅発性無酸素後脳症の1例。91, 303-317, 1989.

　昭和31年（1956）脳研究施設に病理部が開設され初代主任に白木博次が助教授（1959教授）として教室から着任したので，それ以後の教室の神経病理学研究の重心は次第に脳研究施設に移ることになる。

　初代榊を初として教室創成期にいずれも政府より派遣されて欧州に留学した二代呉，三代三宅の両教授は当時勃興しつつあった欧州の神経病理学に深く触れて帰国したはずである。上記した教室の神経病理学研究の系譜を回顧すると，帰国後の精神病学教室の研究活動の中でこの方向の研究に両教授がどのような態度をとったかを看て取ることができて，彼らの強い独立自尊の気概と学問的独創性と見識の高さに敬服し感銘をあらためて覚える。彼らは，個々の疾患脳の病理学的探索を先ず目指すことは志さず，彼らに付託された最大の医学的要請・医療上の課題である，早発性痴呆と白痴という二大疾患の本態解明に真正面から取り組むことを最初から志した。この困難な課題に神経病理学的に取り組むためには先ず神経解剖学的基礎が必須であるとして，正常人脳の精細な細胞構築学・繊維構築学研究に自ら手をつけ，更には発育異常の脳を調べるためには脳の正常の発育をまず知らねばならぬとこれにも取り組んだ。「余ハ精神病學ヲ學ブノ際，殊ニソノ病理解剖學的研究ニハ豫メ人ノ大脳皮質構成，殊ニ，ソノ局所的差異ト年齢的差異トヲ闡明シ置クノ重要ナルヲ考エ，從來コレニ關スル研究ニ聊カ力ヲ盡セリ。實ニコレニヨリテ初メテ，常態大脳皮質ノ構造ヲ知ルノ外，殊ニ常態大脳皮質ノ或部位ハ何年頃ニ於テ如何ナル像ヲ示スヤヲ知リ，ソレニヨリテ初メテ，病的材料ノ病變ヲ審ニスルヲ得ベク，マタ，ソノ副産物トシテ精神作用ノ年齢的發達ヲ解剖學的ニ立證シ得ルヤトモ思ハルナリ。従テコノ報告ハ純解剖學的見地ヨリセシモノト趣キヲ異ニシ，純解剖學者ノ期待ニハ添ハヌコト多カルベキモ，コハ研究目的ノ相異ヨリ免レザルモノトシテ宥サルベキナリ。」（三宅鑛一：脳ノ發達，神經學雑誌，31, 517-544, 1930.）この超え難い目標に到達するために，両教授に指導された教室員は与えられた課題に寝食を忘れ労苦を惜しまなかった様子を，その丹念精細な論文の行間に読み取ることができる。これら先達の研究は，神経科学，就中神経画像学研究の最近の進歩に照らして，改めて読み直され，またその基となった夥しい分裂病脳・白痴脳標本の再検討されることを後人に求めるものではないかと思う。

　教室において経験された剖検例が，個別的に

丹念に検索され多数報告されるようになったのは第二次大戦後，即ち1950年代以降のことであるが，戦前の古い症例報告の中で私が今回この文章を書くに当たって初めて読む機会のあった論文中の二篇について短い所感をここに書かせて頂く。一つは，林道倫著す「合併性精神病ノ解剖學的基礎ニ就イテ」という1917年論文。患者は生来性の比較的軽症の精神発達遅滞者であった如くで，中学を二年で退学，その後は患者を連れて渡満した父の膝下で気儘に暮らしていたが，26歳に至って相性の精神運動性興奮の例外状態の発作を数回反復経験した後（ここで当時満州は大連に滞在していた林の許に紹介されて来た）28歳で死亡した。臨床経過も剖検所見も典型的でなく診断困難な症例として林は報告しているが，ここでこの論文を取り上げた理由は剖検に至ったその経緯である。「彼レガ年二十八ヲ以テ鬼籍ニ上ラントスルヤ，彼レニ伴ヒタル老イタル父ハ特ニ學術ノ為メニ菲運ナリシ其子ノ脳髄ノ委曲ヲ研究センコトヲ予ニ委嘱シタリキ。予ハ異域ニアリテ愛児ヲ失ヒ，然モ猶涙ヲ揮ヒテ其解屍ヲ懇請シタル人ノ父タル者ノ感慨ヲ忘ルコト能ハズ，今茲ニ其梗概ヲ記スニ当リ年来負ヘル所ノ責務ノ一端ヲ軽ウシタルヲ感ズ。」ここに今も昔も変わらぬ病理解剖の原点があると感ずる。なお，林道倫については別に石井毅博士が詳らかに書かれるであろう。

1936年三宅鑛一に次いで四代教授内村祐之が教室に着任したが，着任早々神經學雑誌に発表された彼の論文「丹毒後脳炎ニ就テ」（1937）はドイツ語で書かれている。この症例（死亡1934年9月26日）は内村が前任地札幌で経験した症例であり，恐らく内村はその年の暮れぬ前に標本を鏡検し，直ちにこの症例の神経病理学的重大性に気付き報告のための論文執筆に取りかかったと思われる。ドイツ語で書き始めたのは勿論，彼が生涯の師匠として私淑し在独中の彼を"Jeder kann Nissl werden."と激励したミュンヒェンのスピールマイヤーに読まれることを期待したからであろう。彼がこの論文を書き始めた正にその時，1935年2月6日，スピールマイヤーは「齢未ダ六十　ニ達セズ」して逝った。この症例は丹毒に継起合併して発症した脳炎であり，かつその病理所見が左右両側対称性の脱髄病巣を特徴とすることを報告した最初のものである。彼は鏡検中も執筆中もスピールマイヤーと対話しつつある気持ちであったろうと想像するが，彼のドイツ語の文体は簡明にして良く意を尽くしその点では恩師の晦渋難解な文体を学ばざりしは幸いであった。スピールマイヤーの教室での内村の業績の詳細は，佐野圭司教授が別項で詳細に論じられよう。

内村祐之については，戦後の教室の業績として原子爆弾症脳髄の研究と狂犬病ワクチン接種後脳症の研究に触れずにこの項を終えることはできない。敗戦の翌年，1946年には，内村は海軍から復員したばかりの新入教室員白木博次に広島と長崎で亡くなった原子爆弾症剖検症例脳の神経病理学的検索を命じている。この国が経験した人類の歴史開闢以来初めての災害の医学的研究の一翼を東大精神医学教室が担うべきとの内村の自覚と見識とから生れた白木の研究は彼の学位論文（1952）になっただけでなく，将来白木が脳研究施設で神経病理学を専攻する機縁を彼に与えたものであった。後者，狂犬病ワクチン接種後脳症の研究（1955）には，特筆すべき長い前史がある。それは，1933年内村が松沢病院において14歳少年の脳髄に甚だ特異な脱髄病変を見たことに始まる。その病変が20年後，パスツール法ワクチン予防接種後精神神経症状を発して東大精神科に入院して来た患者の死後剖検による脳に思いもかけず再現されていることに内村が気付いた。そして内村らは，20年前のこの少年の生前記録をあらためて紐解くこととなった。少年は，その年の1月20日ごろから大食となり，ボンヤリして居眠り勝ちになってきた。2月20日から軽度の発熱が出て臥褥3日間，食事もほとんどとらずに眠り続けた。4日

目に覚醒，然し医師の診察に無関心，茫然，応答不良，時に頭痛，複視，などを訴えたがハッキリせず，その様子は不自然であった。2月26日には起きだして家庭教師のもとにでかけたが，途中で路がわからなくなり，自宅に電話をかけてたずねたあげく，やっとたどりついたが，教師の家では欠伸と居眠りが目立った。帰宅してその夜は夜通し放歌。3月1日，学校の入学試験だというのに起きようとせず，終日嗜眠性，失禁2回，目を覚ませば歌ってばかり。3月2日東大神経科外来，足もとグラグラ，昏迷状，寡黙，無関心，緊張病が疑われた。その後，終日臥床，嗜眠性，3月8日以降は食事せず，全く無言，右片麻痺の徴候出現。3月14日，松澤病院入院，昏睡に近く応答皆無，右片麻痺。翌15日より発熱，弛張し，最高40.3℃，癲癇様強直性間代性全身痙攣数回，3月30日死亡した。剖検所見は，大脳半球から脳幹にかけての脳室周辺の播種性広汎性形状不規則な脱髄巣の出現であったが，所謂多発性硬化症の病理像としては非定型であった。その4年後来日したW. Scholz教授に内村はこの標本を供覧したが，Scholzもまた多発性硬化症の診断は下さなかった。そういう症例であった。この少年の脳所見に20年後東大精神科に入院した狂犬病ワクチン接種の既往を持つ症例の脳で内村らは再び遭遇したわけである。そこで内村らはあらためてこの少年の家族にワクチン注射の有無を問い合わせた。新潟在の家族からは，発病当時本人は東京に下宿していたため詳細不明との返信が来た。そこで，この下宿の主人を探し出して20年前の少年の記憶を想起してもらったところ，ここではじめてこの少年の予防接種施行の事実が解明された。下宿の主人によると，少年は発病の前年1932年9月はじめに上京してきたが，その月の末ころ街路上で犬（狂犬かどうか不明）に下肢を嚙まれ血がにじむほどの三つの歯跡が残った。そこで伝染病研究所（当時）で2週間にわたって狂犬病ワクチンの接種を受けた。少年は，注射終了後2カ月半で発病したことになる。内村らのこの歴史的報告には，その他にもこの発見に関わる興味あるエピソードが記載されているがここでは割愛する。この論文が，多発性硬化症という現在でもその成因本態未解明といっていい重大な疾患研究に重要な一石を投じた，そしてこの疾患の研究をその後発展させた神経病理学者白木博次の名を世界に知らしめた教室の記念碑的業績の一であると謂うに止まらない意義を私は感ずる。それは，この論文が精神病を患う個々の患者の個々の脳の病理学的検索が疾患研究の上でいかに決定的に重要な役割を担っているかということを如実に示した具体例であると思うからである。そして，更にまた病理学的検索というものがその症例の詳細綿密な病歴記載無くしては意味を持ち得ないこと，またその病歴聴取自体が通り一遍でない主治医の学力と熱意と努力無しには達成不可能な業であることをも，具体的に雄弁に物語っているからである。

　その他の教室の神経病理学に関する業績に就いては，与えられた紙数も早大幅に超えているのでここでは割愛させて頂く。輝かしい伝統と実績を持つ神経病理学研究がこれからも，精神医学，神経科学研究の中で欠くことのできぬ基礎的研究の分野として教室のなかで受け継がれて再生することを願って擱筆する。

神経学と東大精神科

原田　憲一

　榊俶がわが国最初の精神科の教授となり東京大学に精神病学を開講したのは1886年（明治19）である。

I 神経学と精神医学の間柄

1. 欧米近代における神経病学と精神病学との歴史

　18, 19世紀を通じてヨーロッパにおいて近代医学が勃興する中で，次第に臨床医（内科医）の一部に精神病と神経病への関心が凝集した。とくにそれはヨーロッパの中での先進国であったイギリス，フランスで顕著だった。大都市に内科の大病院ができ，そこでは神経病者や精神病者が沢山診療された。その内科医の中に神経病者や精神病者に集中する人たちが現われる。Jackson J.H. が仕事をしたイギリスの国立神経病院（National Hospital for the Paralysed and Epileptic）ができたのは1860年であった。フランスではずっと早く17世紀ルイ14世によって大病院群（サルペトリエール，ビセートルなど）がパリにつくられ，精神病や神経病を含む多くの難治疾患の患者を診ており，19世紀初めには Pinel P. や Esquirol J.E.D. が精神医学的業績を挙げていた。そのサルペトリエール病院で Charcot J.M. がパリ大学医学部の教授として神経学のクリニックを設けたのは1882年である。

　ドイツでは大精神病院が19世紀中葉以後急速に開設され，精神病への知識が進むとともに精神病学講座を大学につくるべしとの声が高まる。

　臨床活動の活発化に添うように精神病や神経病に関する著書が刊行されるようになる。Pinel の「精神錯乱に関する医学的，哲学的概説」（1801），米国の Rush B. の「精神疾患に関する医学的探求と観察」（1812）が，そして Griesinger W. の有名な「精神疾患の病理と治療」が世に出たのは1845年である。それに対して神経病学の領域ではベルリンの Romberg H. による世界最初の「神経学教科書」（1840-46）が，そして著名な神経学専門書としてパリ Charcot の「神経学疾患講義録」（1872-87）が刊行された。

　このように少しずつ神経学と精神医学は夫々独自の姿をつくりはじめたが，なおしかしこの両者は全体としてはひとつのものであり続け，臨床的にも制度的にもはっきりした区別はなく内科の中に大きく包みこまれていた。今日歴史的に精神医学史や神経学史に名を遺している大家たちは多く内科学教授であった。Griesinger は1865年まで内科教授であったし，Charcot は1882年神経学の専門教授になる前は長く内科医としてサルペトリエールで仕事をしていた。

　神経病学と精神病学がなお混然としていたのは，もちろん夫々の知識が不充分だったためであり，神経の病も精神の病も別々の独立した診療対象として把握されていなかったからである。それ故，ひとりの医師が精神医学的業績を挙げ，かつまた神経学領域の良い研究をした。このことは，精神医学者 Westphal C.F.O. が脊髄癆

における膝蓋腱反射消失の意義を発見し，神経学者Charcotが催眠術を駆使してヒステリーについて幅広い業績をしたことを思いおこせば充分であろう。そのような事情が19世紀後半になってドイツで大学に精神医学講座が内科から独立して設立されるようになった時，その多くで神経学・精神医学不分離のままという流れに繋がった。

ドイツの大学に精神医学の教室が置かれた最初はハイデルベルク大学（Fürster C. 教授）1878年であり，以後19世紀末から20世紀初頭にわたって次々とその動きは拡がった。そしてその最初から「精神医学ならびに神経学クリニック」Psychiatrisch-Neurologische Klinik や，あるいは単に「神経クリニック」Nerven-klinikという名称で，精神病学と神経病学とがひとつの専門科として内科から独立した。この傾向は20世紀中葉まで続き，ドイツの大学で神経学専門の部門が独立するのを妨げた。しかしその中でも絶えず神経病学の独立の動きは続けられた。19世紀後半にはオーストリア（ウイーン），スイス（チューリヒ）の大学に精神病科とは独立して神経病学の外来部門が置かれた。ドイツでは1896年に初めて神経学専門の教室が精神科とは別にハンブルク大学（Nonne M. 教授）に生まれた。しかし2番目はさらにずっと遅れて，ハイデルベルク大学の1920年であった。

2. わが国の神経学，精神医学の流れ

明治政府は欧米の文物を急いで取り入れることに腐心したが，ドイツ医学採用方針を決めたのは早くも1870年（明治3）のことである。それに従ってドイツから招聘されたBaelz E. が東大の内科教授となり，内科学の中で精神病学，神経病学をも講義した。しかしBaelzは精神病学，神経病学の専門家ではなかった。この精神病学，神経病学の姿が正に19世紀後葉のドイツ大学に生き写しであるのは，ドイツ医学を範と決めたわが国医学の宿命であった。そしてその後の動きもドイツのそれと相同であった。

榊俶は1882年（明治15）から1886年（明治19）ドイツに留学し，ベルリン大でWestphalに精神病学を，Erb W.H. に神経病学を学んだ。そして帰国して東大に精神病学教室を開き，その教授となる。一方，三浦謹之助は1890年（明治23）より1893年（明治26），ベルリン大のOppenheim H. およびハイデルベルク大のErbから神経学を学び，次いでパリでCharcotに師事した。そして東大内科学教授となった（1895年）。このようにして，精神病学教室は内科から独立して精神病と神経病とを診療対象とする一方，三浦内科教室の中では三浦の指導のもと神経病学の臨床，研究が進められた。

しかしわが国では，臨床精神医学も臨床神経学もその発展は欧米に比べて遅々としていた。精神科の講座はつくられたが，専属の精神病床はおろか，大学内の外来診療所さえないままであった。正規の外来部門ができたのは呉教授時代の1914年（大正3）であり，大学自体が精神科病棟をもてたのは1916年（大正5）のことである。既にドイツでは東大精神科開講時点（1886年）で4大学（ベルリン大，ハイデルベルク大，イエナ大，ライプチッヒ大）が病棟も具えた完全な精神科教室を有していた。

神経学に関してはわが国の動きはさらに遅れる。1894年（明治27）に「脳脊髄病学講座」新設が衆議院に提出されたが通らず，1910年代半ば（大正初期）にも三浦教授による神経学講座独立の要請がなされたが，議会で実を結ばなかった。それが果されるのは実に第2次大戦後，それも20年も経ってからである。東大脳研究所に臨床部門としてわが国最初の神経内科学教室（豊倉康夫教授）が開かれたのは1964年（昭和39）であった。

学会組織の軌跡にもこの精神医学と神経学の流れは見てとれる。三浦内科教授と呉精神科教授によって「神経学会」が創設されたのは1902年（明治35）であり（日本内科学会の創立は1

年後の明治36年である），精神科の人たちと内科の中で神経病学に関心の高い人たちとの共働で学会も学会誌（神経学雑誌）も発展した。神経学会は1935年（昭和10）に「日本精神神経学会」と名称を改め，機関誌も「精神神経学雑誌」と改称された。精神神経学会の内部で神経学の分離独立の意向が内科系神経学者に次第に強くなり，種々の曲折を経て遂に1960年（昭和35）に日本臨床神経学会が開かれ，3年後には日本神経学会となった。そして機関誌「臨床神経学」を刊行する。精神神経学会を精神医学会と改名した方がよいという意見は少なからぬ人たちによって言われているが，今日なおその名が続いている。この様相は欧米でも一部似ていて，精神医学と神経学をすっぱり分離した雑誌が多い一方で，未だに長い歴史を背負ってこの両者をまとめて発刊し続けている名門誌もある（例えばイギリスのJournal of neurology, neurosurgery and psychiatry, ドイツのFortschritte der Neurologie und Psychiatrie, アメリカのJournal of nervous and mental disease など）。

因みに東大精神科の正式の講座名は，初めの「精神病学」から「精神医学」へと変わったが，付属病院の診療科名としては「神経科」を長らく掲げており，その後「精神神経科」に変わって今に至る。神経と精神の両語が曖昧に診療科名として用いられたことは，神経病学と精神病学の歴史と繋がるものであるが，わが国一般に拡がっている精神（病）という言葉への抵抗感を和らげる目的もあった。

3. 精神医学・神経学不即不離の思想

精神医学と神経学の分離は今日では世界的に既に確立されたものである。夫々の診療，臨床研究の前進のためにそれは当然のことである。しかし20世紀初めの頃ドイツでこの問題について見解の対立があった。Kraepelin E. は精神医学と神経学の分離肯定論者であったし，Bonhoeffer K. は否定論者であった。

精神医学者の中に精神医学・神経学の分離に反対の人たちが少なくなかったのは，次の理由である：それは精神症状の基底に脳があることへの執着である。とくに器質性精神病に関心の高い人たちにとって，脳変化による精神症状と神経症状は切り離せない。脳炎にせよ脳変性疾患にせよ，痴呆や人格変化，神経心理学的症状や錐体外路症状などを示す病態を理解し患者をケアするには，精神医学も神経学も不可欠である。そこではこの両者はひとつに結びついていて切り離せない。精神病学から神経病学が離れていくことに未練ない態度をとれなかった精神科医には，脳についてのやや頑なともいえる信念があったのである。端的に，器質性精神病に対する強いこだわりといってもよいだろう。内村祐之教授はかって「内科的神経学があるように精神医学的神経学が存在するのは当然であり，これあってこそ精神医学も神経学も共に健全な発達を遂げることができるというのが私の堅い信念である」と述べたし（1965「わが歩みし精神医学の道」みすず書房），臺　弘教授はある座談会で「サイキアトリーとニューロロジーと，いろいろなバイオロジーが一塊になっているというのが東大精神科の本筋じゃないか」と言われた（1997, 臨床精神医学 26）。これらの見解に多くの異論はあるだろうが，医療・医学態勢として今日の精神医学と神経学の分離，並存に異を唱える人はいまい。あとは相互理解の深化と境界領域への両者の協力が，医療として求められるだけであると私は思う。

II　東大精神科の神経学的業績

東大精神科の神経学業績を語る場合次のふたつの問題がある。ひとつは東大精神科関係者がおこなった業績について，人をとるのか所属をとるのか，の問題：東大精神科で研鑽した人が他の大学や病院に出たあとおこなった研究業績

をどう取扱うか。他のひとつは，一言でいうが，その範囲についてである。器質性/症状性精神病や薬物中毒，さらにてんかん，発達遅滞などの研究をどうしたらよいのか。前者については所属を重視することにしたが，必ずしも厳密にではない。後者については適宜神経学的領域という枠を拡げて考えることにした。そのことを初めにおことわりしておく。

業績論文の探索は後記した参考文献に多くを負うと共に，東京医学会雑誌（以下，「東」と略記）と，神経学雑誌および精神神経学雑誌（以下，「神」と略記）を通覧しておこなった。他の専門誌や単行本に大事な業績が少なからずあるに違いないが，調査及ばなかった。

1. 榊俶教授時代（1886—1897）

当時はヨーロッパの精神病学，神経病学の領域で重大な疾患であった進行麻痺が，わが国でも増加していた時期である。その中で榊の「進行麻痺狂の原因」（1896,東10：989,1028）をはじめ一連の仕事がなされた。この榊の研究は，進行麻痺が文明の病気であって欧米のみに存在するというヨーロッパ学者の誤った考えを正した。榊にはまた舞踏病（「アテトージス症ノ一実験」1888,東2（3））や「インフルエンザ病ニ続発スル精神病ノ実験」（1890,東5（14,15），「慢性鉛中毒ノ実験」（1891/92,東5（23），6（4））の論文，島村俊一と連名で「大脳右半球ノ局部脳質脳膜炎ニジャクソン癲癇症ヲ誘発セル実験」（1989,東3（6，8，14））がある。

門下生の論文に小野寺義郷「慢性莫爾比湟中毒症ノ一治験」（1882,東6：16,68,115）。

2. 片山國嘉教授（法医学と兼任）時代（1897—1901）

片山教授はわが国における法医学の始祖であり，榊教授亡きあと暫時精神病学教室の教授を兼担したが，少数の精神鑑定と酒害に対する大きな学問的，社会的貢献をしたことを除けば，神経病学の畠で特に足跡を残してはいない。

3. 呉秀三教授時代（1901—1925）

呉教授の精神病学に関する業績が偉大であることは周知の通りである。多くの門下生もこの時期に育った。ここでは呉教授自身の神経病学領域の業績を一瞥する。進行麻痺とてんかんに関する研究が夫々多数ある。

進行麻痺については7論文を数える：「進行性麻痺狂ノ増加」（1896,中外医学新報 385号），「麻痺狂ト梅毒ト」（1902,神4：231），「幼年麻痺狂ノ女子症例」（1903,医学中央雑誌7：783），「麻痺性癡呆の診断上緊要なる徴候」（1914,実験医報1：743）ほか。てんかんに関して5論文ある：「癲癇発作ト時刻トノ関係」（1893,東7：319），「癲癇ノ予後ニ就キテ」（1902,神1：164），「癲癇狂患者ノ精神朦朧状態殊ニ其消魂大悦症ニ就イテ」（1906,日本医学17号3）など。進行麻痺の研究が多いのは榊時代からの連続であるが，てんかん研究の盛んなのは興味深い。

進行麻痺，てんかん以外の神経病についての呉の論文は臨床講義などの記録を除けば次の報告に止まる。しかしその報告は驚くべき内容をもつものであった。「トムゼン氏病ノ一種」（1892,東6：505）および「トムゼン氏病ノ第二症」（1892,東6：650）と題した論文は，呉の神経病学者としての力を示す歴史的業績である。それについては東大神経内科豊倉教授が詳しく論じている（1973,脳と発達5：261）。豊倉教授によると，呉の報告した症例はトムゼン病（先天性筋強直症）ではなく発作性ヒョレオ・アテトーゼであり，その臨床記述は精緻を極めこの病気の世界最初の完全な報告とみなしうる，と明言されている。

門下生たちの仕事として：石川貞吉「癲癇性癡呆ノ知見補遺」（1908,神7：553,627,677），荒木蒼太郎「膝蓋反射曲線の研究」（1910,神9：97），斉藤玉男「麻痺性癡呆に於ける視神

経所見」(1911, 神10：249, 304)，樫田五郎「白癬ノ一例，臨床的観察竝ニ剖検所見」(1915, 神4：79, 134, 211)，早尾虎雄「高度脳水腫ノ一例」(1918, 神17：623)，雨宮保衛「今次ノ流行性感冒ト精神病」(1919, 神18：284) が挙げられる。また呉教授在職二十五年記念文集 (1928, 第二部) に器質性精神病領域の2論文がある：中村隆治「麻痺性癡呆ノ一例」，池田隆徳「流行性感冒ヨリ起レル精神病ニ就キテ」。

4. 三宅鑛一教授時代 (1925—1936)

三宅教授の神経学領域での仕事は多くない。教授の臨床講義集（東大医学図書館蔵 [旧神経M9]）の中に「失語症」，「老耄性癡呆」，「脳腫瘍ノ際ノ精神異常」，「流行性脳炎ノ精神障碍」など器質性精神病がみられる。

精神発達遅滞に関する三宅教授の貢献は大きい（「白癡及低脳児」1914, 吐鳳堂）。それに関連して知能や記憶など心理機能テストについての業績が三宅教授を中心に沢山遺されたが、それは他章で述べられよう。

この時期門下生の論文に、野村章恒「非定型性診断不明ノ中酒性精神病ノ精神病理学的考察」(1932, 神34：374)，林暲「脳脊髄液蛋白ニ関スル臨床的研究」(1933, 神36：525, 607)，田村幸雄「脳脊髄液圧ノ研究（第1報）．神経精神病者ノ脳脊髄圧ニ就イテ」(1936, 神40：810)，三友正之助「流行性脳炎後性格異常ノ特異ナル一例」(1937, 神41：1148) がある。

5. 内村祐之教授時代 (1936—1958)

内村教授には北海道大学時代に「急性パントポン中毒に因る錐体外路性症候群」(1935, 臨床医23：172) があり、東大に来てから「丹毒後脳炎ニ就テ」(1937, 神41：605)，「あいぬノ潜伏梅毒ト神経梅毒」（秋元波留夫，石橋俊実，渡辺栄市と共著，1938, 神42：811)，「閉塞性動脈炎による脳症状」(1940, 東大医学講習会講録6号)，「アイヌの内因性精神病と神経系疾患」（石橋，秋元，太田清之と共著，1941, 神45：49) などの業績がある。そして第二次大戦後門下生との連名でてんかん研究の成果が目立つ。「癲癇発作について—発生機序と分類と治療についての短い展望」（田縁修治と連名，1951, 脳と神経3：9)，「癲癇性発作の予後並びに分類について」（田縁，島薗安雄，川田仁子と共著，1952, 癲癇の研究，医学書院) があり、さらに「輓近におけるテンカン研究の進歩」(1955, 脳と神経7) が続く。

てんかん研究には多くの門下生の論文が世に出た。島薗，平井富雄，大熊輝雄，福田富夫「Distrubance of consciousness in petit mal epilepsy」(1953, Epilepsia III 2：49)，森 温理「無動性発作の臨床的研究」(1957, 神59：1051)，後藤蓉子「Spike & Wave Complex とテンカンの臨床発作型との関連について」(1957, 神59：1071)，鈴木聖洪「てんかん患者の脳室に関する研究」(1959, 内村教授還暦記念論文集 39) がある。てんかん患者の診療がこの時代には主として精神科でなされたことに由る。臨床脳波学の展開もこの時期に重なる。

内村教授の指導のもとその門下生が挙げた業績は神経学的領域に限っても多々あるが、重要なものを列挙する（てんかんについては上記した）。森崎英夫「4-えちる鉛中毒ノ臨床例」(1938, 神41：572)，林，西丸四方「精神症状ヲ伴ナエル網膜血管吻合症ノ知見補遺」(1938, 神41：927)，高木四郎「脳下垂体間脳系疾患に於ける精神障碍」(1940, 神44：167)，臺，新井尚賢「慢性酒精中毒に於けるペラグラ性精神病に就いて」(1940, 神44：199)，菅 修，高橋角次郎「Sturge-Weber病への一寄与」(1940, 神44：872)，猪瀬 正「淡蒼球の対称性侵襲に因るアテトーゼ」(1941, 神45：23)，高橋「脳動脈写への一寄与」(1942, 神46：403)（この高橋角次郎の仕事は世界最初の経皮的椎骨動脈撮影の報告であって歴史的である），五十嵐 衡「意識障碍に関する実験的研究」(1948, 神50：11)，

立津政順「血行不全一変動性脳症状群」(1949, 神50：No 5, 1)，猪瀬「肝脳変性疾患の一特殊型」(1950, 神51：193)，立津「日本脳炎急性期後の精神神経症状」(1950, 神52：183)，島薗「意識障碍の脳波的研究」(1951, 神52：169)，山本達也「ダリエー氏病における精神障碍」(1953, 神55：411)，春原千秋「狂犬病予防接種による脳炎の精神障害について」(1956, 神58：355)，佐藤倚男「肝障害と中枢神経症状の相関―手術後肝機能疎外を中心として―」(1958, 神60：1144)。

最後になったが，内村教授時代の神経学的業績として楢林博太郎による錐体外路症状に対する手術的治療を挙げる。論文としては内村と楢林の連名で「脳深部手術器」(1951, 神52：265) が一連の仕事の嚆矢であり，その成果は，例えば大熊，式場 聡，遠藤俊一，長尾朋典，楢林「パーキンソン症候群の病因に関する考察」(1958, 神60：882) や楢林「パーキンソン症候群120例に対する定位的蒼球手術の効果の長期予後調査」(1959, 内村記念論文集) などで見られる。

6．秋元波留夫教授時代（1958—1966）

東大に来られる前に，秋元教授に失行症に関する先駆的業績（後記）があることは周知であるが，この時代には既に神経内科の活動が盛んになり，いわゆる神経疾患の診療は精神科ではほとんどなくなった。ひいて臨床神経学的業績も少なくなる。

精神科に伝統的な症状性/器質性精神病の臨床研究はもちろんしっかりとおこなわれた。まず秋元教授還暦記念論文集（1966）の中からこの分野の論文を列挙する：後藤彰夫「日本脳炎の長期予後の研究補遺（続）―罹患15年後の予後」，矢部 徹，羽場令人「両側性Sturge-Weber病の1例」，本多 裕「内分泌性精神障害」，原田憲一「症状性精神病の症候学への一寄与―『軽い意識混濁』について」，金子嗣郎「頭部外傷後遺症の精神医学的研究」，山崎達二「Pick病の臨床病理学的研究―とくに人格変化を中心として」。

次に，同記念論文集に付されている「秋元教室業績目録」から神経学，器質性精神病関係の論文を採録した：楢林，島津 浩，式場，大熊「錐体外路症状に対する淡蒼球手術の効果とメカニズムについて」(1958, 神60：266)，大熊，遠藤，徳田「てんかん小発作と大発作の関係についての脳波学的研究―小発作のペンタゾール賦活を中心として―」(1958, 神65：553)，徳田「結核性髄膜炎の精神医学的予後」(1959, 神61：1388)，戸嶋 豊，本多 裕「ハンチントン舞踏病の2例」(1959, 神経進歩5：143)，安藤烝，竹内 勤，園田隆也，岡庭 武「神経性筋萎縮症（Charcot-Marie-Tooth型）の1家系」(1964, 脳と神経16：1029)，原田敏雄，佐々木邦彦「2例のSarcoidosisにみられた精神症状について」(1964, 神66：265)，大橋増幸，高橋哲郎，長尾，式場「不随意運動を呈した脳腫瘍の2例」(1965, 脳と神経17：47)，稲村 博，中川泰彬「身体運動によって誘発される筋強直，不随意運動発作」(1967, 神69：57)。

7．臺弘教授より現在まで（1966—）

この時期特に前半は精神科の異常状態が続き，落着いた臨床研究がおこなえなかった。もっとも神経学的業績が急激に少なくなったことには時代の趨勢も関係している。てんかんさえ神経病に分類される時代である。

臺教授は活発に精神分裂病（統合失調症）の臨床研究を指導され，この病気の生態学的，行動学的，神経心理学的業績を沢山挙げられた。ここでは，論文「履歴現象と機能的切断症状群―精神分裂病の生物学的理解」(1979, 精神医学21：453) のみを記しておく。また門下生による精神病の精神生理学的研究は注目に値する。

この40年間，症状/器質精神病についての仕事は，精神科で学びその後他の大学や病院など

で活躍した人たちによりなお続いており、その成果は沢山あることを知っているが、網羅的に調査できなかった。ただ大雑把に見て、精神科における臨床神経学的研究は低調となり、代わりに大きな流れは精神疾患や神経症関係の精神生理学、脳図像学の研究に向っている。それらは本書の他の章で詳述されよう。

120年のうち3分の1にも及ぶ直近40年間の歴史を丹念に辿れなかったことは私の非力による。

付：神経心理学と東大精神科

かって大脳病理学と呼ばれた神経心理学領域の業績を最後にまとめて挙げる：呉「失語症を伴へる動脈硬化性精神病？の一例」(1924, 神24：276)、青木義作「失語症ニ関スル知見補遺」(1930, 神31：343)、秋元「視空間認識障碍ト特ニ関聯セル失行ニ就イテ」(1932, 神35) および「失行症」(1935, 金原書店)、井村「アントン徴候の1例」(1937, 神41：679)、古川復一「Pick病ニ於ケル竈症状ニ就イテ」(1938, 神41：368)、井村、袴田三郎、小林八郎「身体半側の無感知に就いて」(1939, 神43：195)、島崎敏樹「人間的分化機能の喪失を来たした癲癇痙攣性脳損傷例」(1939, 神44：233)、内村、島崎「前頭脳の機能障碍に就いての文献的展望」(1940, 日本の臨床8：1010)、井村「失語症に於ける失行性症状．上、中、下」(1940, 神44：363, 393, 518)、加藤正明「一頭部戦傷患者に於ける視朦性症候」(1941, 神46：93)、井村「失語—日本語に於ける特性」(1943, 神47：196)、諏訪望「思考言語過程の障碍としての失語症状（左側頭部貫通銃創2例の臨床的考察）」(1943, 神47：603)、小林八郎「失語症者における残語の構造」(1951, 神53：58)、成瀬浩、栗原雅直、大熊、徳田「時計失認について」(1957, 神59：13)、山本達也、前川杏二「脳動脈硬化の臨床―脳病理学的巣症状を中心として」(1959, 精神医学2：333)、長谷川保「側頭葉切除後の精神症状について」(1960, 神62：398)、本多「間脳関連精神障害の臨床的研究」(1910, 神62：297)、吉田哲雄「失外套症状群の諸問題」(1968, 精神医学9：161)、臺「履歴現象と機能的切断症状群―精神分裂病の生物学的理解」(1979, 精神医学21：453)（再掲）、熊倉徹雄「初老期および老年痴呆（特にAlzheimer病型痴呆）にみられる鏡現象について」(1982, 神84：307) など。

おわりに

東大精神科120年における神経学の仕事というテーマを引き受けて縷々記してきたが、精神医学と神経学両者に跨がる研究は多く、その区分けが難しかった。20世紀の100年間、精神医学と神経学はどんどん離れ、ふたつの専門分野は夫々に深い穴を掘り進めた。それはWHOのICDの神経疾患の章と精神および行動の障害の章を見ればよくわかる。たとえば今は亡き森松義雄君が冒された筋萎縮性側索硬化症という病気と、今日私たちの診療で出会うパニック障害、ヒステリーとは、その診断、治療を進める上でやはりはっきり別の専門領域である。その一方、相変わらずこの両者の境界領域は巾広く、かつ重要な問題に充ちている。

精神医学と神経学の関係を考える時、次のように特徴づけることが可能であろう：高次神経/低次神経、器質性/機能性、局所性/全般性、感覚・運動/知覚・行動、など。しかしその判別は常に明瞭ではなく、中間があり共存がある。将来にわたって精神医学と神経学は、中枢神経系を結節点として時に離れ時に近づき、その間柄は永久に断ち切れないであろう。

文献

1) Ackerknecht E.H.：(石川清、宇野正人訳) ヨーロッパ臨床精神医学史．医学書院、東京 (1962)
2) 安芸基雄：臨床神経病学の歴史的基礎．臨床神経学 1：4-25 (1960)

3) 秋元教授還暦記念論文集（1968）
4) 原田憲一：ドイツ精神医学の誕生―19世紀プレクレペリンの100年―．精神医学史研究 No 1, 36（1998）
5) 川喜多愛郎：近代医学の史的基盤，上下．岩波書店，東京（1977）
6) 呉教授在職二十五年記念文集（1928）
7) 岡田靖雄：呉秀三先生―その業績．精神医療史研究会編（1974）
8) 岡田靖雄：日本精神科医療史．医学書院，東京（2002）
9) 岡田靖雄：日本神経学会，日本精神神経学会と日本の神経学．日本精神神経学会百年史 615-621頁，同編集委員会（2003）
10) 榊俶先生顕彰記念誌―東京大学医学部精神医学教室開講百年に因んで―．同顕彰会（1987）
11) 内村教授還暦記念論文集（1959）

心理検査と東大精神科

■ 大内田昭二

　心理検査について書くようにとの編集部からのご依頼ですが，そのことを含めて，当時の医局の模様などを，少し書いてみたいと思います。

　私が神経科医局へ入局したのは昭和32年4月で，内村祐之教授がご定年の1年前でした（内村先生のご意向で精神科とよばずに，神経科とよんでいました）。東大卒直系の同僚は，金子嗣郎君（後の都立松沢病院長）・高橋康郎君（周期性傾眠症の臨床的研究で日本精神神経学会賞を受賞し，現在神経研究所付属代々木睡眠クリニック睡眠学センター）・山崎達二君（後の都立松沢病院副院長）・松橋道方君（後の浦和神経サナトリウム副院長），1年遅れて産婦人科から転入局した高橋三郎君（現滋賀医科大学名誉教授）でした。

　当時外来は1日平均，新患が10名前後，再来が120名前後と記憶しています。外来医長講師は菅又淳先生（現初石病院名誉院長）でした。新入局者の外来勤務は予診取りと，講師・上級助手の先生方の初診診察のベシュライバーをすることと，週に1回電気ショック療法（EST）をすること，そして週1回ルンバール検査を行うことでした。ESTは看護婦と2人で，午前中に20〜30名施行しました。ルンバールは，主として進行麻痺の鑑別診断と予後追跡のためで，2〜3名行い，ノンネ・アペルト反応を調べ，髄液を鏡検して，細胞増多の有無を調べることも課題でした。その日は血算の依頼もあり，メランジュールの使用も度々でした。

　午後は入院患者を持たされましたが，オーベルアルツトの元に配属され，指導を受けることになっていました。内村教授の回診と新患診察があり，貴重な臨床講義を聴くことができました。

　医局長は大熊輝雄先生（現国立精神・神経センター名誉総長）でした。内村教授は英才教育がお好きで，先生のお目にとまるかどうかは，医局集談会の抄読会での発表と，病棟での新患紹介の二つで決まる，との噂がありました。抄読会の発表に悩んでおりましたところ，新刊雑誌に目を通されることになっておられた島薗安雄助教授（後の国立精神・神経センター初代総長）が，この論文はどうかなと，ご親切に選んでくれて，大変助かったことを覚えています。病棟の新患紹介のとき，すごく緊張して待っておりますと，内村教授が着席したところへ，上出弘之先生（後に東大精神科助教授を経て，東京都児童相談センター所長）が精神鑑定の助言を求めに割って入られたので，時間が少なくなり，急に新患紹介は5分にしてくれと言われ，さらに緊張してしまいました。

　当時心理検査は，三宅鑛一教授（呉秀三教授の後任で，内村祐之教授の前任）が創設された東大医学部付属脳研究所で行われていたようです。ロールシャハ・テストは当時医局長の上出先生がなされており，神経科入局者全員の検査を行うのが恒例のようでした。栗原雅直先生も検査を受けたことを，2004年12月の精神医学教室年報に，ご自身で書いておられます。私が入局したときは，その栗原先生にロールシャハ・

テストをして頂きました。普通部分反応が多かったためか，実際的な良い臨床家になるだろうと，好意的な解釈をされ，安心しましたが，形態水準の高い微小部分反応が多いなどから，アナンカストであることを指摘され，自覚が薄かっただけに感心し，この検査に強い関心を抱くようになりました。形態水準の高い全体反応はさほど多くないので，画期的研究を目指すなど，分不相応なことは止めにし，臨床一筋に生きることに決めました。

その後都立松沢病院にゆき，研修の一環として，林暲院長から精神鑑定助手の仕事を頂き，簡単な心理検査をしたのは，そのときが始めてでした。また立津政順医長（後の熊本大学精神科教授）による，臨床場面での視覚的観察を重視した客観的診断学を，しっかりと勉強させていただきました。インターン時代に，先輩の高橋角次郎先生が院長の川口病院にゆき，立津直系といわれた市場和男先生（後の都立松沢病院副院長）から，懇切丁寧な臨床診断の手ほどきを得て，すばらしいと感じていたからです。因みに高橋角次郎先生は，椎骨動脈撮影に初めて成功し，インシュリン・ショック療法を日本で初めて施行したことで，有名な先輩です。

その後，幸運にも義務外勤で，内村先生が所長をしておられる，神経研究所の付属晴和病院に勤めることになりました。私は東大農学部の獣医学科出身で，解剖学教室で卒論を作りましたので，パラフィン包埋の切片作りには慣れていました。そこで神経病理をやろうかと思い，獣医解剖学教室ではやらなかった，脳の凍結切片を作ろうと，夏休みを利用してやりました。暑いので液体窒素を使い過ぎ，軽井沢の別荘からお帰りになった内村名誉教授に，ゲフリールは夏にやるものではないよと注意され，すっかり意気消沈してしまいました。そこで研究費なしで独りでできるものはないかと考え，ロールシャッハの独学を始めました。始めの頃は，1例をデータ化するのに7時間もかかったので，8例目で止めてしまおうかと思いました。

ちょうど川口病院の分院として戸田病院ができ，そこへパートで行っていた頃のこと，患者にヒステリーのような若い女性教師がいて，診断に困っていました。そこでイチバシャッハといわれた市場先生が，川口病院におられるのを思い出し，例の教師のロールシャッハをとり，そのスコアを市場先生に送り，レポートを頂いたのです。驚くことにそのレポートには，患者の状態がありありと記載されているではありませんか。私の見落としている所見まで書かれています。分裂病が疑わしい根拠もあげてあります。気を取り直してロールシャッハの勉強を続けました。そして記号と数字のみのスコアから，状態像ないし診断が読みとれる方法はないかと探索することを，研究の目標と決めたのです。

内村先生から，心理検査に関することはあまりお聞きしませんでしたが，ただ内田クレペリンというのはおかしい，クレペリンの前に内田を置くべきではないと，見識のあるご意見を述べておられたのを記憶しています。

1961年（昭和36年）の春，秋元波留夫教授の学生講義に，人気があったからともいわれていますが，精神医学教室は，今までになく大量の入局者を，迎えることになりました。東大卒の直系15名に，他大学卒の傍系を加えると20数名でした。当時助手のほとんどは，電気生理学や神経化学の研究で，世界的水準を追って忙しくしていました。そこで臨床系の助手が手薄ということで，臨床精神病理の石川清講師のご推薦により，私が医局に呼び戻されていました。秋元教授は，この新入医局員に対して，各研究室ごとに臨床教育体制を整え，クルズスと研修を行うようにと指示されました。神経病理は原田憲一先生（後の東大精神科教授）・電気生理学は斉藤陽一先生（当時外来医長講師）・神経化学は成瀬浩先生・内分泌精神医学は本多裕先生（後に神経研究所理事長）・精神薬理学は栗原雅直先生（後の虎の門病院精神科部長）・臨床脳

波は神保真也先生（後の東京逓信病院精神科部長）・睡眠脳波は古閑永之助先生（現東京学芸大学名誉教授）・精神病理は石川清先生（当時病棟医長講師）でした。第一研究室（精神病理学研究室）に所属していた私には，心理検査一般の課題があてがわれました。

そこで，精神病理現象を客観的に観察しようとする実験心理学・精神測定・プロフィルなどを，三宅鑛一教授に見習うことから始めました。大正14年の文献に従い，正しい「対語法による記銘力検査法」を紹介し，内田・クレペリン精神作業検査法，ブルドン抹消法の正しい検査法，それに Benton の視覚記銘検査を加え，知能検査として，脳研式知能検査・田中ビネー・Wechsler Adults Intelligence Scale (WAIS)・Wechsler Intelligence Scale for Children (WISC)，質問紙法の人格検査として，Minesota Multiphasic Personality Inventory (MMPI)・Manifest Anxiety Scale (MAS)・矢田部ギルフォード性格検査（Y-Gテスト），投影法の人格検査として，文章完成法 (SCT)・Rorschach Test・Thematic Apperception Test (TAT)・Children's Apperception Test (CAT)・Picture Frustration Study (PF-Study) の簡単な解説をプリントして，新入医局員に配布しました。

新入医局員には対語法による記銘力検査・脳研式知能検査・内田クレペリン・Y-Gテストを習熟して貰い，田中ビネー・WAIS・SCT・PF-Study は，最低1回は実施して貰うことにしました。かつて脳研の世話になっていた心理テストが，臨床医学教室に定着することになりました。

恒例により，新入医局員全員のロールシャハ・テストを研究班の人達で手分けして取り，データは私が極秘で預かることにしました。帝京大学名誉教授になられた内沼幸雄氏や，信州大学精神科教授になられた吉松和哉氏など優秀な方々も沢山おられましたが，病的異常所見の者が3名ほどおり，2名は分裂病を発病しており，1名は自殺しております。精神科志望の者に，精神障害者が多いようで，気になるところです。先輩の小木貞孝先生（今は作家の加賀乙彦）から伺った話ですが，同時に入局した友人が分裂病を発病し，松沢病院に入院しましたが，幻聴は自分の脳波と同調して起こるのだといっており，精神科医でも病識がないのに驚いたと言っておられました。また分裂病患者さんを，たくさん診ているから起こるのだとすると，分裂病は感染症かも知れないななどと思った，とも言っておられたのを覚えています。

当時特殊外来として，田縁修治先生の Epilepsieklinik（エピクリ）・上出弘之先生の Kinderklinik（キンクリ，後に分院に移転）・石川清先生の Neurosenklinik（ノイクリ）があり，各自ロテートして勉強できるようになっていました。

MMPI は文学部の心理学科で，東大改訂版を作ろうとしていました。当教室は学生の健康管理の一環として，学生診療所で精神科医による東大入学生の面接を行っていましたが，一方で心理学科との共同研究として，5分の1抽出で入学生に MMPI を実施していました。本研究の委員長は，分院の笠松章教授で，精神科の委員は石川清先生と私でした。安田講堂2階の小会議室で何回も委員会を重ねました。心理学科の委員は入学者の中の異常者のデータを欲しがりましたが，石川先生が極秘の個人情報は渡せぬということで，提供できませんでした。しかし正常者のデータは TPI（東大式 MMPI）の作成に寄与したことと思います。

また，石川講師のお骨折りにより，第一研究室には付属の心理検査室ができ，大野弘子さんという心理職の方が，コメディカルとして働いておられました。彼女はすでにロールシャハの研修にゆき，片口安史式には精通されていましたが，精神科での診断補助としては，満足できませんでした。そこで大野弘子さんをはじめ，

教室の中にあった精神神経学会事務所におられた細木照敏先生（後の日本大学心理学科教授）ほか有志の人たちを集め，精神科領域で有用な方法はないかと研究を進めることになったのです。

当時の教室は昭和31年3月に，内村祐之・西丸四方・島崎敏樹・岡田敬蔵によりヤスパースの「精神病理学総論」が翻訳された後でもあり，力動精神医学は陰をひそめていました。ロールシャハ研究も，精神分析的解釈はお預けにし，知覚分析を優先させ，先にも述べたように，記号化と数量化によって，人格像または精神状態像が求められる方向を，模索していました。

ロールシャハ技法としては，基本的には片口安史氏の「心理診断法詳説」と同じですが，臨床場面での妥当性や有効性を高めるために，精神科領域における試みとして，改訂または追加した記号化の概略をあげておきます。

反応領域としてはWの考え方と同じように，Dを追加しました。またDW（作話的全体反応）と同じ考えから，DdD（作話的普通部分反応）を加え，空白（間隙）反応Sの下位分類は症例を集めてから検討することにしました。

反応決定因の項では，人間運動反応Mを二つに分け，反応内容が現実の人間である場合Mh，その他である場合Moとして，解釈し易いようにしました。ある種の物理的運動や力が加わった結果でき上がったものとして読んでいる場合，非生物運動反応mではなく$\bar{m}$の記号を使いました（F$\bar{m}$，$\bar{m}$F，$\bar{m}$）。

特殊な色彩反応としてCn (color naming)，Cdes (color description) はそのまま残しましたが，Csym (color symbolism) については，symbolismをabstractとimpressionの二つにわけて，Cabst.とCimp.にしました。形態反応Fは形態のみの反応と定義されていますが問題です。決定因としては運動・立体・陰影・色彩以外のものもあり得ますが，分類記号化されてないだけです。その他の決定因を有するような異常な反応が実際にはあります。そのためにFnonFという記号を用意して，その他のスコアに記録するようにしました。

反応内容の中に，Minkowskiの著書「分裂病」からヒントをえて，Form componentとしてStatue, Map, Specimen, Mark, Picture, Figure, Geometryを用意し，その他にSection（断面），Description, Naming, Abstract, Impressionを置きました。

その他のスコアについては，deviant verbalizationを再考して，以下のものを置くことにしました。dysphoric, threatened, hidden, rear view, watched, fighting, dead, ghost, caricature, deterioration, repitition, symmetry, vagueness, confaburation, fabulized combination, contamination, position, complementary, split, connected, correctional, self reference, meticulousness, scattering shock, Piotrowski's orgamic sign (impotency, perplexity, automatic phrase, Rpt. (repitition))

一段落ついたところで，記録用紙を工夫し改訂し，上記の記号を盛り込んで，出版しましたが，好評で各施設で使用して頂いています。

これらの記号化については，後に私が10年間の非常勤講師を終えた時に，「ロールシャハ技法─精神科領域における試み─」という小冊子にして，医局にお配りしておきました。

昭和38年以後私は，日本赤十字社医療センター勤務に変わりましたが，大野弘子さんらによって，精神科領域でのロールシャハ法の臨床データの積み上げは続き，約1000例の症例が集まりました。統計的解析を始めようとしていた矢先，例の東大闘争となり，赤レンガにあった研究室は封鎖され，データと病歴を参照することができなくなってしまったまま，今日に至っています。当時は心理検査そのものが人権侵害だということでした。極めて残念なことです。

私と同年齢である片口安史氏は，東大文学部心理学科卒で，ロールシャハ研究一筋に生きら

れた方ですが，SMONで目が見えなくなられても，研究を続けておられました。亡くなられる少し前に，入院先の病院に見舞いに行き，初めてお会いしました。彼は細木照敏先生から伝えられたと思いますが，私のことをよく知っていて，臨床場面で仕事ができる私をすごく羨ましがっていました。ただ前記したような理由で，研究成果をお伝えできなかったのが残念です。

PF-Study（絵画・欲求不満検査）は，1954年にRosenzweigにより考案された人格検査で，力動的・精神分析的理論，欲求不満理論を基礎としています。1957年に林・住田らが日本版を作成するにあたり，比較文化的研究の資料としたいからという理由で，各場面の絵画はそのままにして欲しいというRosenzweigの要請がありました。教室で使い出したのは，それから間もなくでしたので，自家用車や家の鍵の場面など，生活習慣上慣れない場面が多くありましたが，高度成長をとげた今日の日本では，全く違和感が無くなっているのは面白いことです。

交流分析の創始者E. Berneの高弟であるJohn M. DusayがEgogramを作りました。東大心療内科の末松弘行教授が，東大式エゴグラム（TEG）の標準化を行い，1984年に発表しています。かなり有効な面白い検査ですので，教室で取り入れてはどうかと紹介しておきます。

最近，高齢者の診断・治療・介護の必要から，知能検査その他のテストが工夫されるようになりました。さらに使いやすい有効なテストが，考案されると良いと思います。

一方，脳外科の充実や神経内科の進出によって，てんかんの患者さんや，脳器質疾患の患者さんがそちらの科に流れ，精神科の関与する患者が減っていると聞きます。これは患者さんにとっても不幸なことです。若い先生方には，しっかり「てんかん学」と「大脳病理学」を勉強して欲しいと思います。最近，教室の心理検査がどうなっているか知りませんが，認知に関する心理検査の論文などが，神経内科から沢山でています。アルツハイマー以来，脊髄疾患が主であった神経内科が，脳の領域に入ってきました。CTやMRIはともかく，失語・失行・失認を始めとする大脳病理学の研究に，心理検査を役立てることこそ，精神科のお家芸でなければならないと思います。ぜひ研究を進めてください。

東大精神科脳波研究室の発展

■ 大熊　輝雄

1. 東大精神科における脳波研究のあけぼの

　脳波が発見される以前には，正常あるいは病的な脳の機能状態についての情報は，剖検脳についての神経病理学的所見に頼るほかはなかった。したがって，脳波は時々刻々と変動する脳機能状態を電気的情報として継時的に示すという点で画期的な方法であり，その発見は大きな期待をもって迎えられた。ヒトの脳波を発見し最初に記載したのは，ドイツの精神科医 Hans Berger（1929）であるが，1935年頃にアメリカで Gibbs 夫妻，Lennox W らによって，てんかん小発作（欠神発作）の際に 3Hz wave and spike（spike and wave）というきわめて印象的な発作波がみられ，脳波がてんかんその他の疾患の診断や治療に役立つことが明らかになって以来，脳波の研究は世界的に行われるようになった。当時アメリカではすでに Grass 社製の多チャンネルインク書き脳波計が使用されていた。

　わが国でも，1935年頃から生理学教室などで脳波の研究が始められたが，第 2 次世界大戦の影響などで研究は大幅に遅れた。東大精神科での脳波研究は，戦前の1942年（昭和17年）ころ，東北大学生理学教室で脳波の研究をしていた懸田克躬（以下敬称略）が東大脳研究所に脳波研究室を開いたのが最初である。その後戦後にかけて，懸田の研究室に島薗安雄，鈴木喬，春原千秋などが入り，本格的な脳波研究が開始された。しかし当初は性能の低い増幅器，電磁オシログラフ，ブロマイド印画紙などによる記録で，研究上の制約が大きかった。1949年（昭和24年）頃からやっと東大精神科でも東芝製，三栄測器製などの国産インク書き脳波計が使用できるようになり，脳波研究もやっと軌道に乗ることになった。

　精神医学における代表的な疾患である統合失調症や気分障害などでは，脳波は顕著な異常を示さないので，東大精神科脳波研究室では研究課題としてまず，脳波に変化が現れやすい意識障害，てんかんなどを選んだ。

2. 東大精神科における臨床脳波研究

2.1　意識障害の脳波

　臨床的にしばしば遭遇し，実験的観察も可能な意識障害として，まず麻酔の際の脳波研究がおこなわれた。バルビツール酸系麻酔薬使用時には，脳波に特徴的な速波が現れることはすでに barbiturate fast wave として知られていたが，詳しく観察すると，脳活動水準の変動に応じてこの速波の周波数や振幅が微妙に変動することがわかった（島薗安雄，大熊輝雄，平井富雄，福田富夫ら）。このような事実はまだ報告されていなかったので，われわれはこの所見を国際誌 EEG Clin Neurophysiology に発表した。バルビツール酸系睡眠薬を使用し速波を示す患者について，インスリン療法による意識障害時の速波の変化についても観察を行い，速波は意識障害が深くなると消失することから，速波はおそらく皮質起源のものと推測した。

　てんかん欠神発作の際には，脳波にはきわめ

て特徴的な 3Hz spike-and-slow wave（棘・徐波複合が現れ，同時に短時間の意識消失が起こるが，われわれが多数の症例について意識障害と発作波の関係を詳しく検討したところ，外見的には類似の棘・徐波が出現していても，その期間の意識障害の深さは，完全に応答不能の場合から，簡単な計算が可能な状態に至るまで，多様であることがわかった。脳波所見が必ずしも脳機能に対応するとは限らないことは重要な事実なので，われわれはこの所見を国際誌 Epilepsia に発表したが（Shimazono, Hirai, Okuma et al. 1953），これは戦後わが国から Epilepsia 誌に掲載された最初の論文となった。

2.2 人間の深部脳波の記録

頭皮上脳波は主として頭皮上電極下の大脳皮質表面の電気活動を反映し，脳深部（視床，辺縁系など）の活動は直接には観察できないので，脳深部の電気活動を観察するには記録電極を脳深部に挿入して直接に導出する必要がある。たまたま1950年頃には，東大精神科手術室で，楢林博太郎，大熊輝雄らがパーキンソン病の筋固縮，振戦などの治療のために定位脳手術を行っていたので，手術針にごく細い記録電線を数個装着し，患者に侵襲を与えることなく，手術前後に大脳皮質，皮質下部の脳波を記録することができた。このようにして記録した直接導出脳波によると，大脳皮質からは振幅が頭皮上脳波の数倍も大きい速波が出現しており，バルビツール酸系麻酔薬を使用するとその速波はさらに振幅を増大した。したがって barbiturate fast wave は薬物によって新たに生じたものではなく，以前から存在する皮質速波が薬物によって振幅を増大し，頭皮上からも記録されるようになったものと考えられた。

視床や淡蒼球からはアルファ波に似た波が記録されるが，部位特異性の脳波像はみられなかった。海馬，扁桃体などの辺縁系構造からは，手術針挿入によって高振幅速波（発作波や損傷電位）が記録された。この深部脳波所見は，当時まだわが国からの掲載がまれであった国際誌 EEG Clin Neurophysiology に 2 編の論文として掲載された（Okuma, Shimazono, Narabayashi, 1954, 1957）。

2.3 座禅の脳波学的研究

広い意味での意識変容と考えられる座禅の際に，脳機能がどのような神経生理学的状態にあるかは，興味深い問題である。健常者の安静・閉瞼状態では，脳波にはアルファ波が連続的に出現し，覚醒刺激（音刺激：クリックなど）を一定間隔で反復して与えると，最初の数回は覚醒反応としてアルファ波が減衰するが，そのうち慣れが起こって脳波の覚醒反応が現れなくなる。しかし座禅の修練を積んだ高僧の座禅中には，音刺激の反復を続けても慣れが起こりにくい。これは，座禅中には注意集中による緊張開放状態にあり，心が澄んでいて，外界の感覚刺激を意識しながらしかもこれに心を動かされないという内的体験に一致するものと考察された。ヨーガ修行時にも同様な脳波所見が観察された。座禅の脳波的研究は英文論文や単行本として刊行された（Kasamatsu, Hirai, 1966）。

2.4 てんかんの脳波

アメリカの Gibbs 夫妻，Lennox らは，脳波所見にもとづいて，てんかん発作を，焦点が脳深部中心部にあると想定される大発作，小発作（欠神発作）と，焦点が側頭部にある精神運動発作に分類し，近代的てんかん発作分類の基礎を作った。東大精神科脳波室でも，多数の症例にもとづいて，精神運動発作（複雑部分発作）を，発作中に脳波に高振幅徐波を示す定型例から頭皮上脳波にほとんど異常が見られないものまで1〜4型に分けた。第4型のように頭皮上脳波に発作波が見られないものは，それまでは脳波異常を示さない発作とされていたが，おそらく脳深部（辺縁系など）には発作波が出現しているが頭皮上電極では記録できない場合であると考えられた（遠藤俊一，島薗安雄，大熊輝雄，1957）。

2.5 ペンテトラゾール脳波賦活

1950年代にはまだ，異常脳波の賦活および臨床発作 habitual seizure 観察のために，けいれん薬であるペンテトラゾール（PTZ）の緩徐静注法（PTZ賦活法）が広く使用されていた（大熊輝雄，藤谷豊）。またPTZ静注法では脳波上に発作波が出現するまでの注射量を指標にして，てんかんやその他の疾患の発作波閾値（てんかん準備性）を測定できる。われわれは順天堂大精神科の直居卓らと共同で，電撃療法を頻回に受けた統合失調症患者では，臨床発作はなくても発作波閾値が低いことを観察し，臨床発作を起こさなくても何らかの潜在的脳障害が起こる可能性があることを示唆した。一方，一般に統合失調症では正常者に比べて発作波閾値が高く，これは過同期活動である発作波が出現しにくいことであり，統合失調症の過覚醒仮説を支持する所見と思われた。

2.6 睡眠脳波の研究

米国のKleitman, Aserinskyら（1953）によってレム睡眠が発見されて以来，睡眠の研究が世界的に活発に行われるようになった。わが国でも1959年頃から，東大精神科で古閑永之助らによってレム睡眠を含む睡眠のポリグラフィ的研究が開始され，健常成人，小児，老年性認知症者などの睡眠脳波が体系的に観察された。またてんかん発作が睡眠時に出現しやすいことから，発作波の睡眠時における変動も体系的に研究された（田縁修治，風祭元，藤森正大，徳田良仁，菊池貞雄，成田四郎，鈴木聖洪）。（第20章「東大精神科睡眠研究室は世界に」参照）。

2.7 臨床脳波教科書の出版

東大精神科脳波室にインク書き脳波計が導入された1950年前後には，東大医学部にはまだ中央検査部はなく，脳波計は精神科と清水外科（第一外科）にしかなかったので，各診療科からの脳波検査を精神科が引き受け，各種疾患の脳波資料が自然に集まっていた。われわれは自分たちの資料に基づいて脳波教科書を作ることを計画し，1963年に「臨床脳波学」を刊行することができた（大熊輝雄：臨床脳波学，医学書院）。この本は幸いにして標準的な教科書として版を重ね，現在第5版が発行されている。

3. 実験動物による神経生理学的研究

3.1. 粗大電極を使用した研究

3.1.1 てんかん発作時の脳血流の研究

てんかん患者の剖検脳にみられる海馬萎縮については，これが発作反復の結果生じたものか，他の原因で起こった海馬萎縮が発作の原因になるのか，いわば鶏か卵かという論争があり，内村祐之，Spielmeyerらは前者の立場に立っていた。島薗安雄，野口拓郎らは，ネコにペンテトラゾールを静注してけいれん発作を起こし，脳波上に発作波が発展する各段階における海馬の血流変化を，継時的に組織学的に検討した。その結果，脳波上に発作波が出現し始めると海馬の血管が収縮して乏血状態になることが証明され，内村説を裏付ける結果になった。

3.1.2. ネコの睡眠時の皮質・深部脳波，誘発電位の研究

鳥類，ほ乳類以上の動物ではレム睡眠が存在し，ネコ，イヌ，サルなどでは人に近い脳波的睡眠段階を示すので，これらの動物の脳深部（視床，脳幹部，辺縁系など）に慢性電極を植え込めば，皮質だけでなく人では観察できない脳深部の睡眠時電気活動を観察できる。大熊輝雄らは，東大精神科および（財）神経研究所の実験室で，ネコの睡眠の神経生理学的研究を行った。

ネコのレム睡眠期には，海馬では3～6Hzのいわゆる海馬律動波が現れ，その周波数は覚醒時よりも1～2Hz速いが，大脳新皮質脳波は低振幅波で覚醒時と大差はない。そこで覚醒期とレム睡眠期の皮質機能に差があるかどうかをみるために，視覚系，聴覚系，体性感覚系など各種誘発電位を各睡眠段階に連続的に記録すると，特殊系誘発電位の早期成分は，ノンレム

睡眠期には振幅が減少するが，レム睡眠期には覚醒期とほぼ同様かむしろ振幅を増大し，特に急速眼球運動出現中には著しく振幅を増大することがわかった。これに対して非特殊系の誘発電位はレム睡眠期には振幅が減少した。このように夢見る睡眠といわれるレム睡眠期には，大脳新皮質および辺縁系の機能水準が覚醒期に近く，急速眼球運動が出現している期間には脳の機能水準が覚醒期よりも高まっていることは，夢の視覚的映像出現の神経生理学的背景を示すもので，興味深い。

またてんかん患者における脳波突発波（発作波）の睡眠時変動の基礎実験として，ネコに急性的（ストリキニン STR），慢性的（アルミナクリーム）に実験的てんかん性焦点を作り，その睡眠各段階における変動を観察した（林秋男）。STR を大脳皮質に塗布して作った STR 棘波については，STR の作用や弱いときには棘波はノンレム睡眠期に出現しレム睡眠期に抑制され，STR の作用が強いときにはレム睡眠期にも出現し，かえって覚醒期よりも棘波頻度を増すのがみられ，感覚誘発電位の場合と同様に，レム睡眠期には機能水準の上昇が示唆された。

3.2. 微小電極による研究

東大精神科脳波室における微小電極による神経生理学的研究は，笠松章が1955年頃ドイツに留学してその技術を持ち帰り，斉藤陽一らとネコについて実験を始めたのが最初であった。当時はわが国では，生理学教室でもこの種の研究はまだ行われておらず，東大精神科が先鞭を付けた形であった。彼らはネコの大脳皮質から細胞外単一ニューロン活動を記録し，覚醒刺激によって単一ニューロン活動の発射頻度が上昇することを観察した。この研究を最初にして，大脳皮質，視床，海馬など各部位の単一ニューロン活動の研究が始まり，大脳皮質誘発電位に対する脳幹網様体，視床などの刺激による変動，海馬律動波出現時のニューロン活動や覚醒刺激による変動，小脳の影響などが細胞外導出，細胞内導出法によって研究された。

これらの研究は，少なくとも昭和40年頃までは全国の研究の先駆をなしていた。ここでは研究の内容には触れる紙数がないので，研究に従事した人たちの名を挙げるに留めたい。（およそ入局順：斉藤陽一，竹中正大，平野源一，中村豊，前川杏二，松本秀夫，佐々木日出男，永田実男，吉田充男，宇野正威，大橋増幸，川合述史，木村敏夫，水谷徹，丸山信之，広田伊蘇夫，遠藤政孝，谷島一嘉ら）。

4. 1965年（昭和40年）以降の東大精神科における脳波研究

本稿の筆者大熊は，1966年に鳥取大学に赴任して東大精神科を離れたが，それ以後も，折からの大学や学会の混乱にもかかわらず，東大精神科では脳波研究が続けられ，とくに，その後発展した事象関連電位の研究を通して，精神疾患にたいするより直接的な神経生理学的研究が行われるようになった。その後の発展については，第三部の丹羽真一の稿を参照されたい。

東大精神科と私

■ 福山　幸夫

　東大精神科が120年周年を迎えるとのことで，記念出版物を発行する企画を，加藤進昌教授からうかがい，この小文を寄稿させていただきます．

　私は始めから終りまでずっと小児科にいて，精神科教室へ在籍した履歴は全くありませんが，この拙文の寄稿をお許しいただけたのは，多少のご縁のおかげで，私が色々と学ばせていただいた事実があったからです．

　というのは，昭和30年前後のこと，私が小児科教室へ入局して3年目の頃である．小児科では高津忠夫教授が昭和29年に信州大から転任され，新しい教室造りが模索され始めた．その基本方針の一つに若手教室員の活性化があったように思う．小児の神経疾患の臨床に興味を抱いていた私に対しても，まだ入局したての若造であったに拘らず，陰になり日向になり，何かとサポートして下さった．ネーベンの身ながら外来に出て，神経専門外来を開設担当することを黙認されたのもその一つである．

　神経外来を開いてみると，けいれん性疾患の患者がやたらと多かった．その診断技術として臨床脳波検査法が世間に根付き始めた頃で，東大ではまだ精神科と脳外科にしか脳波計がなかった．外来患者を精神科へお願いして，脳波検査をしていただいた．その依頼の数が増えるにつれ，脳波に対する関心が強くなってきて，脳波所見の報告書を読むだけに飽き足らず，脳波検査の現場に立ち会って，その実際を見学したいと思うようになった．

　このようにして，高津教授のご許可を得て，東大精神科の脳波室を見学させていただくことになった次第である．

　鉄門脇の赤煉瓦造りの荘厳な建物が精神科であった．玄関に入って右へ折れ，奥まった一室が脳波グループの研究室であった．当時，東大精神科の脳波グループの長は故島薗安雄先生で，ほかに大熊輝雄先生，平井富雄先生，斎藤陽一君（私の同級生），徳田良仁先生，遠藤俊一先生，野口拓郎先生，森温理先生といった錚々たる顔ぶれの方々がメンバーであった．

　当時，欠神発作患者に数を口ずさませながら脳波を記録し，3ヘルツ棘徐波複合の出現と同時に数えが止り，発作波バースト終息の少し前から徐々に数唱が再開されてくることを実証する研究が行われていた．

　また終夜脳波記録−ポリソムノグラフィーの矯矢的研究に，皆さんが熱中しておられた．私が見学に行くと，徹夜でいかにも寝不足そうな疲れた様子の先生方と，脳波室でしばしば遭遇した．今日の臨床脳波学，睡眠学の本流となる領域で，先端的な研究をしておられたわけである．徹夜仕事だから一人で何もかもとはいかない．何人かで交代しながらのチーム研究であって，そのような一体となった研究チームの存在が，私にとって大きな教訓であった．

　斎藤陽一君は，脳波の計数的分析に熱をあげていた．彼にひきずられて，彼が工学部などと共同でやっていた脳波分析研究会にも何回か出

席させてもらった。しかし物理や数学が苦手な私には、最後までチンプンカンプンに終った思い出がある。

その後間もなく小児科でも脳波計を購入し、小児科病棟の一室を脳波室として、独立した脳波研究を始めたが、地の利を活用して、重症の入院患者の急性期にも、多数の脳波記録を行った。日本脳炎患児の急性期から回復期までの経過を追い、とくに急性期に投与したクロールプロマジン静注前後の基礎波の変化を、周波数分析によって半定量的に評価した論文を、昭和31年「最新医学」誌に発表したりした。これなどは、斎藤君の分析研究の雰囲気に触れた影響の一端であったかも知れない。

その後、小児科でも有馬正高、長畑正道、岡田良甫の諸君を始め、小児神経の仲間が増え、小児脳波検査は我々の活動の中核になって行った。当初、検査技師はおらず、電極装着などすべて自分達で行った。昭和36年の記録によると、15歳未満小児の覚醒時記録が1年間に610件、睡眠時記録1040件とある。このようにして、私共小児科でも、脳波に没頭する日々が続いたが、これも精神科脳波研究室の影響であろう。

また、てんかん患者の診療の実際、とくに抗てんかん薬の新薬治験に当って、故田縁修治先生には、大変可愛がっていただいた。田縁先生がとくに力を入れられたフェヌロンを小児患者で治験し、論文にまとめた。これを手始めに、昭和30年代には幾つかの新薬を手掛け、10編近くの論文をまとめた。田縁先生が志半ばで早逝されたのは惜しみて余りある。

これらの御縁があった上で、秋元波留夫先生、笠松章先生、和田豊治先生らの音頭で昭和42年発足した日本てんかん研究会にも参加させていただくことができた。その後日本てんかん学会へ発展して現在に至るまで、私が行ったてんかんの主な仕事は、東大精神科の諸先生にお世話になったおかげと感謝で一杯である。

福山幸夫先生はわが国小児神経学のいわば生みの親であり、小児てんかん学の泰斗でもある。福山型筋ジストロフィーの発見者として国際的にも著名であり、本病の責任遺伝子が発見された際には「フクチン」という名前がついたほどである。加藤は新人時代に1年弱福山教授の研修生となり、小児てんかんのイロハを学び、またPKC発見につながる教育（第一部 p.34 参照）もいただいた。福山先生は同窓会員ではないが、先生の研究の一部は往年の東大精神科脳波研究室から始まったことを以前よりうかがっていたこともあり、特に寄稿をお願いした次第である。

（加藤　進昌）

脳研と東大精神科

■ 井上　英二

　「脳研」の通称で知られている東大医学部の脳研究室が開設されたのは昭和11年である。以来脳研と東大精神科は人の交流や研究協力などで密接な関係があった。

　昭和11年は精神科の三宅鑛一教授が退官され，後任の内村祐之教授が着任された年である。三宅教授は退官直前に堀越氏という篤志家の寄附によって小規模ではあったが日本で最初のこの脳研究所を設立され，退官後も所長としてときどき来所されていた。

　脳研の歴史は「東京大学脳研究施設60年」に記録されている。ここでは精神科との関係を中心に，記憶を辿って今では消滅した研究所の歳月を振り返ってみよう（以下敬称は省略する）。

　この研究所は初め東大の内部規定に基づいた寄附講座のような存在であった。篤志家の寄附金は20万円で，うち5万円を延100坪の建物の建築に費やし，残りの15万円の利子で設備の購入や職員の俸給をまかなったという。国家予算はなかったから研究費はいつも不足がちだったらしい。

　最初に三研究部門が設けられた。解剖，生理および生化学，医学的心理学および精神衛生である。第一部の解剖学部門の主任は東北大学の小川鼎三助教授が兼任として招かれ活発な研究が進められた。第二部の主任は精神科より選出されたが，記録に残っている名前は村松常雄（後の名古屋大学教授）および鰭崎轍であり，間もなく懸田克躬に代わっている。この第二部ではその名称に拘らず自由に研究対象を選んでいたらしく，懸田は分裂病（統合失調症）の家系調査など初期の遺伝精神医学の研究で成果を挙げ，また後に先駆的な脳波の研究を進めた。この第二部とともに精神科と関係の深かった第三部では設立の翌年に松沢病院の吉益脩夫が主任として招かれた。

　数年後にはこれら創立当初の三部門は実際の研究領域に近い名称に変更されている。昭和17年の「東京帝国大学学術大観」には，第一部は脳の解剖学，病理学，生理学，第二部は心理学，第三部は遺伝生物学となっているという。講座と違って大学の内部規定で運用されていた組織であったから，法律に縛られることなく身軽な転換や運営が可能だったのではないか。心理学部では吉益の犯罪双生児の研究のほか，騒音やアルコールの精神作用などの研究が進められ，また児童相談所が設けられて村松常雄が担当していた。精神遅滞のスクリーニングに有効な「脳研式知能検査」はこの頃考案されたものである。精神科では脳研と共同でこの検査による集団の知能分布調査の計画があったらしく，まだ学生でたまたま外来実習中だった筆者も動員されて，上の空で洲崎の大勢の娼妓たちの検査を手伝ったことがある。またドイツ語の"Erb-biologie"の直訳がそのまま部門名となった遺伝生物学部では，「結婚相談」と称して時代に先行した遺伝相談が行われ，一方，理学部出身の武部啓がショウジョウバエの実験を進めた。この心理と遺伝の二部門の研究を統合したのが後年の「心理学部門」で，戦後の筆者の拠点も

ここであった。

　筆者がはじめて脳研と接触を持ったのは大学1年の昭和14年である。この年の夏休みに同級の安藤丞（後の武蔵療養所副所長）とともに，解剖学部門の研究室で連日顕微鏡下で胎児脳の連続切片と睨めっこをした。まもなく太平洋戦争が始まりほとんどの医学生は卒業後軍務についた。筆者も昭和17年から3年余り軍医として大学からは離れていたのでこの間の脳研の実情は審らかでない。ただ戦争末期の大学の困窮は容易に想像できる。

　前述の「脳研60年」によると，昭和17年に三宅名誉教授に替わって内村教授が所長に就任したとなっている。内村教授はあるとき我々の前で「大学にいない人が所長をやっているのはおかしい。これからは自分が所長をやる」と宣言されたことを記憶している。内村所長は研究所に顔を出されることはあまりなかったが，昭和33年に退官されるまで，後の発展の基礎を築かれた功績は大きく，また精神科とのいっそうの連携を進められた。

　昭和20年に戦争が終わり筆者も大学に戻ることになった。人々は焦土と飢餓の中で茫然自失の態であったが学問の火は消えていなかった。戦災を免れた脳研では大学院学生の島薗安雄が旧式の増幅器とオシログラフを使って脳波と取り組んでおり，心理学部では吉益助教授と心理学者の橋本健一が犯罪学の研究を進めていた。吉益助教授はまた精神科の病室と外来で医局員の指導にもあたっておられた。筆者も精神科の新人無給副手として診療にあたる一方，脳研の一室でふたごによる性格研究のための心理実験などを始めた。筆者の脳研についての記憶は主としてこの時代以降に限られる。

　まもなく日本は猛烈なインフレの嵐に襲われる。大学の研究環境はいっそう厳しくなり，脳研のわずか15万円の基金はたちまち使い果たされ，他の講座から借用している教官以外の所員は無給となった。やがて日本は少しづつ再生に向かい始め敗戦の屈辱を学問で見返そうという密かな気概が芽生えた。脳研でも大学の内部規定による不安定な地位を改め，講座と同様な法的根拠を持った組織として発展を計ろうという機運が高まった。その実現は容易ではなかったが，お役所詣でをはじめその実現のために苦労を厭わなかった人々には，生理学から脳研に移っていた時実利彦，精神科の白木博次と筆者，解剖学の草間敏夫らがいた。戦前からの事務官大平藤吉（藤弘）もそのひとりである。

　昭和28年に脳研は「官制化」されて医学部附属の「東京大学医学部脳研究施設」となり，ようやく不安定な地位を脱することができた。研究部門も年を追って予算化され最終的には不完全ながら6部門が整備された。脳解剖学，脳病理学，脳生理学，脳生化学，心理学，臨床だったが，心理学部門に中央省庁の役人がつけた奇妙な名称は「脳心理学」であった。この官制化で脳研は法的な根拠を獲得したが，一方かっての精神科との自由な交流のような身軽な運営が難しくなったことは否めない。

　三宅名誉教授が逝去されたのは昭和29年でその晩年に一度脳研に顔を出されたことがある。その頃はすでに大勢の人がそれぞれの研究テーマを持って狭いスペースを遣り繰りし，三宅名誉教授のかっての所長室も誰かに占領されていた。因に精神科には名誉教授室はなかったのである。ドアーから所長室の中を覗いた三宅名誉教授は悲しそうに「汚くなりましたねー」と一言，すぐに帰ってしまわれたのが忘れられない。これが三宅名誉教授とのお別れになった。

　新しく発足した脳研究施設に精神科から転じた人には，病理学部門の白木博次，山本達也，生化学部門の黒川正則などがある。もっとも多くの人材を受け入れたのは新しい心理学部門であった。主任の吉益助教授は昭和31年に教授に昇任され研究分野は人類遺伝学と犯罪学とされた。吉益教授は役人のつけた奇妙な部門の名称を無視し国外に対しては"Department of Human Genetics and Criminology, Institute of Brain Research" という実態のままの名称を使われていた。加賀乙彦（小木貞孝）の「頭医者事始め」はこの時代の精神科と脳研のカリカチュアーである。

この研究所で犯罪と遺伝という一見無縁な研究分野を統合しようと試みた吉益教授の意図は，異常行動を遺伝という生物学的基礎と犯罪という明確な社会的枠組みの両面からアプローチすることであった。この試みは犯罪生活曲線の提唱とその応用という果実を生んだ。吉益教授は次第に研究の重点を犯罪学に集中し，集まった精神科出身者には樋口幸吉，武村信義，小木貞孝，栗原徹郎その他の人々がいる。その他研究生も数多く，また精神科に籍を置いたまま吉益教授の指導で研究を分担した人には新井尚賢，広瀬（近喰）勝世，中田修などがいる。一方の人類遺伝学は吉益教授に代わって私立大学から復帰した筆者が担当することになったが，時代はすでに戦前の観念的な "Erbbiologie" に代わって実証的な "Human Genetics" が主流となっており，ここでの方法論もふたご研究から細胞遺伝学と遺伝生化学が加わった。

ふたご研究はこれに先立ち，戦時中から内村教授，吉益脩夫，諏訪望，岡田敬蔵らの精神科の人々によって進められていた。筆者が脳研を拠点にふたご研究を始めてからは精神科から多くの人々が集まった。上出弘之，栗原雅直，飯田真，坪井孝幸，浅香昭雄，南光進一郎，その他研究生たちで，ほかに精神科に籍をおいたままの人々も数多い。菅又淳，後藤彰夫，小久保素直，宮澤修，松本伸，足立博，斉藤陽一，成瀬浩，福田富夫，鈴木喬，梅垣真理などである。取り上げた対象はふたご研究の方法論に関する研究に始まり，正常性格と行動，知能，脳波，少年犯罪，精神遅滞，てんかん，分裂病，神経症などを規定する遺伝と環境の問題，染色体異常と精神障害および犯罪との関連など行動遺伝学の課題が中心であった。この部門はまた日本だけでなく国際的なふたご研究の中心の役割を果たすとともに人類遺伝学研究の一拠点でもあった。さらにこの部門で犯罪学やふたご研究にかかわった人たちによって小児精神医学が育てられたことも忘れてはならない。

筆者は昭和55年に定年退官した。これに先立ち昭和28年の官制化のとき，神経病理学の白木博次，神経解剖学の草間敏夫と筆者の3人で一つの申し合わせをしたことがある。それは教授が定年になったら，その部門の研究領域は前教授の専門に拘らず，その時代でもっとも必要とされる領域とするという，ヨーロッパの研究所では当たり前の選択である。筆者は昭和50年代の中頃からようやく人類に応用されるようになった分子遺伝学の目覚ましい発展から見て，心理学部門を人類遺伝学とりわけ脳の機能の解明を目的としたヒトの分子遺伝学と発生遺伝学の研究に特化した部門とすることを望んだがこの希望は果たされなかった。部門の名称も生理学出身の後任教授によって神経生物学に変更され，この年でこの研究部門と精神科との密接な連携は事実上終わりを告げ，さらに平成9年の「大学院講座化」によって脳研自体が61年の役割を終えたのである。

顧みると精神医学領域の研究で脳研が果たした貢献は小さなものではなかったと結論できるであろう。今後はこの伝統が何れかの研究機関で引き継がれて発展し新たな実を結ぶことを密かに願っている。

追記　前出の「東京大学医学部附属脳研究施設60年」にある業績目録は刊行された論文の一部を収録したもので，心理学部門に限ってもこのほかに原著を含む多くの業績が公表されている。

臨床遺伝学の発展と東大精神科

岡崎　祐士

1. 東大精神科と遺伝学

わが国で精神疾患の遺伝に関する明治以前の学説は，呉秀三がドイツの学術誌に記した日本精神病学史にある。民衆には憑依説が根強かったことと共に，喜多村良宅（1817）が精神病の成因として第一に遺伝，第二に小児期の強度驚愕体験，第三に心痛・悲哀などの苦痛，過労の三つを挙げていたことを紹介している（「呉秀三先生―その業績」収載）。

東京大学精神医学教室（以下，東大精神科と略）の先達が精神疾患の遺伝に対して如何なる立場や見解をとったのかは，まとまった記録はなさそうである。ここでは歴代教授の著作などに現れた遺伝学的研究や精神疾患の遺伝学的問題に関する記載や日本精神神経学誌の該当箇所を調べた。

榊俶教授に関しては，呉秀三の紹介しか知りようがないが，全論文・著作中に精神疾患の遺伝に関する所論はない。

呉秀三教授には，幾つかの記録がある。「呉秀三先生―その業績」には呉の活動・言動記録とも言えるリストがある。彼は雑誌抄読会（1896）で，精神病の遺伝統計についての総説（Grassmann: Kritische Uberblick uber die gegenwrtige Lehre von der Erblichkeit der Psychosen）を紹介している。

呉の主要著作である「精神病学集要」には原因通論が設けられ，一般素因と個人素因に分けられ詳細に論じられている。個人素因のトップに遺伝を上げ，誘因と対比して詳述されている。明治，大正期の精神疾患遺伝研究の資料は，発端者家系中の同種，異種，類種疾患の有無程度であり，深くは考察できない時代であった。資料に公平かつ詳しい解説を行っている。

昭和に入ると，第二次世界大戦へと向かう世相の影響があったと思われるが，呉の後半生期の一般への啓発的な著作や講演の中には，「血統と人妖」（人性，1910），「遺伝と体質」（週刊朝日，1923），「人生を呪う病的性格者」（体性，1928），「社会問題としての精神病」（社会事業，1930），「精神衛生の真髄」（社会事業，1931）などで精神疾患，性格，遺伝，社会的対策について率直に述べたが，今日から見れば当時の学問の限界や社会的風潮の影響を免れ得ない言説が認められる。「人生を呪う病的性格者」には，「殆ど矯正の途なき変人の性格」「鉄面皮で疎暴で猾介冷酷」「先天的賦質と外国の影響」といった小見出しをつけて書かれており，過激思想にかぶれるものの中には精神変質者が多く，革命の首謀者にはユダヤ人が多い。ユダヤ民族は精神病の罹患率がたかいと冒頭に述べ，変質者中の「一種の病的不徳症」について具体的な説明を加えて，……「自分の悪い事は棚に上げて，人を怨み，世を恨んで，国法までもこれを呪う」といった表現があるとのことである（「呉秀三先生―その業績，漢字，かな筆者修正）。数々の業績によってわが国の精神医学の改革者，父と称される呉であるが，時代的な限界を免れ得ない側面があることを物語っていると思われる。しかし，呉は「変質者問題座談会」（社会

事業，1931）に，三宅鑛一，高野六郎，樫田五郎，小峰茂之，植松七九郎，雨宮保衛，兒玉昌，斎藤玉男，成田勝郎，金子準二，吉益脩夫，村松常雄，原胤昭，原泰一，高島巌とともに出席し，「警察のブラックリストによる比較的かるい変質者の監視や国家社会の全体的立場からする断種と変質者の子供の隔離収容が必要ではないか」とする原泰一の意見には，「ブラックリストと言いますが，之を極端にやりますと，あまり親切すぎて（笑）近くの親類とか友人たちが迷惑を受ける事になる。運用する人が問題である。親が変質者だからといって子供もそうだと判定することはできない」と水をかけている。また，内村祐之によれば，1921年米国精神科医マーチン・バーが東京精神病学会講演で断種法の必要性を説いた際，呉は「かかる問題は最も慎重に考えるべきだ」と語気強く，否定的と取れる発言をしたという。いわゆる精神病者ではない中間者（当時変質者と呼んだ）問題は，医学的アプローチと非医学的・法的アプローチとの関係や境界をめぐって今日まで課題を残してる困難な問題である。

　三宅鑛一教授の教科書をはじめ著作には，精神疾患の現象的記述以外の事柄はほとんど言及されていない。教授在職期間（大正14年1925年〜昭和11年1936年）の社会的状況への配慮もあったのであろうか。60歳の定年の年に発刊された一般向け啓発書「精神衛生」（1936）には，神経衰弱と軽い精神病，ヒステリーの解説の他に，「精神薄弱児童」，「不良少年と医学」，「酒の話」，「精神衛生の話」が収載されている。知能障害の原因の二つ目に遺伝を上げているが，遺伝と誤解される感染，栄養不良，貧血などに注意を促している。不良少年の中に，病的なもの，変質者が含まれており，犯罪との関連もある。早くから見い出して，監獄や裁判に行く前に感化院等での教育を施すべきであると述べている。

　1938（昭和13）年に，厚生省は日本精神神経学会に対して，断種法制定の基礎資料を得るべく遺伝調査研究を依頼した。評議員会で委員会設置を決めた。植松七九郎委員長他，内村祐之，吉益脩夫，秋元波留夫などがいる。一方，学術振興会は優生遺伝調査を要請され，第26小委員会（三宅鑛一委員長他15人の委員）に委嘱された。小委員会の目的には「日本民族素質の優秀性を保持増進すると共に，他面その劣弱性を防止する為必要な優性遺伝の諸問題を徹底的に研究し，わが民族将来の素質優秀性体現へ遠大なる長計を画策するに資せんとする……」とあり，悪質遺伝病患者増殖の状況とその遺伝状況の家系学的調査の精神的事項に関するものは，委員長＝三宅鑛一，委員＝和田豊種，内村祐之，吉益脩夫，犯罪者の遺伝体質学的調査委員にも吉益脩夫が入った。学会と学術振興会の両委員会は合同調査を行うことになったが，学会の委員会は1939年には早くも事業遂行が困難として散会を決めた。三宅は自らが精神鑑定した統合失調症患者を発端者とする50の家系を脳研講師の鰭崎らに調査させ出版している（1941）。全体に消極論が強かったのではないかと思われる。

　内村祐之教授は，断種法が「国民優生法」として公布されたことを述べ，同法の成立経緯において，ナチスドイツが断種法を布いて以来わが国でも関心がたかまったが，それは基礎医学者においてであり，法律の対象は最多数が精神病であるのに，精神医学者は消極的であったとし，その根拠として，臨床経験を積めば積むほど精神病の遺伝経路の複雑さを実感し，断種の是非を単純には決められないと感じることに一因を求めている。また，内因・外因が錯綜する精神疾患をメンデル遺伝形式で判断したら誤ってしまう，などとも述べ，精神医学界の消極論を弁護している。一方，同法では，断種対象が「強度且つ悪質なる」と限定されていること，優秀な素質の並存の場合の特例，任意申請で，中央・地方優生審査会を設けて手術決定に慎重を期していることなどを評価し，「医学経験上

同一の疾患に罹る虞極めて著しきとき」と如何に判定するかが同法の死活を司る中心点であると述べ，広すぎるならば物議をかもす，希望するのは慎重な態度であり，功を急がないよう，ことに当局に希望したいと述べている（優性法の過去と将来，1940「精神医学者の滴想」，1947収載」。

内村は，同じ1940年に精神病の遺伝について述べ，わが国の知見は乏しい。ドイツは断種法を制定したが，ドイツは元来学問を重視する国であるから，学問的根拠なしに実施されるはずがないとして，ドイツのリュディンらの家系研究法による知見を紹介している。素因と外因の比で主に素因によるものを遺伝病とし，血縁近接度と精神疾患発生率に相関があることを，統合失調症，躁うつ病，てんかん，精神薄弱について述べている。これらの記述を見ると内村は全体として，断種手術に反対ではなく，厳密に行うべきであるとの見解であったと思われる。内村も触れているように，戦前の東大精神科，あるいはわが国における精神疾患遺伝研究は系統的に行われたものはなく，極めて乏しい。

ナチスドイツにおいては，精神医学研究・双生児研究が，ゲッペルスなどによってその極端なユダヤ人絶滅計画の口実や手段として利用された。戦後長くドイツ精神医学会では極端なまでに双生児研究や遺伝研究が忌避された。わが国における戦前の検討は戦後，どの程度なされたのであろうか。東大精神科ではどうであったのか。秋元波留夫教授も臺弘教授もナチスの精神医学や双生児研究の悪用に対して反対であり批判的であることは言を俟たないと思う。以後の東大精神科では松下正明教授が，ナチス精神医学をも含む医学の悪用，その「生きるに値しない命」との烙印を勝手に決め，ユダヤ民族とともに障害者抹殺をも企図したナチス告発書「E. クレー著（松下正明訳）『第三帝国と安楽死—生きるに値しない生命の抹殺』（1999）」の翻訳出版を通じて間接にこの問題に言及している。いずれこの問題の検討は必要なことであろうと思う。

秋元波留夫以後の東大精神科にまとまった遺伝学研究グループは存在しなかったようである。三宅鑛一退官後できた脳研はその後医学部附属脳研究所として，精神科からは独立する経過を歩んだが，犯罪心理と双生児研究を主な研究課題とする脳研心理学研究室が昭和55年まで置かれた。内村祐之教授が脳研教授を兼任していたが，昭和30年代から脳研心理（昭和31-37年吉益脩夫教授），脳研病理（白木博次教授），脳研生理（時実利彦教授），脳研解剖（草間敏夫教授）が設けられた。

双生児研究は内村祐之教授の下で，戦前から戦後にかけて大きく発展した。戦前は，吉益脩夫を中心とする犯罪と性格の双生児研究，戦後は精神神経疾患に拡大された。性格研究ではドイツなどヨーロッパで行われた合宿法が採用され，心理学者，教育者をはじめ多くの専門家も参加して，わが国では珍しい研究体制が作られた。戦後の双生児研究は内村祐之を代表とする文部科学省研究費にもとづく特別研究班が組織された。研究班には双生児研究専門家，精神科・犯罪心理専門家や，内科（沖中重雄も班員であった），脳外科をはじめ身体医学諸科の専門家，教育学者，法医学者等が参加した大規模なものであった。

双生児法による精神疾患研究は，その後脳研心理の吉益脩夫と井上英二のもとで発展させられ，神経症（諏訪望・氏家不二雄，飯田真），てんかん（上出弘之），統合失調症（栗原雅直，井上英二，浅香昭雄，南光進一郎）などの多くの報告がなされた。

臨床遺伝研究は，全国的にも盛んになったが，1956年のワトソンとクリックによるDNA二重らせんの発見，セントラルドグマなどの分子遺伝学の誕生とその方法の普及の時代に，東大精神科は大学紛争に見舞われ，1980年代後半まで東大精神科の臨床遺伝学的研究はほぼ全面的に

ストップした。その後，患者使役・虐待事件を起こした宇都宮病院に研究フィールドを求めていたとの批判に見舞われ，東大医学部は脳研心理学教室を生理学教室に改称した。筆者自身も，宇都宮病院における厚生省や科研費による研究の被検者面接を手伝ったことがあったが，当該病院の問題点を十分見抜けなかった苦い体験をした。臨床の場が民主的で自由がない条件では，被検者のインフォームドコンセント自体機能しないし意味がないことを痛感し反省した。その後は，その点を重視し心がけてきたつもりである。

2. 臨床遺伝学の発展と精神疾患の遺伝研究

(1)精神疾患の古典的臨床遺伝学的研究の時代

戦前から1960年までの古典的臨床遺伝学的研究の時代の東大精神科の業績については，精神神経学雑誌に掲載された論文リストを紹介するにとどめたい。1914年の外国人教師と思われるフンチスカ，ミンコフスキ，オイゲーンによる綜説「両家系における精神病的及び血統的研究に基き精神病の遺伝を論ず」を筆頭に，震顫，痙攣，癲癇症例または家系例の報告などが数篇ある。呉教授在職25周年論文集には，高瀬清（執筆時，長崎医学専門学校教授）による「躁鬱病の遺伝研究」がある。彼は明治35年から大正9年の間に東京府巣鴨病院と松澤病院にて治療した530人の記録により，69％に同種疾患の遺伝を認めたことを報告している。1934年頃から兒玉昌は遺伝研究の中心であったようで，原著「精神薄弱と遺伝」(1934)，紹介「ワインベルグの遺伝統計法」，紹介「早発性痴呆遺伝の研究（ルュディンの研究の一部）」(1940)，原著「早発性痴呆遺伝の研究（DR×DR の小統計)」(1940)，原著「精神薄弱の遺伝（宿題報告）所謂 DR×DR の小統計」(1943) 等を著している。諏訪望も，紹介「癲癇の遺伝（上下)」(1939)，紹介「精神薄弱の遺伝について A Juda の所説の紹介（上下)」(1941) を著している。以後，精神病，てんかん，遺伝研究方法等についての紹介や原著論文が徐々に増加した。1939年の斉藤玉男の学会宿題報告（「精神分裂病の遺伝生物学」)，さらに内村祐之ら東大精神科と松沢病院医局員による八丈島の住民調査の報告がなされた。これはその後の各地の遺伝学的調査（玻名城政順ら，1943；大山恭次郎，1943；秋元ら，1943；太田清之，1943；萩野了ら，1943）の嚆矢となった。八丈島は戦後秋元ら(1964)により再調査された。戦時中の1941〜1945にも，吉益脩夫による精神病質の遺伝的生物学的考察；双生児研究より見たる犯罪者の遺伝素質と環境の意義（第39回日本精神神経学会総会宿題報告)」等の報告がなされた。阿部良男（松沢病院）の原著「本邦人に於ける混合精神病の研究―混合精神病の構成．特にその遺伝病理学に就いて」(1943) は，後に非定型精神病を提唱した満田久敏 (1943，1953) に先行する研究であった。このように古典的臨床遺伝学的研究方法による精神疾患研究は1930年代以降 (1960年代まで)，開花し一定の隆盛をみたといえる。それは三宅鑛一の在職末期から内村祐之，秋元波留夫在職期間全体である。

内村祐之・吉益脩夫・井上英二の指導の下に，岡田敬蔵，井上英二（性格)，栗原雅直（統合失調症)，上出弘之（てんかん)，神経症等の双生児研究（上出，飯田真）などの知見が積み重ねられた。井上英二 (1972) は，統合失調症双生児研究の最終報告をしているが，一卵性58組，二卵性20組による診断一致率を報告しているが，組法で一卵性59％，二卵性15％で，国際的な日本の代表値である。井上は，不一致の場合には発病していない双生児の多くが分裂病質である率が高いとした。

(2)精神疾患の分子遺伝学的研究の時代

臨床遺伝研究は，1980年代に入ってハンチントン舞踏病の，偶然にも恵まれた連鎖研究 linkage study の成功に刺激され，分子遺伝学的研究の時代に入った。1980年代中葉から，メン

デル遺伝病と目される疾患から急速に疾患関連遺伝子探索研究が普及した。1970年代までの遺伝研究は順遺伝学であり，発現形質（蛋白質）から遺伝子を探るものであったが，DNA マーカーが開発されると，表現形質（例えばハンチントン病）関連遺伝子の染色体上の位置を先に突き止め，その場所にある関連遺伝子を突き止めるという逆遺伝学が主になった。これは連鎖研究という方法である。DNA マーカーは1980年代から今日までに，発展し，急速に稠密に分布する位置マーカーが開発された。マーカーは多型性があり，マーカー間隔が小さく，稠密にあるほど位置を絞り込むのに有用である。初期DNA マーカーは制限酵素断片長多型 restriction fragment length polymorphism（RFLP）で，制限酵素で消化切断された両端には酵素の認識配列があり，様々な長さ（＝多型）のDNA 断片が生じる。この多型を利用して表現型との連鎖研究が行われた。精神医学もこの時期から参入し，Eageland らの米国アーミッシュ大家系による躁うつ病連鎖研究と，続く英国の大家系による統合失調症の連鎖研究である。いずれも LOD スコアが有意な3以上を示すとされ，Nature 誌に発表された。しかし，以後同号に否定的論文が併載されたり，否定的な論文が後を追うことが通例のようになった。分子遺伝学の隆盛にともない創刊された Nature Genetics 誌は，1990年代後半に一時期，精神疾患の連鎖や相関研究を掲載しないと決めたとされる程であった。

まもなく新しい多型 DAN マーカーが発見された。ミニサテライトマーカーである。これは，DNA の中に塩基10数個の配列が数個から数十個繰り返して現れる箇所があり，この繰り返し回数が多型をなすのである。1990年代に入ると，2塩基の繰り返し配列（CA リピートマーカー，マイクロサテライトマーカー）が見出された。繰り返し数を多型とするものである。マーカー間隔が Mb レベルとはいえ，大分稠密になり連鎖研究も現実的になり，国際的に多くの連鎖研究が進んだ。さらに促進したのは1塩基多型 single nucleotide polymorphism（SNP）が登場した2000年以後である。また，cDNA や SNPs をディスクに貼り付けたチップが開発普及すると，ゲノム全体の多型によるスキャンが可能となった。非メンデル遺伝病用に罹患同胞対法が開発されて，マイクロサテライトマーカーや SNPs 多型による連鎖，それに続いて相関研究 association study が多数行われ，メタ分析も可能となり，精神疾患でも有望な候補遺伝子が浮かび上がってきた。現在は，連鎖不平衡を指標にした患者―対照ゲノムワイドスキャン linkage disequilibrium analysis，家系内の遺伝子伝達不平衡検査など工夫された相関研究が行われている。SNPs のハプロタイプ解析も通例化している。塩基配列解読が高速化したので，小さい DNA 断片は直接解読されることも多くなった。

分子遺伝学の時代に最初に精神疾患の分子病態研究に携わった東大精神科同窓は，本多裕である。世界最大の数百人からなるナルコレプシー外来患者を対象に，丁度解明されつつあったヒト組織適合抗原（HLA）型を調べた。当初はハプロタイプ DR4（現在遺伝子 DRB1 と DQB1）が全員陽性であった。対照者に比して明らかに有意に多かった。この研究がナルコレプシーの分子病態研究を促進し，オレキシン（ヒポクレチン）の髄液中での低下が90％の患者で確認された。これを契機に本多らはナルコレプシーの遺伝研究を系統的に進めた。このナルコレプシーの分子病態研究は子息の本多真（東京都精神医学総合研究所）によって継続的に発展させられている。

統合失調症などの連鎖研究や相関研究に最初に取り組んだのは南光進一郎である。南光は脳研心理で細胞遺伝研究からスタートした。統合失調症と診断された中に性染色体異数体（47 XXY, 47 XYY など）が多いことを見出した。

それに引き続いて、RLFP当時のDNAマーカーを用いて大家系による連鎖研究を報告した。功刀浩が南光グループの代表的な研究者であり、他に福田倫明らがいる。Neurotrophin-3の相関研究知見など世界に先駆けた知見も報告している。最近は、epigenetics関与の可能性を、トランスポゾンの統合失調症への関与の検討から行っている。

功刀は、帝京大学時代にロンドンのMaudsley研究所に留学し、統合失調症のリスクファクターや予測指標（小頭囲など）の研究や遺伝子研究方法を学んだ。全家連の協力を得て集積した母子手帳の産科情報による統合失調症リスクファクター研究はよく知られている。現在は、国立精神神経センターの神経研究所に移り、独自の研究を発展させている。BDNF多型が双極性障害の遺伝的リスクファクターであり、双極性障害のリチウム反応性にVal66Met多型が関わっていることを見い出し、BDNFはグルタミン酸とGABAの放出による興奮性及び抑制性伝達を異なるメカニズムで制御する可能性を見い出し、またVal66Met多型が脳の経年的変化に性差をもって影響することを見い出す（2006）など、いずれもわが国の精神疾患遺伝研究のセンターの一つを形成している。

佐々木司は、帝京大学（溝口分院）時代に、トロントのKennedyのもとに留学した。6番染色体短腕でもHLA領域については、日本人独自でHLA〜DR1と統合失調症との関連ならびに、その出生季節との相互作用（1999, 2000）、また出生季節と統合失調症との関連の地域差などの所見を得ている（2002, 2004）。統合失調症について欧米で数個の遺伝子の関与が報告されているが、佐々木らは6番染色体短腕上（6p22.3）の*dysibindin*遺伝子（Neurosci Res 2006）を除いては、関連を支持する結果は得なかったという（2007）。現在、科研費特定領域研究「応用ゲノム領域」（代表：辻省次教授）の「精神疾患の遺伝子探索」班（代表：岡崎祐士）の一環として、パニック障害の試料サンプリングを行っており、パニック障害専門クリニック（貝谷久宣）の協力を得て、世界最大の標本数となっている。梅景正、栃木衛、音羽健司がその下で研究している。また加藤進昌教授のもとで、橋本大彦、笠井清登らとも共同して自閉症の相関研究や双生児研究を行っている。

加藤忠史（現、理化学研究所脳科学総合研究センター）は、滋賀医大の高橋三郎教授の下に学んだ後、アイオワ大学留学を経て、東大精神科に居り、現職に就いた。精神疾患の分子病態研究でオリジナルな仮説や知見を提示し、国際的にも研究をリードしている。最もよく知られているのは双極性障害のミトコンドリア機能障害（その結果としてのカルシウム制御異常）仮説である。患者由来培養細胞、剖検脳、動物モデルによって系統的に検討している。細胞内カルシウム伝達をミトコンドリア遺伝子多型が制御していることを明らかにしており、またミトコンドリア多型が細胞寿命の個人差に関わることも明らかにしている（2006）。またこのような研究を進めやすくする躁うつモデルマウスを開発した（2006）。また、一卵性双生児双極性障害不一致例の遺伝子発現差異解析から双極性障害リスク遺伝子XBP1を見出した。この−116C/G多型は、小胞体機能を制御しており、日本人ではオッズ比が4.6であった。この小胞体機能低下はバルプロ酸でのみ改善するという知見を得た（2003）。この研究は方法でも知見でも大きな関心を喚起した。加藤らは、精神疾患へのメチル化などのepigeneticsの関与を想定している。彼らは統合失調症の死後脳で遺伝子発現をマイクロアレイ解析して、オリゴデンドロサイト発現遺伝子の発現が低下していた。オリゴデンドロサイト関連遺伝子群の発現を制御しているSox10に着目したがDNA配列に異常はなかった。そこでDNAメチル化状態を調べたところ、発現低下と発現コントロールに

関連する部位がメチル化が強いことがわった（2005）。その他にも多くの知見を発信している。このように加藤グループ（垣内千尋，石渡みずほらがいる）は，現代の精神疾患分子病態研究を国際的にリードする仮説と知見を提出している。

澤明（現，ジョンズホプキンス大）はSolomon H Snyder教授のもとで，統合失調症，双極性障害，認知症の分子病態を探る上で，St. Clairらが報告した統合失調者と様々な精神疾患を含むスコットランド大家系で見い出された，1番短腕と13番長腕の相互転座によって1番染色体に生じた遺伝子を跨ぐ染色体構造異常，DISC-1 (Disurupted in Schizophrenia)に注目している。澤らはDISC-1蛋白質は幼いときに多く産生され，細胞の移動や形態形成を抑制し，神経突起形成を抑えることを見い出した。一方，DISC-1はリン酸化ジエステラーゼ酵素（PDE4B）と相互作用して，細胞内cAMP活性を変化させることによる神経伝達機能への作用を発揮することを明らかにしている。これらは，DISC-1が統合失調症の脳機能障害を説明する蛋白質である可能性を示している。DISC-1transgenic mouseを作成するなど，DISC-1と統合失調症に焦点をあてた研究は，国際的にも高く評価されている。その他にも，統合失調症の症状緩和の可能性が想定されているD-セリン合成酵素調節機能が想定されるPICK 1蛋白の遺伝子が統合失調症と関連することを見い出している。また，ハンチントン病やアルツハイマー病などの認知症と関係するGADPHの変化に始まると想定される新しい細胞死カスケードを見い出したと報告している。澤は東京大学医学部の基礎部門の教室を担当することが予定されており，研究の進展が期待される。

染矢らは，国内の幾つかの研究グループとの共同で，統合失調症等の幾つかの遺伝子について相関研究による検討を行っている。また，大家系法による候補遺伝子の探索も行っている。とりわけ，薬物代謝酵素多型による患者血中濃度の差異や副作用発現の差異などの知見を積み重ねており，これは精神科薬物療法の効果や副作用の理解を促進するだけでなく，どのようにしたら副作用の少ないより効果的な治療を行えるかの指針を得る上で極めて有用な研究である。

岡崎祐士らは，1990年頃から統合失調症を皮切りに双生児研究を開始している。双生児診断一致率では軽症例も含むためと思われるが，予報で組法39％，発端者法50％としている。不一致一卵性双生児のMRI脳画像では罹患双生児は左海馬が有意に小さく，左シルビウス裂周囲が有意に大であった。統合失調症不一致一卵性双生児でゲノムに差異を認めた（Tsujita 他，1998）。その後一卵性自閉症不一致例ではcopy number variationの差異を認めている（Hashida, Imamuraら，2006）。井上の標本数を超える大きな統合失調症双生児標本の確立を国内研究者と進めている。また，統合失調症連鎖研究グループ，Japanese Schizophrenia Sib-pair Linkage Group (JSSLG)を筑波大学有波忠雄とともに組織し，40数大学・研究所の参加で，1民族では最大の罹患同胞対法による結果を報告した（Arinami 他，2005）。現在は，前述の特定領域研究「精神疾患の遺伝子探索」においてパニック障害に焦点をあてたゲノムワイドスキャンや双生児法による検討を行っている。

丹羽真一は，福島県で統合失調症ブレインバンクを創設し，脳標本を用いてDNAチップにより，メチル化の差異を検出する研究などを行っている。ブレインバンクは今後の統合失調症研究では益々重要性が増すと思われる。

以上急ぎ紹介したが，筆者の知識・理解は不十分であり東大精神科関係者の臨床遺伝研究を網羅できたとは思えないし，研究の紹介も部分的であったり，不正確なところがあるのではないかと心配している。

3. おわりに

　東大精神科の中には遺伝研究室は設けられなかったようであるが，代々の教授は精神疾患の遺伝的側面は重視しており，どの時代もそのときのメンバーによる古典的な臨床遺伝研究や現代の分子遺伝学的研究のわが国における中心的な研究メンバーを輩出してきたといえる。教室としての臨床遺伝学的研究の位置づけもいずれ検討することが望ましいと思われる。今後，東大精神科臨床遺伝研究者のいっそうの連係や共同は，研究の促進に重要と思われる。

　東大精神科は戦前から戦後にかけて，精神医学界で重い役目を担っていただけに，戦前における断種法制定の動きの中で置かれた状況や果たした役割などについて，一度検討の必要もあるのではないかと感じた。

　今後の精神科における臨床遺伝学的研究は治療とも深く関係する知見が多数期待される分野であるので，益々その研究は協力者や被検者の人権を厳格に尊重しながら進めることが必要である。

司法精神医学と東大精神医学教室
ーとくに精神鑑定についてー

■ 風祭　元

まえがき

東大精神科教室120年の歴史を述べる場合に、東京大学医学部精神医学教室の特殊性とでもいうべき点をまず考えておかねばならない。これまでは、東京大学（時には他大学や医専）を卒業して精神医学を専攻しようとするものは、精神科に入局し、臨床を研修しながら研究を行うが、大部分はやがて東大を離れてその他の医育・医療施設に赴任し、そこで指導者となって研究や臨床を行うのが普通である。この表題で記述する場合に、

○東大医学部卒業者の業績
○東大精神科に在籍した者の業績
○東大精神科で行われた業績

のどれを選ぶかによって内容がまったく異なってしまう。

特に、明治・大正時代は、東大（東京帝国大学）の精神病（医）学教室の出身者は、ほとんどが全国の医育機関の指導者となり、その赴任先で立派な業績を挙げている（たとえば、九州帝大の下田光造、岡山医科大学の林道倫など）。これらの人たちの業績を東大精神医学教室のものとしてあげるのに異論があろう。しかし、司法精神医学の研究や精神鑑定は、特に近年では、大学以外の施設で行われることも少なくないので、東大で行われた業績だけに限定するのは適当ではない。

本稿では、明治─大正時代については、主に東大の精神科で行われた司法精神医学関連の研究や精神鑑定を挙げ、それ以後については、東大精神科出身者の研究や精神鑑定を広く含めて述べたい。

司法精神医学（forensic psychiatry）は、司法精神鑑定、犯罪学、犯罪者・非行少年の矯正─更生医療、あるいは精神医療に関する法制度の整備などを含む広大な実践的な領域であり、教室の創設以来120年にわたって、東大精神医学教室がそれぞれの分野で全国でパイオニアとなって、その研究と実践を推進してきた分野である。私は司法精神医学の専攻者ではないので、これらの全分野について述べることは不可能である。ここでは主に司法精神鑑定を中心とし、犯罪学研究や司法機関・矯正施設（拘置所、刑務所、少年院など）における研究や実践活動については簡単に触れるにとどめたい。また、文献の取捨選択についてはかなり恣意的になったことをお許し願いたい。

1. 榊俶・片山國嘉教授時代（1886─1901）

わが国の本格的な司法精神鑑定の鼻祖は榊俶である。欧州に留学して精神病学を学んだ榊は、1886年に帝国大学医学部精神病学講座主任教授となった。1876年頃から、華族相馬誠胤の精神異常をめぐる訴訟「相馬事件」が起こっており、1885年に東京軽罪裁判所は東京大学に誠胤の病症鑑定を依頼したが、精神科医は誰もいなかったので、外科医のスクリバが誠胤を「狂躁発作を有する鬱憂病」と診断した。これが現在残されているもっとも古い精神鑑定の一つである。

榊の帰国後の1887年に、裁判所の委嘱により

榊俶は誠胤を「時発性躁暴狂」と鑑定した。この診断書は，内容・形式共に整い，現在でも模範となるわが国最初の正統的な精神鑑定書である。榊は1890年に早逝するまでに，船岡英之助，呉秀三などと共に精神鑑定を行い，そのいくつかを雑誌に発表している。榊俶の「精神状態鑑定書集」（30編）は今でも東大医学図書館に残されている。また，彼は呉秀三と連名で「増補改訂法醫学提綱下編」[1]を著した（発行は歿後の1897年）。榊の精神鑑定について呉は次のように述べている。

「榊教授以来の慣例により，事歴，遺伝，既往歴，現症，説明，鑑定等の数段に分かちて詳細に記載せられるを例とせり」。榊の精神鑑定書はわが国の近代的司法精神鑑定の嚆矢となった。

榊の死後，呉秀三の留学中の約5年間，法医学教授の片山國嘉が精神病学講座教授・巣鴨病院医長を兼ねたが，彼も精神鑑定を積極的に手がけて國家医学会雑誌に多くの精神鑑定例を発表した。1912年発行の「法醫學鑑定實例」に彼の精神病鑑定10例が載せられている。

このように，近代精神医学は，その初期から司法精神医学を中心のテーマとしており，東大精神科の榊・片山の両教授は，社会の要請に応えてわが国の司法精神医学を創設した。

2. 呉秀三教授時代（1901―1925）

呉秀三は，1901年に欧州留学から帰国して医科大学精神病学教授となり，1925年に定年退職するまで24年間その職にあってわが国における近代精神医学の基礎を作った。明治―大正年間にわが国に設立された医科大学精神病学の教授はほとんどが呉秀三門下で，これらの指導者によって，榊・片山が創始し，呉が確立した手法で，全国で司法精神鑑定が行われるようになった。

呉は留学以前から司法精神医学に関心が深く，好訴狂，放火狂，自殺などに関する論文を國家医学会雑誌に発表している。帰国後も彼は多くの精神鑑定を行っているが，その多くは國家医学会雑誌に掲載され，多くの鑑定例（47例）が「精神鑒定例」[2]（全4集，1903，1906，1909，1909，吐鳳堂，復刻版，精神医学神経学古典刊行会，1976）に発表されている。なお，1909年に刑法が現行のものとなり，心神喪失・耗弱の規定が設けられた。1912年には，杉江薫「犯罪と精神病」が発行されている。

1909年に，呉秀三の下で助教授となった三宅鑛一は，精神鑑定を精力的に行った。三宅は1922年に第21回神経学会で「病的放火症の型」[3]を報告したが，これは45例の放火犯の精神鑑定の結果に基づいて放火犯を類型化したもので，わが国における，犯罪精神医学に関するまとまった研究の嚆矢といえる。

なお，1919年に東京府巣鴨病院は府立松澤病院となって移転したが，それまでは東大精神病学教室は巣鴨病院内にあり，鑑定入院は巣鴨病院で行われた。

3. 三宅鑛一教授時代（1925―1936）

1925年に呉教授の定年後に教授となった三宅鑛一は引き続き精神鑑定を積極的に行い，1930年に，精神疾患と法的責任能力との関係をわが国で初めて深く考究した「責任能力」[4]を発行した。また1935年に出版された「精神病學餘滴」（上）（中）[4]も鑑定例集である。退官後の1937年出版の「精神鑑定例」[4]は彼の鑑定例の集大成ともいうべきもので，長くわが国の司法精神鑑定の規範的な指導書となった。なお，その頃に，菊池甚一の「心神喪失論」[5]，「酩酊責任論」[5]が発行されている。

1924年に精神科に入局した吉益脩夫は，わが国で初めて犯罪生物学を専攻し，わが国の犯罪学・司法精神医学の基礎を築いた。彼は1927年に当時の司法省から受刑者の精神医学的研究を嘱託され，各地の刑務所で犯罪者の研究に取り組んだ。1936年に東京帝大医学部附属脳研究室

（現脳研究所の前身，退官後の三宅鑛一が主任）の講師となり，以後，1960年に東大を定年退官するまで，脳研と精神医学教室で講師，助教授，教授を勤め，東大における犯罪学研究を主導した。彼の主要な業績として，犯罪者の累犯と予後，精神病質と累犯，犯罪者双生児，犯罪生活曲線についての研究があり，1940年の第39回精神神経学会で宿題報告「精神病質の遺伝生物学的考察」[6]を行った。また，犯罪人（東洋書館，1940），犯罪心理学（東洋書館，1948，全改訂増補版，1952），犯罪病理学（朝日新聞社，1955），犯罪学概論（有斐閣，1958）などの著書[7]や，多くの訳書がある。彼の指導を受けたものには，新井尚賢，菅又淳，中田修，武村信義，小木貞孝などがいる。吉益は東大を定年退官後，1960年に東京医科歯科大学医学部総合法医学研究施設の犯罪心理学部門教授となり，多くの後進を指導した［註］。

4．内村祐之教授時代（1936－1958）

三宅鑛一教授の定年にともなって，北大教授の内村祐之が1936年に主任教授として赴任した。内村は1923年の東京帝大の卒業であるが，まもなく欧州に留学し，1927年に北大教授に赴任したので，留学前には司法精神医学に関する業績はないが，東大赴任後の昭和10年代から昭和20年代にわたってきわめて多くの司法精神鑑定を行った。［鉄道省電気局長刺殺事件（1936），京大教授古文書窃取蒐集事件（1938），聾唖者の多数殺傷事件（1941）など］。しかし，日中戦争，太平洋戦争のために，これらの鑑定の詳細は，戦後の1952年になって初めて「精神鑑定」[8]（創元社）に公表された。

内村は，1949年の第46回日本精神神経学会で「精神医学から見たる刑事責任能力」と題した宿題報告[9]を行った。彼の考えは，呉，三宅以来のわが国の精神鑑定における責任能力論と，欧州におけるGruhle, H.W., Schneider, K., Mezger, E.らの考えを統合し，精神障害者の刑事責任能力は精神医学的診断のみでなく，全人格，生活状態，心理的影響を総合的に検討して決定すべきであるというもので，今日でも法律家をも納得させる穏当な意見といえ，現在に至るまでわが国の法曹と精神医学における責任能力論の底流となった。太平洋戦争終結後にも，彼は小平義雄，大川周明，俳優片岡仁左衛門殺しの犯人などの重大事件の被告の精神鑑定を行った。彼はまた1948年に起こった帝銀事件の被疑者平沢貞道の精神鑑定を吉益脩夫とともに行い，結審後にその精神鑑定書を「脱髄脳炎後の空想虚言症とその刑事責任能力」[10]の題で精神神経学雑誌に学術論文として発表した。この裁判には現在でも冤罪であったという主張もあり，責任能力判断については議論のあるところであるが，精神鑑定で得られた所見を，単なる司法過程の一環として見たのみでなく，狂犬病予防注射によって起こる脱髄脳炎後遺症研究における一知見としてとらえた点でも画期的であった。彼の行った主な鑑定と，主に東大精神科で1970年頃までに行われた代表的な精神鑑定は，1972年に彼と吉益が監修し，中田修・小木貞孝・福島章が編集した「日本の精神鑑定」[11]に収録されているが，本書に載せられた鑑定は，わが国における当時の精神鑑定の到達した高いレベルを示しており，本書は長い間，わが国の精神鑑定の指導書となっている。

内村とほぼ同時代の教室出身者のうち，東大講師から千葉医科大学教授となった荒木直躬の千葉時代の精神鑑定は，下田武が編集して，大部の「刑事精神鑑定集」[12]として1991年に出版された。同じく東大講師から松沢病院副院長，名古屋大学教授となった村松常雄は，東大在任時代に「阿部定事件」など多数の鑑定を行い，後に自身の鑑定例を基に法律家の植村秀三と共著で両者の意見を交互に述べるというユニークな構成の「精神鑑定と司法判断」[13]を著した。

林暲は，1926年に東大精神科に入局し，のちに松沢病院医長となり，1949年に内村の東大教

授専任に伴って都立松沢病院長となったが，松沢病院で100件以上の刑事精神鑑定を自ら行い，また，松沢病院における刑事精神鑑定を積極的に推進した。彼の在任中に松沢病院で行われた精神鑑定は16年間（1947-1962）で530例あり，当時松沢病院に在籍した多くの東大教室出身者が精神鑑定を行った。林が当時発刊された雑誌「精神医学」に連載した展望「精神鑑定の理論と実際」[14]は，戦前にはなかった覚醒剤中毒の鑑定例などが含まれ，当時の精神科医を裨益するところが大きかった。

5．秋元波留夫教授時代（1958―1966）

1958年に秋元波留夫が主任教授となった。秋元は金沢医科大学（現金沢大学）教授時代から，戦後の新興宗教教祖の爾光尊の精神鑑定などを行っていたが，東大教授として在任中，教室員と共にきわめて多くの精神鑑定を行い，約30数床の精神科病棟には常に1～2人の鑑定留置患者が入院していた。彼が東大時代に行った有名な精神鑑定としては，杉並の通り魔少年事件，ライシャワー米国大使刺傷事件などがあり，いくつかが内村・吉益（編）「日本の精神鑑定」[11]に載せられている。秋元は東大精神科で多くの教室員を鑑定助手として指導したが，そのうち，金子嗣郎，佐々木雄司，風祭元，石川義博，西山詮，福島章などが，その後の赴任先で多くの精神鑑定を行っている。例えば，金子嗣郎は松沢病院で多くの刑事司法鑑定を行い，また，過労によるうつ状態で自殺した「電通事件」について彼が行った過労と自殺との因果関係を認めた民事鑑定[15]は，わが国で過労死に労災補償が行われる道を開いた。佐々木雄司は琉球大学・東京大学（医学部保健学科）教授時代に新興宗教に関連する多くの精神鑑定を行い，風祭元は帝京大学教授・松沢病院長として「深川の通り魔事件」，「池袋通り魔事件」被告などの重大事件を含む多数の精神鑑定を精力的に行い，「精神鑑定医の事件簿」[16]を著した。石川義博の「連続射殺魔少年（永山則夫）」の詳細な精神鑑定も有名である。

秋元は，東大を定年退官後，国立武蔵療養所長，松沢病院長を歴任し，そこでも多くの精神鑑定を行っているが，彼の精神鑑定の一部は「実践精神医学講義」（日本文化科学社，2002），「刑事精神鑑定講義」（創造出版，2004）[17]に総括されている。彼は東大在任時代に精神医学の中での司法精神鑑定の裾野を大きく拡げたといえる。

6．その後の司法精神鑑定（1966年以後）

1966年に秋元が退官し，臺弘が教授に就任したが，間もなく学園紛争と精神科病棟自主管理が始まり，以後，暫くは東大精神科では司法精神鑑定はできなくなった。

1945年に東大を卒業して精神科に入局し，松沢病院，梅が丘病院を経て東京医科歯科大学犯罪心理研究部門の助教授，次いで1965年に吉益の後を次いで教授となった中田修は，生涯に365例の精神鑑定を行った。彼は欧州のGruhle, H.W.などの伝統的な司法精神医学を翻訳してわが国に紹介し，「放火の犯罪心理」，「犯罪精神医学」，「精神鑑定と供述心理」[18]などの多くの論文集を単行書として著し，「ピアノ殺人事件」，「大久保清事件」などの多数の重大事件の精神鑑定を行った。彼の下で助教授をつとめ，上智大学教授になった小木貞孝（作家加賀乙彦）には，東京拘置所での経験に基づく「死刑囚と無期囚の心理」[19]などの業績がある。

1963年に東大に入局した西山詮は，病棟自主管理の続いていた1985年に東大精神医学教室の助教授となり，困難な状況下で東大精神科における精神鑑定を再開した。彼の著書には，「精神分裂病者の責任能力」，「民事精神鑑定の実際」，「刑事精神鑑定の実際」[20]などがある。また，1964年に東大精神科に入局し，府中刑務所，東京医科歯科大学助教授を経て上智大学教授となった福島章は，在任中にきわめて多くの精神

鑑定を行い，それらを「犯罪心理学研究Ⅰ・Ⅱ」，「覚醒剤犯罪の精神鑑定」[21]などに発表し，病的酩酊や覚醒剤中毒の新しい司法精神医学的診断分類を提唱した。さらに彼は重大犯罪者の脳に「微細脳器質性変異」が多くみられるという所見をはじめ，わが国の社会の変貌によって生じる新しい精神鑑定の問題点に関するいくつかの仮説を発表した。また，「精神鑑定」，「犯罪心理学入門」，「非行心理学入門」，「犯罪精神医学入門」，「殺人という病」，「子どもを殺す子どもたち」[23]などの多くの一般書によって，犯罪心理や精神鑑定についての一般の正しい理解の向上に努めた。この時期の東大教室出身者の主な精神鑑定は，福島章(編著)「現代の精神鑑定」[22]，中田修他(編)「精神鑑定事例集」[24]などに発表されている。

1989年に起こった連続幼女誘拐殺人事件の宮崎勤被告の裁判における第2回目の精神鑑定は，内沼幸雄，関根義夫，中安信夫の3名の東大精神科の出身者によって行われ，鑑定の途中で「多重人格者の反応性精神病」(内沼，関根)，「精神分裂病」(中安)と意見が分かれ，鑑定書は別々に提出された。この意見は結局両方とも裁判所には採用されなかったが，社会の大きな注目の的となった。

1990年に東大精神科教授，次いで東京都精神研所長，松沢病院長を歴任した松下正明は，2005年に設立発起人の世話人代表として日本司法精神医学会の設立に努力し，初代理事長となった。また，わが国でおそらく最初の司法精神医学の浩瀚なハンドブックである「司法精神医学」(全6巻)[26]の総編集者をつとめた。

7. 司法精神医学のそのほかの分野

これまで主に東大精神医学教室とその出身者たちの精神鑑定に関する業績をあげたが，司法精神医学には，犯罪と犯罪者の精神医学的研究，各種の裁判・矯正・更生施設での精神医学の実践，精神障害者の処遇に関する法制度への関与など，広い領域が存在する。これらの分野の東京大学精神医学教室関係者の120年間の関与と業績については本稿ではほとんど触れることができなかった。

榊俶が東大の精神病学の初代教授になって間もなく東京地方裁判所に嘱託されて精神鑑定に携わって以来，呉，三宅，内村秋元教授時代を通じて，東大精神科の出身者は，全国の司法関連施設(時代により，監獄，拘置所，刑務所，少年院，鑑別所，家庭裁判所などさまざまであるが)に勤務し，実績を残している。また，法制度に関しても，精神病者監護法，精神衛生法の制定と改訂などに，東大精神科関係者がさまざまなかたちで深く関与してきたことを最後に述べておきたい。

[註] 榊俶，片山國嘉，呉秀三の司法精神鑑定については中田[26]，岡田[27]，三宅鑛一については，中田[26]，風祭[28]，内村祐之については，中田[29]，吉益脩夫の犯罪学の業績については，中田[30]，小田[31]をそれぞれご参照頂きたい。

文献(同一著者の著書は一括して記載してある)
1) 榊俶，呉秀三：増補改訂法醫学提綱，秋南書院，(1897)
2) 呉秀三：精神病鑒定例，Ⅰ(1903)，Ⅱ(1906)，Ⅲ・Ⅳ(1909)，吐鳳堂[復刻版，創造出版，(1976)]
3) 三宅鑛一：病的放火症の型，神経學雜誌 26：547-556 (1922)
4) 三宅鑛一：責任能力―精神病學より見たる―，岩波書店 (1930)，精神病學餘滴(上)(中)，金原出版 (1937)，精神鑑定例，南江堂 (1937)
5) 菊池甚一：心神喪失論，三省堂 (1935)，酩酊責任論，南郊社 (1937)
6) 吉益脩夫：精神病質の遺伝生物学的研究，精神経誌 45：453-531 (1941)
7) 吉益脩夫：犯罪人，東洋館 (1948)，犯罪心理学，東洋書館 (1952)，犯罪病理学，朝日新聞社 (1955)，犯罪學概論，有斐閣 (1958)
8) 内村祐之：精神鑑定，創元社 (1952)

9) 内村祐之：精神医学から見たる刑事責任能力，精神経誌，53：42-57（1951）
10) 内村祐之，吉益脩夫：脱髄脳炎後の空想虚言症とその責任能力―大量殺人事件被告人の精神鑑定，精神経誌 59：320-426（1957）
11) 内村祐之，吉益脩夫［監修］中田修，小木貞孝，福島章［編］日本の精神鑑定，みすず書房（1973）
12) 下田武雄［編］：刑事精神鑑定集，中央大学出版会（1991）
13) 村松常雄，植村秀三：精神鑑定と裁判判断，金原出版（1975）
14) 林暲：精神鑑定の理論と実際（1～3），精神医学 1：189-201, 525-536, 757-770（1959）
15) 岩波明，田中克俊，上島国利：電通事件にたいする金子鑑定書，法と精神科臨床，3：116-142（2000）
16) 風祭元：精神鑑定医の事件簿，日本評論社（2006）
17) 秋元波留夫：実践精神医学講義，日本文化社（2002），刑事精神鑑定講義，創造出版（2004）
18) 中田修：放火の犯罪心理，金剛出版（1957），犯罪精神医学，金剛出版（1952，増補版1987），精神鑑定と供述心理，金剛出版（1997）
19) 小木貞孝：死刑囚と無期囚の心理，金剛出版（1974）
20) 西山詮：民事精神鑑定の実際（1995），精神分裂病者の責任能力（1996），刑事精神鑑定の実際，新興医学出版社（2004）
21) 福島章：犯罪心理学研究（Ⅰ）（Ⅱ），金剛出版（1977），（1984）覚せい剤犯罪の精神鑑定，金剛出版，（1994）
22) 福島章（編著）：現代の精神鑑定，金子書房（1997）
23) 福島章：精神鑑定，有斐閣（1985），犯罪心理学入門，中央公論社（1982），非行心理学入門，中央公論社（1985），精神鑑定とは何か，講談社（1995），殺人という病，金剛出版（2003），犯罪精神医学入門，中央公論社（2005），子どもを殺す子どもたち，河出書房新社（2005）ほか
24) 中田修，小田晋，影山任佐，石井利文（編著）：精神鑑定事例集，日本評論社（2000）
25) 松下正明［総監修］：司法精神医学，1.-6.巻，中山書店（2005-2006）
26) 中田修：司法精神医学者の先覚―その鑑定書等，小田晋（編）：司法精神医学と精神鑑定，p1-9，医学書院（1997）
27) 岡田靖雄：榊俶，片山國嘉と呉秀三，松下正明（総編集），司法精神医学概論Ⅰ，p150-157，中山書店（2006）
28) 風祭元：日本における歴史―昭和・平成時代，松下正明（総編集），司法精神医学概論，p139-149，中山書店（2006）
29) 中田修：犯罪精神医学，秋元波留夫（監修），内村祐之―その人と業績，p314-326，創造出版（1982）
30) 中田修：吉益脩夫，臨床精神医学 8：951-962（1979）
31) 小田晋：吉益脩夫，松下正明（総編集）司法精神医学概論，p158-166，中山書店（2006）

神経化学研究の曙から紛争による頓挫まで

■ 加藤　尚彦

　我々の精神医学教室における神経生化学研究の源流を探ろうと試み，何人かの人たちから直接お話を聞き文献を調べてみると，松沢病院から始めねばならない。そして教室員による研究は，長引いた学園紛争のために不幸にして頓挫した。この小文はこの間に研究に携わった人々を表1に掲げ，学問的な興味の流れを中心に，各人の博士論文を主に引用しつつ，物語風に述べていきたい。

　林道倫（以下全て敬称略）は短期間病理学を学んだ後教室に入った。巣鴨病院の新人時代に呉秀三（明23）に，「こんなに沢山の早発性痴呆（この文では精神分裂病，正式には統合失調症）が居るのに，放置して適切な療法を講じないのか」と嚙み付いたと言う［松下正明（昭38）編，続・精神医学を築いた人びと，下巻，ワールドプランニング，1994］。3年間のドイツ留学直後，大正13年（1926）に岡山医科大学に初代精神科教授として赴任した後，この心意気が林を「精神分裂病者の血液ガス O_2, CO_2 の研究（精神経誌 51 193-245, 1950）」に駆り立てた。脳動・静脈血のガスを測定し，［CO_2 生成量］/［O_2 供給量］（呼吸比）は急性又は増悪期患者（約0.6）が慢性期患者と非分裂病患者（約1）より小さい；グルタチオンやリン酸化合物にも差がある，などの生化学的所見が得られ，病態の背景の生化学的変化を予見させた。元来脳病理学者の林は，自身で何百例という分裂病脳の病理解剖を行い，現在MRI等で確証されている「脳萎縮」があるという確信を持ち，「分裂病を教育あるいは精神療法をもっては治療できず，それでは精神医学として意味がな

表1　神経生化学研究に携わった人達

番号	名　　前		在籍開始
1	林　道倫*	はやしみちとも	明治44年
2	鈴木　順爾*	すずきじゅんじ	大正14年
3	林　暲*	はやしすすむ	昭和2年
4	臺　弘	うてなひろし	12
5	江副　勉*	えぞえつとむ	12
6	羽場　令人	はばれいじん	26
7	加藤　伸勝	かとうのぶかつ	26
8	加藤　誠	かとうまこと	28
9	黒川　正則*	くろかわまさのり	28
10	成瀬　浩	なるせひろし	28
11	葉田　裕	はだひろし	28
12	矢部　徹	やべとおる	29
13	平山　皓	ひらやまこう	31
14	町山　幸輝	まちやまゆきてる	33
15	織壁　永次*	おりかべえいじ	34
16	中村　陸郎	なかむらりくろう	34
17	宮本　侃治	みやもとかんじ	35
18	坂本　哲彦	さかもとてつひこ	35
19	永山　素男	ながやまもとお	36
20	加藤　尚彦	かとうたかひこ	37
21	稲村　博*	いなむらひろし	39
22	須田　茂雄*	すだしげお	39
23	金村　元	かなむらはじめ	40

文中に各人の博士論文の雑誌名，巻数，頁，を記載した。必要な場合は一部の人達に2編以上の論文を記載した。この表に無い本文中の人名で教室出身者は，直後に（在籍開始年）を記載した。**太字の番号**は会って話を伺った人；**20**は著者。* は2006年10月1日現在既に鬼籍に入った人達。

い」という主旨のことを言ったという。一方、林は日本初の精神医学用語統一委員会で「分裂病」という用語を提議し（精神経誌 43, 446-457, 1938）、また1948年に文部省分裂病研究班の班長として、臺、林暲や後継者達の中脩三、高坂睦年らを集め研究班を組織した。この研究班は後に「神経化学懇話会、1958」を経て、現在の「日本神経化学会、1967」に発展し、日本の神経生化学の研究母体として機能している。

松沢病院では1930年代に初めて生化学的研究が始まり、呈色反応による患者の脊髄液蛋白質の分析が林暲［神経学雑誌（精神経誌の前身）36, 1-72, 1933］や鈴木順爾（精神経誌 40, 112-146, 1937）により手造りの試薬を用いて為された。臺は松沢病院に入職した後、1939年に精神医学教室からの生化学教室研究生第1号となった。1年半研修した直後、太平洋戦争に従軍して九死に一生を得て帰国した。そして前述した林道倫の研究班に参加し、林の弟子達との議論の影響をうけ、血液のガスではなく脳組織のエネルギー代謝の研究を始めた（臺弘、誰が風を見たか、ある精神科医の生涯、星和書店、1993）。当時はブドウ糖からの嫌気的解糖系が明らかになったばかりで、世界的な代謝研究の流れに沿った研究であった。また当時は松沢病院は慢性分裂病患者で溢れ、臺はその悲惨な状態の患者達を何とか治療したいという熱意に駆られていた。この熱意と学問的好奇心は臺のライフワークを支えている。また精神神経疾患の治療への熱意こそ神経生化学者達を研究に駆り立て、この趨勢が日本の初期の神経生化学研究の特徴となった。1947年松沢病院で広瀬貞雄がE. Moniz の Leucotomy（所謂ロボトミー、1949年ノーベル賞受賞）を導入し、日本では主に分裂病に施行されていた。臺と江副は広瀬に頼み、手術時に頭骨の手術小孔（径 1 -1.2 cm）から鋭匙で subpial に300mg- 1 g の組織（pars triangularis と近傍）をすくい取って貰って、その灰白質の切片とホモジェネートを試料とし、ワールブルグの検圧計を用いて糖、O_2 消費量と乳酸、CO_2 生成量を *in vitro* で測定した（臺、精神経誌 52, 204-215 ; 臺、江副、同、216-232, 1951）。結果は非分裂病に較べて分裂病組織では湿重量当たりの糖の消費量は著しく減少していたが酸素消費量と呼吸比は変わらず、慢性ヒロポン中毒者2例に同様の所見が見られた。なおロボトミー後1.5～24.9年生存した剖検例の脳には、小指頭大から大きいもので鶏卵大の組織損傷が見られ、脳組織採取の影響は手術自体による損傷を考慮すれば無視できる範囲と考えられる（先出「誰が風を見たか」）。一方、当時メタンフェタミン（MAP、ヒロポン）の薬物依存が流行しており、新人として初めて受け持った慢性中毒患者を分裂病と誤診したのが切っ掛けとなり、臺は MAP 中毒に強い興味を持った。臺、江副、加藤伸勝（精神経誌 57, 121-124 ; 124-130, 1955）は、モルモットに MAP を注射すると、投与直後は脳、腎、肝に分布するが、50時間後には残っていない。慢性投与のモルモット脳は、対象脳に較べて切片の酸素消費はやや増加するが、乳酸生成が減少していた。以上の分裂病脳と慢性中毒ヒトおよびモルモット脳は、嫌気的解糖活性が減少している共通な所見を示している。後に行動学的な研究の結果、慢性中毒動物（マウス、ラット、サル等）には、分裂病者の急性および慢性症状類似の行動が見出され、MAP 中毒動物が現在まで分裂病モデル動物として用いられている。

松沢病院の神経化学研究グループは「化学室」に集まり、化学室同人と呼ばれ、自由闊達な議論と研究を行った。上記の仕事の外、酩酊した犯罪者の鑑定のための血中アルコール濃度測定（加藤伸勝、精神経誌 61, 25-46, 1959）や MAP 慢性投与マウスの解糖系、モノアミン酸化酵素、アセチルコリンエステラーゼの活性測定（葉田裕、精神経誌 63, 1259-1269, 1961）などの仕事がある。

この頃精神医学教室にも神経化学研究を志す人たちが多く入り始めた。黒川と成瀬は入局1年後から約1年半生化学教室で研究生として学び、教室に戻り研究グループ（第三研究室つまり三研；他の構成員は以下の博士論文の著者達）を構成する中心となっていった。初めは教室には実験設備も無く、内村祐之（大12）に晴和病院の神経研究所に設置して貰った実験室に、ワールブルグ検圧計などを使いに出かけていた。そのうち当時薬効の知見や臨床検査の指導的立場にあった佐藤倚男（昭25）の協力支援を得て、実験室を赤レンガの2階北西の角（現共同実験室）と廊下中央部を挟んで中扉より2番目の2室（現図書室の南半分と助教授室）に造り、北西の角の一部を居室とした。この三研グループが以後の教室の神経化学研究を開花させ、前記した臺や江副などがグループの議論に加わって多大な影響を与えた。丁度向精神薬が定着した頃で、クロールプロマジンがモルモット脳のホモジェネートとミトコンドリア粗分画の in vitro における好気的エネルギー代謝系酵素に、ルミナールなどの中枢神経抑制剤より強力な阻害作用を示すことを、協同実験で明らかにした（黒川、成瀬、加藤誠、矢部、羽場、精神経誌 59, 21-31, 1957）。細胞構造を保った脳切片に対しては、クロールプロマジンは同様に酸素呼吸を抑制し、切片をK^+で刺激するその効果を50％抑制した（羽場、生化学 29, 854-861, 1958）。これらはドーパミン仮説（1962年）以前の研究で、抗ドーパミン作用以外の一般的な代謝抑制作用を見たものとして興味深い。

　1954年に予防衛生研究所の今井清教授は、板に乗せて10cm程放り上げて刺激を加えると痙攣発作を起こすepマウスを、ddYマウスを母系として発見した。三研グループはこの分与を受け、てんかんのモデル動物としてその全脳や切片を材料として、神経刺激伝達物質、アミノ酸、高エネルギーリン酸、脂質などの濃度や代謝異常を系統的に協力して研究し、てんかんの病因解明を目指した（矢部、精神経誌 61, 1683-1690, 1959；加藤誠、1691-1700；成瀬、1701-1710；成瀬、加藤誠、黒川、羽場、矢部、J. Neurochem 5, 359-369, 1960；平山、精神経誌 65, 842-855, 1963；宮本他 神経進歩 7, 813-817, 1963；町山、精神経誌 66, 113-123, 1964）。安静時に対照より低濃度を示すのは、アンモニア、グルタミン、グルタミン酸、アスパラギン酸などで、高濃度なのはγ-アミノ酪酸（GABA）、アセチルコリンなどである。閾値下の刺激で、ATPやクレアチンリン酸が減少した。アセチルコリンには細胞分画内分布異常（後出）も示された。また発作時には種々の変化を示し、痙攣の背後には遺伝子異常がある事が明らかである。先天性異常の神経生化学的研究としては、これらの仕事は嚆矢となったが、まだ全脳レベルの研究であり、病因の解明は以後の詳細な研究に残された。epマウスは国際的にELマウスと呼ばれている経緯や、痙攣発作の焦点や遺伝子研究などその後の発展については鈴木二郎（昭36、てんかん研究 21, 115-145, 2003）に詳しい。

　黒川は1958/7～1960/1の間三研を抜け出しロンドンに留学した。これは海外留学の走りであり、往復ともスエズ運河を通る船旅であった。留学先はロンドン大学精神医学研究所生化学部門の McIlwain H であったが、既に黒川は臺と連名で彼の「中枢神経系の生化学、金芳堂、1957」を翻訳していた。McIlwain は脳灰白質切片を電気刺激して、K^+とは異なる好気解糖刺激効果をみていた。黒川は脳白質切片を用いて、刺激効果が灰白質より少ないこと、局部を電気刺激すると灰白質には見られない代謝変化や刺激の拡がりを観察した（黒川、精神経誌 61, 1711-1719, 1959）。このような構成細胞要素による相違は、黒川の興味を細胞生物学的な視点に導き、帰国後の細胞分画法を用いる研究に生かされ、シナプトソームとその下位分画のアセチルコリンの分布様態、神経細胞とグリア細

胞の核の分別分画を用いる研究，軸索流と細胞骨格蛋白の研究へと発展した。このような研究の流れは時代的なトレンドでもあったが，教室伝統の「病気の治療を目標とする研究」から，一般化された「神経精神機能の基盤とその機能自体の研究」への発展を意味しており，教室出身者を含めて多くの後進を育成する基となった。1961年開設された医学部附属脳研究施設の講師，1963年助教授，1973年教授となり，1967年4月に新医学部三号館に移転して神経生化学を志望する人々を指導し，紛争によって研究の火を絶やすことなく守り続けた。その後の自身の研究以外に黒川は，前述の林に端を発する「日本神経化学会」や「国際神経化学会，1967年第1回」の開設と発展に寄与し，専門国際誌 J Neurochem の Editor も勤めた。また留学時代に養った世界の研究者達との交流関係は後進の留学先の手がかりとなり，教室と脳研究所の研究発展に貢献した。

教室の研究の本流は成瀬により受け継がれた。生化学教室から医局に戻り，外来でフェニールケトン尿症（PKU）に遭遇し，尿の呈色反応により診断を確定した。本邦のPKU第一例は臺ら（精神経誌 53, 365-372, 1951）により報告されており，これを読んだ成瀬は深い感銘を受けた。現在では病因であるフェニールアラニン水酸化酵素欠損が遺伝子レベルでわかっていて遺伝子診断が容易になり，フェニールアラニンの少ない食事で知能障害を予防できる。成瀬は病因が不明な分裂病より，ただ一つのアミノ酸代謝異常が精神遅滞を起こすのなら，これを見つけて予防するのが有効だと考え，新生児の代謝異常のスクリーニングをライフワークとし，わが国の「代謝異常研究会」の代表となって主導的役割を果たしている。また解糖系やTCAサイクル等のエネルギー代謝への興味の発展として，1963/10〜1965/9の間ニューヨークのコロンビア大学精神医学研究所 Waelsch H のもとに留学し，神経束組織が溶液中の $^{14}CO_2$ を，TCAサイクルメンバーやアミノ酸の骨格のどの位置の炭素に取り込むかという（CO_2 固定）研究を行った。未だTCAサイクル全体が解明されていない時期であったが，エビとウサギの神経では量的に異なる取り込み方を見出した。また研究以外の活動として，神経化学会の前身である神経化学懇話会の設立時には常任委員として黒川とともに貢献した。成瀬は1973年国立精神衛生研究所に精神衛生部長として転出した。

黒川と成瀬以降の神経生化学的研究は，この指導的な二人に導かれていくこととなった。

町山は大学院生物系研究科院生として教室に入り，epマウスの研究に参加する前，生化学教室での修練中にグロン脱水素酵素の基質特異性を調べ新しい代謝経路を明らかにしており（生化学 32, 547-551, 1960），黒川の指導を受け前記神経誌の博士論文（1964）で，epマウスのシナプス内で可溶性部分のアセチルコリンが増加していることを見出した。医局では昭和35-36年頃，トリプタノールが鬱だけでなく躁状態にも効くといって投与し，患者さんたちが騒いで困るなどと皆にからかわれていた。1963/8〜1965/9にロンドン大学神経学研究所の Richter D. の元に留学し，脳内に圧倒的な高濃度で存在するGABAが，TCAサイクルの8％の代謝率で糖代謝に関与していること，切片刺激によりTCAサイクルは2倍の代謝率を示すが，GABAを介する代謝率は変わらないことなどを見出し，PhDの資格を取得して帰国した。帰国後も抗結核剤エタンブトールによる症状精神病，躁鬱病患者へのチロシン負荷効果，分裂病剖検脳内のモノアミン酸化酵素活性分布，PhD論文結果のアナログ・コンピュータによるシミュレーションなどの臨床生化学的な仕事や神経生化学的な仕事を続けた。大脳皮質を崩して神経細胞群をマスとして分離する報告が当時出始め，町山も神経細胞とグリア細胞の分離を試みたが，綺麗な標品が得られなかった。そうこうするうちに1968年2月以降の学

園紛争は，研究室のロックアウトと1969年「病棟自主管理」に発展し，実験室が必要な生化学的研究は不可能となった。町山は折しも紛争解決に尽力していた臺教授（1965/4～1973/3）と協同して，「分裂病モデルとしての慢性覚せい剤中毒動物」の行動学的研究を続けた。

中村は大学院生として教室に入り成瀬の助言を受けて，生化学教室ではなく当時最先端の大阪大学蛋白研究所の須田正巳教授の下で指導を受け，ラット脳切片を用いてD-，L-型の ^{14}C-ヒスチジン，^{14}C-メチオニンの取り込みを調べ，L-型アミノ酸の取り込みが著しく，両アミノ酸に交換輸送があることを見出した［J Biochem (Tokyo) 53, 314-322, 1963］。1962年教室に帰ってからは放射性同位元素を使う施設が無かったが，種々のアミノ酸のモルモット脳切片への取り込みや，ウサギやイヌの大脳皮質，皮質下白質，間脳・中脳などの切片への取り込みの部位差を調べた（下記の永山を参照）。1965/8～1967/9の間成瀬と交代して，ニューヨークのコロンビア大学精神医学研究所WaelschHの元に留学し，ロブスター神経を用いTCAサイクル構成メンバーからアセチルコリンが合成されるが，グルタミン酸は合成材料とはならないことや，成瀬が調べた前述の CO_2 固定経路を通じても，ラットやモルモットの脳切片でアセチルコリンが合成されることを発見した。帰国後は町山らとの協同実験として，躁鬱病患者へのチロシン負荷効果，分裂病剖検脳内のモノアミン酸化酵素活性分布を調べたが，紛争により生化学的研究は断絶せざるを得ず，臨床的研究を続けた。

中村と同級生の織壁は生化学教室でウシ脳の蛋白質のATP-β, γ-^{32}Pによるリン酸化と基質ペプチドを調べセリンがリン酸化されること（J Biochem (Tokyo) 57, 346-354, 1965）を見い出した。1965～1968に渡る2年間，イリノイ大学，ペンシルバニア大学に留学したが，紛争が始まりそうな情勢となり急遽教室に戻った。その後の研究は紛争により途絶えた［この項は2006/2に織壁が亡くなり，その娘さんである織壁里名（平12）より知り得た情報］。

坂本は三研グループのepマウス研究が終わった時に大学院生として教室に入った。坂本は生化学教室で短期間研修し，文献の調べ方を織壁に理学部化学教室の図書室で習った。実験としては黒川に指導を受け，黒川や加藤誠と共に神経終末（シナプス）粒子を細胞分画法を用いて，等張に近い多糖類の溶液の密度差を利用して集める方法を工夫した。神経細胞が Na^+ や K^+ をその細胞膜を通して能動的に輸送するときATPのエネルギーを利用する輸送体の活性（Na^+-K^+活性化ATPアーゼ）が，神経終末に存在することを証明した（黒川，坂本，加藤誠，Biochem J 97, 833-844, 1965）。同じ神経終末粒子標品を用いて，等張条件下で Na^+ はアセチルコリンをシナプス内に保持し，K^+ は Li^+ や NH_4^+ 一価イオンは逆に遊出させ，Ca^{2+} はこの遊出を促進し，Mg^{2+} は抑制することを見出した（精神経誌 67, 661-674, 1965）。坂本は1965/10～1969/4の間メリーランド州立大学医学部薬理学教室のO'Neill JJの元に留学し，クエン酸の微量定量とそれを利用するアセチルコリンの蛍光測定法を開発した。留学期間の後半1年弱を同州ジョンスホプキンス大学解剖学教室で過ごした後，紛争を避けて精神医学教室には帰らず，1967年4月に既に三号館に移転していた脳研究施設に戻った。その後実験を再開したが，諸事情のため研究を中断することとなった。紛争の間接的な影響の結果であった。

永山は大学院生として教室で黒川，成瀬，宮本に基礎的な実験主義の手解きを受け，大阪大学蛋白研究所から帰った中村の指導で一緒に脳切片の種々のアミノ酸取り込みを測定した（精神経誌 67, 967-977, 1965）。モルモット，ラット，イヌ，ウサギの大脳皮質，皮質下白質，間脳と中脳の切片を各アミノ酸溶液中で加温し，

取り込まれたアミノ酸を抽出して薄層クロマトグラフィーで分離採取して，ニンヒドリンで発色させて吸光測定した。モルモットではα-アミノ酸（L-グルタミン酸，L-アスパラギン酸，L-ヒスチジン，DL-チロシン）は大脳皮質＞間脳・中脳＞皮質下白質の順で，ω-アミノ酸（GABA，β-アラニン）は間脳・中脳＞大脳皮質＞皮質下白質の順に取り込まれた。皮質下白質のGABA取り込みは殆ど無かった。動物によりこの順は変わり，切片の構成細胞により異なっていた。永山は成瀬と共に国立精神衛生研究所に移った。

加藤尚彦は大学院生として三研に入り，黒川の指導を受けた。当時は神経細胞は分離も培養も未だされていなかった。そこでモルモットの大脳皮質より神経細胞とグリア細胞の核を分別分離する方法を工夫し，72-83％神経細胞核を含むPL分画と94-97％グリア細胞核を含むPS分画を調製した（精神経誌 68, 577-594, 1966）。これらの分別分画標品と肝臓細胞核標品を用いて，各細胞核のRNA合成の特徴，神経細胞核のポリC合成，グリア核のポリA合成などを明らかにした。同じ標品を用いて，神経細胞とグリア核，肝臓細胞核の蛋白合成（下記稲村参照），NADの生成酵素活性の特徴を明らかにした。並行して臨床研究として，分裂病小集団療法の場での人間関係形成過程を，会話の拡がりを通じて解析した（精神経誌 69, 1394-1428, 1967）。1966年4月脳研助手となり，翌年脳研の移転とともに三号館に移ったが，1968年10月に5階の実験室で神経細胞核を分離している最中に，スクラムを組んで覆面をした学生の隊列が三号館に雪崩れ込んであっという間に閉鎖した。分離核標品をホモジェナイザーの底に入れたままフリーザーに保存して，1968/11〜1971/6の間セントルイスのワシントン大学薬理学教室Lowry OHの元に留学した。核分別分画標品PLは100％純粋ではなく，いかにしても純粋な神経細胞一つ一つを取り出して直接分析したかったので，当時その方法を開発していたLowryを黒川に紹介して貰ったのであった。Lowryは当時自分の微量分析法（セントルイス法）を纏めて1冊の本を出版する直前であった。セントルイスでラットの脳脊髄や脊髄後根神経節の凍結乾燥切片から単一神経細胞体を顕微鏡下に採取し，その乾燥重量を秤量する技術を学び，単一細胞体資料に含まれる物質や酵素の活性を増幅定量する"酵素的（NADP）サイクリング法"も習得した。この技術を用いてウサギの8種の単一神経細胞体（大脳皮質錐体細胞，小脳プルキニェ細胞，脊髄前角細胞など）の4種の解糖系酵素と3種の脱水素酵素の活性を測定比較した。さらに大型の後根神経節細胞の単一細胞体切片から細胞質と核を切り出し，8種の酵素活性の細胞内分布を測定した。1969年1月19日の「安田城落城」（安田講堂に立て籠もった連中を警官隊が排除した攻防）をセントルイスのTVで惨めな思いで見た。それから1年半後に帰国して，三号館の脳研究所で仕事を続けることができた。その後セントルイス法を発展させ，新しい2種の増幅微量測定法（NADおよびCoAサイクリング法）を開発し，これ等を用いて，コリンおよびGABA作動性単一神経細胞の分析，単一卵の分析，遺伝疾患の出生前診断，網膜各層構造の解析，デオキシグルコースの微量定量による単一神経細胞のエネルギー代謝，一酸化窒素（NO）合成酵素の微量定量による神経細胞分裂分化過程の解析などを，多くの教室以外の人たちの協力を得て行った。また先述した分別細胞核分画標品を用い，神経細胞，グリア細胞，肝臓細胞核のDNA合成と修復などの研究を行った。しかし長期化した精神医学教室の紛争のため，教室との協同研究や後輩達の優秀な人材供給は全く絶たれ（このことは今まで記してきた先輩達にとっても同様なことであり），研究を進めるうえで大きな負要因となった。学園紛争は我々の研究のみならず，日本の神経生化学

研究の発展にとって手痛い障害となった。

　最後に後輩達について触れる。稲村は加藤尚彦の指導を受け，神経細胞，グリア細胞，肝臓細胞核の蛋白質生成の特性を明らかにした（Proc Jpn Acad 44, 974-979, 1968）。須田は入局2，3年目で，本格的に研究を始める前に病に倒れた。金村は町山とともに研究に従事しようとした時期に病棟側に参加して，神経生化学的な連名論文に共著者として名前を残している（高橋良他，Life Sci Part II, 7, 1219-1231, 1968）。

　以上が教室の神経生化学研究の流れと，その流れに関与した人たちの記録である。「生化学研究の曙」という仮題を加藤進昌教授より提示された時，いささか怯み執筆を躊躇したが，この分野の記録を残すことが自分の仕事だと考え直して引き受けた。ここに記した人々は，生化学的な仕事を離れた後も，臨床分野でそれぞれ自分の天職の責務を立派に果たして居られることは言を俟たない。

東京大学精神医学教室における睡眠研究の歴史

■ 本多　裕

　東京大学精神医学教室は多くの先人の努力によりさまざまな研究を発展させてきた。睡眠研究においても日本で最初にこの領域を開き，発展させてきたと考えられる。教室出身者による睡眠関係の論文は非常に多く，最近のものは十分にまとめ切れなかったのでご容赦いただきたい。ここでは精神障害および正常者についての睡眠研究のうち主要なものについて紹介し，末尾に年代順に文献のリストをつけた（敬称略）。

I. 基礎的研究時代（1937-1958）

　1939年（昭和14年）に臺弘[1]は「幻覚妄想状態を示したナルコレプシー」と題して4例の日中の多彩な幻覚症を記載した。入眠時幻覚の夢幻体験の発展例であり，ナルコレプシー自体に基づく精神障害として重要な報告である。この論文はわが国における睡眠障害の臨床研究の魁でもあった。1958年までの内村教授時代は主に神経細胞の電気活動の研究などが行われた。笠松章，島薗安雄[2]は意識障害の研究を進め，1959年に「意識障害の臨床概念と神経生理学的基礎」という論文を発表し，睡眠についても考察している。臨床脳波はようやく始まった時代であった。睡眠の基礎的生理学的研究活動については大熊輝雄が別にまとめる予定である。

II. 終夜睡眠ポリグラフィー時代

　昭和33年以後の秋元波留夫が教授の時代には，ヒトで多くの生理的パラメーターを同時に長時間記録できる終夜睡眠ポリグラフィーが可能となり，臨床研究が活発に行われた。

　大熊[26,27,28,29,41,55,100]，古閑[8,67]，阿住[101]らは正常者の睡眠について解析を行った。また大熊[7,11,40]，古閑[4,22]，阿住[101,103]らは正常者の睡眠の神経機序，睡眠脳波について研究を行った。中川[69]は正常者でも長時間臥床を続けると睡眠開始時REM睡眠がしばしばみられることなどを見い出した。

　藤沢[35]は正常者の夢の心理を研究し，大熊[41,48,49,58]は夢とREM睡眠の関連を調べ，REM睡眠中に夢の体験が多いことを見い出し，Dream detectorを開発した。

　1959年に古閑[72,103]は終夜睡眠脳波記録について徐波成分の解析を試み，一晩の睡眠の経過と深さを徐波の量により計測・表示する方法を開発した。

　豊田[20,33]はchlorpromazine, clomipramine, atropine, amobarbitalなどの治療薬剤が終夜睡眠脳波記録に及ぼす影響を詳しく研究し，clomipramine, imipramineなどの三環系抗うつ剤にはREM睡眠を抑制する作用のあることを発見した。この研究は後に大熊[50,62]により英文の論文として発表された。睡眠障害全般についても大熊[63]と古閑[52]がまとめている。

　1957年から本多裕[5]は心身の関連する場として間脳・視床下部疾患の臨床研究をはじめ，睡眠の異常についても症例研究を行った。高橋康郎[21,86]は周期性傾眠症（今日でいう反復性過眠症）の臨床的研究を行い，自験28例を含む東大

精神科を受診した63症例をまとめて5群に分類した。3例はKleine-Levin型といわれる珍しいものであった。男性に多く，遺伝負因は少なく，発症には外因が関与することを示し，傾眠期には軽い意識障害のあること，予後は良好であることなどを見い出した。この論文は国際的にも類を見ない多数の症例報告として評価され，日本精神神経学会の学会賞を受賞した。さらに後にICSD[95]の反復性過眠症の項に重要な文献として取り上げられている。原田誠一[91]は反復性過眠症6症例についてMRI画像を検討し，視床後部や間脳に高信号異常所見の多いことを報告した。特発性過眠症については佐々木司[97]，本多裕[108]がまとめている。なお高橋三郎ら[60]はピックウィック症候群について症例報告を行い，わが国における睡眠時無呼吸症研究の先駆けとなった。

睡眠覚醒リズム障害については高橋三郎[6]，大熊[42]がナルコレプシーを中心にして体内リズムの研究を行った。さらに高橋清久[102]，本多真[107]をはじめ多くの研究が行われている。不眠症についても藤谷ら[9]は1963年に終夜睡眠ポリグラフィーによる研究を行った。各種精神疾患の睡眠についても昭和30年代に多くの研究が行われた。

阿住[12,24,37,38,54]は統合失調症の終夜脳波を連続して記録し，REM睡眠の経時的変動を精力的に調べ，統合失調症のREM睡眠異常仮説を研究した。これが当時アメリカでREM睡眠研究を始めていたDr. Dementの注目するところとなり，阿住はスタンフォード大学に留学して研究を続けた。遠藤美智子[39]，大熊[45]，高橋三郎[59]，苗村[68]らも統合失調症の睡眠について研究した。

うつ病と睡眠については大熊ら[56,57]が，てんかんと睡眠の関係については藤森[13,36]，風祭[16]，徳田[53]らが研究報告を行った。

年少児の睡眠については内沼[25]，高野[32]が，重症心身障害児の睡眠については佐々木日出男[99]が研究を行った。老年期精神障害の睡眠については鈴木良雄[14,30]が研究を行い，慢性アルコール中毒の睡眠については金井[61]が睡眠ポリグラフ的研究を行った。いずれもわが国では最初の研究発表である。

III. ナルコレプシーの研究

昭和30年から現在まで50年間一貫して続いている睡眠の研究にナルコレプシーの臨床研究がある。論文数も多いことから，ひとつの章にまとめて記載する。

昭和31年に始まったナルコレプシー外来は年々患者が増えた。本多裕はナルコレプシー患者が孤独な生活と社会的偏見にさらされていることに気づいた。これを改善するために患者会を組織しようと患者さんと相談し，1967年12月にナルコレプシー患者73人が集まって当時東大病院の地下にあった精神科外来のポリクリ室で「なるこ会」が発足した。これはナルコレプシー患者が自主的に運営する患者会で，医師はアドバイザーにとどまり運営には直接関与しないものである。その後にアメリカでもAmerican Narcolepsy Associationが結成されたが，日本のなるこ会はそれより7年も早く，世界で最初のナルコレプシー患者会である[76,117]。ナルコレプシー外来は1985年からは本多裕とともに神経研究所附属晴和病院の外来に移り，今日も継続している。「なるこ会」はその後内容も充実しインターネット（http://www2s.biglobe.ne.jp/~narukohp/）を通じて広くその存在が周知され，2004年10月に非営利特定法人（NPO）の認可をうけ，「日本ナルコレプシー協会」に発展した。

ナルコレプシーの臨床について本多裕[5,74,79,96,110,112]は自験例に基づき，症状，治療，検査所見，予後，頻度などを含め，多くの発表を行った。そしてナルコレプシーの基本的症状は日中繰り返す居眠りと情動脱力発作の2項目であることを発見した。これに基づく診断基準

は今日国際的にナルコレプシーの診断基準として認められている。

ナルコレプシーの一般人口中の頻度について本多裕[64]は1973年に中規模の都市の中学生と高校生2学年のほぼ全員に相当する12,454人について睡眠生活に関するアンケート一斉調査と一部面接を行い，一般人口中のナルコレプシーの頻度を0.16%，過眠症の頻度を0.41%と推定した。

ナルコレプシーの長期予後について，太田敏男ら[71]は初診後20年，本多裕[104]は40年の予後調査を行い，情動脱力発作，入眠時幻覚，睡眠麻痺などのREM関連症状は比較的消失しやすいこと，日中の眠気と夜間熟眠困難は改善するものの長期にわたり存続することを見出した。

一卵性双生児のナルコレプシー患者は今日世界的に19組報告されているが，15組は不一致例である。このうち4組は高橋康郎[83]，本多裕[113]，本多真[111]によるもので1組を除いては不一致例であり，2症例においては長期間持続した精神的ストレスと睡眠不足が発症の契機と考えられた。ナルコレプシーではHLA DRB1*1501/DQB1*0602という体質的要因がナルコレプシー発症の必要条件ではあるものの，それだけでは十分条件ではなく，睡眠不足やストレスなどの環境要因が加わって発症する可能性を示した具体的な症例報告であった。

1960年フランス留学から帰国したばかりの小木貞孝が，ナルコレプシー患者の初診時に眠気を改善することを期待して導入初期の抗うつ剤であるimipamineを投与した。しかし眠気には効果がなく情動脱力発作が消失したことを高橋康郎[3]が発見した。投与量は抑うつ状態に投与するよりもはるかに少量であり，睡眠発作には効果がないことも見い出され，その後一連の三環系抗うつ剤がいずれも同様の効果をもち，中でもclomipramineがもっとも効果が強いことが見い出された[18]。またimipramine，desmethyl-imipramineなどが入眠時幻覚にも効果のあることが発見された。これを契機に高橋康郎[17,18]，本多裕[65,70,106]によりナルコレプシーの薬物療法の基本的枠組みが確立した。一方，神保[15]，高橋康郎[10,19,47]，鈴木二郎[31]らは入眠時幻覚と睡眠麻痺が睡眠開始時REM睡眠によるものであることを発見し，豊田[20,33]はimipramineの効果はREM睡眠抑制作用によるものであることを発見した。また本多裕は中枢神経刺激剤で通常眠気の治療に用いられるmethylphenidate，pemolineが，服用15—20分後に強い眠気を引き起こすことがあり，30分くらい眠るとはっきり覚醒するというparadoxical sleepiness effectが患者の約13%にみられることを見出した[65,70]。ナルコレプシーは入眠時に鮮明な夢を見ることが特徴的である。西山[34,43]はナルコレプシーの入眠時幻覚と睡眠麻痺を精神病理学的に研究，それが実体的意識性を伴う強烈な不安体験であることを明らかにした。さらにナルコレプシー患者には時に日中にも幻覚症を伴う場合がある。本多裕[46,75]はこのようなナルコレプシーにみられる幻覚妄想状態を入眠時幻覚の発展，中枢神経刺激剤による幻覚症，統合失調症の合併，器質性病変によるものなどに分類した。佐々木司[89]，本多真[109]らも入眠時幻覚について検討した。

長年経過するうちにナルコレプシー患者の多くにかなり共通した性格変化のあることを本多裕ら[23,80]は見い出した。人がよく，物事にこだわらず，親しみやすいといった自己主張の減弱，精神的弛緩，社会的内向などがあり，ナルコレプトイド性格特徴と名づけた。これはてんかん患者にみられがちな強い自己主張とこだわりなどのエピレプトイド性格傾向とは対極にあるものと考えられた。

本多裕と高橋清久らはナルコレプシーの睡眠覚醒リズム異常を内分泌学的に研究するため，まず正常被験者について終夜睡眠脳波を記録しながら20分おきに採血し，血漿中のコルチゾールのリズムと睡眠覚醒リズムの関係の研究を行

った。高橋清久[44,51]は終夜睡眠時に採血した血液について当時最新のラジオイムノアッセイ法を用いて血中の成長ホルモンを測定したところ、正常者では入眠時に成長ホルモンの著しい分泌が常に起こることを発見した。この入眠時成長ホルモン分泌は成人でも認められ、睡眠が脳の休息に大切な役割を演じていることを示した。一方、ナルコレプシー患者では夜間のコルチゾール分泌リズムは正常者と変わりないものの、入眠時の成長ホルモンの分泌がほとんど見られないことも発見した[51,66,98]。

1981年に浅香と本多[78]はナルコレプシーの血液中の16種類のGenetic markersを調べ、その組み合わせにより血液だけを用いてナルコレプシーを正常者と判別できることを発見した。またナルコレプシー232家系と情動脱力発作を伴わない過眠症76家系の家族研究を行い[77]、多因子様式の遺伝形式が当てはまることを見い出した。

1984年に本多裕[80,81,82,87,88,96,105]は東京女子医大の十字猛夫とともにナルコレプシー患者では血中のHLA型が全例DR2であることを発見した。

正常対照者でもHLA DR2は約35％の人において見られるものの、ナルコレプシーはHLAと疾患との関連という点で従来報告された疾患のうちもっとも高い関連性をもつことが発見された。この知見は直ちに全世界で追試され確認された。これは睡眠障害と免疫遺伝学の関連に関する最初の発見で、その後ナルコレプシーに関する多くの分子生物学的研究が世界的に発展するさきがけとなった。その結果今日ではHLA DRB1*1501とDQB1*0602がナルコレプシーで高率に認められ、特に日本人ではほぼ100％陽性であることがわかった。一方、ナルコレプシー患者の脊髄液中のオレキシンが測定限界以下に低下していること、ナルコレプシー患者の死後脳では視床下部外側後部に限局するオレキシン産生が極めて低下しているが、イヌやマウスと異なりヒトではオレキシンの遺伝子異常は見当たらないことを踏まえて、本多真はナルコレプシーの死後脳の研究と血液中の関連遺伝子の研究を行っている。またHLA以外の遺伝子についてもナルコレプシーと関連するものがあることが川嶋らにより報告されている[116]。

IV. 研究室の封鎖による研究不毛の時代

1966年臺弘が教授に就任した当初には、睡眠リズム、内分泌リズム、ナルコレプシーの研究が盛んに行われていた。しかし1968年に東大精神科医師連合が結成され、1969年一部の諸君により研究棟が占拠され、職員の病棟への立ち入りと学生の病棟実習も阻止され、研究活動のほとんどは中断せざるを得なくなった。この研究不毛の状態は松下正明が教授をしていた1996年に精医連による封鎖が解除されるまで30年近く続いた。なお外来での睡眠障害の臨床研究は続けられ、ナルコレプシーとHLA-DR2との相関性の発見などはこの時期に行われた。ナルコレプシー患者会の活動も継続されていた。

V. 睡眠研究再構築の時代

研究不毛の時代に教室員は次々と外部の大学や研究機関に移り、睡眠研究は教室の出身者たちによって外部の研究施設で続けられ発展していった。

1973年に睡眠研究会が発足したが、島薗、大熊、阿住、高橋康郎などの教室出身者が中心となっていた。この会は東京で国際睡眠学会を開くなど急速に発展し、1977年に日本睡眠学会の設立に至った。大熊輝雄は1977-1997年まで理事長として活躍し、睡眠学会はさらに発展を続け、1994年にはアジア睡眠学会の設立に至った。初代会長は大熊輝雄であった。

高橋清久は日本時間生物学会を設立し、睡眠覚醒リズム障害の研究の発展に尽くした。また高橋清久[114]は睡眠学の創設を提唱し、日本学

術会議や文部科学省の科学研究費の項目として睡眠学を増設することに貢献した。また厚生労働省からの班研究費の項目の中に睡眠障害の研究を継続して盛り込み、今日の睡眠学発展の基礎を作った。樋口輝彦[115]は各種睡眠障害の最新情報を一般向けに解説する著書「睡眠障害」をまとめた。

東大精神神経科では1998年に加藤進昌が教授に着任して研究活動が復活した。2005年2月には加藤進昌の尽力により東大医学部に睡眠障害解析学講座が設立された。アルフレッサ株式会社による寄付講座である。睡眠障害の基礎的実験や解析作業は精神医学教室の赤レンガ棟の中に造られた設備を共同して使うこととなり、海老沢尚が主任助教授として睡眠覚醒リズム障害の遺伝子研究を行い、人類遺伝学教室においてナルコレプシーの全ゲノムを詳細に解析していた川島実苗[116]が助手として睡眠障害の関連遺伝子の研究を行っている。本多裕[118]は第5回国際ナルコレプシーシンポジウムにおいてナルコレプシーの免疫遺伝学的研究の過去・現在・未来についての講演を行い日本における研究成果を紹介した。

睡眠障害の診断分類について本多裕は[84,85,93,94,95]、日本精神科診断学会を組織して睡眠障害国際分類（ICSD）の普及に尽力し、日本独自の分類試案も提出した。佐々木司[90]も睡眠障害の国際診断分類を解説する論文を発表した。また本多裕は日本睡眠学会の診断分類委員会委員長として睡眠障害国際分類初版の日本語訳を完成した。目下第2版（ICSD-2）の翻訳に取り組んでいる。

神経研究所における睡眠外来の発展として1999年11月に本多裕は水道橋駅前に「睡眠呼吸障害クリニック」を設立した。高橋康郎が院長となり、睡眠時無呼吸症、ナルコレプシーなど各種の睡眠障害の診療を続けている。これはわが国で最初の独立した睡眠障害専門クリニックである。さらに2003年に本多裕はJR代々木駅の近くに「代々木睡眠クリニック」を設立し、高橋清久、海老沢尚、中島亨、本多真などの東大精神科教室出身の医師たちが協力して、院長の井上雄一とともに総合的な睡眠医療、研究、教育の場として発展している。

東大精神医学教室は長かった研究活動の停滞期を越えて、ようやく国際的な発展時代を迎えつつあることを慶賀したい。若い世代の方々が心と身体をつなぐ場である睡眠に関心をもち、さらに社会生活上多くの不利益、偏見に苦しんでいる睡眠障害の患者さんたちのために意欲をもって睡眠研究に参加されることを期待したい。

睡眠研究の年代順文献

1) 臺弘：ナルコレプシーの幻覚について．精神経誌, 43：373-395, 1939
2) 笠松章, 島薗安雄：意識障害の臨床概念とその神経生理学的基礎．内村祐之教授還暦記念論文集, 1-37, 1959
3) Akimoto H, Honda Y, and Takahashi Y：Pharmacotherapy in narcolepsy. Dis. nerv. Syst., 21：704-706, 1960
4) 古閑永之助：ポリグラフによる睡眠の研究．第1報, 正常睡眠について．精神経誌, 62：125-148, 1960
5) 本多裕：間脳関連精神障害の臨床的研究．精神経誌, 62：297-325, 1960
6) 高橋三郎：ナルコレプシーを中心とした中枢神経疾患における17OHCSの日内リズム．精神経誌, 64：543-558, 1961
7) 大熊輝雄, 関口昌久：睡眠の神経生理．精神医学, 4：807-818, 1962
8) 古閑永之助：短時間睡眠法．光文社, 東京, 1963
9) 藤谷豊, 豊田純三, 佐々木邦幸, 成田四郎：不眠症の睡眠ポリグラフ—とくにクロール・プロマジンとアモバルビタールの影響について．精神経誌, 65：292-306, 1963
10) Takahashi Y, Jimbo M：Polygraphic study of narcoleptic syndrome, with special reference to hypnagogic hallucinations and cataplexy. Folia Psychiat Neurol Jpn, Supple. 7：343-347, 1963
11) 大熊輝雄, 古閑永之助：睡眠の神経機序．科学, 33：542-546, 1963
12) Azumi K：On the phasic activities of paradoxi-

cal phase in the sleep of hebephrenics. Proc. XIIIth Ann Meet Jpn EEG Soc: 136, 1964. (Abst)
13) Fujimori Y, Kazamatsuri H, Taen T, Tokuda Y, Kikuchi S: Study on nocturnal sleep of epileptics. Proc. XIIIth Ann Meet Jpn EEG Soc: 42, 1964. (Abst)
14) Hachiya H, Sasaki H, Hayashi A, Suzuki Y, Hirota I, Nakajima I: Sleep polygraph of senile psychosis. Proc. XIIIth Ann Meet Jpn EEG Soc: 200, 1964. (Abst)
15) 神保真也, 高橋康郎, 鈴木二郎: ナルコレプシーのポリグラフ的研究. 臨床脳波, 6: 26-33, 1964
16) 風祭元: 睡眠時のてんかん小発作波型に関する脳波学的研究—てんかんにおける睡眠の研究, (第1報). 精神経誌, 66: 650-679, 1964
17) 高橋康郎, 本多裕: ナルコレプシーの薬物治療. 第1報 中枢神経刺激剤の効果. 精神医学, 6: 673-682, 1964
18) 高橋康郎, 本多裕: ナルコレプシーの薬物治療. 第2報 感情調整剤およびその他の向精神薬の効果. 精神医学, 6: 775-784, 1964
19) 高橋康郎, 神保真也: ナルコレプシーの夜間睡眠—とくに逆説相と入眠幻覚について. 精神医学, 6: 442-451, 1964
20) Toyoda J: The effects of chlorpromazine and imipramine on the human nocturnal sleep electroencephalogram. Folia Psychiat Neurol Jpn, 18: 198-221, 1964
21) 高橋康郎: 周期性傾眠症の臨床的研究. 精神経誌, 67: 853-889, 1965
22) Koga E: A new method of EEG analysis and its application to the study of sleep. Folia psychiat. Neurol. Jpn., 19: 269-278, 1965
23) 本多裕, 高橋康郎, 鈴木二郎, 西山詮, 細木照敏, 大野弘子ら: Narkolepsieの精神症状, 特にその性格特徴について, 精神経誌, 67: 195, 1965 (Abst)
24) 阿住一雄: 精神分裂病における睡眠のポリグラフ的研究. 精神経誌, 68: 1222-1241, 1966
25) 内沼幸雄: 年少児童の睡眠——ポリグラフ的研究. 精神経誌, 68: 746-766, 1966
26) 大熊輝雄, 古閑永之助: 睡眠脳波の分析. 藤森聞一 (編) 脳の電気現象の分析法とその応用. 医学書院, 東京, p. 149-163, 1966
27) 大熊輝雄, 中村圭佐, 林秋男, 藤森正大: いわゆる逆説波型と睡眠深度. 脳と精神, 18: 153-160, 1966
28) 大熊輝夫: 睡眠と精神機能. 医学のあゆみ, 59: 947-952, 1966
29) Okuma T., Nakamura K., Hayashi A. and Fujimori M.: Psychophysiological study on the depth of sleep in normal human subjects. EEG clin Neurophysiol, 21: 140-147, 1966
30) 鈴木良雄: 初老期, 老年期精神障害の睡眠脳波. 精神経誌, 68: 512-525, 1966
31) Suzuki J.: Narcoleptic syndrome and paradoxical sleep. Folia Psychiat Neurol Jpn 20: 123-149, 1966
32) 高野良英: 睡眠の発達的研究—主として脳波を指標として, 精神経誌, 68: 767-783, 1966
33) Toyoda J., Sasaki K. and Kurihara M.: A polygraphic study on the effect of atropine on human nocturnal sleep. Folia Psychiat Neurol Jpn, 20: 275-289, 1966
34) 西山詮, 本多裕, 鈴木二郎, 高橋康郎: ナルコレプシーの治療経過中に生じた幻覚症について. 精神医学 8: 485-491, 1966
35) 藤沢清: 睡眠時における主観的体験. 精神経誌, 68: 1477-1491, 1966
36) 藤森正大: 睡眠時のてんかん性焦点発作波に関する脳波の研究. 精神経誌, 68: 333-350, 1966
37) 阿住一雄: 緊張病性昏迷状態における逆説睡眠相の分断現象について. 臨床脳波, 9: 51-56, 1967
38) Azumi K, Takahashi S, Takahashi K, et al.: The effects of dream deprivation on chronic schizophrenia and normal adults —— a comparative sudy. Folia Psychiat Neurol Jpn. 21: 205-225, 1967
39) 遠藤美智子: 精神分裂病におけるアモバルビタール誘発睡眠の研究. 精神経誌, 69: 454-471, 1967
40) 大熊輝雄: 睡眠脳波Ⅰ-Ⅲ. 臨床脳波, 9: 247-260, 304-313, 366-374, 1967
41) 大熊輝雄: 夢の精神生理—最近の夢研究の方法論をめぐって. 綜合臨床, 17: 2467-2472, 1968
42) 大熊輝雄: 生体リズム異常と睡眠—ナルコレプシーを中心に—. 最新医学, 23: 687-694, 1968
43) 西山詮: 入出眠時の実体的意識性. 精神経誌, 70: 1127-1146, 1968
44) Honda Y, Takahashi K, Takahashi S, Azumi K, Irie M, et al: Growth hormone secretion during nocturnal sleep in normal subjects. J Clin Endocr Metab, 29: 20-29; 1969
45) Okuma T., Sunami Y., Fukuma E., Takeo S. and

Motoike M.: Dream content study in chronic schizophrenics and normals by REMP-awakening technique. Folia Psychiat Neurol Jpn, 24: 151-162, 1970

46) 本多裕, 高橋康郎：ナルコレプシーの精神刺激剤長期投与時にみられた精神病様状態について. 精神薬療基金年報, 3: 164-167, 1971

47) 高橋康郎：ナルコレプシーと逆説睡眠. 最新医学, 26: 98-105, 1971

48) Okuma T., Fukuma E. and Hata H.: Dream detector and automatization of REMP-awakening technique for the study of dreaming. Psychophysiology, 7: 508-515, 1971

49) 大熊輝雄, 織田尚生：精神科領域における睡眠および夢の精神生理学的研究—夢の縦断的研究を中心に. 精神医学, 13: 1021-1030, 1971

50) 大熊輝雄, 角南譲, 竹尾生気, 本池光雄, 中尾武久, 森秀麿, 湯佐祚子：Ketamine(2-o-chlorophenyl)-2-methylamino-cyclohexanone HCl による夢様体験の精神生理学的研究—精神異常発現物質への一寄与. 精神経誌, 73: 617-634, 1971

51) 高橋清久, 高橋三郎, 阿住一雄, 本多裕, 臺弘：正常者および傾眠疾患患者における夜間睡眠時血中成長ホルモンの動態. 神経研究の進歩, 14: 107-118, 1971

52) 古閑永之助, 遠藤四郎：睡眠障害. 平井富雄, 古閑永之助, 久保田競（編）睡眠. 医学書院, 東京, pp. 161-191, 1971

53) 徳田良仁, 風祭元：脳障害と睡眠 てんかんと睡眠. 平井富雄, 古閑永之助, 久保田競（編）睡眠. 医学書院, 東京, pp. 209-223, 1971

54) 阿住一雄：精神病と睡眠 精神分裂病と睡眠. 平井富雄, 古閑永之助, 久保田競（編）睡眠. 医学書院, 東京, pp. 232-243, 1971

55) 大熊輝雄：睡眠. 医学書院, 東京, 1971

56) 大熊輝雄, 今井司郎, 中村一貫：うつ病と睡眠. 臨床脳波, 16: 277-285, 1974

57) 大熊輝雄：うつ病の睡眠障害. 神経進歩, 19: 751-757, 1975

58) 大熊輝雄：夢の精神医学—夢の精神生理と病理. 臨床精神医学, 4: 867-873, 1975

59) 高橋三郎：精神分裂病と睡眠障害. 臨床精神医学, 4: 1013-1038, 1975

60) 高橋三郎, 阿住一雄, 大沢郁子, 本多裕：Pickwickian Syndromeの終夜睡眠ポリグラフィ. 精神経誌, 69: 570-583, 1975

61) 金井輝：慢性アルコール中毒と睡眠——睡眠ポリグラフ的研究. 臨床精神医学, 4: 945-950, 1975

62) Okuma T., Hata H. and Fujii S.: Differential effects of chlorpromazine, imipramine, nitrazepam and amobarbital on REM sleep and REM density in man. Folia psychiat Neurol Jpn, 29: 25-37, 1975

63) 大熊輝雄：睡眠の臨床. 医学書院, 東京, 1977

64) Honda Y: Census of narcolepsy, cataplexy and sleep life among teen-agers in Fujisawa City. Sleep Res, 6: 191, 1979

65) Honda Y, Hishikawa Y, Takahashi Y: Long-term treatment of narcolepsy with methylphenidate (Ritalin[R]). Curr Therap Res, 25: 288-298, 1979

66) Higuchi T, Takahashi Y, Takahashi K et al.: Twenty-four-hour secretory patterns of growth hormone, prolactine and cortisol in narcolepsy. J Clin Endocr Metab, 49: 197-204, 1979

67) 古閑永之助：知的睡眠法. 講談社, 東京, 1979

68) 苗村育郎：内因精神病と逆説睡眠異常. 臨床精神医学, 9: 425-449, 1980

69) Nakagawa Y: Continuous observation of EEG patterns at night and in daytime of normal subjects under restrained conditions. I. Quiescent state when lying down. EEG clin Neurophsiol, 49: 524-537, 1980

70) Honda Y, Hishikawa Y: A long-term treatment of narcolepsy and excessive daytime sleepiness with pemoline (Betanamin[R]). Curr Therap Res, 27: 429-441, 1980.

71) 太田敏男, 本多裕, 亀山知道, 栗田広, 高橋康郎, ナルコレプシーの長期予後—1958〜69年度初診患者の10-21年予後調査—, 臨床精神医学, 9: 485-493, 1980

72) 古閑永之助：睡眠ポリグラフ記録の分析. 臨床検査, 25: 1306-1314, 1981

73) 阿住一雄：成人の正常睡眠とその随伴現象. 上田英雄, 島薗安雄, 武内重五郎, 豊倉康夫（編）睡眠障害. 南江堂, 東京, pp. 1-41, 1982

74) 本多裕：ナルコレプシーとその近縁傾眠疾患. 上田英雄, 島薗安雄, 武内重五郎, 豊倉康夫（編）睡眠障害. 南江堂, 東京, pp. 199-224, 1982

75) 本多裕：幻覚妄想状態を伴うナルコレプシー患者に対するDSM-III診断適用の検討. 臨床精神医学, 11: 239-246, 1982

76) 本多裕：なるこ会（ナルコレプシー患者会）の活動. 臨床精神医学, 12: 1525-1530, 1983

77) Honda Y, Asaka A, Tanimura M, Furusho T : A genetic study of narcolepsy and excessive daytime sleepiness in 308 families with a narcolepsy or hypersomnia proband. In : Guilleminault C, Lugaresi E (Eds) Sleep/Wake Disorders ; Natural history, epidemilogy and long-term evolution. pp. 187-199, Raven Press, New York. 1983

78) Honda Y, Asaka A, Tanaka Y, Juji T ; Discrimination of narcoleptic patients by using genetic markers and HLA. Sleep Res, 316, 1984

79) 本多裕：ナルコレプシー．神経内科，22：326-333；1985

80) Honda Y., Juji T. (Eds.) : HLA in Narcolepsy. Springer-Verlag, Heidelberg, 1985

81) Matsuki K, Honda Y, Naohara T, Sataka M, Someya T, Harada S, Juji T : Lymphocyte subsets in HLA-DR2-positive narcoleptic patients. Folia Psychiat Neurol Jpn, 39：499-506, 1985

82) Honda Y, Juji T, Matsuki K, Naohara T, Satake M, Inoko H, Someya T, Harada S, Doi Y : HLA-DR2 and Dw2 in narcolepsy and in other disorders of excessive somnolence without cataplexy. Sleep, 9：133-142；1986

83) Asaka A, Honda Y, Takahashi Y. Two pairs of monozygotic twins completely discordant for narcolepsy. Proceedings of the 7th International Congress of Human Genetics, 1986, Sendai, Japan

84) 本多裕，原田誠一：ナルコレプシーの診断基準．臨床精神医学，16：999-1006 1987

85) 本多裕，佐々木司：睡眠・覚醒障害の臨床的分類．精神科MOOK，21：102-126. 1988

86) 高橋康郎：周期性傾眠症と睡眠酩酊．島薗安雄，保崎秀夫（編集主幹），菱川泰夫（編集企画）睡眠の病態〈精神科MOOK No. 21〉．金原出版，東京，pp. 233-247, 1988

87) Honda Y : Recent progress in HLA studies and a genetic model for the development of narcolesy. Selected Proceedings of the Third International Symposium on Narcolepsy. American Plus Inc, 27-33, 1989

88) Honda Y, Matsuki K : Genetic Aspects of Narcolepsy. In : Thorpy MJ (Ed.) Handbook of Sleep Disorders. Marcel Dekker, pp 217-234, 1990

89) 佐々木司，本多裕：ナルコレプシーと夢．臨床精神医学，20：589-594, 1991

90) 佐々木司，本多裕：睡眠障害の診断基準．島薗安雄，保崎秀夫（編集主幹），高橋三郎，花田耕一（編集企画）精神科診断基準〈精神科MOOK No. 28〉．金原出版，東京，pp. 159-180, 1992

91) 原田誠一，本多裕，高橋康郎，藤井恭一：反復性過眠症（周期性傾眠症）6症例のMRIによる脳幹・間脳所見——特に視床後内側部の画像診断所見について——．臨床精神医学，22：1405-1414, 1993

92) 原田誠一，本多裕：睡眠障害と精神神経免疫学．臨床精神医学，22：1697-1704, 1993

93) 本多裕；睡眠障害の診断分類．睡眠学ハンドブック，日本睡眠学会編集，朝倉書店，東京，166-171, 1994

94) Honda Y : Classification of sleep disorders in Japanese psychiatry. In Mezzic JE, Honda Y, Kastrup MC (Eds) : Psychiatric diagnosis —— A world perspective. Springer Verlag, New York, 101-106, 1994

95) 日本睡眠学会診断分類委員会委員長本多裕：睡眠障害の国際分類．—診断とコードの手引き—．(ICSD-International Classification of Sleep Disorders : Diagnostic and Coding Manual. Diagnostic Classification Steering Committee. Thorpy M J, Chairman, Rochester, Minn. : American Sleep Disorders Association, 1990.) 笹気出版，仙台．1994

96) 本多裕；ナルコレプシー．睡眠学ハンドブック，日本睡眠学会編集，朝倉書店．pp. 180-187, 1994

97) 佐々木司：特発性過眠症および覚醒不全症候群．睡眠学ハンドブック，日本睡眠学会編集，朝倉書店，東京，pp. 193-198, 1994

98) 高橋康郎：睡眠と内分泌機能．睡眠学ハンドブック，日本睡眠学会編集，朝倉書店．53-60, 1994

99) 佐々木日出男：脳器質性疾患に伴う睡眠障害——重症心身障害児．睡眠学ハンドブック，日本睡眠学会編集，朝倉書店．336-342, 1994

100) 大熊輝雄：睡眠研究発展の歴史．睡眠学ハンドブック，日本睡眠学会編集，朝倉書店．2-6, 1994

101) 阿住一雄：ヒトの正常睡眠——成人の睡眠．睡眠学ハンドブック，日本睡眠学会編集，朝倉書店，東京，28-34, 1994

102) 高橋清久：睡眠覚醒リズム障害（概日リズム睡眠障害）の治療．睡眠学ハンドブック，日本睡眠学会編集，朝倉書店，東京，422-431, 1994

103) 古閑永之助：睡眠脳波の視覚的分類．睡眠学ハンドブック，日本睡眠学会編集，朝倉書店，東京，

493-503, 1994

104) Yutaka H.: A 10-40 Year Follw-Up Study of Narcolepsy. Meier-Ewert K. and Okawa M. (Eds.) Sleep-Wake Disorders. Plenum Press, New York, pp. 105-114, 1997

105) Honda Y, Takahashi Y, Honda M. Watanabe Y, Sato T, Miki T, Kuwata, S, Tokunaga K, Juji T: Genetic Aspects of Narcolepsy. Hayaishi O and Inoue S (Eds.) Sleep and Sleep Disorders: From Molecule to Behavior. Academic Press, Inc. Tokyo, pp. 341-358, 1997

106) 本多裕, 高橋康郎：ナルコレプシー患者における精神賦活剤長期投与の効果と問題点. 精神薬療基金研究年報, 第28集, p. 54-59, 1997

107) 本多真, 高橋康郎, 石川徹, 沢明, 小林敏孝, 古閑永之助, 本多裕：メラトニンの概日リズム同調効果を二重盲検で確かめた非24時間睡眠覚醒症候群の一例. 脳と精神の医学, 8: 307-314, 1997

108) 本多裕, 本多真：特発性過眠症. 日本臨床, 56 (2): 101-105, 1998

109) 本多真, 本多裕：睡眠障害と幻覚. 臨床精神医学, 27: 847-855, 1998

110) 本多裕：ナルコレプシー. 臨床精神医学講座13, 睡眠障害. 中山書店, 東京, pp 217-238, 1999

111) Honda M, Honda Y, Uchida S. Monozygotic twins incompletely concordant for narcolepsy. J Biol Psychiatr, 49: 943-947. 2001

112) 本多裕：ナルコレプシーの研究. 悠飛社, 東京, 2002

113) Honda Y. A monozygotic twin pair completely discordant for narcolepsy, with sleep deprivation as a possible precipitating factor. Sleep and Biol Rhthm, 1: 147-149, 2003

114) 高橋清久：睡眠学——眠りの科学・医歯薬学・社会学——. じほう, 東京, 2003

115) 樋口輝彦：睡眠障害——心地よい眠りを取り戻すために. 日本評論社, 東京, 2004

116) Kawashima M, Tamiya G, Oka A, Hohjoh H, Juji T, Ebisawa T, Honda Y, Inoko H, Tokunaga K: Genomewide association analysis of human narcolepsy and a new resistance gene. Am J Hum Genet, 79 (2): 252-63, 2006

117) Honda Y: Activities of the Japan Narcolepsy Association. Symposium: Multiple dimensions of narcolepsy. The 5th Congress of the Asian Society of Sleep Research, Seoul, Sept 21, 2006 (Abst)

118) Honda Y: Genetic aspects of narcolepsy—past, present and future—. In Bassetti C, Billiard M, Mignot M (Eds): Narcolepsy and Hypersomnia. Marcel Dekker, Inc. in press

基礎医学との連携，華やかなりしころ

川合　述史

空前の入局者

　私が入局した1961年は23名という東大精神科始まって以来の多数の同期入局者のあった年である。当時の主任教授は秋元波留夫先生であった。なぜこのような大勢が一度に入局したか理由は実のところ不明である。当時の医局長であった成瀬浩先生は「まさか秋元先生の臨床講義が良かったからとは到底思えないのですが」と冗談めかして言っておられたのを覚えている。講義のほうはともかく，秋元先生は3年前の1958年に金沢大学から赴任されたわけであるが，就任早々に教授室にベッドを入れるように注文し，泊り込みで教室運営の陣頭指揮をされているという話を聞いた。このような勢いのある教室へ入って精神医学を学んでみたいという意欲を持った入局者も私を含めて少なからず居たに相違ない。

　当時の新人局者の教育のカリキュラムとしてはベッドサイドの臨床のトレーニングの傍ら，2年目ごろからは幾つかあった研究室に顔を出して，専門的な研究の側面に触れるというのが通例であった。また隣接する脳研究施設は精神科の出店のようなもので，神経病理，神経生化学，遺伝学などいずれも精神科出身の教授が就任しており基礎医学研究を支えていた。同期生のほとんどはそれぞれの研究室に所属して幅広く研究活動を展開した。

　精神科教室内の研究室は番号で分類され第一研究室（1研）は精神病理，2研は神経生理学，3研は神経生化学……という風であった。2研に属する神経生理が最も大人数を抱えていた。これは秋元教授が金沢大学時代に西ドイツのフライブルグで電気生理学を学ばれ，視床の電気刺激と脳波について重要な成果を挙げられ[1]帰国されたこととも関連の深いことであった。精神科では伝統のある臨床脳波や睡眠の研究が盛んであったがこれらに関しては他章で各先生方が書かれているので，ここでは動物実験を主とした電気生理研究グループの活動を中心に紹介したい。

神経生理学実験室

　当時脳の電気現象の記録法としては頭の表面に電極を置いた臨床脳波記録からはじまり，実験的には動物を用いた脳の内部記録に進んでいった。深部脳活動記録の場合，ステレオと呼ばれる脳定位装置を用い，目的とする脳内部位に刺激電極や記録電極を刺入して電位を記録するわけである。電極にはステンレスの細管やアンマ針と呼ぶ鍼灸治療用の金属針をコーティングして使った。このような電極から記録される神経活動は多数の細胞からの集合電位である場合が多かったが微動装置付きのマニピュレーターを操り，探すうちにスパイク状の小さな電位を記録できる場合がある。これをユニット記録と呼んで，生きている脳の1個の細胞からの電位信号が記録できたと感激したものである。これは当時はミクロの電気生理学として先端の実験技術であった。

　ミクロの神経生理研究室は斉藤陽一先生を頂

点に一大集団を形成しており，活発な研究活動を行っていた[2]。斉藤グループには神保真也，佐々木日出男，永田実男，吉田充男，宇野正威先生らが属し，主に海馬の研究を行い，また野口拓郎，岩城清，平野源一先生などの実験てんかんグループがあった。一方，前川杏二，中村豊先生らは視床特に非特殊核のユニット記録を行い脳の覚醒水準との関係を調べていた。川合は水谷徹，丸山信之先生などとともに前川グループに入って実験の手伝いを始めた。これはベッドサイド教育上の上司（オーベン）が前川先生であったことが大きな理由であった。私が受け持ち患者の容態について相談に行くと前川先生はいつもネコを相手に実験をしていた。ブラウン管に写るビームを見ているうちに生きている神経細胞からの電位が，なにか神秘的なものに見え，次第にその魅力に惹かれるようになった。先端の学問に触れているという実感があり，ついに実験グループに参加することになった。

日替わり実験室の熱気

ミクロの神経生理の実験セットは一つしかなかった。これを上記の斉藤グループ，野口グループ，前川グループが，曜日を決めて日替わりで使っていた。実験は臨床の業務を済ませた後からで，午後，それも夕方近くから始めることになり，徹夜の実験となり終わるのは明け方近くなった。当時の医局の隣にあった蚕棚と呼ばれた階段ベッドで仮眠を取る間もなく朝になって，病室や外来に向かうという生活であった。

今から考えてみると，なぜあのような苦行ともいうべき実験に熱中できたのであろうか不思議である。真夏の夜，やかんに生ぬるい水道の水を汲んでのどを潤した。もちろんエアコンなどはない。窓を開け扇風機を回しても電気製品の熱源で暖まった空気をかき回すのみで，おまけに戸外からはやぶ蚊が容赦なく侵入するという劣悪な環境であった。しかも徹夜の実験をしてもかならず良い結果が得られるとは限らない。時には全くデータが取れない日もあった。一夜をどこかの病院で当直でもすればそれなりの収入があったはずである。コスト・パフォーマンスを考えてもまことに割りの合わぬことであった。

それでも脳内現象を細胞レベルで記録できる，神経回路とそのつながりを理論的に説明できるという電気生理学の魅力に取り付かれていた。また，実験をしながらの前川先生との会話は研究にかぎらず人生観，社会観にまでおよび，議論をしながら夜を明かしたこともあり，今となっては懐かしい思い出である。

ユニットからイントラの世界へ

1940年代から微小電極による細胞内記録法が普及し始めた。ガラス管を引き伸ばし，先端をミクロン単位の細管として，中に電解液を詰めて記録電極として用いる手法である。細胞内記録法による細胞の電位記録はそれまでの神経生理学の知識を一変させた。この手法は最初はイカの巨大神経や筋細胞などに用いられていた。なかでも英国の Hodgkin, Huxley が1952年に発表した一連の論文ではイカの巨大神経を用い，活動電位の成り立ちについて，Na, K イオンの出入りを数式により理論的に解明したもので，この見事さに世界中が驚嘆した。細胞内記録の手法は次第に中枢の神経細胞にも適応されるようになった。従来の細胞外記録では活動電位をスパイクとして捉えその頻度によって興奮性を知るのみであったが，細胞内記録により膜電位が直接観測され，活動電位の詳しい仕組みのほか，シナプス電位が記録できる。これによって興奮性シナプス後電位のほかに抑制性シナプス後電位の存在が明らかにされた。細胞内記録法―イントラセルラーレコーディング（イントラ）はそのわかりやすさに加え，ニューロンの機能や神経回路網についての情報量を従来に比べて飛躍的に増大させるのであった。このため当時神経生理学の領域ではイントラ，イン

トラと草木もなびくという勢いであった。これは約30年を経て，1970年代になり，パッチクランプ記録法が登場して，イオンチャネル電流の直接の記録が可能となり，みながその新手法に飛びついた姿と類似している。

ただイントラ記録はそれまでの細胞外記録に比べて，格段の難しさがあり，電極作成や電位増幅器の仕組みなど，新しい技術と知識の習得が必要であった。

最新技術の吸収

当時世界で中枢神経細胞の細胞内記録で最も精力的に活躍していたのはオーストラリア国立大学のEccles教授であった。ネコの脊髄の運動ニューロンについて，シナプス後電位，特に抑制性シナプス後電位のイオン機構について精細なデータを次々と発表した。EcclesはHodgkin, Huxleyとともに1963年ノーベル医学生理学賞を受賞したわけであるが，そのEcclesのもとに留学した伊藤正男先生が1962年に帰国して東大第2生理学教室の助教授に就任した。最先端の電気生理学の知識，技術を学ぼうとそこに多くの若い研究者が集まった。塚原仲晃，外山敬介，小幡邦彦先生ら後の日本神経科学会を担う錚々たるメンバーが集まった。そこへ精神科から弟子入りをしたのが吉田充男先生であった。吉田先生は伊藤先生との実験で小脳のプルキンエ細胞が抑制ニューロンであるという画期的な発見をした[3]。それまで，脊髄などで抑制性ニューロンは突起の短い小型細胞と決まっていたのが，実は小脳の代表的な大型細胞であるプルキンエ細胞が抑制細胞であることがわかったのである。川合は吉田先生の後任としてその仕事を引き継ぎ，小脳皮質における抑制性出力の分布を調べる研究を行った。その後数年を経て，米国留学後に群馬大学行動研におられた前川杏二先生が伊藤研究室で視覚系における小脳の役割に関する実験を行った。前川先生は視覚小脳の片葉が前庭動眼反射とつながり，これが眼球運動の可塑性に関わることを見出し，小脳の運動学習の神経機構の原理を築いた[4]。このように精神科の生理学研究室出身者が基礎医学の実験室において次々と特筆すべき成果を挙げたわけである。これは当時の基礎の生理学者は筋や末梢神経系あるいは脊髄神経細胞を主な対象としていたが，我々精神科出身者は深部脳波の実験から始まったので脳を扱う実験技術のノウハウがあり，両者がうまく組み合ったことも大きな理由と考えられる。ノーベル賞受賞者として何度か来日したEccles博士は講演で弟子の伊藤正男らの業績を賞賛し，この仕事は精神医学にも通じると話されたことがある。共同研究者に精神科出身者が居ることを知って言われたわけではないが，この言葉はわれわれを大いに勇気づけるものであった。

東大第二生理学教室にかぎらず，隣の脳研究施設の生理学部門も当時活況を呈していた。Horsley-Clarke式とよばれる英国で始まった脳固定装置に改良を加え，東大脳研型万能脳定位装置として，時実利彦教授の指導のもとに筋電図や睡眠など広汎な分野の脳研究をスタートさせた。島津浩，平尾武久，川村浩，本郷利憲，久保田競，大島知一，高橋国太郎，酒田英夫，岩村吉晃など俊秀が蝟集した。精神科からは宇野正威先生が脳研グループに加わり大脳ベッツ細胞の細胞内記録を行った。

外国での成果

一方このような国内留学に限らず，東大精神科から海外への留学も盛んであった。私の知る限りでも，松本秀夫先生はマイアミ大のMarsan教授の下でてんかん時の大脳皮質ニューロンの細胞内記録について注目すべき論文を発表した[5]。中村豊先生はコロンビア大学のGrundfest教授のもとで，膜電位固定法を用いイカの巨大神経活動電位のNaチャンネルに対するテトロドトキシンの作用について決定的なデータを発表した[6]。Grundfest教授は当時最も多く

の日本人研究者を受け入れた優れた指導者であり，東大生理の中島重広先生をはじめ基礎の生理学教室からの留学生が多かった。しかし臨床教室出身者としては，中村先生が最初に弟子入りし，見事な研究成果を挙げた。この実力が評価されたのか，その後精神科から前川杏二先生（Grundfest教授の弟子のPurpura教授の下へ），川合，鈴木二郎先生が留学することになった。前川先生は日本での経験を基に視床核細胞の細胞内記録を行いその特性を明らかにした[7]。川合は甲殻類神経筋シナプスに対するクロゴケグモ毒の作用を調べた[8]。鈴木先生はザリガニの脊髄神経におけるカルシウムスパイクを初めて見出し報告した[9]。このように留学先が日本での同じ研究グループから次々と続く例は珍しくなく，MGH（マサチューセッツ総合病院）のErvin教授の研究室へは斉藤陽一，神保真也，佐々木日出男先生が留学，光刺激に対する視覚系細胞の反応の様相について一連の報告を行った[10]。吉田充男先生は米国，西独と留学し，マックスプランク研究所でPrecht教授と基底核－黒質間の抑制性経路を明らかにし，パーキンソン病の病因を電気生理学的に確かめた[11]。

つわものどもが夢

しかしせっかく外国で赫々たる成果を挙げて帰国しても，その成果を臨床の教室で生かし，継続させることはきわめて困難であった。実験室，装置，研究費，どれをとっても彼我の差は明白であり，何とか準備をと考えているうちに臨床の業務に追われてその余裕もなくなっていくのがほとんどであった。そのうちに大学紛争がはじまり，赤レンガ棟はその牙城となってしまった。もはや実験室に入ることもできなくなったのである。以前から，精神科における生理実験に対しては，ネコの頭に針を刺して何が分かるかなどというという批判があり，紛争によりその声は勢いを増した。生物学的な実験に対する逆風は長く続いたわけである。

40年前をふり返り，生理実験室にこもって実験に打ち込んだ日々は一場の夢かと思われるばかりである。あのころの実験室は現在でいうと医局談話室の辺であろうか。今は全くその面影もない。つわものどもが夢の跡の風情である。かつてはドアを開け，暗幕の中を覗くと実験台を囲む生暖かい空気が立ち込め，耳に入るのは人口呼吸器の単調な音，暗闇に走るオッシロスコープのビームとそれに重畳するバリバリというスパイクの信号音であった。

当時の東大精神科生理グループの実験成果は目覚しいもので，それは国内でも有数の研究集団であった。たとえば，ある基礎の生理学者から深部脳の電位記録を目指したが，東大精神科であれだけの勢いでやっているのではとても追いつかないと諦めたという話を聞いたことがある。当時海馬の電位記録の実験では，刺激によって長時間続く反応を観察していたように思う。しかし同じ現象が1973年に英国のBlissとLomo[12]によってウサギの海馬を用いた実験で発表され，これが長期増強の発見として広く引用されている。同じように早くから日本で見つけていたデータも国内の学会発表のみで終わってしまい，国際誌に発表せず，結局外国勢に出し抜かれた例も少なからずあった。これらはやがて国内外の留学経験を経て，いかに論文による発表が重要であるかを認識するうちに是正され，国際誌への投稿を最優先するようになっていったわけである。

都立医学系研究所

大学紛争のあおりで従来のような動物実験や基礎医学に近い領域の研究は東大精神科では困難になり，他の大学や国公立の研究所での継続を余儀なくされた。1972年から1975年にかけて，美濃部東京都知事時代に，東京都立の医学系4研究所が設立された。1972年府中に神経科学総合研究所（神経研），翌1973年松沢に精神科学

研究所（精神研）がスタートした。この研究所設立にあたっては美濃部知事の相談役として白木博次先生の力が大きかった。神経研、精神研には大学紛争の荒波にもまれ、またある意味では研究に飢えた東大精神科出身者も多く集まった。神経研には神経病理の藤沢幸四郎、森松義雄先生、睡眠研究室の高橋康郎、安住一雄、加藤進昌（非常勤）先生、神経生化学の高橋清久、海老沢尚先生、神経生理の川合述史、山本健一先生（後に精神研）など。精神研には宇野昌人、石川信義、鈴木二郎、松下正明などの諸先生が集まり、さながら東大精神科の同窓会の様相を呈した。皆東大時代やその後留学先で培った基盤をもとに、母校とは離れた郊外の地に研究室を築き活発な研究活動を展開したのである。ちなみに私は府中の武蔵野の森で見つけたスズメバチの毒を調べるうちに偶然女郎グモの神経毒にたどりつき、グルタミン酸受容体の遮断作用を見出した[13]。これなどは地の利を生かした幸運な研究結果であった。

今後への期待

冒頭に1961年の我々の同期は最大の入局者数を誇ったと書いたが、これは空前であっても絶後かどうかはわからない。最近は加藤教授就任後毎年20名近い入局者が続いており、そのうち我々の記録も破られるかもしれない。これは精神医学に対する関心の高まりを示すもので喜ばしい限りである。今日精神科のカバーすべき疾病領域はきわめて広い。かつての三大精神病にかぎらず痴呆（認知症）、境界型人格障害、薬物中毒などいずれも社会的にも影響の大きい疾患を含み、原因解明と治療の推進に向けて克服すべき課題は多い。この研究課題の解決に向かっては精神科における臨床面での経験により培われた土壌の上に立った基礎的な学問の知識、手法が必要であろう。基礎研究といってもかつての電気生理学的手法のみに頼るというような単一の手法では限界があり、分子生物学、薬理学あるいは形態学など広く周辺専門分野との共同研究体制が必要であろう。また一方ではECTによる治療効果の脳細胞レベルでの解明や最近注目されている光トポグラフィーによる脳活動などを理解する上で基礎的な電気生理学の知識は依然重要性を失っていないと考えられる。

さいわい東大精神科においてもうつ病の分子生物学的遺伝学的研究[14]あるいはPTSDの脳器質的変化の画像解析[15]に代表されるような世界的な業績が、学際的な研究組織によってもたらされており、今後の発展にも大きな期待を寄せたい。

文献

1) Akimoto H, Creutzfelt O: Reactions of optic cortex neurons to electric stimulation of nonspecific thalamic nuclei. Arch Psychiatr Nervenkr Z Gesamte Neurol Psychiatr 196: 494-519, 1958
2) 秋元波留夫，斉藤陽一，竹中正大，古閑永之助，中村　豊，前川杏二：視皮質単一ニューロンの閃光反応に対する覚醒刺激の影響　精神神経誌 62: 1112-1136, 1960
3) Ito M, Yoshida M: The cerebellar-evoked monosynaptic inhibition of Deiters' neurones.. Experientia 20: 515-516, 1964.
4) Maekawa K, Simpson JI: Climbing fiber responses evoked in vestibulocerebellum of rabbit from visual system. J Neurophysiol 36: 649-666, 1973
5) Matsumoto H, Marsan CA: Cortical cellular phenomena in experimental epilepsy: interictal manifestations. Exp Neurol. 80: 286-304, 1964
6) Nakamura Y, Nakajima S, Grundfest H: The action of tetrodotoxin on electrogenic components of squid gaint axons. J Gen Physiol 48: 985-996, 1965
7) Maekawa K, Purpura D: Properties of spontaneous and evoked synaptic activities of thalamic ventrobasal neurons. J Neurophysiol 30: 360-381, 1967
8) Kawai N, Mauro A, Grundfest H: Effect of black widow spider venom on the lobster neur-

omuscular junctions. J Gen Physiol 60 : 650-64, 1972
9) Suzuki J : Ca activation in the giant axon of the crayfish. In Electrophysioly of Nerve, Synapses and Muscles. Ed. by JP Reuben et al. Raven Press New York pp 27-35, 1976
10) Sasaki H, Saito Y, Bear DM, Ervin FR : Quantitative variation in striate receptive fields of cats as a function of light and dark adaptation. Exp Brain Res 113 : 273-93, 1971
11) Yoshida M, Precht W : Monosynaptic inhibition of neurons of the substantia nigra by caudato-nigral fibers. Brain Res 32 : 225-228, 1971
12) Bliss TV, Lomo T : Long-lasting potentiation of synaptic transmission in the dentate area of the anaesthetized rabbit following stimulation of the perforant path. J Physiol 232 : 331-356, 1973
13) Abe T, Kawai N, Niwa A : Effects of a spider toxin on the glutaminergic synapse of lobster muscle. J Physiol 339 : 243-352, 1983
14) Kakiuchi C, Iwamoto K, Ishiwata M, Bundo M, Kasahara T, Kusumi I, Tsujita T, Okazaki Y, Nanko S, Kunugi H, Sasaki T, Kato T : Impaired feedback regulation of XBP1 as a genetic risk factor for bipolar disorder. Nature Genetics 35 : 171-175, 2003
15) Yamasue H, Kasai K, Iwanami A, Ohtani T, Yamada H, Abe O, Kuroki N, Fukuda R, Tochigi M, Furukawa S, Sadamatsu M, Sasaki T, Aoki S, Ohtomo K, Asukai N, Kato N : Voxel-based analysis of MRI reveals anterior cingulated gray-matter volume reduction in posttraumatic stress disorder due to terrorism. Proc Natl Acad Sci USA 100 : 9039-9043, 2003

精神薬理学と東大精神医学教室―その研究と実践―

■ 風祭　元

　わが国に精神疾患の治療を目的とする近代向精神薬が導入されたのは1950年代の中頃からである。東大精神病学教室が1886年に巣鴨病院内に開設された当時から，すでにさまざまな薬物が治療に用いられていたが，それらはほとんど対症的な効果しかなく，大学における科学的研究の対象とはならなかった。精神薬理学という用語はわが国に近代向精神薬が導入されてから初めて一般に用いられるようになったが，動物実験による基礎薬理学的な研究から，精神疾患患者に対する薬物の効果や副作用を検討する臨床薬物療法の研究まで広い範囲を包含する。大学における研究というと，これまでは実験室的研究が主であったが，精神薬理学の領域では，Delay, J.のChlorpromazine, Kuhn, N.S.のImipramine, Kane, J.らのClozapineの論文のような臨床的な治験研究もきわめて重要である。特に，精神障害の患者における薬物の効果や有害性を検討する臨床研究は，病院で診療を行っている精神科教室でなければ不可能である。向精神薬導入初期の薬物の治験研究は，評価方法論などの問題から，現在では"evidence-based"の研究とはいい難く，これまでは学術論文としては一段低く見られていた傾向があったが，発表当時はそれなりの意義があったと考えるので，主なものを記載する。

　以下に，東大精神科で行われた研究と，東大精神科医局出身者によって行われた研究を概観する。なお，私は，わが国に近代向精神薬が導入された少し後の1959年に東大精神科に入局し，1970年には東大を離れたので，東大精神科における精神薬理研究にはほんのわずかしか関与しておらず，今日までの約50年間の主な研究をすべて把握することは不可能なので，以下の記述にはかなりの疎漏があることをあらかじめお許し願いたい。なお，人名の敬称はすべて省略させていただいた。

1.　近代向精神薬導入期の紹介と普及活動

　フランスでDelay, J.らによってChlorpromazineの精神病症状改善作用が見出されたのは1952年で，1954年にはReserpineの抗精神病作用，1955年にはMeprobamateの抗不安作用，1957にはImipramineの抗うつ作用などが欧米で続々と発表された。わが国の当時の薬事法では，新薬の輸入や臨床試験にほとんど何の規制もなかったので，これらの薬物は1954年（昭和29）頃からわが国に輸入され，臨床試用が始められた。これらの向精神薬，とくにChlorpromazine, Reserpineなどの神経遮断剤の有効性が，初めて全国的な大規模治療経験に基づいて紹介されたのは，1957年の第54回日本精神神経学会の北大教授の諏訪望と阪大助教授の佐野勇による宿題報告で，その前後からわが国における向精神薬の臨床使用が急速に広まった。

　東大精神科とその関連病院ではこれらの近代向精神薬が早速用いられ，島薗安雄[1]をはじめとして，総説的な紹介が行われた。精神科に入局後に薬理学教室で研究した小林司は，薬理学

教室の静穏剤研究グループの一員として、Himwich, H.E.編の「トランキライザー―静穏剤―」[2]の翻訳出版にかかわり、わが国における向精神薬の概念の紹介と普及に努力した。後に小林は「新精神薬理学」[3]を編集出版し、精神薬理学を体系づけた。また秋元波留夫・栗原雅直は、Delay, J.とDeniker, P.原著の「臨床精神薬理学」[4]を翻訳出版し、欧州の正統的精神薬理学を紹介し、本書は全国の精神科医や研究者に広く読まれて標準的な教科書とされた。

2. 向精神薬の臨床効果に関する研究

秋元波留夫教授が金沢大学から東大に赴任した1958年頃は、精神科の臨床で向精神薬が日常的に用いられるようになっていたが、当時は薬物の臨床評価についての方法論が確立しておらず、向精神薬の輸入、開発、承認は、1948年に制定された旧薬事法に基づいてなされていたので、向精神薬の臨床的研究は、患者にある薬物を使って「効いた」かどうかをみる単純な治験が主であった。

向精神薬導入初期の東大での治験研究には、Perphenazine（秋元波留夫ら、1959）、Imipramine（町山幸輝ら、1959）、MAO Inhibitors（Akimoto, H. et al, 1960）、Phenipramine（中久喜雅文、1960）、Fluphenazine（中久喜ら、1961）、Amitriptyline（中久喜ら、1961）、Chlorprothixene（藤谷豊ら、1962）、Desmethylimipramine（藤谷ら、1965）Melitracene（佐々木邦幸ら、1966）、Nortriptyline（佐々木ら、1966）などがある。また、抗てんかん薬についてはAccenone（田縁修治ら、1960）、Chlordiazepoxide（田縁、1961）、Pheneturide（田縁ら、1962）、Acetylpheneturide（田縁ら、1962）、Sultiame（田縁ら、1962）、GABOB（田縁ら、1962）、Chloroquine（田縁ら、1963）、Diazepam（秋元ら、1965）、Carbamazepine（園田隆也ら、1965）、Haloperidol（田縁ら、1965）などがある［註］。すでに述べたように、これらの研究報告は現在では必ずしもevidence-basedの研究とはいえないが、当時のわが国では精神科薬物療法の最新の経験と見なされ、薬物療法の発展に大きく寄与した。これらの教室での臨床経験と外国における知見に基づいて、秋元は東大在職中の1960年代に、精神科薬物療法についての多くの総説を著し、わが国の医学における向精神薬療法への理解と普及に努力した。また、精神神経薬理研究の国際組織であるCINP（Collegium Internationale Neuro-Psychopharmacologicum）の初期の会員として、わが国を代表し、精神薬理学の国際的交流につとめた。

これらの治験の中で、抗うつ薬とされていたImipramineの躁病への有効性を示した町山幸輝の研究[5]は今日の気分安定薬の先駆となる研究として、また、佐久間もとの炭酸リチウムの躁状態に対する治験[6]は、わが国でのリチウムについての最初の臨床研究として、今日でもしばしば引用される。

その後、1970年頃から、向精神薬の効果や副作用の臨床評価には評価者の主観が介入しないcontrolled studyが要求されるようになって、単純なオープン試験は姿を消した。それ以前の治験での精神病症状の評価には、三大学（東京医大、東京医歯大、東大）方式が用いられたが、これは、佐藤倚男、高橋良、成瀬浩ら[7]により考案されたものである。

3. 実験精神病・薬物の脳波への影響の研究

向精神薬の導入と共に、メスカリンやLSD25などによる実験精神病も注目された。中久喜雅文[8,9]は正常人と統合失調症患者に対するLSD25の作用を詳しく研究した。また、

［註］これらの治験論文は文献欄への記載を省略した。

自身が画家でもある徳田良仁[10]は，LSD25の自家服用による体験と絵画への影響を報告して注目された。

また，古閑永之助らの開発した終夜睡眠ポリグラフィーの手法を利用して，向精神薬の睡眠脳波への影響が，藤谷豊ら[11]によってさまざまな視点から研究された。一連の研究の中でもっとも評価されるのは，Imipramineがレム睡眠相の発現を抑制することを見出した豊田純三の研究[12]であろう。また，けいれん誘発作用を持つ薬物を，脳波上のてんかん波賦活の面から研究した藤谷[13]，風祭元ら[14]，疫痢脳炎後の群化徐波に対する各種中枢作用薬の効果を見た佐久間もとと栗原雅直[15]の研究などがある。

各種抗うつ薬に関する教室の業績は，秋元波留夫らによって国際会議に発表され，後に単行書"Biological Treatment of Mental Illness"[16]に収載された。

4. 薬物の作用に関する基礎的研究

栗原雅直[17]は，フランス留学中にDelay, J.の教室で抗うつ薬のスクリーニングなどについての研究を行い，帰国後に抗うつ薬の薬理についての論文[17)18)]を発表した。また，小林司はHimwichの許で確立した薬物の側脳室内直接注入法を用いて，鈴木二郎と各種向精神薬のイヌの行動と脳波に及ぼす効果[19]を詳細に検討して発表した。しかし，このような基礎薬理学的研究は，薬理学の中で神経薬理学，行動薬理学の領域が確立されるにつれて，精神科では次第に行われなくなった。

5. 精神科研究室の占拠による精神薬理学的研究の停滞

1966年に秋元教授が定年退職し，臺弘教授が赴任した。この頃から青年医師連合が結成され，1968年9月には精神科の研究棟が若手の研究者や学生によって封鎖され，精神科内での研究活動は不可能になった。この困難な状況の中で臺弘は町山幸輝らと共にMethamphetamineによる動物の実験精神病の行動薬理学的研究を行い，多くの成果[20)21)22)]を発表した。

わが国における1960年代の薬害事件の多発に対応して，厚生省は1967年に「医薬品の製造承認等に関する基本方針」を通達し，その後，薬効問題懇談会の答申を受けて，1975年頃から，新薬の開発と承認申請にあたっては，第I相から第III相試験までの段階的評価と多施設における客観的な評価法を用いた比較試験（controlled study）を義務付け，向精神薬の臨床研究は，単一の施設における少数例の治療経験発表の時代から，多施設で多数例について共通の評価法を用いる共同研究の時代に入り，東大精神科では病棟の占拠のためもあって，精神薬理学の基礎・臨床研究はほとんど行われなくなった。さらに，1989年にはGCP（good clinical practice，医薬品の臨床試験に関する基準）の通達があり，1996年の薬事法の改正，1997年の現行GCPの通達を経て現在に至っている。このために，新薬の治験は，製薬企業の主導による多施設共同研究として行われるようになり，新薬の承認には開発・輸入から長期間を要するようになった。

6. 東大精神科出身者のその後の精神薬理学研究

内村，秋元，臺教授時代に東大精神科に入局した者は，その後，日本の各地で精神医学医療の指導的立場につき，精神薬理学関連の業績をあげている。

大熊輝雄は鳥取大学・東北大学教授，精神神経センター総長を歴任し，多くの新薬の臨床研究の統括的立場に立ったが，当時抗てんかん薬として用いられていたCarbamazepineの抗躁効果[23)24)]と気分安定効果（病相予防効果）[25]を世界で最初に報告したことで知られる。佐藤倚男は東京医科大学助教授を経てのちに東大教授をつとめたが，長年にわたり向精神薬の臨床的

効果の科学的評価について研究し，臨床評価研究会，コントローラー委員会を主宰した．高橋良は東京医科歯科大学，東京大学助教授，長崎大学，東京医科歯科大学教授を歴任したが，神経化学的視点から精神薬理学の研究を進め，躁うつ病の脳内セロトニン受容体感受性仮説を提唱し，今日のSSRIなどの抗うつ薬につながる業績をあげた．また，1988年には日本人として初めてCINPのVice Presidentに選出され，1990年に京都で行われた17回CINP会議の組織委員長に内定していたが，残念なことに，1988年に病没した．本多裕は1970年代に東大のきびしい研究環境の中で，病院薬剤部と共同して抗てんかん薬やリチウムの薬物動態学の研究を行った．栗原雅直は佐藤倚男などと共に薬物の臨床評価の科学化の研究に長年かかわり，全国で行われる多くの向精神薬のコントローラーをつとめた．風祭元は米国留学中に抗精神病薬によって起こる遅発性ジスキネジアの研究を発表し，帰国後帝京大学教授となり，DiMascio・Shaderの「精神薬理学」[26]を翻訳してわが国に米国の精神科薬物療法を紹介し，また，「向精神薬療法ハンドブック」[27]は1985年から20年にわたって版を重ねた．1970年代以後も，多くの東大精神科出身者が精神薬理学領域でさまざまな研究を行っているが，現在では，精神薬理学の基礎研究は製薬企業の研究所での研究が主流となり，薬物療法の臨床研究は多施設共同治験の時代となった．現在は，分子生物学や画像診断学などの新しい研究技法による向精神薬の研究がすすめられている．

なお，精神薬理学研究の国際組織であるCINPには，1960年代から秋元波留夫，臺弘，島薗安雄，大熊輝雄，高橋良，栗原雅直，高橋三郎，風祭元，加藤忠史などの多くの東大精神科出身者が，正会員（member）としてそれぞれの時代の研究の国際交流に関与してきたことを最後に述べておきたい．

文献（1950-1960年代の個々の薬物の治験論文は除く）

1) 島薗安雄：トランキライザーその他の精神治療剤について，日本医師会雑誌 39：143，(1958)
2) Himwich, H.E. 編，熊谷洋（監訳）：トランキライザー—静穏剤，医歯薬出版，(1958)
3) 小林司他（編）：新精神薬理学，医学書院，(1968)
4) Delay, J., Deniker, P. 著，秋元波留夫・栗原雅直（訳）：精神薬理学，紀伊國屋書店，(1965)
5) 町山幸輝：Tofranilによる躁状態の治療，精神医学，3：77，(1961)
6) 佐久間もと：躁状態に行った炭酸リチウムの臨床経験，精神医学，10：317-321，(1968)
7) 佐藤倚男，高橋良，成瀬浩他：向精神薬の効果判定法：精神分裂病，精神医学，6：827，(1964)
8) 中久喜雅文：LSD25による実験的精神障害の臨床的研究—正常人についての実験，精神経誌 61：1250，(1959)
9) 中久喜雅文：LSD25による実験的精神障害の臨床的研究—分裂病に対する実験，精神経誌 61，1421，(1959)
10) 徳田良仁：LSD25による体験—特に絵画制作を中心として—，精神医学 1：181，(1959)
11) 藤谷豊，豊田純三，佐々木邦幸，成田四郎：不眠症の睡眠ポリグラフ—とくにクロルクロマジンとアモバルビタールの影響について，精神経誌 65：292，(1963)
12) Toyoda, J.: The effects of chlorpromazine and imipramine on the human nocturnal sleep encepahlogram, Folia Psychiat Neurol. Jap. 18：198，(1964)
13) 藤谷豊：ペンタメチレンテトラゾル脳波賦活法の臨床的研究，精神経誌 61：2132，(1959)
14) Kazamatsuri, H. et al.: Clinical studies on the activating effects of central stimulant, sodium β, β-pentamethylene γ-hydrobutyrate, Folia Psychiat. Neurol. Jap. 19：355-367，(1965)
15) 佐久間もと，栗原雅直：疫痢脳炎後の群化徐波に及ぼす中枢作用薬の効果，精神医学 8：22，(1966)
16) Akimoto, H. et al.: Comparative studies of clinical effects and neurophysiological properties of antidepressants, Rinkel, M. (ed.): Biological Treatment of Mental Illness, p 516-548, L.C. Page & Co. (1962)
17) 栗原雅直：抗うつ剤の検定に関する研究—生体アミンとの関係について，精神経誌 65：482，(1963)
18) Kurihara, M., Nakajima, H.: A propos de la

pharmacologie des antidépresseurs, Folia Psychiat. Neurol, Jap. 20 : 167, (1966)

19) Kobayashi, T., Suzuki, J. : Efects of psychotropic drugs on behavior and EEG, following direct administration to dog's brain,Folia Psychiat. Neurol. Jap. 20 : 151, (1966)

20) Utena, H. : Behavioral abberation in methamphetamine-induced animals and chemical corrllates in the brain. Progress Brain Research, 21B : p 192, (1966)

21) Machiyama, Y. et al. : Behavioral disorders in Japanese monkeys produced by the long-term administration of methamphetamine, Proc. Jap. Acad. 46 : p 124, (1970)

22) 臺弘，町山幸輝：精神分裂病のモデル，臺弘・井上英二（編）精神分裂病の生物学的研究，p 53，東大出版会，(1973)

23) Okuma, T. et al. : Antimanic and prophylactic effects of carbamazepine (Tegretol) on manic depressive psychosis : A preliminary report, Folia Psychiat. Neurol. Jap. 27, 283, (1973)

24) Okuma, T. et al. : Comparison of the antimanic efficacy of carbamazepine and chlorpromazine : A double-blind study, Psychopharmacology 66 : 211-217, (1979)

25) Okuma, T. et al. : A preliminary double-blind study on the efficacy of carbamazepine in prophylaxis of manic-depressive illness, Psychopharmacology, 73 : 95-96, (1981)

26) DiMascio, A., Shader, R.I. 著，風祭元（訳）：臨床精神薬理学，南江堂，(1973)

27) 風祭元（編著）：向精神薬療法ハンドブック，南江堂，(1985)

東大精神科と神経内分泌・時間生物学研究

■ 高橋　清久

はじめに

1960年，本多裕（1954年卒）（以下，敬称略）は論文「間脳関連精神障害の臨床的研究」を報告した[1]。これは代謝，体温，内分泌等の自律神経機能の異常に注目し，精神障害との関連性を追及したものである。この論文が契機となり，東大精神科の第四研究室内に内分泌等自律機能の研究を中心とした研究グループが作られたという。そのメンバーは本多裕，高橋三郎（1956年卒），高橋康郎（1956年卒）の三人であり，後に高橋清久（1963年卒），田中光芳（1976年卒）らが加わることになる。その間，高橋三郎の論文「ナルコレプシーを中心とした中枢神経疾患における17OHCSの日内リズム」も発表されている[2]。

このグループが挙げた最大の成果は睡眠中の成長ホルモン（GH）の分泌動態の解明であった。おそらく大学紛争がなければ東大精神科において神経内分泌を中心とした自律機能研究はその後のさらなる発展を遂げたであろう。しかし，実際にはこの研究は第四研究室出身者が東大外の施設で発展させることになる。

神経内分泌研究が始められた背景には当時勃興し始めていた生体リズムに対する関心があった。すなわち，精神疾患の背景には体温リズムや睡眠・覚醒リズムなどの生体リズムの異常が存在する可能性である。躁うつ病の周期性やうつ病患者の示す気分の日内変動などはそれを示唆するものであった。ホルモンの微量定量法の開発によりホルモン分泌のリズム測定が可能になってから生物リズム研究が本格的に始められた。それが睡眠覚醒リズム研究に発展し，新たなリズム障害の同定に繋がることになる。そのリズム障害の遺伝子解析研究が海老沢尚（1984年卒）らにより，東大医学部（精神科ではなく東京大学大学院睡眠解析学講座）で現在も精力的に進められている。

東大精神科における研究
―睡眠と成長ホルモン研究を中心に―

本多グループは副腎皮質ホルモン（CS）がREM睡眠と関連して分泌が増大するという米国から1966年に報告された論文に触発されて睡眠中のホルモン分泌リズムを明らかにしようと試みた。学生を被験者として20－30分間隔で採血する方法を開発し，微量血液を用いてCSの代謝産物を測定しようとした。丁度その当時ラジオイムノアッセイという蛋白微量定量法が開発され，血中のGHが測定できるようになった。この方法を第一内科の入江博士が外国から持ち帰っていた。そこで高橋清久は第一内科にでかけ睡眠中に採血したサンプルを用いてGHを測定してみた。当該研究の主目的はCSだったので，あまり期待しないで測定してみたところ意外にも入眠するとホルモンレベルが上昇する傾向が見られた。そこで入眠時刻を早めたり遅くしたり，また半徹夜をしてみたりした。いずれの場合にも寝入るとGHの分泌が促進された（図1）。これは「寝る子は育つ」という諺の科学的証明だと色めきたった。

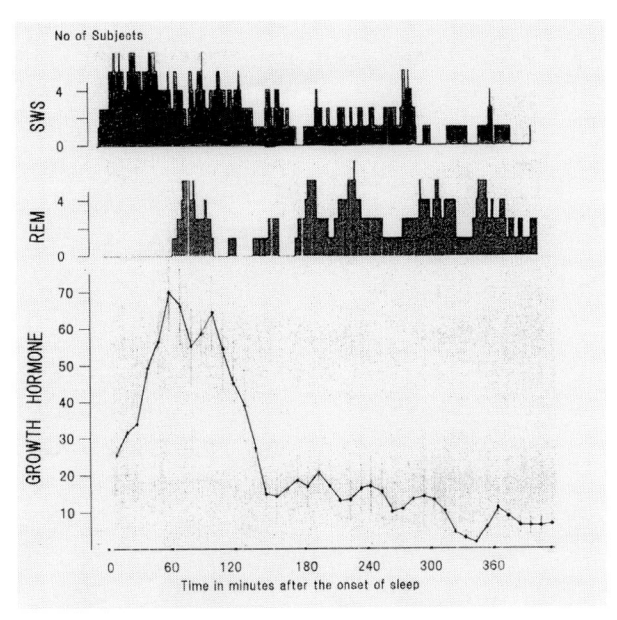

図1 睡眠中の成長ホルモン分泌[4]
SWSの発現時期に一致してGH分泌が高まっている。GHレベルは10名の被験者の各々の最高値に対する比率を加算したもの。

　高橋康郎は本多グループが睡眠内分泌研究を始める前にアメリカ，セントルイス市のワシントン大学に留学し研究に従事していた。高橋清久はその後を受けて1968年に留学した。留学前の手紙での情報交換でお互いに睡眠中のホルモン分泌について研究していることがわかっていたが，その結果については両者何も知らなかった。セントルイスで対面した両高橋は全く別個に行った研究の結果が一致していることに驚いたり喜んだりした。

　ワシントン大学での高橋康郎らの研究成果は1968年 J Clin Investigationに[3]，本多グループの報告はその翌年 J Clin Endocrinology and Mtabolismに掲載された[4]。この両論文に触発されて，睡眠中のホルモン分泌の研究が世界中で行われるようになり，プロラクチン (PRL)，TSH，ACTH，LH，FSH，テストステロンなどの24時間ホルモン分泌動態とその機構解明や生理学的意義が次々と解明されていったのである。

　この睡眠ーホルモン研究は散発的ながらその後も東大精神科出身者によって進められた。1979年に樋口輝彦（1972年卒）は東京都神経研においてナルコレプシー患者のGHとPRLの分泌動態を調べ，ナルコレプシーでは両ホルモンともに健常者でみられる入眠後の分泌増大が欠如していることを示した[5]。一方，1995年加藤進昌（1972年卒）らのグループは滋賀医大でGH，PRL，TSHを対象とし，GHには睡眠に依存した分泌と，睡眠とは無関係に起こる分泌があること，及び断眠後にTSH分泌が増大することを示し，ホルモン分泌における睡眠の意義の解明に貢献した[6]。

　東大精神科では大学紛争後一時研究は中断されたが，1970年代の後半に再び再開され，新たにグループに参加した田中光芳や後述の花田耕

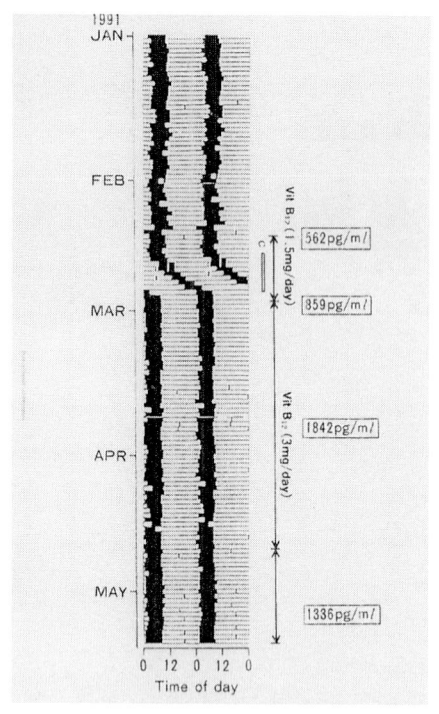

図2 睡眠相後退症候群患者における時間療法およびビタミンB12療法[13]

縦軸に日付，横軸に時刻（2日分）を示す。2月後半に時間療法にて位相を前進させ，それ以後ビタミンB12によって望ましい位相が維持されたと考えられる。

一（1973年卒）らが中心となり，唾液CSを測定しホルモンの分泌リズムを計測するという新しい方法を開発した。唾液資料には簡便に頻回のサンプリングが可能であるという利点があるが，夜間の採取が不可能という欠点もあった。慢性分裂病やナルコレプシーのリズム計測を試み，予備的報告を行ったが，特異的な変化を見い出すには至らなかった[7]。

東京都神経科学総合研究所での発展

高橋康郎は1968年にアメリカ留学から帰国したが，その当時は大学紛争が真っ盛りであったため東大精神科で研究を続行することは不可能であった。一方，高橋清久は留学中に紛争が始まったため，大学復帰を諦め1972年に新たに開設された東京都神経科学総合研究所に研究の場を求めた。高橋康郎も同じ研究所に移籍し，両高橋は睡眠中のGH分泌に関する動物実験を始めた。実験動物として頻回の採血に耐えられるように犬を選んだ。犬を人と同じように長時間まとめて眠るように断眠させたが，3時間以上持続して眠らせることが不可能であった。それでもGHがどうやら睡眠に依存して分泌されることを示唆する結果は得られたもののそれ以上に研究を発展させることはできなかった[8]。

GH研究のかたわら両高橋はラットを用いて副腎皮質ホルモン（CS）分泌のリズム研究に取り組み大きな成果を挙げた。まずCSの微量定療法を用いてリズムの発達状況を解析し，それに及ぼす母親のリズムの影響を観察した。リズムの位相の全く異なる生母と育母に子供を育てさせ，育母の影響が大きいことを示した[9]。

この研究には当時滋賀医大の講師であった花田耕一が1年間国内留学という形で参加し，研究者のリズムを大きく乱してしまうハードなリズム研究に従事し大きな成果を挙げた。また，臨床研究上に有用な唾液中のCS測定法を開発し博士号を獲得した[10]。

滋賀医大での発展

1978年，高橋三郎は滋賀医大精神科の初代教授として着任した。DSMという新しい国際診断基準の導入に大きな功績を挙げたが，精神内分泌学的研究も精力的に行った[10]。当時うつ病の有力な診断法としてデキサメサゾン抑制試験が注目され，国際的にその有用性の検討が行われていた。これは精神疾患のはじめての客観的診断法が生まれるということで世界中の関心を集めていた。たまたま1983年高橋清久が滋賀医大の精神科助教授として着任し，高橋三郎教授の指導の下，花田耕一講師と共同して，デキサメサゾン抑制試験の本格的研究に取り組んだ。しかし，結果は予期に反し，うつ病患者以外に

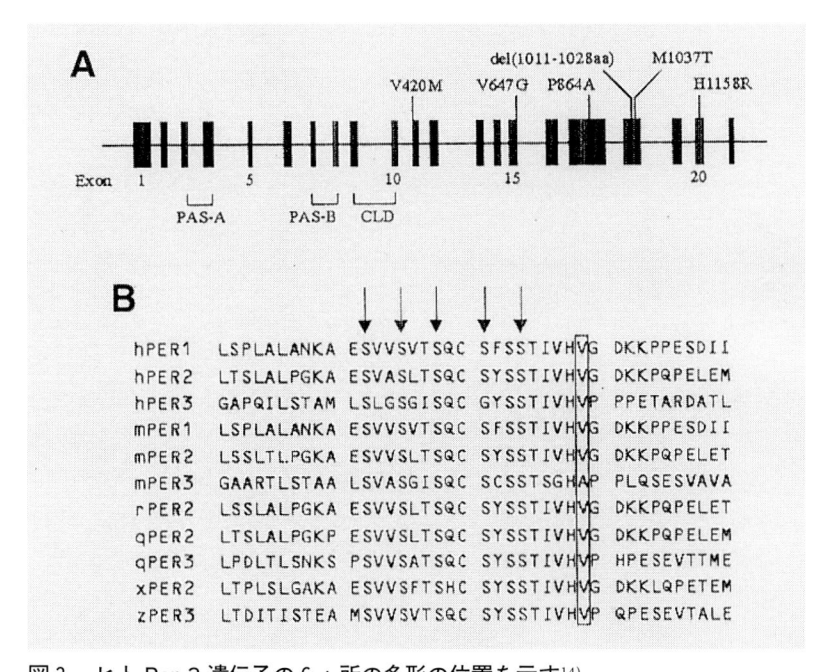

図3 ヒトPer3遺伝子の6ヵ所の多形の位置を示す[14]
　　G647，P864，4-repeat，T1037，R1158のハロタイプが睡眠相後退症候群で有意に多く認められた。

非抑制例が続出した。感受性は80％以上で悪くはなかったが，特異性が低かった。認知症はかなり高率に，統合失調症の一部にも非抑制がみられた。結果としてうつ病の診断には用いることはできず，本検査法はわずかに重症度や予後の判定に役立つかもしれないという程度のものであった。

　この研究と平行して生体リズム研究も活発に行われた。特にうつ病患者の体温リズム研究ではそれまでのビート仮説，位相前進仮説にかわる不安定仮説を提唱する成果を挙げた。その内容は体温リズムの位相はエピソードの間だけ変異し，寛解期には正常な位相に戻るというものであり，位相の変化は状態依存性であり，うつ状態の二次的結果であろうという結論であった。

国立精神・神経センターでの研究

　1986年，高橋清久は国立精神・神経センター神経研究所に赴任した。その翌年高橋三郎を会長として高橋清久，樋口輝彦らが中心となり臨床時間生物学研究会が誕生した。この研究会では当時アメリカから冬季に限ってうつ状態となる季節性感情障害（SAD）が報告されたため日本におけるSADの実態調査と高照度光療法の効果について多施設共同研究が組織された。その研究成果は多くの論文にまとめられたが，我が国には予想したほど患者数は多くないこと，光療法は一定の効果をあげうることなどが示された[11]。

　1980年アメリカから睡眠相後退症候群（DSPS）の報告があり，我が国でビタミンB12を用いて非24時間睡眠覚醒症候群の治療成功例が示されたことなどをうけて研究会では睡眠覚醒リズム障害の多施設共同研究にも取り組んだ。その研究には本多裕，高橋三郎，高橋康郎，高橋清久，樋口輝彦，花田耕一といったか

表1 季節性感情障害の特徴（5ヵ国からの報告の比較）[12]

	Japan (n=46)	USA (n=246)	UK (n=42)	Switzerland (n=63)	Australia (n=23)
Mean age (years)	35.5	38	42	43.8	—
Sex ratio	1.4：1	4.6：1	9：1	3.5：1	6.7：1
Depressive episode					
Mean age at 1st episode	26.5	22	24	31.5	
Mean number	6.5	—	17	—	—
Mean duration	20W	23W	18W	23W	—
Affect					
Sadness	80%	96%	96%	91%	78.3%
Anxiety	93%	87%	86%	86%	82.6%
Irritability	78%	86%	77%	82%	82.6%
Psychomotor depression					
Reduced activity	100%	95%	100%	87%	97%
Reduced social function	100%	93%	100%	100%	87%
Work difficulty	100%	86%	77%	82%	82.6%
RDC diagnosis					
Bipolar I	8.6%	7%	18%	9%	0%
Bipolar II	28.6%	81%	37%	90%	
Unipolar	63.8%	12%	45%	10%	
Vegetative symptoms					
Appetit increased	42%	71%	74%	45%	47.8%
Appetit decreased	23%	18%	16%	45%	34.8%
Weight increased	54%	76%	84%	55%	47.8%
Weight decreased	23%	10%	6%	23%	30.5%
Carbohydrate craving	69%	72%	82%	77%	78.3%
Sleep increased	74%	83%	78%	82%	39.1%

つての第四研究室グループが勢ぞろいした。この多施設共同研究班および高橋三郎を班長とする国立精神・神経センター精神神経疾患委託費研究班によって睡眠覚醒リズム障害の存在が全国に周知され，本障害の疫学研究や治療研究が進展し，光療法，時間療法，メラトニン療法など新しい治療法が我が国に導入された[12]。

さらに研究は発展し，本障害の遺伝的背景を調べることとなった。その中心が当時埼玉医大に所属していた海老沢尚（1984年卒）であった。彼は多施設共同研究者からサンプルを集め，それを解析し，リズム障害には時計遺伝子の一つである Per3 に変異があることをつきとめ，2001年に報告した[13]。さらに DSPS を対象に時計遺伝子に絞って多型解析を行い，時計遺伝子の一つである Per3 遺伝子の V647GV 多型が発症のリスクを上げ，時計蛋白をリン酸化する CK1ε 遺伝子の S408N 多型が発症のリスクを抑えることを見出した。海老沢は2004年から東京大学大学院睡眠解析講座の主任として現在もリズム障害の成因をつきとめるべく遺伝子研究に取り組んでいる。

おわりに

　精神疾患の成因をつきとめようと始められた神経内分泌，時間生物学的研究であったが，それは初期の目的とやや離れたところで発展した．睡眠—ホルモン分泌研究はそれなりの成果を挙げたが，精神疾患の病態解明には結びつかなかった．しかし，時間生物学的研究は睡眠・覚醒リズム障害という新しい疾患群の同定と治療法の開発につながった．筆者が東大精神科に入局した当時は睡眠研究が東大精神科の看板の一つであった．本多グループの研究の発展が新しい睡眠障害の解明研究に大きな貢献をなしたことに東大精神科の出身者としてある種の感慨を禁じえない．

文献

1) 本多裕：間脳関連精神障害の臨床的研究，精神経誌 62：297-325, 1960
2) 高橋三郎：ナルコレプシーを中心とした中枢神経疾患における17OHCSの日内リズム，精神経誌 64：543-557, 1962
3) Takahashi Y, Kipnis DM, Daughaday WH : Growth hormone secretion during sleep J Clin Invest 47：2079-2909, 1968
4) Honda Y, Takahashi K, Takahashi S, et al : Growth hormone secretion during nocturnal sleep in normal subjects. J Clin Endocrinol 29：20-29, 1969
5) Higuchi T, Takahashi Y, Takahashi K, et al : Twenty-four-hour secretory patterns of growth hormone, prolactin, and cortisol in narcolepsy. J Clin Endocrinol Metab 49（2）：197-204, 1979
6) Sadamatsu M, Kato N, Iida H, et al : The 24-hour rhythms in plasma growth hormone, prolactin and thyroid stimulating hormone : Effect of sleep deprivatiom J Neuroendocrinol 7：597-606, 1995
7) 田中光芳, 本多裕, 高橋清久ら：慢性分裂病・ナルコレプシーにおける唾液中コルチゾールおよび体温の日内リズム，臨床精神医学 8：43-52, 1979
8) Takahashi Y, Ebihara S, Nakamura Y, et al : Effects of 3, 6, and 12 hours of forced wakefulness on plasma growth hormone, cortisol and sleep stages. A model of human sleep-related growth hormone secretion in dogs : Endocrinology 109：262-272, 1981
9) Takahashi K, Hayafuji C, Murakami N : Foster mother rat entrains circadian adrenocortical rhythm in blinded pups. Am Physiol Sci 243：E443-E449, 1982 Takahashi K,
10) Hanada K, Yamada N, Shimoda K, et al : Direct radioimmunoassay of cortisol in saliva and its application to the dexamethasone suppression test in affective disorders. Psychoneuroendocrinology 110（2）：193-201, 1985
11) 高橋三郎, 花田耕一：神経内分泌と躁うつ病—デキサメサゾン抑制試験，臨床精神医学 10：1589-1599, 1981
12) Takahashi K, Asano Y, Kohsaka M, et al : Multi-center study of seasonal affective disorders in Japan-A preliminary report. J Affect Disord 21：57-65, 1991
13) 高橋清久, 森田伸行, 三島和夫ら：我が国における睡眠覚醒リズム障害の多施設共同研究　第一報：人口統計的研究，精神医学 35（3）：605-614, 1993
14) Ebisawa T, Uchiyama M, Kajimura N, et al : Association of structural polymorphisms in the human period 3 gene with delayed sleep phase syndrome. EMBO Rep 2（41）：342-346, 2001

目白台の残照──精神病理のマエストロ達

内海　健

分院の発見

　分院で精神科の研修ができることを知ったのは、もう卒業も間もない頃だった。身近に医者も学者もいない私は、なかなか医学というものになじめず、早くから精神医学の道に進もうと思っていた。それは怠惰な生活を送る口実にも役立った。とはいえ、どこで学ぶかとなると途方に暮れた。東大は論外だったのである。

　私は昭和54年の卒業だが、当時の本院では、まともな修行はできそうにもなかった。実際、私の周りには、精神科に憧れながらも、断念したものが少なからずいた。私たちは今後精神科を志望する後輩に決してこのようなつらい思いをさせてはなるまい。

　そうした事情もあったが、当時の本院に行きたくないもっとも大きな理由は、暗かったということである。最初に精神科に接触したのは、ポリクリで本館地下の外来を訪れた時だったが、裸電球のともった薄暗い、じめっとした空間だった。指導される教官は、どこか翳りがあるように見えた。ケース検討にこられた土居健郎先生もお疲れのようだった。とてもこんなところでは自分は生息できないと思った。

　6年に在学中、私は土居先生の紹介状を携えて、名古屋市立大学を訪れた。そこには木村敏、中井久夫という憧れの精神科医がいたのである。木村先生は革張りのチェアに深々と腰掛け、パイプを燻らし、終始微笑みながら悠揚迫らず、傍らにおられた中井先生は才気煥発に合いの手を入れられていた。23の私が太刀打ちできようもなかった。何を質問されたかほとんど忘れてしまったが、語学がどの程度できるかということ、同人誌のようなものに寄稿した経験があるか聞かれたことは今でも憶えている。部屋には一対の巨大なスピーカーが置かれていた。精神科医はかくあらねばならぬと心が浮き立った。

　こうしてほぼ名古屋に行く心積もりを固めたのだが、親の反対に遭った。特に母は東大を離れることに感情的になっていたが、そのことはかえって私の意思を固めるものでしかなかった。他方、父はというと、あまり多くを語らなかったが、ビジネスに携わる者として、名古屋は「牛肉屋がつぶれる」ような土地柄であると一言論した。吝嗇であるというより、文化にあまり投資しないだろうということを懸念したのである。父はいくらか先見の明のある人で、素人ながら精神科には将来性があると踏んでいた。同時に、そのためには一定の文化程度を要することも理解していた。今の名古屋をみるかぎり、父の予測は外れたことになるが、直情径行の私にも少し迷いが起きた。

　そんなおり、各医局を紹介する集会が連日開かれており、私は分院に神経科があることを知った。もっともそれ以前に知らなかったわけではないので、忘れていたのに気づいたといった方が正確なのだろう。そこで安永浩先生に出会ったのである。

　安永先生には、何か不思議な魅力があった。それは木村敏のような貫禄でも、中井久夫のよ

うな才気でもない。静謐なたたずまいの中に，頭脳明晰なることはただちに見て取れたが，それがいささかの嫌味も与えなかった。当時先生は「ファントム論」を世に出してまもなくの頃であり，もっとも油が乗っていた時ではなかっただろうか。

そして，何か知に歓びがありそうなこと。しかめつらしい鈍重な知性ではなく，敏捷で機敏なこと。誰に似ているかと言われると，デカルトだろうか。幾何学的精神の徹底と，絶対の出発点である「私」，そしてこの両者を軽やかに往還すること。デカルトはのちに二元論，つまりは心と身体を分断したと論難されることになるが，対立をもたらしたのは鈍重な知性の側である。これは精神科の紛争についても当てはまるだろう。

実際に，安永先生は精神医学における二元論の元凶であるヤスパースの了解と説明を，いともあっさり乗り越えている。つまり「了解は説明を内に含む，その逆はない」である。私はこうして不毛な確執を，実践と理論の両面で初手から免れたのである。

80年代の目白台

本院が暗かったと言ったが，では当時の分院が明るかったかというと，一概にそういうわけでもない。私たちが明るくしたというと言い過ぎになるが，いくばくかは自負がある。飯田先生などは私たちを見て「このごろは随分健康的な方が入られるようになりましたね」と複雑な感慨を述べておられたように記憶する。

昭和54年の6月，私は同期の秋山剛，西岡暁とともに目白台で研修を始めた。初日のことは今でもよく憶えている。夕刻から医局で定番の「寿司ビール」による簡素な歓迎会が開かれた。お世辞にも陽気とは言えない雰囲気だったが，いささかお調子者の気がある私は，健気な新入社員のようにふるまったように記憶している。こうした私の的外れな適応の努力はその後しばらく続くことになる。

寿司があらかたなくなると，先輩方は一人帰り，二人帰り，最後は私と西岡君と，それに安永先生の三人になった。なんともいえない沈黙がその場を浸していた。その安永先生も軽く会釈されて去り，残されたわれわれ二人で散らかった皿や寿司桶を片付けて帰宅した。その夜は正直に言って，とんでもないところにきたと思った。まがりなりにももっていた「社会人としてのスタートを切るのだ」という緊張は肩透かしをくったのである。

口さがない先輩から，「プシコパートの本院，プシコーゼの分院」という評があることをのちに聞いたことがある。当たっているところもなくはないのだろうが，もう少しましな比較はないものかと思う。たとえばベルリンとウィーンなどはどうだろうか。本院が勤勉であったかどうかは知る由もないが，分院がのんびりしていたことは確かである。

この緩やかな時間の流れは，精神科医の修養にとって役立った。飯田先生の言葉を借りるなら，促成栽培をすれば，精神科を一通りできるようになるのに1年とかからないのかもしれない。しかしその後の退屈な時間はどうすればよいのだろうか。せいぜい研究か金儲けに精を出すしかなくなるだろう。しかしこれは今の精神医学において現実のものとなりつつある。

しかしそれにしてものんびりしていた。臨床事例が少ないので，秋山君とともに，当時笠松章先生が所長をされていた晴和病院でも研修をさせていただいたりした。病棟は15床しかないところに空きベッドが目立つような状況で，伝え聞く往時の活気は見る影もなかった。ただ少ない事例を丁寧に診ることができたのは，大変有益な経験だった。集中的な精神療法や家族療法はつねに行われていたし，系統的なものではなかったにせよ患者のリハビリや社会復帰にも付き合うことができた。ロールシャッハは細木

照敏先生に手ほどきを受けた。今の若いドクターの中には，心理検査を読むことができず，ケースワークは専門職にお任せ，リハビリはデイケアに丸投げして，それで平気な人も結構いるが，そんなことで大丈夫なのか，他人事ながら気がかりである。

外来では，1年目から初診の患者を診させてもらった。外来婦長が研修医向きの事例を廻してくれるのだが，それでも緊張したものである。寝起きの悪い私は，外来日だけは診療開始の3時間前に起床して備えた。

飯田先生が同じ外来日だったこともあって，事例の診かたについて手ほどきをしていただいた。いくつかの症例はいまだに記憶に残っている。ある初老期の引越しうつ病の婦人を診ていただいたときは，最近亡くなったペットの猫の名前（多分「ミイコ」だったと思う）を聞いて，それをカルテに記載されたことが印象的だった。診察を終えた後，「内海さんがいいお孫さんになってあげなさい」と一言コメントされた。老年期のうつ病の婦人には，趣味が人形作りで，それもなかなかの腕だったとわかると，「いずれまた個展でも開いてみてはどうですか」と勧められた。その方は孫が上京して寄宿するようになり，世話を焼く対象ができると回復した。またあるパラノイドの男性に対しては，「内海先生がちゃんと医者に見えないうちは治っていないよ」と諭された。

飯田先生には学術面でも随分指導していただいた。学問をするということ，論文を書くということはどのようなことか，という基本を教わったように思う。とくに，岩波の『講座 精神の科学』の分担執筆をさせていただいたのは思い出深い。国語が大の苦手で，ろくに読書もしてこなかった私には，大変な課題だった。終日原稿に向かって1，2行書くのがやっとの日もあったし，扁桃腺を腫らして40度の熱を出したことが3度あった。高熱のさなかに，1982年のワールドカップの独仏戦を観たことをよく憶えている。私が多少なりともまともなものを書けるようになったのは，先生のお蔭にほかならない。

分院をウィーンに喩えたが，多くの医局員が精神分析には親しみを覚えつつも，一線を画していた。安永，飯田，そして中井先生も含めて，それは共通している。傍で見ていると，特に土居先生との距離の取り方が似ていた。個別的事情は違うにせよ，強い引力圏から少し外れたところに位置取りをされていたように思う。

土居先生は，いってみるなら千両役者である。大澤真幸という社会学者が，精神分析を推理小説になぞらえ，シャーロック・ホームズを用いて論じているのを聞いたことがある。ホームズにはワトソンという名脇役がいる。いかにも人がよく，時として辛辣で子どものようなホームズに，連れ添っている。ワトソン君は常に間違う。ワトソンは常識を代表し，真実はワトソンの盲点となるところに隠されている。だが，視点を変えれば，ホームズこそワトソンを必要としている，という見方も成り立つ。

土居先生はホームズ的な存在かもしれない。先生とはこれまで幾度かお話をする機会に恵まれたが，こちらの頭脳が麻痺してしまうようなアウラがある。そして私は言わなくてもよい突飛な考えや，言わずもがなの凡庸な考えをつい口走ってしまうのである。多分，土居先生の身近にいると，皆ワトソンになってしまうのではないだろうか。どんなに優れた人でも，それは免れないのではないかと思う。幸い，私とは孫ほどの較差があり，随分叱られはしたが，ワトソンにはならずにすんだと思う。そして安永先生も飯田先生も，ワトソンを必要としなかった。

矢野昌史さんのこと

分院時代を語るときに，1級上の矢野昌史さん（1987年歿，享年33歳）のことについて触れないわけにはいかない。

分院神経科は，安永・飯田・中井の3人を世

に出したことをもって，その精神医学における使命を果たしたと言えるが，そこにもう1人加わったかもしれないのが矢野さんである。間違いなく次代の旗手になりえた人だった。生前彼が世に出した論文はアルトー論の1篇しかない（「アントナン・アルトー——分裂病的断層と性」日本病跡学雑誌23号，1982）。しかしその1篇で彼の才を知るには十分である。おそらくはリハビリがてらに書かれたものと思われるが，恐ろしいほどの可能性が込められている（なお没後，御母堂が編まれた詩集がある。中学時代に詠まれた詩に加えて，雑誌『展望』への投稿1篇とアルトー論が掲載されている。矢野昌史『木の葉の散る時は』，南の風社，高知，1993）。

精神病理学という学問にはいささか残酷なところがある。数学者や詩人ほどではないにせよ，持てる者と持てない者の差がきわだつ。藤縄昭先生に言わせると，「精神医学はもともと生物学なんやし，精神病理学者なんて30人くらいおればええんです」とのことである。もっと少ない数だったかもしれない。

才能の差をみせつけられても，私はこの1級上の先輩にやっかみを感じたことはなかった。それだけ歴然とした差だったのである。加えて，矢野さんには何ともいえない人の良さがあった。それでもなお彼が生き延びられなかったのは，分院にはもはや傑物をはぐくむ場としての命脈が尽きていたのかもしれない。

幸い，私は彼が傑出した人であることがわかる程度の才能は持ち合わせていたらしい。これまで私には自分なりに納得がいった作品が二つある。「精神病における主体と時間」（臨床精神病理9-2，1988）と『「分裂病」の消滅』（青土社，2003）である。前者は彼が亡くなった翌年に書いたものであり，生涯で最も高い地点まで跳躍できたものである。矢野さんがのりうつってくれたような気がする。後者は当時，集大成のつもりで世に出したものである。この二つとも，私はためらいなく彼の霊にささげた。

矢野さんのことを思い出すたび，かつて小林秀雄が川端康成に語った言葉が脳裡に浮かぶ。

「生きている人間などというものは，どうも仕方のない代物だな。何を考えているのやら，何を言い出すのやら，仕出来すのやら，自分の事にせよ他人事にせよ，解った例しがあったのか，鑑賞にも観察にも堪えない。其処に行くと死んでしまった人間というものは大したものだ。何故，ああはっきりとしっかりとして来るんだろう。まさに人間の形をしているよ。してみると，生きている人間とは，人間になりつつある一種の動物かな」　　　　『無常という事』

そして御母堂が「あとがき」に選ばれた詩を思い出す。

　　おれがなぜ／こんなに空を見ているかというと／あの空の上に／幸が笑ってないかと　思うからさ。

矢野さんが亡くなって今年で20年になる。

黄昏

入局して何年目か忘れてしまったが，それほど後ではなかったと思う，分院が統廃合されるという話が，青天の霹靂のように降ってきた。その当時は医員という気楽な身分だったこともあって，それほど深刻には受け止めなかったが，それにしても迷惑な話である。まあ安永先生がおられる間は一緒にいようという気持ちだったが，そのうちに本郷に乗り込んで，がんばってみようかと血が騒ぐようになった。

私は夢の中で，医学部の卒業試験をこれから受けるはめになって，あせっていることがたまにある。何か大きな忘れ物があるのだろう。いまだにきちんと医師として自己確立していないのかもしれない。それに加えて，私たちの世代は，紛争に対して独特の思いがある。上の世代

からは，真剣に生きていないような言われようをすることがあったし，政治的にコミットメントしていないことが，後ろめたい気持ちにさせたのも事実である。やるべきことをやってこなかったのではないかという思いを植えつけられてきた。だが私たちがやってきた時には，廃墟しか残されていなかったのである。

後ろめたさを感じながらも，他方で「それは違うだろう」という思いがある。それはかなり根強い。高校時代から紛争というものを見てきたが，その当時から，個人の問題と政治の問題が切り離されていないことに違和を覚えていた。胃袋や性器が正義という観念にはどうにも結び付かないのである。

ロベス・ピエールなどに憧れていた私が純情すぎたのかもしれないが，運動家の背景がどうしても透けて見えるのである。それは欲求不満や女性にもてたいという軽薄なものから，ずっと高邁なものまであったが，共通していたのは父親の問題である。

私は権力と父親を重ね合わせるのは見当違いであると思う。というのも，父親はとうに没落しているのである。すでに1世紀も前に，フロイトは死せる父親を予感し，何とか生き返らせようと試みた。それは転移であるとか，エディプス・コンプレックスであるとか，精神分析の主要な概念に刻印されている。

ミッシェル・フーコーは『狂気の歴史』(1961)の中で，19世紀以降の近代の権力を，家族をモデルにしたものとしたが，1970年代に入るとにわかにそれを撤回し，目に見えない規律権力 pouvoir disciplinaire が問題なのであると，自らの誤りを認めた。今現実に，製薬資本の浸透や，スーパーローテーションによる露骨な医局潰しという形で，それは到来している。

もうとうに力を失い，弱りきった偶像をたたき起こし，それを攻撃するのは，いささかお門違いというものだろう。そんなところにマエストロは出現すべくもない。分院というところがあって本当によかったと思う。

統廃合は結局2001年まで延びてしまった。安永先生が退官されてから10年以上経ってからのことである。先生がいなくなり，一つの時代が終わったことを肌で感じ，私も後を追うように分院を去った。そしてマエストロ達のいなくなった目白台へ向かう足は次第に遠のいた。

精神分析と東大精神科

■ 土居　健郎

　この論文の題は与えられた題であって，私が選んだ題ではない。ところで東大の精神医学教室に精神分析を持ち込んだのは私であるから，この題で書くとどうしても自伝的になる。その点をあらかじめおことわりした上で以下重要と思われる事項を列挙してみよう。

　私が精神科の医局に入局したのは1950年1月であるから，卒業後7年目を過ぎてからのことである。卒業は1942年9月，戦時中で半年の繰上げ卒業だった。私は卒業時，散々迷った末，大田正雄教授の皮膚科教室に入局したが終戦の年，大田教授が御逝去になったので，再び迷った末，以前大学3年生の夏の実習で知己を得ていた聖路加国際病院院長橋本寛敏先生を頼って聖路加の内科に就職した。終戦の翌年1月のことである。

　ところで当時の聖路加国際病院は，終戦後その建物をことごとく米陸軍病院に接収されたので，規模を縮少し，近くのたしか都立の産院の建物を借りて細々と経営されていた。ただ米軍に貸しがあるという理由から医師は米陸軍病院の図書室に自由に出入りし，そこにおかれている医学書医学雑誌を読む許可を与えられていた。そこで私はこの特典を利用し，暇な時はしばしばそこに出入し，手当り次第面白そうなものを取り出して読み，ノートを取った。もちろん当時はコピー機などまだない時代である。なおいま一つのことに関してつけ加えると，私は私の年代までの医者としては英語がかなりできる方であった。であるから米国の医学図書を読む上で何の不自由も感じなかったのである。

　さて以上のべたことが非常に役立つ事態がその後続けて出来した。たしか終戦の翌年頃に始まったことであったと思うが，「アメリカ医学」と題してアメリカで近年発表されている医学論文を邦訳し発表する月刊誌が創刊されるに至ったのである。橋本寛敏先生はじめ三人の長老が監修者で，実際に論文を邦訳して発表したのは我々若い医者であったが，現在，聖路加国際病院の理事長の職にある日野原重明先生は当時編集にも携わっておられたかもしれない。私は内科に所属していた関係上，面白そうな内科の論文を拾い出して紹介したが，当時 psychosomatic medicine ということがかなりいろいろな人によって各方面で論じられていたことに興味を持ち，特にその種の論文を撰んで紹介したように思う。一度，「精神身体医学の理解のために」と題する特集を「アメリカ医学」の誌上に載せたこともある。なお精神身体医学が psychosomatic medicine の直訳であること，後にこれが「心療内科」に転じたことは御存知であろう。なお私は個々の論文の他にこの米軍病院の図書室で見つけた3冊の医学書，T. A. Ross の The Common Neuroses（1923初版，1937版），Edward A. Strecker, Kenneth E. Appel 等による Discovering Ourselves と題された精神分析の啓蒙書，なお医学倫理についての書物まで「アメリカ医学」の誌上で紹介したことを記憶している。以上3冊の中では精神分析的ではない T. A. Ross の本が最も益するところが

上述したことから明らかなように，私はこの頃すでにその後の私の医者としての方向性を特徴づけることになる傾向を示し始めているのであるが，まだこの時点では，というのは1949年末までは自分が内科をやめて精神科に転向するなどとは考えもしなかった。自分の臨床が一般の内科医に比べてかなり特殊な方向に進みつつあることは自覚していたが，しかしあてがわれた患者は選り好みをせずどんな場合も面倒を見たし，ただ神経症的な訴えを持つ患者には詳しい話を聞くために特に時間をさいたぐらいのことである。私としては将来はそれこそ psycho-somatic medicine を標榜する臨床家として自立したいと思っていたし，当時月刊誌として出版されていた東京医事新誌に1949年2月号から「精神身体医学の理解のために」と題してシリーズを書き始めたのもまさにそのためであった。これは10回続けた。ところが1949年の年末にかけて私の将来を左右することになるいくつかの出来事が起きたのである。それは第一にこの年の秋，米国視察に出かけた橋本寛敏先生が帰国してから私を呼び，精神科に転科しないか，もしするならこれまで通り給与は支給するから東大の精神科に入局せよ，と突然指示されたことである。いま一つの出来事は，実際の試験はたしか1950年初めの頃ではなかったかと思うが，ガリオア奨学資金（後のフルブライト）の募集があって，私としてはそれ程乗気ではなかったものの二人の先輩の強い奨めで受験したところ，合格したことである。

このようなわけで1950年は年明けから忙しい年になった。戦後4年続けた内科臨床に中止符を打って東大精神科の医局に移り新たに精神科臨床を学び始めたし，またこの年の夏に予定される渡米の準備として日本に残す家族の生活のことでいろいろ心配せねばならなかった。私はすでに二人の子持ちであったから。なお米国の留学先のことは米国側で心配してくれることになっていたので私としては何も運動はしなかったが，蓋を開けてみたらメニンガー精神医学校ときまっていたことにびっくりした。これには実は次のような事情があったのだ。私が「精神身体医学の理解のために」と題してシリーズを書き出していた東京医事新誌の主筆が古沢平作先生の旧知であってこの頃私は先生に紹介されて何回かお会いしていたが，先生は当時カール・メニンガー博士の著書を翻訳中であり，たまたま先生からメニンガー博士に私の米国留学のことを知らせたために，メニンガー博士が自分のところで私が勉強できるようにあらかじめ手を打ったというわけである。なおこの頃古沢先生を囲んで精神分析の勉強会が始まっており，私もそこに何回か参加したが，そこで私は井村恒郎先生や懸田克躬先生のような東大精神科医局の大先輩に初めてお会いしたというわけである。御二人とも戦後アメリカ精神医学の新しい文献を通して精神分析の重要性にあらためて気付き，古沢平作先生との接触を求められたものと思われる。なお井村先生がその後アメリカの Harry Stuck Sullivan の仕事の独創性に気付き，その翻訳紹介を中井久夫氏に一任されたのは有名な話で，これは本書においても中井氏自身によって詳しく紹介されるものと思う。

ともかく1950年は私にとって大変忙しい年であった。7月にプロペラ機でウェーキ，ハワイを経由してサンフランシスコに飛び，その後1ヵ月余りバークレィのカリフォルニア大学のキャンパスで英語その他米国生活のための準備の指導を受けた後，いよいよメニンガー精神医学校のあるカンザス州の州都トペカまで二，三日かけて列車で赴いたのである。ともかくアメリカ中西部のコーン畑の広がる平野に点在する小都市に放り出されたような気がして面喰ったものである。私はそこにあった州立精神病院で臨床に従事し，その一画にある職員住宅の一室で寝起きする生活が始まった。講義は同じくトペカ市にあるウィンター復員軍人病院の講堂でも

っぱら行われた。当時はまだアメリカでもインシュリン療法や電撃療法が行われており，その手伝いもさせられたが，一番得る所が多かったのは R. エクスタイン博士による精神療法についての講義と，個人の患者をていねいに面接し，その記録をつけることであった。私の英語力は決して完全ではなかったが，なんとか間に合ってそのうち多少は進歩したのだろうと思う。ところで私がもらったガリオア奨学資金というのは1年間と限られていたが，アメリカでの専門教育は当時3年ときまっていて，2年目からは州立病院の方で月給を出してくれることになったので引き続き留学を続けることにした。しかし3年目に入る前あらためて聖路加の橋本寛敏先生におうかがいをたてたところ，2年で充分だから帰国せよという御返事であった。それで1952年の夏には帰国した次第だが，私としてはこれからはこの間2年有余にわたって月給を頂いている聖路加で細々ながら精神科の臨床を開始するつもりでいた。ところが橋本先生のお考えは全く私の予想を越えるものであった。それは私がまだ充分に日本の精神科に馴染まぬ中に渡米したのだから，今一度内村先生の教室に戻り，聖路加には週1回くらい来て適当な患者を受け持てばそれでよい，というものであったのである。

このような次第で私は再び東大の精神科に舞い戻ったわけだが，内村祐之先生は私を暖かく迎え入れて下さったと思う。先に書くべきことであったが，先生は1950年私が渡米する際にドイツ留学時代の旧知で後に精神分析家となった Lawrence S. Kubie 博士（ニューヨーク在住）に宛てて私に紹介状を持たせて下さり，そのお蔭で私は滞米中博士にお会いする光栄に浴した。内村先生は精神分析に対してはすこぶる批判的であったが，しかし強い関心はお持ちであった。なお私がメニンガーで学んだ精神医学は精神分析的な精神医学ではあるが精神分析そのものではなく，当時はそれを dynamic psychiatry と称していた。もっともこの区別は多分に重箱の隅を突っつくようなところがあり，その点をここで論じても始まらないので省くが，ともかく内村先生にとって私はアメリカで精神分析を学んで来た者に他ならなかった。それに私は滞米中に古沢平作先生との間で内弟子としての契約を結んだような恰好になっていたので，その意味でも精神分析を代表する者でなければならなかったのである。

さて私が精神科医局に戻ってしばらくしてからのことであったが，島崎敏樹・西丸四方両氏の訳で「思想」誌（342号，1952年12月号）に発表されたヤスパースによる精神分析批判の論文（Nervenarzt, Vol. 21, 1950）が内村先生の注目を引くところとなった。たまたま教室にはヤスパース哲学を専攻した石川清君がいたことでもあり，彼と私の間で精神分析批判をめぐり活発な議論が展開するのを内村先生御自身奨励されたのである。その結果は精神経誌（Vol. 55, 743-751, 1954）に，内村先生の前書きに続き，島崎敏樹氏によるヤスパース論文の紹介，石川清君の解説，最後に私の反批判の順序で掲載されている。私の論点は Roland Dalbiez というフランスの哲学者によって書かれた Psycho-analytical Method and the Doctrine of Freud（英訳 Vol. I, II, Lorgmans, 1941）に拠るところが多いが，私はこの本を実は滞米中，たまたまメニンガーを訪問された宮城音彌氏によって知らされ，当時早速注文してすでに所有していたのである。

今ここで私の反批判の要点を紹介すると，精神病理は意味了解できるだけで因果説明はできないというヤスパースの説はあまりにも恣意的であると考えた。彼は精神病理の背後にある脳内過程を説明することによって初めてその因果説明が可能になると考えたのであろうか。しかしもしそうならばそれはあまりにも自然科学的であって，もはや精神病理を精神病理として説明するものではないと言わねばなるまい。

Freudの説がすべて正しかったというつもりは全くないが，しかし精神病理的現象を精神的因果の系列を通して説明しようとした彼の意図は決して間違ってはいなかったと私は考えるのである。

　上述したような議論とは別に内村先生とは時々，殊に昼食の時などいろいろお話ししたが，私が「甘える」という日本語の特殊性について言及したのも先生との談話の際が最初だったと記憶している。これについては既に書いたことだしそれ以上ここで何もつけ加えることはないが，先生の方はこの間私がどういう臨床をするかということをじっと観察しておられたように思う。というのは入院患者で精神病の範疇には入らず，神経症的要素の濃いものはしばしばその治療を私に任せられたからである。私としては2年間のアメリカ留学で充分経験を積んだというわけではないし，古沢平作先生からその都度助言頂くことはあったとしてもそれで自信満々というわけではなかったので，随分試行錯誤で治療していたように思う。それでも私が手がけた患者の多くが好転するようにはみえた。その点は内村先生も認めて下さったように思うが，しかし果たして私のやっていることが精神分析といえるものかどうかということになるとやっている本人にもよくわからなかったし，もちろん内村先生がおわかりになるはずもなかった。後年先生がこの点を疑問視されていたことが判明するが，大体やっている本人の私がはっきりしなかったのだから，周りの者にわかるはずもなかったであろう。しかもその中に私自身，直接指示を仰いでいた古沢平作先生の指導方針が本当に精神分析といえるものかどうかということについて深甚なる疑いを抱くに至ったのである。もちろんそのような深刻な疑いを心にしまっておくことはできないので私は正直に先生に自分の疑問を打ち明けたし，先生の方も随分一生懸命それに答えようとなさったが，それでも一向に問題は解消するようには見えなかったのである。

　かくして私は再び渡米して本場の精神分析を直に経験してみたいと思うようになった。そして種々画策した結果，1955年再度渡米するに至るのである。1950年の最初の渡米でもかなり妻子に苦労をかけたのであるから，2回目はほとんど無理強いをしたに等しいが，当時の私にはその点が本当にはわからず，今から考えるとただもうやみくもに再渡米を決行したように見える。おそらく見る人が見たら当時の私はかなり常軌を逸していたにちがいない。日本でもその後通用するようになったErik H. Eriksonの用語を使えば，私は当時アイデンティ・クライシスの真只中にいたということになるだろう。さいわい私の分析を引き受けたNorman Reider先生が私の精神状態や私をとりまく客観情勢を勘案して早期の帰国をすすめられ，1年後の1956年夏には帰国するに至った。また彼の執り成しで古沢平作先生との関係も修復し，なお内村先生の下での内地留学もこの際終止符を打って，聖路加国際病院で正式に精神科外来を開始するに至ったのである。

　最初にのべたように以上かなり自伝的な事柄をのべたが，もちろん本当の自伝ならばそれこそ幼時の体験をのべねばならないし，特に思春期のこと，それから私の場合はキリスト教の影響や，またなぜ医者になったかなど，いろいろ他にも重要な事柄があり，また戦時中の体験も省くことはできまい。しかし以上のべたことからだけでも私が一人前の医者となるためにかなり苦労したことはおわかり頂けるだろう。そしてまさにそのことが精神科臨床の上で非常に役立つに至ったことをここで強調しておきたいのである。大体，私がなかなか自分の専門をきめられなかったことや，漸く内科をやるときめた後も次第に神経症的な訴えを持つ患者に注意を向けるようになった事実，もちろんこれは当時アメリカ医学の中でpsychosomatic medicineという視点が強調されたことが影響したことで

はあるが，しかしどこか自分自身の中で病的な精神世界に共鳴するところがあったのではないかと思われてならない。ともかくこのようなわけで後に，というのは1963年からのことであるが当時の教室主任秋元波留夫教授によって非常勤講師に任ぜられ，後輩を指導するようになってからも，もっぱら臨床指導のためのケース検討会に終始し，講義や読書指導には一切手を染めることをしなかった。この点についての私の方針はもう少し詳しく説明しないと誤解を招く恐れがあるので以下更にのべてみよう。

まず私自身は精神分析医と思われており，現にその学会の会員であり，したがってその方面の書物を読むし，また自分でも精神分析的な論文をいくつか書き，殊に「甘え」概念を用いた一連の論文は私の最も得意とするところである。したがって後輩が同じようなことをしていけないわけはないのだが，ただ実際の臨床に当ってはすべての先入主を去ってケースそのものに当らねばならないということを強調するため，私は敢えてきびしくそこに既成観念を持ちこむことを禁じたのである。殊に私が指導を任されたのは新進の精神科医であって，精神分析医になることを志す人達ではなかった。であるから私は殊更にはっきり精神分析のレッテルが貼られるようなものは排し，もっぱら一般の精神科医としてこれくらいは弁えてほしいという点を強調して指導したのである。言い換えれば私は自分の役目は精神科医の教育であって，精神分析を専門とする人達を養成することではないと考えた。更に日本ではどうも，いや日本ばかりではなく諸外国でもそうなのかもしれないが，若い医者は早くから自分の専門をきめこんで，臨床一般を軽視する傾向があるのではないかと考えていたのである。

以上のべて来たことと関連するが，私が第8回東京精神医学フォーラム（2005年10月17日開催）に講師として招待された時の講演を「臨床精神医学の方法論」と題したのは全く上述したような理由に基いている。この中で精神分析固有の議論はほとんど出て来ない。Freudの名前も一度出るか出ないかぐらいのものである。それも講演の最後のところで治療についてのべた際のことであるが，しかしここでも従来の精神分析療法の解説にしたがってではなく，全く私なりのしかも非常に単純な観点に基いて説明がなされている。単純といってもそれなりに意味深長なつもりで話をしたので，もし可能ならばこの講演をテープから起こした記録「臨床精神医学」誌，第35巻，第5号，551-560，2006を読んで頂きたいが，ここではその要点に今すこしアクセントを加えて紹介しておこう。

私は精神医学の臨床は他の身体医学のようには自然科学的知見に準拠することはできないと思っている。この点は近年における精神薬理の発達と脳研究の進歩によって大分画目を一新しつつあるように見えるかもしれないが，しかしそれでもまだ精神科臨床の本質そのものはそれ程以前と変ったわけではないと考えている。精神科医は眼の前にいる患者に対してまず何が問題でこの者は自分の前に連れて来られたのか，あるいはむしろ自ら進んで来たのかをわかろうとする。これは他の身体医学の場合も同じではないかと言われるかもしれないが，ただ違うのは精神科の臨床においては非常に多くの場合患者がこの問いに真っ直ぐには答えられないことである。というのは患者自身自分の立場がわからないでいて，一体なぜ自分がここにいるのか，なぜ自分が連れて来られたのか，彼ないし彼女なりに考えあぐんでいることが極めて多いからである。要するに精神科臨床においては医者のアジェンダと患者のアジェンダが大なり小なりくいちがっている。そしてそのことこそが精神科臨床における第一級の所見であるということを私は主張したいのである。

ところでこのように医者と患者の考え方が違っていれば治療関係は成立しないと思われるかもしれないが，しかしそれがそうではないのが

面白い。もちろん違いそのものを取り上げて患者を説得しようとしても始まらない。それにもし敢えてそうすればその段階で関係は切れてしまうことが多いだろう。しかし患者はどんなに理不尽なことを言う場合でも、内心孤独で不安に悩んでいることが多い。それこそ大部分そうであるといってよいだろう。であるから医者が落ち着いて例えば次のように語ることができればまず十中八九患者は医者のすすめにしたがうものである。「あなたは病気とは考えないらしいが、私の眼から見れば立派に病気だ。少し気持ちが落ち着く薬をあげるからしばらく通ってみないか。」もっとも必ずしも投薬が必要であるとは限らない。投薬なしに面接を続けることだって充分に可能なのである。

大体、以上のべたようなやり方で私は東大精神科においてこれまで若手の新人を指導してきたのである。「精神分析と東大精神科」という題をもらって以上書いてきたのであるが、どうもさっぱり精神分析らしいことは教えなかったような気がしないでもない。実際何年も教室に関係していて私の後輩で本物の精神分析家になったのは藤山直樹君ただ一人である。それも私の影響で彼がその道に進んだのではなく、彼自身にその方面で活躍する才能があったからであることを強調しておきたい。そしてそれでよかったのである。そしてもしまた私の臨床指導が少しでも後輩に役立つところがあったとすれば、どこにも精神分析のレッテルは貼られていなかったとしても、上述したように私が精神分析という迷路を潜ってきたことがそこに大きく影響していたことを是非とも知って頂きたいのである。

さて私の話は以上で終りであるが、ここで私が関係した年月の間だけを考えても、したがって精神医学教室120年の歳月を勘定に入れればなお更のこと、精神科を訪れる患者の病態がこの間大きく変ってきていることについて最後に一言しておこう。もちろん患者だけが変化してきたのではなく、精神科医の方も変ったのである。例えば内村教授時代しきりに行われたインシュリン療法・電撃療法・睡眠療法はその後だんだん行われなくなり、変って新しい薬物療法が行われるようになった。そしてそれにつれてか何かわからぬが患者の示す病状も変化して来たのである。このことは本書においてもどなたか論ずるかもしれないが、その点と関連して私も一言すると次のような事実がある。それは「甘え」に関することであるが、この頃の患者は「甘える」といってもピンと来ない者が非常に多い。「甘ったれ」ならわかる。しかし普通の意味で「甘える」ということがわからないのだ。したがって「甘えたい」もわからない。私が「甘える」という言葉が日本語独特のものらしいということを初めて内村先生にお話しした時、先生がいぶかって「そうかね、君、子犬だって甘えるよ」という話はこれまで度々使わせてもらったエピソードだが、これは「甘え」概念の普遍性を暗示するものであったし、同時にまたそれは患者達にも通用するコトバであることを当時は誰も疑わなかったことを暗示している。しかしこの頃はどうもそうはいかなくなった。「甘える」ことがどういうことかわからない患者がふえてきているのだ。いや患者ばかりではない。医者も御存知でない方がふえてきているように思う。そしてこのことは精神科の患者が近年激増している事実と決して無関係ではないだろうと私は考えているのである。

最後に今一度繰り返そう。私は自分が精神科非常勤講師としてやったことが教室の新人教育の一環として定着することを望んでやまないものである。

教室120周年　精神科小児部の40年

■ 太田　昌孝

　小児部は常に子どもの精神科を確立しようとする意図を持ち続けていた。小児部の中心には発達障害の子どものデイケアがあった。振り返ってみると、デイケアは診療、研究、および教育と大学に必要な機能をはたしてきた。そして、精神科病棟が機能していなかった一番の困難な時期から、医師を中心とした心理、教育に関連する多職種が連携してこの役割を担ってきた。また、デイケアが医学生の実習や医師の研修の役割のみならず他の職種の研修と要請に寄与してきた。さらにはデイケア単独あるいは医局や内外の関係者とともに小児精神医学の臨床研究や生理学的研究も行ってきた。この機能は現在の「心の発達」診療部に引きつがれ、新しい観点を加えてさらなる広がりを持っているように思われる。このような視点をふまえて、比較的資料が多く、多岐にわたっているデイケアの機能と役割の変遷を軸として小児部の歴史を述べることにする。40年史とはデイケアが東大で開始された時期から数えたものであるが、東大における小児精神医学はそれ以前の時期がありそれを黎明期として挿入し記録にとどめた。

小児部黎明期

　小児部の歴史の黎明期は、東京帝国大学医学部脳研究室内に吉益脩夫、村松常雄により1936年（昭和11年）5月に児童研究部を開設したことまでさかのぼれる。二人は「精神医学中児童の問題は、臨床的にも精神医学的にも特殊性を示すこと多きのみならず、社会医学、治療教育学、教育学等にも関係するところ大なるものあり」とその重要性を述べている。この児童研究部は戦争のために無くなってしまったという。

　1953年頃、本院での子ども外来（キンクリ）の始まり、自閉症や問題行動をもつ子どもに手探り的なアプローチをした。上出弘之のほか、足立博、成瀬浩、市場和男、武村信義が参加していた。上出弘之は1957年には分院に移り、そこでも児童クリニックを始めたが、本院の外来診療や抄読会も続けていた。この時期の参加者は長畑正道、高橋哲郎、石川義博、佐久間モト、浅香昭男、浅香須磨子、開原久代などであった。分院の方では衛生看護学科の人達が多く参加し、臨床とともに、子どもの脳発達と精神発達の関連の経年的調査を行っていた。1960年には、日本児童精神医学会の第1回総会が東京大学で行われた（会長は精神衛生研究所の高木四郎、総会実務を上出弘之が行った）。1966年の長畑らの学会発表によれば、昭和29年から38年の10年間に外来を受診した15歳以下の児童は全外来患者の9.1％となっていた。このキンクリは東大紛争のために1968年頃には消失したという。

第1期　1967年-1968年のデイケア開設当初の時期

　小児部デイケアはその前身を浅香須磨子により1965年8月に作られた千葉県市川市の式場病院自閉症病棟における自閉症のデイケアにさかのぼることができる。そこでは、入院ではなく、1名の保育士（石井葉）で数名の自閉症児を集

団保育しながら，主に自閉症児の行動観察が行われた。

1967年5月にそのデイケアは臺教授の理解のもとに東京大学病院精神神経科の赤煉瓦棟の一部に移転した。そして，高橋哲郎が責任者となり，石井が実際に担当した。11月には，東大小児科の協力の上でダウン症児のグループができた。デイケアは療育をするのみならず，対人関係が対極にあるこの二つの障害を心理行動の観点から比較研究することも目的とされた。デイケアの通院児童は16名，スタッフは精神科医1名，保育士2名および学生アルバイト2名であった。自閉症児とダウン症児は，それぞれ別のグループをつくり，それぞれ週2回隔日に通院して，朝10時から午後3時までの治療を受けた。治療の内容は，一般に普通児が保育されるやり方に準じて，遊戯活動とともに，食事，排泄，着脱衣などの生活指導がなされていた。また，絵画指導の教員が週1回で参加していた。同月に，親の会である「銀杏の会」が結成され，親と医師やセラピストとの連携の重要な役割を担うことになった。

1968年1月にデイケアは病院本館地下の精神科外来の奥の廊下にしきった部分に移った。

この時期は，自閉症児を保育の対象として受け入れ，働きかけた時期であった。多くの自閉症児が地域の保育園や幼稚園はもちろんのこと，義務教育の学校にさえも受け入れてもらえない時期であったことを考えると，その意義は大きかったといえよう。保育的な療育を行って適応を良くすることを志向したのは，当時広く自閉症が親の育て方やパーソナリティによる心因により起こると考えていた流れの中では画期的なことであった。

第2期　行動療法の導入された時期　1969年–1973年

デイケアが統合療育を志向したり，オペラント条件づけの学習理論による行動療法を導入した時期である。世界的にも自閉症に行動療法を用いた治療の効果が数多く報告された時期であった。その時期には，デイケアでは治療の目標とする行動に焦点をあてて詳細な行動評価が行われ，短期的な治療の効果を実証的に示すことができた。その中で，模倣行動や発声の頻度の向上など一定の成果を上げることができた。また，小児部デイケアの大学病院で正式な位置づけを求めた時期でもあった。

1969年1月に上出弘之助教授が分院から本院に移る。同年5月に高橋哲郎が転出する。

同年4月にデイケアでは人に対して愛着がよくみられるダウン症児を，自閉症児のグループに編入して，混合保育が開始された。デイケアにおける分離から統合療育への，ささやかな最初の試みと位置づけていた。同時に，自閉症児には治療者と1対1の関係での療育を始めた。9月には，銀杏の会はセラピストの待遇改善のために支払う資金難の打開策として，デイケアのスタッフの援助でバザーなどを始めた。

1970年4月に銀杏の会に対して東京都から障害児療育に対する東京都通所訓練補助金が支給されることになった。当初は年額30万円であり，その後徐々に増額され，銀杏の会が東大内で存続した2000年度まで支給された。ダウン症児も含めて，通院児童のすべてが，治療者と1対1の関係で療育されることになった。従来の生活指導や遊戯療法を主にした方法に加えて，積極的な教育的配慮も試みる姿勢がとられ，〈治療教育〉という言葉を自らの治療態度に採用した。6月デイケアは精神科外来から北病棟1階に移った。

1971年3月デイケアの機関誌ともいうべき文集「ぎんなん」創刊号を発刊した。

1972年3月，臺弘監修，森谷玄監督による映画『子供の自閉症』を完成した。4月，新たに週1日通院するグループができた。月・木曜グループ12名，火・金曜グループ10名，水曜グループ7名で通院児童合計29名となった。また，

関根洋子が技術補佐として採用された。8月銀杏の会は衆議院文教委員会および文部省学術局医学教育課に，小児部を独立した診療科とするように陳情した。9月文京区議会に同主旨の援助を求める請願，東京都は文部省に同主旨の意見書を上申した。12月同主旨の対病院長交渉を，小児の母親も出席して行った。病院長は，小児部が実態として診療部門であることを認めた。

1973年6月に佐々木正美が小児部の責任者となる。

同年9月，衆・参両議院議長宛てに，同主旨の請願署名を始めた。東大より文部省への概算要求に小児部を正式な診療部門として認めるための内容が盛りこまれた。12月，署名1万5千名となった。

第3期 治療教育の質的転換の時期 1974年-1976年

デイケアの自閉症児への治療の方法についての模索期あるいは現在の発達的な治療教育への移行期として位置づけられる時期である。行動療法では，行動の改善に限界があるばかりでなく，子どもが見かけ上の行動だけを学んでしまうこと，家庭や他の場面に般化できないことなどの治療経験から，デイケアでは自閉症を発達障害として考える立場から再度治療の基本的な見直しがなされた。

1974年1月に上出弘之助教授が東京都児童相談センター長として転出した。

同年4月のデイケアのスタッフ構成は，心理技官1名，定員外職員（定員でない常勤の人）2名，委託研究費による勤務者（保育士，PSW，教育・心理関係）8名の11名であった。

1976年1月に佐々木正美が神奈川県小児療育相談センター所長で転出した。太田昌孝が責任者となる。3月に石井葉，他3名が退職し，さざんかの会（現在の発達協会）を設立した。また，感覚統合理論に基礎をおいたデイケア活動の体験をデイケアのスタッフ全員で執筆して安田生命社会事業団年報に論文を発表した。

この時期の研究としては，太田昌孝，栗田広が，精神科外来のグループと共同で，自閉症の臨床脳波，神経心理学的研究を行っていた。後に清水康夫，川崎葉子がこれに加わっている。

第4期 治療教育の質的転換の時期 1977年-1982年

行動評価から精神発達の評価に評価の視点が移り始め，現在の認知発達治療の基礎を築いた時期であり，治療について大きく質的な転換を図った時期である。この時期から治療の重点は行動の改善から精神発達の促進におかれ，治療の主な目標は自閉症児の認知発達の促進に置かれるようになった。

1977年には，新しい試みを予感させる「自閉症児へのアプローチ」を臨床看護誌にスタッフ全員で発表した。翌年，仙田らにより「自閉症児の認知発達教育——デイケアの経験を通して——」を臨床精神医学誌に発表し，認知発達治療の骨格が示された。1978年には，川崎葉子が小児部に参加し，研修と臨床脳波などの研究を行った。1979年2月にセラピスト畑中邦比古が畑中子ども研究所を設立した。1981年5月に原仁が小児部に参加し，デイケアの研修と小児精神薬理学の研究を行った。

1982年の外来体制についてみると，専門外来の担当の医師は，栗田（水），太田（木）の2名であった。デイケアに通院するためには，精神科の外来での医師の診療が必要であり，主としてこの2人が担当した。診察の後，デイケアでのセラピストによる行動観察などが行われ，通院は医師も含む検討会で決定する仕組みをとっていた。そのため，デイケア通院を希望する子どもは基本的にはこの2人の医師が診察した。

研究面で見れば，栗田はこの時期に自閉症の折れ線現象に着目した研究を行い，その後小児期崩壊性精神障害の研究へと発展させ，世界的に注目されている。

第5期　自閉症の基本障害に焦点を当てた治療教育の時期　1983年-2002年

　認知発達治療の開発と充実の時期にあたり、より自閉症の基本障害に焦点をあてた治療がすすめられてきた。自閉症の発達評価法としての「太田ステージ評価」に基づいて、ステージ段階別の臨床像と治療教育のねらいをまとめ、各々の発達課題を系統化してきた。またこの時期には、薬物治療の積極的な検討、および認知発達治療を支える家庭との連携についても力を入れ、総合的な治療プログラムを考慮してきた。

　1985年9月20日にドミニカ共和国の大学学長 F. Sanchez Martinez 博士（精神科医）が、東大総長からの依頼に基づいて山中病院長、原田科長の案内で北病棟を公式に視察された。

　1985年当時の小児部の状況についてみると、小児専門外来は太田と清水康夫が分担して、週に3～5例の枠をもっていた。心理の仙田をはじめ、それに心理研究員永井洋子と小児部デイケアのセラピストも一部加えて、医師の指導のもとに小児の外来診療を補っていた。また、仙田は一般外来の患者さん（成人も含めて）の心理検査の業務も負っていた。

　1985度上半期統計では、15歳未満の外来患者は、全新来数665例中59例で8.9％を占めていた。年齢別の疾患構成は、5歳幅で14歳までの年齢層別の疾患構成を見ると、最も患者数が多いのは、5～9歳の幼児期後期から学童期前半であり、5歳未満では、精神遅滞、言語遅滞および自閉症といった発達障害が主であり、中でも自閉症が多いのが特徴であった。学童期に入るとMBDやてんかんが増えていた。

　デイケアの定員は22名であった。治療に携わるスタッフは、医師では太田と清水が関わっていた。セラピストとしては、仙田をリーダーとして7名おり、それに看護助手の西方芳子がいた。また、研究員の永井は、心理学・育児学の見地から治療に助言をする形で参加していた。セラピストについては、一部は東大病院の診療補佐員として定員外職員になっているが、大部分の者は委任経理金雇用となっていた。精神科からは毎年、大学当局を通じて文部省に対して小児精神科新設の要望を提出してきたが、定員の配分すら実現されなかった。

　1986年1月に金生由紀子と横田圭司が小児部に関与する。

　1989年1月21日には、International Symposium on Evaluation of Initial Treatments for Autistic Children を上野の東京文化会館で行った。これは三菱財団助成金で行われたものである。シンポジストとしてアメリカのNorth Carolina大学の Treatment and Education of Autistic and Related Communication Handicapped Children プログラム（TEACCH）の主任の Schopler 教授と副主任の Meshibov 準教授が加わり、日本側からは佐々木正美、太田昌孝、栗田広、清水康夫、永井洋子、金生由紀子が参加した。

　1992年には、デイケアに関与していた医師とデイケアのセラピスト全員および関連する療育機関のスタッフとともに、小児部における臨床研究とデイケアの臨床経験との成果をまとめて、太田昌孝、永井洋子編著の以下の二部作を日本文化科学社より出版した。すなわち、①自閉症治療の到達点、②認知発達治療の実践マニュアルである。この「認知発達治療」の開発のための研究と実践は多くの助成により支えられてきた。研究助成としては、厚生省心身障害研究班「自閉症の本態、原因と治療法に関する研究」（1981～1983）、「自閉症の療育体系に関する総合的研究」（1984～1986）（班長 佐々木正美）の分担研究があげられる。1986年には三菱財団より「自閉症の認知発達治療および治療効果の評価についての研究」に対して、安田生命社会事業団より「思春期・青年期の社会適応を妨げる要因の「自閉症児における親子間の相互作用と家族のニーズに関する研究」のテーマで3年間（1985～1987）の研究助成を受けた。

この二部作は，その後，日本全国の自閉症をはじめとする発達障害に関連するに福祉機関，教育機関，医療機関などに大きな影響を与えている。また，認知発達治療の考えと方法については，Hondurasや中華人民共和国など国外でも関心が持たれている。

1994年4月より18年余デイケアの責任者を務めてきた太田が東京学芸大学に転出した。金生由紀子がその後を引き継いだ。1995年3月に仙田が退職し，仙田子どもの発達研究所を設立した。

1997年1月に，16年近くデイケアのセラピストを務めていた染谷利一が助手に採用される。同年3月にセラピストの松永しのぶが退職し，鎌倉女子大学講師となった。1998年4月に永井洋子が退職し静岡県立大学教授となった。

この時期の研究には，永井，太田らによる自閉症児の親のストレスの研究があり，それが学校精神保健の研究に引き継がれた。太田は自閉症の発達精神病理についての研究を引き続き行っている。金生は自閉症の併発症についての研究を始め，Tourette症候群と強迫性障害の研究へと発展させている。橋本は脆弱X症候群などの遺伝子の研究を開始していた。

第6期 デイケアの再編と児童精神医学の実現化への胎動 2001年から現在

2001年3月にセラピストの相沢幸子らが退職し，米田衆介と御茶ノ水発達センターを作り，銀杏の会もそこに移り，従来までのデイケア体制は変更された。デイケアの運営やシステムについて検討され，病院の現状にも合わせた，新しい出発への胎動の時期である。すなわち，医師との連携のもとで，発達の評価，療育指導，療育相談の三つの機能をもつ「発達心理外来」と就学前の幼児を対象とした小集団療育の「短期グループ」に再編され，セラピストがより多くの子どもを受け入れる一方で，短期グループでは子ども1人当たり1日のケアの時間は短縮

された。責任者は，精神科で児童の研修を積んだ若手の医師が短期的に引き継ぎ，その名前を年代順に挙げれば，橋本大彦，野瀬孝彦，石島路子，渡辺慶一郎となっている。

2005年4月に，加藤進昌教授をはじめとする関係者の努力により，「こころの発達」診療部が，特別教育研究経費による「こころの発達」臨床教育センターに対応する診療部門として，院内措置で開設された。2006年1月に金生由紀子が副部長に就任した。「こころの発達」臨床教育センターは，児童精神医学・脳科学を基礎としながら幅広い職種における「こころの発達」に関する専門家を養成することを目的とする。実習を含めた実践的な講義シリーズや半年単位の濃厚な臨床実習などの研修コースを実施している「こころの発達」診療部は小児部における治療教育などの蓄積を踏まえつつ，精神科，小児科はもちろん教育学研究科，さらには他の機関とも連携して活動を展開している。「こころの発達」診療部には，専任の医師3名を始めとする約10名の医師，非常勤を含め約10名のセラピストが関わっており，「発達心理外来」には約500名の患者が通院している。また，診療と教育の質の向上を目指して多職種による研究も推進している。精神科と共同で発達障害の脳画像，遺伝等の研究を行うとともに，治療教育の方法や効果の評価などについての実証的な研究を行っている。心の発達の臨床的専門家が軸になり生物学的手段も含めた治療的研究を進めるように期待したい。

小児部の歴史を振り返ってみると，診療，教育，研究の機能を着実に果して，診療科と同等の機能を担ってきたといえる。今回は，デイケアに直接関連する研究のみを文献としてあげたが，小児部に関与した医師，心理研究員，セラピストなど業績は多くあり，世界的に評価されている研究も少なくない。これらの研究は主なテーマのみここで記し文献紹介は割愛させても

らった。病棟の研究室が使えなかった時代に，小児部のこれらの機能を維持する核にデイケアがあったといえる。このような小児部の機能は，そこに関与した医師のみで維持できたものではなく，多くのコメディカルスタッフとの強い連携と自己犠牲にも近い献身的な努力と関係する親のグループの強力な後押し及び多くの大学外の関係者の支援とご協力によるものであることがわかる。それは，この子ども達への科学的な治療の期待が込められていたといえよう。小児部で働いたスタッフには医療・福祉機関などに就職し，そこでリーダー的な役割を担い小児部で得た実践と理論とを深めている専門家として活躍している方も少なからずいることも，また特記することである。本来であれば一人ひとりの名前をあげて，その努力に報いるべきであろうと思うが紙面の関係上これも割愛させていただいたことをご了承いただきたい。また，代々の精神医学教室の教授をはじめ，医局の医師の皆様の絶大なる支援と協力の上で成り立ってきたものであることもまた，重要な事実である。これらの絆を，「こころの発達」診療部が引き継いで行くことに今後の発展があるだろう。

文献

1）吉益脩夫，村松常雄：東京帝国大学医学部脳研究室児童研究部に於ける異常児童500例に就きての精神医学的研究（第1回報告），精神経誌49(7)；485-501，1940
2）長畑正道，佐久間モト，伊達須磨子，浅香昭雄，開原久代：最近10年間における東大精神科外来患者15歳以下の児童についての臨床統計的観察，児童精神医学とその近接領域7 (1)：11，1966
3）高橋哲郎：ダウン症のデイケア治療，最新医学24(2)；288-290，1969
4）「ぎんなん」第1号-9号（最終号），1971.3-1979.3
5）東京大学医学部精神医学教室，教室ニュース 第1号-61号，1969.11-1990.3
6）臺弘監修，上出弘之，石井葉，徐世傑指導，映画「子どもの自閉症―その治療教育と行動研究」，独立企画，1972
7）臺弘監修，上出弘之，石井葉指導，映画「子どもの自閉症―集団適応をめざして」，独立企画，1974
8）佐々木正美：東大精神科小児部におけるデイケアとその周辺の問題，児童精神医学とその近接領域16(2)；112-124，1975
9）太田昌孝，仙田周作，安島里子，新垣ヨシ子，板橋富栄，関根洋子，畑中邦比古，広瀬愛，栗田広：自閉症児における全身運動をとおしての知覚，認知の発達を促す試み，安田生命社会事業団年報；11，38-44，1976
10）太田昌孝，栗田広，仙田周作，畑中邦比古，安島里子，新垣ヨシ子，広瀬愛，板橋富栄，関根洋子：自閉症児へのアプローチ，臨床看護3 (6)；68-94，1977
11）仙田周作，太田昌孝，栗田広：自閉症児の認知発達教育―デイケアの経験を通して―臨床精神医学7 (8)：921-930，1978
12）太田昌孝，仙田周作，清水康夫：精神薄弱のデイケア―幼児期の精神発達遅滞の治療教育，理学療法と作業療法；15，715-719，1981
13）永井洋子，仙田周作，太田昌孝，関根洋子，亀井真由美，金生由紀子，橋本大彦：東大デイケアの意義と課題――自閉症治療と評価の歴史的展望の中で――，太田昌孝（研究代表者）自閉症児の認知発達治療および治療効果の評価についての研究，三菱財団助成研究最終報告書；1-15，1991
14）太田昌孝，永井洋子編著：自閉症治療の到達点，日本文化科学社，1992
15）太田昌孝，永井洋子編著：認知発達治療の実践マニュアル，日本文化科学社，1992

精神科リハビリテーションと東大精神科

安西信雄
古川俊一

I. はじめに

精神科リハビリテーションの発展の道筋において東大精神科がどのような役割を果たしてきたかを振り返ってみたい。筆者のうち，安西は昭和48年から19年，古川は平成15年から現在まで東大病院で勤務し，主として精神科デイホスピタルに関わってきた。筆者らが直接知り得た範囲は，東大精神科の営みのごく一部に過ぎないので，資料により知識の不足を補い，責を果たすことを試みたい。

リハビリテーションという言葉は，第二次大戦中の英米で法律や審議会等の名称として用いられたことを契機に普及したもので，元来は破門された人の権利や身分の回復を意味する言葉であったが，それが障害者の社会参加や全人間的復権を目指す諸活動を統合した言葉として用いられるようになった[1]。身体リハビリテーションの分野では，日常生活動作（ADL）の概念が確立し，早期離床・早期歩行等が大きな成果をあげたことがリハビリテーションの必要性を広く認識させることになった[2]。精神科領域では1950年代後半から英国と米国で脱施設化が始まったが，当初，リハビリテーションの取り組みは精神病院の中に限定され，長期在院患者を退院させることがリハビリテーションと考えられる傾向があった。その後，精神障害者は対人的な環境の中での社会的な役割遂行に困難があることが認識され，精神科リハビリテーションの課題が地域における対人関係や住居への適応，職業的な問題へと拡大していった[3]。

精神科リハビリテーションは「学習過程と環境支援を通して可能な限界まで対人的・道具的役割機能を回復させる」とともに，「機能の再獲得に限界があるときには環境調整や環境側の支援を強めることによってその限界を代償する」こと，これらによって「回復を助け，専門家による最小限の介入で，彼ら自身が選択する環境において落ち着き，満足できる生活を送れるようにすること」である[4]。これは精神障害を持つ人も（必要な支援を得て）社会の中で普通の生活が送れるようにするというノーマライゼーションの考え方に基づくものである[5]。

わが国では，未だに入院中心と指摘される状況にあるが，一方でノーマライゼーションの考え方も普及してきており，それを実現するための地域リハビリテーション技術も発展してきている[6]。また，今日では精神科リハビリテーションの対象は統合失調症に限らず，慢性のうつ病やさまざまな疾患に広がり，さまざまな分野で多様な実践が行われている。本来こうした多様な広がりを汲み上げるべきであるが，紙数が限られているのでエポックメーキングと思われることがらに絞らざるを得ない。

そこで，わが国における精神科リハビリテーションの発展経過と，その中で東大精神科の果たした役割について，①精神障害者の処遇改善，②精神科リハビリテーションの概念形成，③院内プログラムとしての精神科リハビリテーション，④精神科デイホスピタルの開設から現在の順に述べることとしたい。

II. 精神障害者の処遇改善

明治33年にわが国最初の精神障害者に関する法律「精神病者監護法」が成立した。これは秋元[7]が指摘しているように、政府が病院建設の責任を怠り、私宅監置という医療不在の隔離と監禁を合法化するものであった。この法律が成立した翌年に欧州留学から帰国して東京帝国大学医科大学教授に就任した呉秀三は、この法による患者の監視と取り締まりでことたれりとする政府当局をするどく批判したが官公立精神病院の建設は進まなかった。

そこで呉は全国の私宅監置の実情を調査して樫田五郎と連名の報告書「精神病者私宅監置の実況及びその統計的観察」[8]を発表した。呉は序文で、「余は東京帝国大学医科大学精神病学教室主任として（中略）明治43年より大正5年に至る間、暑中休暇の都度、教室勤務の助手・副手（15人）を1府14県に派遣し、是が実地状況、殊に私宅監置の実況につき調査せしむる所ありたり」と述べている。多数の写真と克明な図が「惨憺たる監置室の光景、不完全なる民間療法の実景」を雄弁に物語っている。この報告書の「第7章 意見」に、岡田[9]が紹介して広く知られることになった「我邦十何万の精神病者は実にこの病を受けたるの不幸の外に、この邦に生まれたるの不幸を重ねるものと云うべし」という有名な言葉がある。

こうした努力の結果、報告書の翌年に精神病院法が帝国議会を通過して成立した。秋元[7]が指摘しているように、精神病院建設の公約の実現ははかどらず、私宅監置はなくなったわけではない。しかし、わが国の精神科医療の黎明期に東大精神科が強い責任感にもとづいて、克明な調査にもとづいて患者の医療・処遇改善を政府に働きかけ、その一部を実現させたことは東大精神科の誇るべきエピソードと思われる。呉が1902年にはじめた精神病者慈善救治会（精神病者救治会、救治会）の伝統を受け継ぎ、秋元波留夫を中心に東大精神科関係者が多数参加して展開されてきた精神衛生会[10]や日本精神保健政策学会等の活動は、呉が描いた精神障害者のための社会改革を現代において継承・発展させるものといえるのではなかろうか。

ここで、呉を中心とした精神病者救治会の事業の一部につき回顧しておくことも適切であろう。大震災の翌年1924年に同会に精神病者相談所を開設して、1926年には無料診療を行うとともに通所作業もはじめた。さらに同会は1928年には救治会収容所を落成させた。この目的は軽快通院者に職業をさずけ、社会生活の準備をさせ、さらに職業紹介もしようというものであった。この収容所はまさにリハビリテーション施設を目指すものであったが、病院としては不備ということで許可が得られず、その建物は精神薄弱児施設となった[11]。

1964年、ライシャワー大使刺傷事件につづき精神衛生法緊急改正（改悪）が時の池田勇人首相により指示されたときには、日本精神神経学会首脳部は大勢ロサンゼルスにおけるアメリカ精神医学会に参加して不在という異常事態のなかで、松沢病院医員をはじめ教室関係者が法改悪反対の運動を急速に組織して改悪を阻止したことも指摘しておきたい。

III. 精神科リハビリテーションの概念形成

わが国で精神科リハビリテーションをタイトルとする初めての出版物は江副勉監修になる「精神科リハビリテーション」[12]と思われる。この書の序文で江副は、リハビリテーションの必要性を強く主張した先達のひとりとして斎藤玉男をあげている。斎藤[13]は、「精神病（殊に無産者の）治療は社会の義務であり、之には医学的治療と社会的予防並びに社会的治療が必要である」「病院治療は精神病治療の一部局を担当するに過ぎず、病前保護（予防）と院外保護が之に劣らず必要であり、三者の相伴はない精神病治療施設は、施設として不完全であり、従って効果も十分ではあり得ないこと」とをすで

に昭和8年（1933年）に主張していたのである。抗精神病薬導入のはるか前から，諸外国に先んじて，わが国で現代に通じる精神科リハビリテーションの考えを持つ先覚者がいたわけである。

この本で江副は，昭和35年（1960年）に第3回病院精神医学懇話会で「退院後の社会再適応」というテーマでシンポジウムが開かれたことについて，「社会復帰，リハビリテーションとは表現されなかった」「われわれは社会復帰，リハビリテーションの定義もまだはっきりと身につけるだけの経験が足りなかった」と述べている。その2年後の昭和37年（1962年）の第58回日本精神神経学会総会で「精神障害者の社会復帰」がシンポジウム（司会：江副）のテーマとして取り上げられ，「社会復帰とは何か」という定義づけが試みられた。小林八郎がまとめた定義は「社会復帰とは，精神障害者に対して身体的治療，狭義の心理療法などの，いわゆる精神医学的治療を施すことをもって治療を完了したものとして退院などをさせるだけでなく」という言葉に続けて，レクリエーション，作業療法等を行い，病院外の社会への復帰の支援とアフター・ケアを行って，「社会的適応と経済的独立を支援するプロセスである」とした[12]。江副自身，「世界一長い定義」と述べているように，社会復帰について理解を得るのは大変な苦労であったことがわかる。

精神科リハビリテーションの概念形成においては，その技術的発展と，ノーマライゼーションに向けての社会環境の改善・権利保障が車の両輪となる。

秋元[14,15]は「精神障害者の多くは医学的な意味での障害者であると同時にリハビリテーションを必要とする障害者である」として，リハビリテーションを「障害者の機能障害 impairment，能力障害 disability，社会的不利 social handicap の克服を援助するための専門分野」として確立させる必要性を指摘するとともに，障害者としての権利を保障する社会制度としての精神保健福祉法の不備を指摘し，医療・看護・医学的リハビリテーションに対して「障害者福祉法」を，一般雇用に対して「障害者雇用促進法」の整備を要求してきた。

一方で精神科リハビリテーションの技術的発展においては，臺による履歴現象と機能的分離[16]，生活療法[17]が大きな影響を与えた。前者は統合失調症患者の再発防止の重要性を示してその方法に示唆を与え，後者は生活療法の再検討から「課題の段階的拡大，場面の転換と役割操作，社会的学習」の三つの学習の要因を明確にした。ここに精神科リハビリテーションの基本原理の一つとしての学習の意義が明確にされたわけである。臺[17]は統合失調症患者の「生活のしづらさ」を5項目に整理して提示した。これにより社会で生活する主体者としての患者の生活障害の領域が明らかにされ，精神科リハビリテーションの課題領域が明確にされた。

IV. 院内プログラムとしての精神科リハビリテーション

東京府巣鴨病院が1919年に移転して東京府立松沢病院となるまでは，精神病学教室は巣鴨病院におかれていた。この巣鴨病院では呉院長（東大教授が院長をかねていた）によって，1901年末から作業療法がはじめられ，その組織は拡張されていった。森田正馬もその作業係医員をしたことがあり，この経験はかれの森田療法にもつながった[18]。

松沢病院となってからも，都立松沢病院は昭和24年にGHQの指示により国家公務員と地方公務員の兼務が禁じられるまで東大精神科教授が院長を兼ね，一体として運営されていた[19]。したがって，その時期の松沢病院の実績は東大精神科の実績と重なることになる。巣鴨病院から松沢病院への移転は，呉が「患者1,000名を収容治療するために約10万坪の敷地の精神病院を東京郊外に新設する意見」を東京都知事に具申し，その構想にしたがって松沢病院が建設さ

れたことによる。呉は屋外における患者の作業療法を熱心に推奨し、医員の加藤普佐次郎は看護師の前田則三らの協力のもとで作業に取り組み、大正14年に現在「将軍池」「加藤山」と呼ばれている築山と池を完成させた[20]。加藤ののちには菅修が大阪中宮病院の長山泰政とともに作業療法を発展させたが、二人は戦前にあっては、いわば東と西との弧峰であった[21]。

松沢病院では戦後の昭和30年ごろ作業療法が再び活発となり、狭義の「働き療法」から、生活指導や遊びを含む「働きかけ」に広がり、慢性統合失調症患者の処遇の開放化とむすびつけて熱心に取り組まれた。横井晋が作業医長であった時期には、40数名の従業員と280余名の外部作業患者、150名の室内作業患者を擁し、年間退院患者の約60％がこうした作業を経験して退院した[22]。吉岡[23]によれば昭和37年ころは、病棟外作業患者数は350名台で、「老齢・合併症などの作業に不適の患者を除外すると在院患者のほぼ80％が何らかの生産的な作業についている」とされている。薬物療法が始まれてから興奮患者が減り、作業に従事する患者が増えて「精神病院はむかしの面影を一変」したと記述されている。軽快退院が増加した一方で、残留患者の存在に気づかれ、「20〜30％の患者は向精神薬による効果が少ないと考えなければならない」とされている。

V. 精神科デイホスピタル（DH）の開設から現在

東大病院における精神科デイホスピタル（以下「DH」と略す）は昭和49年1月に開設された。当時は紛争のため外来と病棟の交流が途絶えており、外来患者は東大では入院できなかった。こうした状況のもと、外来診療機能の拡充のため診療体制の改革が行われた。改革前（昭和41年）と比べて改革後（昭和47年）では、①通院適応率の増加と脱落率の減少が認められ[24]、②初診後1年までの入院率が29.2％から11.5％に約1/3に減少した[25]。改革後は、軽症群の入院が減り、重症患者でも大半に通院治療が試みられるようになっていたが、無為自閉孤立の患者や、入院は回避できても在宅で虚しく過ごしている患者が少なくないことが明らかにされた[25]。そこでこれらの患者のニーズに対応した治療を可能にすることを目的にDHが開設された。

臺弘教授（当時）の指導のもとで、昭和47年卒の若手医師と経験豊かな看護師が中心となり、前後の世代の医師が協力して開設に参加した。国府台病院デイケアや群馬大学病院の昼間病室を参考にスタートし、次第に宮内勝助手を中心とする臨床チームが形成された。対象は「就学・就労を目標としているが社会適応が困難なためにその見通しの立っていない35歳以下の統合失調症圏患者」であったが、境界例患者なども受け入れた。全職員によるケースカンファレンス、家庭訪問や往診などのアウトリーチ・サービスを積極的に実施し、就労時には職安や職場訪問を積極的に行った。

宮内ら[26]、平松ら[27]は、DH場面を社会生活場面のモデルとしてとらえる視点から、Sociogramなどによる対人関係評価とDH終了後の経過との関係を検討し、生活臨床の能動型と受動型では対人関係の特徴と経過との関係が異なることを見いだした。太田ら[28]は治療共同体の考え方を組み入れた「実行委員会方式」による集団運営の効果を、亀山ら[29]は「統合失調症患者小集団の意思決定過程の特徴と治療的介入方法」を、中込ら[30]は「統合失調症の再発前駆症状と生活上の変化の検討（再発予防指針）」を、染矢ら[31]は「統合失調症の陰性症状と社会適応経過」を、岩波ら[32]は「作業能力の低下した統合失調症患者の就労支援方法」を検討して報告した。宮内[33]は統合失調症患者の一部や境界例患者の中に特徴のある症状経過・対人反応を呈する群のあることを見いだし、「役割啓発的接近法」を編み出した。宮内[34]はこうしたデイケア治療の成果を「精神科デイケ

アマニュアル」にまとめた。

東大精神科とDHは，わが国への社会生活技能訓練（Social Skills Training；SST）の導入に大きな役割を果たした。UCLAのリバーマン（Liberman, R.P.）教授の初回来日は昭和63年であったが，これは丹羽が文科省科研費を得て実現したものであった。丹羽の要請によりDHはワークショップ開催に積極的に協力した。DHメンバーを相手にリバーマンによるSSTが実施され，その結果メンバーから「是非このプログラムをDHに取り入れてほしい」と要請され，同年4月からDHでSSTが開始された。これは精神障害者を対象とするわが国における最初の本格的なSSTであった。リーダーは当初はDH医師の宮内，池淵，熊谷，安西と，ルーテル学院大学の前田ケイ教授であったが，次第に浅井看護師等のDHスタッフが担当するようになり現在に至っている。DH治療へのSST導入の経験は熊谷ら[35]，安西[36]により報告された。池淵ら[37]により生活障害の客観的評価方法とされるロールプレイテストが開発され，その後のSSTの効果研究の評価に用いられることになった。宮内ら[38]はこうした経験にもとづきSSTのテキストを発行した。SST研修会，ニューズレター発行等は当初はDHを中心に実施されていたが，平成7年にSST普及協会が発足して全国で実施されることになった（SST普及協会は精神神経学会から平成17年度精神医療奨励賞を受賞）。

SSTは1970年代の米国で脱施設化の弊害が叫ばれる中で，重い精神障害を持つ人の地域生活の質の改善を図る技術として発展してきた[39]。わが国の精神科医療が地域へと向かう時期に，地域ケアを担う援助・治療技術であるSSTが東大のDHで根付き，全国へと展開する上で大きな役割を果たした。

DHは若手医師の教育に貢献してきたほか，平成元年から心理学科卒業生を対象とする精神障害者社会復帰スタッフ養成コース（2年）を設け毎年2名研修生を受け入れ教育してきた。なおDHは平成14年4月に精神神経科からリハビリテーション部へと組織移行された。

VI. おわりに

精神科リハビリテーションの舞台は病棟から地域へと拡がり，当事者の主体性を尊重した，より個別的で効果的な治療・支援が求められるようになっている[40]。こうした中で，東大精神科は，それぞれの時代の課題に対応してその役割を果たしてきた。その伝統を継承し，東大精神科において精神科リハビリテーションが引き続き発展することを期待したい。

謝辞：本稿作成にあたって秋元波留夫先生，臺弘先生，岡田靖雄先生から貴重なご助言をいただいた。とくに岡田先生から精神病者慈善救治会のことや，ライシャワー大使刺傷事件の際の松沢医局や教室関係者の動き，加藤普佐次郎と長山泰政の業績などにつき詳しくご教示いただいた。記して感謝の意を表します。

文献

1) 上田敏：リハビリテーションを考える―障害者の全人間的復権―．青木書店，東京，pp. 3-51, 1983
2) 上田敏：リハビリテーション医学の世界．三輪書店，東京，pp. 10-18, 1992
3) F.N. ワッツ＆D.H. ベネット編（福島裕監訳，兼子直，伊勢田堯ほか訳）：精神科リハビリテーションの実際①臨床編．岩崎学術出版，東京，pp. 58-92, 1991
4) Anthony WA, Liberman RP：The practice of psychiatric rehabilitation：Historical, conceptual, and research base. Schizophr Bull 12(4)：542-559, 1986
5) 安西信雄：ノーマライゼーションと生活療法の視点から見たSchizophrenia概念の変遷．特集：統合失調症とは何か―Schizophrenia概念の変遷．精神医学 45(6)：613-618, 2003
6) 安西信雄，槙野葉月：精神科リハビリテーションの概念と意義．精神科 5(3)：169-172, 2004
7) 秋元波留夫：精神障害治療の歴史と展望．In 平井富雄，原俊夫，保崎秀夫編：精神科治療学．金原出版，東京，pp. 1-38, 1972

8）呉秀三，樫田五郎：精神病者私宅監置ノ実況及ビ其統計的観察．東京医学会雑誌32, 1918（復刻版 創造印刷内精神医学神経学古典刊行会，東京，1973）

9）岡田靖雄編：精神医療．勁草書房，東京，p.31, 1964

10）岡田靖雄：図説日本の精神保健運動の歩み─精神病者慈善救治会設立100年記念─．日本精神衛生会，59-71, 2002

11）岡田靖雄：精神病者慈善救治会のこと─呉秀三先生伝記補遺（その一）．日本医史学雑誌32：385-422, 1986

12）江副勉監修，加藤正明，加藤伸勝，小林八郎，西尾友三郎編：精神科リハビリテーション．医歯薬出版，東京，1971

13）斎藤五男：現在の精神病診療機関の運用は停止したエスカレーターに比較できるのではないか（脳7(2), 1933．八十八年をかえりみて─斎藤五男先生回顧談─．119-124, 大和病院．大和市，1973）．

14）秋元波留夫：実践精神医学講義．日本文化科学社，東京，2002

15）秋元波留夫：福祉に埋没したリハビリテーション．精リハ誌 1(2)：81, 1997

16）臺弘：履歴現象と機能的分離─その後の10年─精神医学 30(3)：247-254, 1988

17）臺弘：生活療法の復権．精神医学 26(8)：803-814, 1984

18）岡田靖雄：私選松沢病院史．岩崎学術出版社，東京，1981

19）風祭元：松沢病院120年の歩み─概説．In 松沢病院120年年表（松沢病院120周年記念誌刊行会）．pp. 17-34, 2001

20）加藤普佐次郎：精神病者ニ対スル作業治療並ビニ開放治療ノ精神病院ニ於ケル之レガ実施ト意義及ビ方法．神経学雑誌25(7), 1925

21）岡田靖雄：日本での精神科作業療法ならびに精神疾患患者院外治療の歴史（敗戦前）．精神科医療史研究会編：長山泰政先生著作集，長山泰政先生著作集刊行会，pp. 341-378, 1994

22）安西信雄：社会復帰活動の歩み．In 松沢病院120年年表（松沢病院120周年記念誌刊行会）．pp. 56-63, 2001

23）吉岡真二：病院内での治療．In 岡田靖雄編「精神医療」．勁草書房，東京，pp. 199-283, 1964

24）岡崎祐士，豊嶋良一，朝野潤二，太田昌孝，宮内勝，渡辺諄二：治療関係の転帰─東大精神科外来活動の経験（第2報）．精神医学 17(4)：355-372, 1975

25）安西信雄，豊嶋良一，渡辺諄二，岡崎祐士，朝野潤二：要入院状況の解析と要件─東大精神科外来活動の経験，第3報．精神医学 18(6)：665-677, 1976

26）宮内勝，安西信雄，平松謙一：社会生活場面のモデルとしてのDay Hospital（第1報）─Sociogram記録にあらわれた精神分裂病患者の対人的広がりと社会適応経過との関係．精神経誌 82(2)：103-120, 1980

27）平松謙一，安西信雄，宮内勝，太田敏男，亀山知道，池淵恵美，増井寛治：社会生活場面のモデルとしてのDay Hospital（第2報）─社会適応経過からみた精神分裂病患者の対人行動と関心の特徴．精神経誌 84(7)：768-771, 1982

28）太田敏男，亀山知道，平松謙一，安西信雄，宮内勝：デイ・ホスピタルにおける治療システムと治療過程─生活臨床と治療共同体の統合の試み．季刊精神療法 6(4)：354-365, 1980

29）亀山知道，太田敏男，宮内勝，安西信雄，平松謙一，池淵恵美，増井寛治：精神分裂病患者小集団の意志決定過程と治療的関与．精神医学 24(1)：47-55, 1982

30）中込和幸，染矢俊幸，安西信雄，原田誠一，金生由紀子，横田圭司，岩波明，熊谷直樹，佐々木司，永久保昇治，宮内勝：精神分裂病の再発における前駆症状と生活上の変化─再発予防の指針を求めて．精神科治療学 1(4)：535-544, 1986

31）染矢俊幸，安西信雄，池淵恵美，小澤道雄，原田誠一，上田哲，金生由紀子，中込和幸，岩波明，熊谷直樹，宮内勝：精神分裂病の陰性症状と社会適応経過．精神医学 28(11)：1229-1236, 1986

32）岩波明，安西信雄，原田誠一，金生由紀子，中込和幸，横田圭司，熊谷直樹，佐々木司，式場典子，宮内勝：作業能力の低下した精神分裂病患者の社会復帰の実態とその治療技法．精神医学 30(10)：1133-1140, 1988

33）宮内勝，安西信雄，太田敏男，亀山知道，浅井歳之，池淵恵美，増井寛治，小澤道雄，染矢俊幸，原田誠一：精神分裂病圏患者に対する役割啓発的接近法の試み─「自己啓発型精神分裂病患者群」と「役割啓発的接近法」の提唱（第2報）．精神医学 30(2)：149-159, 1988

34）宮内勝：精神科デイケアマニュアル．金剛出版，東京，1994

35）熊谷直樹，安西信雄，池淵恵美，白山幸彦，尾内秀雅，中島亨，橋本大彦，宮内勝，前田ケイ：精

神分裂病の生活技能訓練―デイホスピタル治療への導入の経験．東京精神医学会誌 7：61-67, 1989
36) 安西信雄：生活技能訓練 (social skills training) による分裂病の再発防止脳と精神の医学 3(2)：175-183, 1992
37) 池淵恵美，宮内勝，安西信雄，熊谷直樹，畑哲信，本城幾代，天笠崇，前田ケイ：ロールプレイテストによる慢性精神障害者の生活障害の評価の試み．精神経誌 96(3)：157-173, 1994
38) 宮内勝，熊谷直樹，池淵恵美，前田ケイ，安西信雄，天笠崇：わかりやすい生活技能訓練．金剛出版，東京，1995
39) 安西信雄，池淵恵美：分裂病の認知行動療法―社会生活技能訓練（SST）を中心に．松下正明編：臨床精神医学講座　中山書店，東京，pp. 257-273, 1997
40) 池淵恵美，安西信雄：精神科リハビリテーションの治療・支援技法の現状と課題．精神医学 39(2)：118-129, 1997

東大精神科研究の今日～20年の歩み

■ 加藤　忠史

1980年代末の外来での研究

　筆者が入局した1988年（S63年）当時は，まだ外来と病棟が分かれていた。学生時代は，両者でクルズスを受けることができたが，卒業後は外来に入局したため，病棟の状況は皆目わからず，両方に出入りできるのは，原田憲一教授と，西山詮助教授の両先生だけ，という状況だった。外来では，丹羽真一先生を初め，平松謙一先生，斉藤治先生，福田正人先生など多くの先生方が参加しておられたCP研（Cognitive Psychology研究会）が精力的な研究活動を行っており，統合失調症患者などで，P300などの事象関連電位測定を行っていた（Fukuda et al, 1989）。ただし，外来には研究室がないため，音声言語研究所（音声研）との共同研究により，音声研の無響室で実験が行われていた。同期入局の研修医は筆者を含め5名（柏淳先生，本田秀夫先生，佐田政隆先生［後に内科へ］，高山学先生［途中まで。後に数学科へ］）で，研究に邁進する先生方の姿は，我々にとってあこがれの的であった。しかしながら当時は，研修1年目は研究に関わってはいけないという厳格なきまりがあり，実際にはせいぜい被験者をさせていただいたり，耳学問で色々伺う程度であった。また，てんかん研は，CP研メンバーの他，熊谷直樹先生らが活動しておられ，脳波異常を伴う精神障害についての臨床研究を行っていた（Nagakubo et al, 1991；Kumagai et al, 1990）。当時の外来ではてんかん以外の患者での抗てんかん薬の使用頻度が結構高く，臨床検討会の記録にも脳波異常についてのマニアックな議論が記載されていて，外部の先生に驚かれたこともあった。また，1989年（S62年）卒の先輩方（中嶋義文先生，片山成仁先生，中島亨先生，佐野威和雄先生他）は，放射線科と共に陽電子断層画像法（PET）を用いた画像研究を始めておられた（Katayama et al, 1992；Nakashima et al, 1994）。

　小児部デイ・ケア（DC）では，太田昌孝先生，清水康夫先生，金生由紀子先生，橋本大彦先生に加え，心理の永井洋子先生，仙田周作先生らが活動しておられ，太田のステージ分類に基づく，認知発達療法の試みが行われており（太田，永井1992），対照的な方法であるTEACCHプログラムを提唱するE.ショプラー氏が訪日した際には，厳しい議論が戦わされた。また，デイ・ホスピタル（DH）では，故・宮内勝先生，安西信雄先生を初め，多くの先生方が熱心に臨床に取り組んでおられ，特に，今で言う境界性人格障害の治療に果敢に取り組んでおられたことは印象深い（宮内ら，1987）。

　このように，1980年代末，外来と病棟の分離という困難な状況の中にも関わらず，多彩な臨床研究が行われていたのは驚くべき事であったが，やはり外来という場所の狭さはいかんともしがたく，特に生化学的な研究は全く行えない状況であった。当時，研修医は先輩の先生方がおられる施設に一通り見学に伺うのが習わしであり，神経研究所晴和病院の本多裕先生を尋ねて終夜脳波を見学させていただり，国立精神神

経センター，埼玉医科大学，都立松沢病院，帝京大学，都立神経病院，多摩療育センターなど，多くの施設を見学させていただいた。その中で，滋賀医科大学にも見学に行く話が持ち上がり，4人で見学に伺った。窮屈な外来に慣れっこになっていた我々は，病棟がある！ 保護室がある！ 実験室がある！ など，今思えば大学としては当たり前のことでも，全ての面で圧倒された。治療に役立つ研究をするにはやはり生化学しかない，と思っていた筆者は，高橋三郎先生のお誘いをいただいて，早速滋賀医科大学（滋賀医大）に移ることになった。とはいえ，研修を初めてまだ1年という志半ばでの異動は何とも淋しく，後ろ髪を引かれる想いで東大を後にしたのであった。

1990年代の滋賀医大精神科

筆者が入局した1989年当時の滋賀医大精神科は，高橋清久先生が既に精神神経センターに移られた後であったが，高橋三郎教授の元，加藤進昌先生，故・花田耕一先生，染矢俊幸先生という，今思えば誠に錚々たる東大の先輩の先生方がおられ，精神薬理（Someya et al, 1991），神経ペプチド（Sadamatsu et al, 1992），生体リズム（Tsujimoto et al, 1990）など，筆者が希望していた生化学の研究が盛んに行われていた。紛争さえなければ，東大精神科の中に，このような生化学の研究室があってしかるべきだったのであろうが，それを言っても仕方がない。筆者はここで高橋三郎先生の元，精神薬理学研究を通して，研究のイロハを学んだ。まだDSM-III-Rが出たばかりの頃（高橋ら 1988）で，この新しい操作的診断基準を臨床研究に応用するという実践を，DSMを日本に紹介された高橋先生ご本人の元で学ぶという，貴重な機会にも恵まれた。DSMは東大精神科外来での「医者毎に疾患概念が異なる」という状況とは全く違っており，当初は誠にカルチャーショックであったが，関西圏という「非定型精神病」の牙城で，従来診断の視点に基づく先生方の話も聞きながら，少しずつ頭の中で折り合いをつけていくような日々であった。

筆者はその後，磁気共鳴画像装置を用いた非侵襲的生化学分析法である磁気共鳴スペクトロスコピー法による研究を始めた。その後，そこで得られた所見を元に，ミトコンドリア遺伝子に関する分子遺伝学的研究を始めようと思い，加藤進昌先生のご紹介で分子生物学実験のイロハを習いに行ったり，日本における精神科の分子遺伝学の草分け的存在であった，帝京大学の南光進一郎先生のところにDNA抽出法を習いに行ったりして，分子遺伝学研究を始めた。

1990年代の東大精神科

その間東大精神科では，松下正明教授のご尽力により，四半世紀にわたる病棟・外来の分裂が，ついに1994年に解消したところであった。その後は，従来の外来における研究に加え，冨田三樹生先生ほか，旧病棟の先生方による社会精神医学的研究，司法精神医学的研究（中島 2001），松下正明先生，天野直二先生をはじめとする神経病理学的研究（Inoue et al 1996），中安信夫先生の初期統合失調症の精神病理学的研究（中安 1990），斉藤正彦先生の認知症に対する心理学的アプローチ（松田ら 1999）なども加わって，研究の幅は広がったが，やはり病棟と外来の融合という世紀の大行事の中での研究は，誠に大変だったであろうと推察する他ない。

筆者が滋賀医大から東大精神科に戻った1997年も，まだ病棟と外来の対立の構図が完全に解消したとは言えず，人事委員会は結構修羅場的な雰囲気であった。とはいえ，橋本大彦先生や福田正人先生が遺伝子解析研究を始めつつあるなど（Hashimoto et al 1993），生化学的研究の萌芽も始まっていた。しかしながら，古びた赤煉瓦の建物は，天井からペンキが禿げて落ちてきたり，外からの砂埃で机の上は真っ黒，あ

ちこちにガリ版刷りのアジビラが積まれている，というような状況で，筆者の着任時の最初の仕事は，ゴミ掃除，天井のペンキ塗り，壁紙貼りなどの肉体労働であった．しかも，壁紙を貼ろうにも，「部屋割り委員会の決定を待ってから」などという具合で，簡単には進まなかった．とはいえ，床も貼り替えてもらい，窓には充填剤を入れ…という具合でやっと部屋がきれいになり，何とか獲得した海外の比較的自由に使える研究費で必要な備品を揃え，わずか6畳程度の狭い部屋に遠心器，オートクレーブ，クリーンベンチ，純水製造器，PCR装置，ゲル電気泳動装置などが揃って，ちょっと実験室らしくなったときには，涙が出るほど嬉しかった．思わず訪れる人々に，自慢のつもりで実験室を見せたりしたが，今考えると自慢どころかむしろみっともない実験室というべきであった．まだ組み換え実験までは行っていなかったが，涙ぐましく「BIOHAZARED」マークをドアに貼って，雰囲気だけは醸し出そうとしていた．助手の分際で，技術員（森さん）と秘書（三好さん）を雇って，やっと病棟業務の傍ら，当初は筆者が滋賀医大で行っていた双極性障害のミトコンドリア遺伝子の研究を再開することができた．そんな折，原田誠一先生の総説（原田，本多 1996）に刺激され，本多裕先生が長年の研究で集められたナルコレプシー患者さんのDNAサンプルをご子息である本多真先生から受け継ぎ，ナルコレプシーの分子遺伝学的研究も行った（Kato et al, 1999）．

加藤教授の新時代

1998年7月に，滋賀医大から加藤進昌教授が着任され，新時代が始まった．1999年から岩波明先生が戻られるなど，人事も大幅に変わり，富田三樹生先生，金生由紀子先生，心理の染谷利一先生の他は，皆統合後に着任した先生ばかりとなった．

加藤教授自身をリーダーとする生化学グループも立ち上がり，ついにトランスジェニックマウス，免疫組織化学，in situ hybridizationなどの最先端の分子生物学的技術を駆使した，てんかんやストレスに関する神経科学的な研究もスタートした（Imai et al, 2001）．また，新たに近赤外スペクトロスコピー装置を購入して，細々と赤煉瓦内で脳代謝研究も始めた（Matsuo et al, 2000）．

しかしながら，研究の生命線は研究費である．更なる研究面での飛躍を目指すため，1999年，科学技術庁の科学振興調整費の「目標達成型脳科学研究」という研究費に，「ストレス性脳機能障害とその修復過程の分子機構解明及び治療法の開発」というタイトルで申請することになった．この研究費申請のため，加藤教授の元，岩波明先生，黒木規臣先生と筆者らが集まっては夜遅くまで知恵を絞り，ついには終電に間に合わずタクシーで帰ったりしたことは思い出深い．

巨額の研究費だけあって，加藤教授による最終審査のプレゼンテーションの場に同席させていただいた際は何とも言えぬ緊張感に満ちており，その後筆者の上司となった伊藤正男先生がいらっしゃることにかろうじて気づいたのみで，頭の中は真っ白となってしまった．しかし，苦労の甲斐あって，ついに年間約2億円，5年間という巨大プロジェクトが採択されたのであった．

このプロジェクトでは，動物実験はともかく，臨床研究に関しては，その内容をPTSD（心的外傷後ストレス障害）一本に絞ることになった．1995年の阪神大震災，地下鉄サリン事件などを契機として，PTSDが社会的にも大きな話題となっていた頃である．PTSDという，実際の臨床場面ではほとんど遭遇することのない病気を対象として研究するには，何といっても実際に地下鉄サリン事件の被害に遭われた方々にご協力いただくのが一番であろう，ということになり，一大プロジェクトが始まった．

この分野の専門家である飛鳥井望先生のご指導の元，教室の先生方が皆でCAPSというPTSDの構成面接を学び，大渓俊幸先生が調整役となり，誘発電位は岩波明先生，MRIは黒木規臣先生（後に笠井清登先生），近赤外スペクトロスコピーは筆者，遺伝子・生化学が佐々木司先生がリーダーとなり，測定日には8名ぐらいの方に来てもらい，いくつもの検査を次々と受けてもらうという，大規模臨床研究プロジェクトが行われた．筆者の近赤外スペクトロスコピーのグループには，松尾幸治先生の他，早稲田大学より心理の種市さん，松本さんにも加わっていただいたし，精神生理グループは専修大学の心理の方々，MRIグループは放射線科の先生方の協力を仰ぐなど，本当に多くの人達の力が結集したプロジェクトであった．このプロジェクトの成果は，東大におけるPTSDの臨床研究だけでも10本の論文に結実したし（Abe 2006；Sakamoto 2005；Tochigi 2005；Araki 2005；Ohtani 2004；Yoshinaga, 2004；Matsuo 2003a；Matsuo 2003b；Yamasue 2003；Tochigi 2002），綱島浩一先生，幸田和久先生のモデル動物の研究（Liu, 2005；Kohda, 2006）や他のグループの成果を合わせると，膨大な成果を生んだ．とりわけ，山末英典先生による，米国科学アカデミー紀要に掲載された，「PTSDでは前部帯状回の体積が減少している」という論文は，世界的に大きな反響を呼び，日本でも新聞等に大きく取り上げられ，注目された．

おわりに

筆者は2001年より理化学研究所脳科学総合研究センターに転出したが，引き続き東大精神科との共同研究を続けながら，東大時代に提唱した双極性障害のミトコンドリアDNA異常仮説（Kato & Kato, 2000）を検証する研究や，一卵性双生児不一致例の遺伝子発現解析研究を行ってきた．特に，一卵性双生児の研究（Kakiuchi 2003）は，東大精神科のハイリスク研究以来，長年岡崎祐士先生が続けてこられた双生児研究による蓄積と，「不一致例では遺伝子が違うはずだ」という岡崎先生のユニークな発想がなければできない研究であった．

その後の東大精神科の研究の進展は，笠井清登先生による「診療統合後世代からみた東大精神科の歩みと将来」に譲りたいと思うが，笠井清登先生を中心とするCP研の研究，佐々木司先生を中心とする遺伝子研究，綱島浩一先生を中心とする動物モデル研究など，各方面での幅広い研究に加え，新たに自閉症やアスペルガー障害に関する発達障害研究プロジェクトが始まるなど，新しい動きも始まった．

このように，困難な20年ではあったが，それまで100年の蓄積があったからこそ，何とかその困難を乗り越えることができたというのが真実であろう．加藤教授になって，ついに「もはや戦後ではない」と言える時代がやってきた．入局者も毎年多数を数え，節目の年にふさわしい陣容で，今120年記念の時を迎えようとしている．

文献

1) Fukuda M, Niwa S, Hiramatsu K, Hayashida S, Saitoh O, Kameyama T, Nakagome K, Iwanami A, Sasaki T, Itoh K : Psychological intervention can partly alter P300-amplitude abnormalities in schizophrenics. Jpn J Psychiatry Neurol 43(4) : 633-638, 1989

2) Kumagai N, Nagakubo S, Kameyama T, Fukuda M, Shirayama Y, Saitoh O, Anzai N, Niwa S : Psychiatric patients showing irregular beta activities in EEGs and treatment with antiepileptic drugs : a report of 15 cases. Jpn J Psychiatry Neurol 44(4) : 667-679, 1990

3) Nagakubo S, Kumagai N, Kameyama T, Fukuda M, Shirayama Y, Anzai N, Niwa S : Diagnostic reliability and significance of irregular beta patterns. Jpn J Psychiatry Neurol 45(3) : 631-640, 1991

4) Katayama S, Momose T, Sano I, Nakashima Y,

Nakajima T, Niwa S, Matsushita M : Temporal lobe CO2 vasoreactivity in patients with complex partial seizures. Jpn J Psychiatry Neurol 46 (2) : 379-385, 1992

5) Nakashima Y, Momose T, Sano I, Katayama S, Nakajima T, Niwa S, Matsushita M : Cortical control of saccade in normal and schizophrenic subjects : a PET study using a task-evoked rCBF paradigm. Schizophr Res 12(3) : 259-264, 1994

6) 太田昌孝, 永井洋子：認知発達治療の実践マニュアル―自閉症のStage別発達課題 自閉症治療の到達点. 日本文化科学社, 東京, 1992

7) 宮内勝, 安西信雄, 太田敏男, 他：治療的働きかけへの反応の仕方にもとづく精神分裂病圏患者の臨床的類型化の試み「自己啓発型精神分裂病患者群」と「役割啓発的接近法」の提唱（第1報）. 精神医学29(12)：1297-1307, 1987

8) Someya T, Shibasaki M, Kato T, Noguchi T, Ishida N, Takahashi S : Haloperidol reductase activity in red blood cells from oriental patients on haloperidol. Prog Neuropsychopharmacol Biol Psychiatry 15(2) : 275-278, 1991

9) Sadamatsu M, Kanai H, Masui A, Serikawa T, Yamada J, Sasa M, Kato N : Changes of immunoreactive somatostatin, neuropeptide Y, and corticotropin-releasing factor (CRF) in the brain of spontaneously epileptic rats (SER). Jpn J Psychiatry Neurol 46(2) : 531-533, 1992

10) Tsujimoto T, Yamada N, Shimoda K, Hanada K, Takahashi S : Circadian rhythms in depression. Part I : Monitoring of the circadian body temperature rhythm. J Affect Disord 18(3) : 193-197, 1990

11) 高橋三郎, 花田耕一, 藤縄昭（訳）：SM-III-R精神障害の診断・統計マニュアル. 医学書院, 東京, 1988

12) 松田修, 黒川由紀子, 丸山香, 斉藤正彦：回想法グループマニュアル. ワールドプランニング, 東京, 1999

13) Inoue M, Yagishita S, Itoh Y, Koyano S, Amano N, Matsushita M. Eosinophilic bodies in the cerebral cortex of Alzheimer's disease cases. Acta Neuropathol (Berl) 92(6) : 555-561, 1996

14) 中島直, 磯村大, 富田三樹生, 森俊夫, 吉岡隆一：『司法精神医学の現代的課題』に関連して. 精神神経学雑誌103(3)：310-316, 2001

15) 中安信夫：初期分裂病. 星和書店, 東京, 1990

16) Hashimoto O, Shimizu Y, Kawasaki Y : Low frequency of the fragile X syndrome among Japanese autistic subjects. J Autism Dev Disord 23(1) : 201-209, 1993

17) 原田誠一, 本多裕：ナルコレプシーの分子生物学的研究. 精神医学38(11)：1171-1177, 1996

18) Kato T, Honda M, Kuwata S, Juji T, Kunugi H, Nanko S, Fukuda M, Honda Y : Novel polymorphism in the promoter region of the tumor necrosis factor alpha gene : No association with narcolepsy. Am J Med Genet 20 : 88(4) : 301-304, 1999

19) Imai H, Nishimura T, Sadamatsu M, Liu Y, Kabuto M, Kato N : Type II glucocorticoid receptors are involved in neuronal death and astrocyte activation induced by trimethyltin in the rat hippocampus. Exp Neurol 171(1) : 22-28, 2001

20) Matsuo K, Kato T, Fukuda M, Kato N : Iteration of hemoglobin oxygenation in the frontal region in elderly depressed patients as measured by near-infrared spectroscopy. J Neuropsychiatry Clin Neurosci Fall ; 12(4) : 465-471, 2000

21) Abe O, Yamasue H, Kasai K, Yamada H, Aoki S, Iwanami A, Ohtani T, Masutani Y, Kato N, Ohtomo K : Voxel-based diffusion tensor analysis reveals aberrant anterior cingulum integrity in posttraumatic stress disorder due to terrorism. Psychiatry Res 146(3) : 231-242, 2006

22) Sakamoto H, Fukuda R, Okuaki T, Rogers M, Kasai K, Machida T, Shirouzu I, Yamasue H, Akiyama T, Kato N : Parahippocampal activation evoked by masked traumatic images in posttraumatic stress disorder : a functional MRI study. Neuroimage 26(3) : 813-821, 2005

23) Tochigi M, Otani T, Yamasue H, Kasai K, Kato T, Iwanami A, Kato N, Sasaki T : Support for relationship between serum cholinesterase and post-traumatic stress disorder ; 5-year follow-ups of victims of the Tokyo subway sarin poisoning. Neurosci Res 52(2) : 129-131, 2005

24) Araki T, Kasai K, Yamasue H, Kato N, Kudo N, Ohtani T, Nakagome K, Kirihara K, Yamada H, Abe O, Iwanami A : Association between lower P300 amplitude and smaller anterior cingulate

cortex volume in patients with posttraumatic stress disorder: a study of victims of Tokyo subway sarin attack. Neuroimage 25(1): 43-50, 2005

25) Ohtani T, Iwanami A, Kasai K, Yamasue H, Kato T, Sasaki T, Kato N: Post-traumatic stress disorder symptoms in victims of Tokyo subway attack: a 5-year follow-up study. Psychiatry Clin Neurosci 58(6): 624-629, 2004

26) Yoshinaga C, Kadomoto I, Otani T, Sasaki T, Kato N: Prevalence of post-traumatic stress disorder in incarcerated juvenile delinquents in Japan. Psychiatry Clin Neurosci 58(4): 383-388, 2004

27) Matsuo K, Kato T, Taneichi K, Matsumoto A, Ohtani T, Hamamoto T, Yamasue H, Sakano Y, Sasaki T, Sadamatsu M, Iwanami A, Asukai N, Kato N: Activation of the prefrontal cortex to trauma-related stimuli measured by near-infrared spectroscopy in posttraumatic stress disorder due to terrorism. Psychophysiology 40(4): 492-500, 2003

28) Matsuo K, Taneichi K, Matsumoto A, Ohtani T, Yamasue H, Sakano Y, Sasaki T, Sadamatsu M, Kasai K, Iwanami A, Asukai N, Kato N, Kato T: Hypoactivation of the prefrontal cortex during verbal fluency test in PTSD: a near-infrared spectroscopy study. Psychiatry Res 124(1): 1-10, 2003

29) Yamasue H, Kasai K, Iwanami A, Ohtani T, Yamada H, Abe O, Kuroki N, Fukuda R, Tochigi M, Furukawa S, Sadamatsu M, Sasaki T, Aoki S, Ohtomo K, Asukai N, Kato N: Voxel-based analysis of MRI reveals anterior cingulate gray-matter volume reduction in posttraumatic stress disorder due to terrorism. Proc Natl Acad Sci USA 2003 100(15): 9039-9043. Epub 2003 Jul 9.

30) Tochigi M, Umekage T, Otani T, Kato T, Iwanami A, Asukai N, Sasaki T, Kato N: Serum cholesterol, uric acid and cholinesterase in victims of the Tokyo subway sarin poisoning: a relation with post-traumatic stress disorder. Neurosci Res 44(3): 267-272, 2002

31) Liu Y, Imai H, Sadamatsu M, Tsunashima K, Kato N: Cytokines participate in neuronal death induced by trimethyltin in the rat hippocampus via type II glucocorticoid receptors. Neurosci Res. 51(3): 319-327, 2005

32) Kohda K, Jinde S, Iwamoto K, Bundo M, Kato N, Kato T: Maternal separation stress drastically decreases expression of transthyretin in the brains of adult rat offspring. Int J Neuropsychopharmacol 9(2): 201-208, 2006

33) Kato T, Kato N: Mitochondrial dysfunction in bipolar disorder. Bipolar Disord 2 (3 Pt 1): 180-190, 2000

34) Kakiuchi C, Iwamoto K, Ishiwata M, Bundo M, Kasahara T, Kusumi I, Tsujita T, Okazaki Y, Nanko S, Kunugi H, Sasaki T, Kato T: Impaired feedback regulation of XBP1 as a genetic risk factor for bipolar disorder. Nat Genet 35(2): 171-175, 2003

第三部
東大精神科の
明治・大正・昭和そして平成

時代を見つめた赤レンガ（南研究棟）

明治39年第1期巣鴨病院看護学校
第1期卒業式にて。中央に呉秀三院長。

昭和19年第2次大戦中の精神医学教室
今はなき南研究棟北側の車寄せにて。前列中央に内村祐之教授。

森田正馬のこと―東大と慈恵医大と―

■ 森　温理

はじめに

　明治の終りから大正年間にかけて独創的な精神療法を創始し、わが国の精神医学史に不滅の足跡を残した森田正馬（1874～1938）については、「森田正馬全集・全7巻」や「森田正馬評伝（野村章恒著）」をはじめとして多くの資料がある。ここでは、これらの資料を参考に、とくに精神科医としての森田の形成にあずかった東大精神科と森田が生涯籍を置いた慈恵医大とを切り口としてその人と業績とを素描してみたい。

1. 生い立ちと"神経衰弱"

　森田正馬（まさたけ）は明治7（1874）年1月18日、高知県香美郡富家村（現、野市町）に生れた。明治12年、5歳で郷里の富家尋常小学校に入学、ついで高等過程を経て実家から五里ほど離れた高知県立第一中学校に入学した。明治28年、21歳で同中学校を卒業すると、熊本の第五高等学校に進学した。明治31年、五高を卒業、同年9月に東京帝国大学医科大学に入学した。24歳であった。

　森田は元来病弱で、中学時代からすでに常習性頭痛や心臓に対する不安などに悩まされ通院治療を受けているが、きっかけはたまたま腸チフスに罹患し、2ヵ月間療養したが、その回復期に心悸亢進発作を起こし死の恐怖を経験したためといわれている。また中学時代のエピソードとして知られているのは、父親が学資金を渋って制限すると思い込み、それに反発して東京に出て苦学して勉強しようと決心、友人の1人と知人を頼って上京、自炊しながら予備校に通ったが間もなく脚気に罹り2か月であえなく郷里に戻ったことである。この病気や家出によって中学を留年したため本来なら5年で卒業するところを8年かかっている。

　高校時代にも坐骨神経痛や腰痛に悩み、注射、鍼灸、温泉、転地療養などを試みたがはかばかしくなかった。しかしその後自然に治った。

　明治32年春、大学1年の終りに頭痛がして気が散り、試験勉強に集中できなくなった。大学病院で入澤達吉教授の診察を受けたところ「神経衰弱兼脚気」と診断された。服薬しながら気分転換に箱根に行こうとしたりしていたが、ある友人から補欠試験は減点されて不利だからぜひ定期試験を受けろと励まされ、必死の思いで猛勉強したところ、思いのほか良い成績で進級することができた。この間不思議なことに神経衰弱の症状は吹き飛んでしまっていた。この経

森田正馬（1874～1938）

験から，これらの症状は"神経性"のものであったと自覚したという。このような中学から大学時代にかけての神経衰弱すなわち心身の不調についての経験は，後年森田が「神経質」の概念を作り出す原体験となったといわれている。

2. 東大精神科での研究生活

明治35年12月，東京帝国大学医科大学を卒業した森田は，卒業と同時に五高の先輩三宅鑛一を訪ねて精神科入局を打診し，ついで東京府立巣鴨病院に呉秀三教授を訪ねて助手採用を願い出ている。明治36（1903）年2月，助手の辞令を受け，同時に東京府立巣鴨病院に医員として勤務することになった。29歳のときである。その前年には呉らにより日本神経学会（現在の日本精神神経学会）が創立されていた。森田はその後明治39（1906）年12月まで3年10ヵ月の間，助手として在職した。

明治36年の東大精神科入局者は森田1名のみであったが，先輩には榊保三郎，三宅鑛一，吉川寿次郎，北村貞道らがいた。やがて，後輩として石田昇，石川貞吉，松原三郎，松本高三郎，中村譲などが入局し，森田はこうした人びとと交流を楽しんだ。またすでに脳病院院長として活躍していた松村清吾（根岸病院），門脇真枝（王子脳病院），斉藤紀一（青山脳病院），後藤省吾（田端脳病院）などの許をもしばしば訪れている。明治36年12月，森田は助手のまま大学院入学を許可されたが，研究テーマは「精神療法」であった。

明治36年8月から9月にかけての1ヵ月，森田は夏季休暇を利用して以前から強い興味を持っていた郷里の土佐に伝わる土俗の伝説「犬神憑き」の調査を計画したが，呉教授の助言で大学から調査研究費として58円が支給された。この間の留守当直は石田昇，中村譲が代わってくれた。この調査は犬神憑きの実態を精神医学の立場から研究することであった。森田はこの調査で36例の憑依病者を見ることができたが，その中には精神分裂病（統合失調症）が犬神憑きの伝染原となっている感応精神病や数多くのヒステリー精神病が含まれていた。また祈禱者の体験談をつぶさに聞いて回り，「石砕き」や「火伏せ」などの祈禱実験も見学している。これらの経験は，後に「祈禱性精神病」として発表した祈禱や迷信から起こる心因精神病概念の資料となっている。調査の結果は「土佐ニ於ケル犬神」（神経学雑誌，明治37年）として発表した。

犬神憑きの調査から帰った森田は呉教授より東京慈恵医院医学専門学校での精神病学講義担任を命じられ，10月から開講した。なお学生への臨床講義は少し遅れて呉自身によって巣鴨病院で行われた。森田は明治39年12月，大学助手を辞し，呉教授の仲介で当時下谷区下根岸にあった明治24年創立の古い精神科病院である根岸病院の顧問（医長）に就任した。根岸病院の勤務は午前中で終え，午後は巣鴨病院の病理研究室に通って脳組織の染色や鏡検などの仕事を続けた。

この間，森田が神経学雑誌や医学中央雑誌などの専門誌に発表した主な論文を挙げてみると，「精神病ノ感染ニ就テ」（神経学雑誌，明治37年），「生理的老衰ニ神経衰弱症ヲ兼タル準禁治産被告事件ノ鑑定」（神経学雑誌，明治37年），「両側觸覚計ノ診断的価値」（神経学雑誌，明治40年），「麻痺性痴呆初期ノ診断」（医学中央雑誌，明治40年），「精神療法」（医学中央雑誌，明治41年），「もひ中毒ヨリ妄想ヲ発セル2例」（神経学雑誌，明治42年），「流行性脳脊髄炎後ノ精神病ノ1例」（神経学雑誌，明治42年），「鉛中毒性精神病」（医学中央雑誌，明治42年）などがある。少し後になって大正年間に入ると，「麻痺性痴呆ノ瞳孔障碍ニ就テ」（医学中央雑誌，大正3年），「余ノ所謂禱性精神病ニ就テ」（神経学雑誌，大正4年），「パラノイアニ就テ」（神経学雑誌，大正4年），「精神病神経病ト橈骨動脈硬変」（医学中央雑誌，大正6年）など

がある。このうち麻痺性痴呆の瞳孔障害に関する研究は森田がかなり力を入れたもので早期診断に有力な新知見として学位請求論文の価値があると考えていたものである（後日，学位審査の折に副論文として提出している）。

明治40年5月，森田は呉教授から千葉医専教授に赴任する意志はないかと尋ねられた。官立の千葉医専の教授は高等官であり，いわば出世の階段を昇ることであった。森田は2週間ほど迷いに迷ったあげく断念する旨を伝え，代りに後輩の松本高三郎を推薦した。森田にとっては根岸病院の顧問であり，慈恵医専や巣鴨病院で講義や研究ができることの方が，千葉に行き官途につくことより好ましいと感じられたのである。しかし後年，東京の地に恋々としたことは将来の発展を考えると千慮の一失であったと後悔もしている。その頃千葉医専にはまだ教育病院がなかったので，松本の依頼に応じて森田は明治41年から6年間根岸病院の患者によって臨床講義を代講している。

森田が東大精神科に入局してから明治の終りまでの10年間は，森田療法の準備期とみられるが，この間，生物学的研究にも力を注いでいたことが分かる。

3. 森田療法の確立

森田は巣鴨病院での研究生活，根岸病院での診察，慈恵医専での精神病学講義を行う一方で，徐々に本来の目的である精神療法の研究に力を注いでいった。明治45（1912）年2月，自宅に診療所を開設し，日曜診療を始め，自らが編みだしつつあった神経症治療の実践の場とした。

森田は当時神経衰弱によいとされていたあらゆる治療法を，広く諸外国のものも取り入れて研究し患者に試みたが，どれも満足する効果は得られなかった。この経験からいわゆる神経衰弱といわれる例の多くは実は体質的に「ヒポコンドリー性基調」というべき傾向を持ち，自己の心身の状態に過敏な人であって，日常些細な事柄によって注意がある部位に集中すると，その部位の感覚が鋭敏となり，その結果一層注意がそこに集中するといった悪循環を生み症状が固定してしまうものであることを知った。森田はこれを「精神交互作用」と呼び，この「とらわれ」を打破し，ヒポコンドリー性基調を陶冶することが治療の要諦であると考えた。またこのような人たちは，完全主義の傾向があって，心身の状態や日常生活上の行為についても「かくあるべき」とする理想が強すぎるため「かくある」現実とのギャップが大きく，それに悩むことになる。森田はこれを「思想の矛盾」という言葉で説明した。「完全欲のとらわれ」ともいう。

「ヒポコンドリー性基調」，「精神交互作用」，「とらわれ」，「思想の矛盾」などと表現される心理機制によって起こる症状に対するには，症状を「あるがまま」に受けとめ，苦痛は苦痛のままに，「ただなすべきことをなす」建設的な生き方をすることによって，症状はあっても日常生活はできる（「治らずして治る」）といった心境を体得させることが必要である。つまり「感情本位」から「目的本位」の生活への転換をはかることである。このような人は本来向上心が強く（森田の「生の欲望」），自己に打ち克つ力も強い。

森田は上記のような心理機制（「森田機制」と呼ばれる）によって起こる従来の神経衰弱を普通神経質と呼び，さらに同じ心理機制によって発症すると考えられる強迫観念症，発作性神経症を加えて，「神経質」という新しい概念を提唱した。この三者はいずれも森田療法の適応（根治療法）となるものである。さらに森田は神経質の対極にヒステリーを置き，両者を比較することによって神経質の特徴を一層浮き立たせることに成功した。いうまでもなくヒステリーは森田療法の適応ではない。森田のこの神経症分類は当時きわめて革新的なものであった。

森田はこのような自身の神経質理論に基づい

て熱心に患者の診療に当たり次第に効果への自信を深めていった。大正4年には，10年以上も心悸亢進発作に悩んでいた例を自己の体験をもって説得しただ1回の診察で完治させているが，これは"心臓神経症"の最初の治療例とされているものである。大正8年からは通院していた患者を森田の自宅に入院させ，家庭療法に切り換えたが，この自宅治療を始めるきっかけになったのは，長年"神経衰弱"に悩んでいた巣鴨病院の看護士長を自宅に引き取って静養させたところ見事に軽快したことにあった。以来，森田は家庭療法によって精神病恐怖，赤面恐怖，ヒポコンドリー，強迫観念症などの例を全治させ，この経験を積み重ねることによって森田療法の術式を確立していった。この家庭療法では久亥夫人の存在が非常に大きかったといわれる。

森田はこの年，「神経質の療法」，「精神療法」，「赤面恐怖について」，「臥褥療法」などの発表を慈恵医専同窓会の成医会学会などで精力的に行い，森田療法の理論と術式をその症例とともにまとめている。入院森田療法の原法として知られ，今なおその骨子が踏襲されている治療術式，すなわち第1期―絶対臥褥期（7日間），第2期―軽作業期（3～7日間），第3期―作業期（1～2週間），第4期―生活訓練期（実生活期）（1～2週間）というセッティングはすでにこの頃完成されていた。森田療法の完成度の高さはしばしば指摘されるが，自身の体験や多くの患者の治療経験，諸外国での治療法などを取り入れながら前人未踏の治療体系を作り上げていったところに森田の天才のひらめきを感じることができる。歴史的にはこの大正8（1919）年が森田療法確立の年とされている。森田45歳のときである。この年，森田のふるさと巣鴨病院は松沢の地に移転した。

4. 森田の業績

森田療法がほぼ完成された翌年，森田は郷里土佐で反復性大腸炎と診断され2ヵ月あまり病臥したが，この大患から立ち直るとともにライフ・ワークとなる著書の執筆に取りかかった。

最初の著作「神経質及神経衰弱症の療法」は大正10年6月に発行された（昭和2年に増補改訂）。この本の中にはそれまでの森田が苦心して治療に成功した43例が紹介されていて，実際の治療過程と森田の息吹が生々しく伝わってきて，森田療法を学ぶ者にとって必須のものである。書名について森田はずばり神経質の療法としたいところだが，まだ世間では神経衰弱という言葉が普及しているので，いわゆる神経衰弱の療法という意味で，この病名も加えたと序に述べている。当時の状況がうかがえる。

大正10年に「神経衰弱ノ本態」，「神経質ノ療法」を神経学雑誌に発表したが，続いてこれを「神経質ノ本態及ビ療法」（大正11年1月稿）としてまとめ，呉教授在職25年記念文集第2部に執筆した（ただし，文集第2部の出版は遅れて昭和3年12月である）。呉教授よりこの論文を学位請求論文として提出してみよとの話があり，大正12年4月に申請し，翌13年8月学位が授与された。ときに森田は50歳であった。「精神療法」のテーマを掲げて大学院に入学してから約20年，呉退官の1年前である。大正14年3月，森田は大学昇格後の東京慈恵会医科大学教授に正式に就任した。

「神経質ノ本態及ビ療法」は森田療法の理論的根拠つまり原理が書かれており，森田の学問的到達点を示すものとして原典中の原典とされている。この論文はその後修正補充され，ひらがな，口語体としてわりやすく書き直されたものが昭和3年4月に出版された。

さらに森田は大正15年11月に「神経衰弱及強迫観念の根治法」を出版した。この本は森田自身の体験を基に治療法の実際を一般向けにわかりやすく解説したもので，文字通り洛陽の紙価を高め，多くの読者を持った。森田療法の普及に役立ったものである。

以上は森田の三部作といわれているが，ほか

にもいくつかの著書がある。そのうち大正11年に講義録をまとめて出版した「精神療法講義」は，森田がさまざまな精神療法を取り入れ，試行錯誤しながら独自の体系を築いていった過程が書かれていて，森田療法成立までの歩みを知る上で興味深いものとなっている。当時，精神療法をタイトルとした単行本には井上圓了「心理療法」（明治37年），石川貞吉「精神療法学」（明治43年），呉秀三編「精神療法」（日本内科全書第2巻第3冊，大正5年）などがあった。森田はこれらの著書も読んだものと思われる。

5. 森田を巡る人びと

森田は昭和12（1937）年，慈恵医大を退職し，名誉教授となった。森田が呉の命により慈恵医専で講義を始めたのが明治36（1903）年であったから，実に34年の長い間在職したことになる。森田が官立の千葉医専教授の職を辞退して一私学の慈恵医専にとどまったのは種々の理由があったが，慈恵の水が森田にとって心地よいものであったことも理由の一つではなかったかと思われる。慈恵医大の創立者高木兼寛は若き日，英国のセント・トーマス病院医学校に学び，実学つまり実証主義に徹した英国医学を慈恵に導入した。高木の面目は海軍軍医時代に，東大をバックに学理を重んずるドイツ医学に依った陸軍の森林太郎（鷗外）との有名な脚気論争によく現われている。高木は脚気の原因は栄養の欠陥にあるとして海軍の兵食の改良（白米食をやめパン食とし，ミルク，肉，麦の量を増やす）を進め，これによって脚気に罹る兵士の割合が激減するといった事実を，遠洋航海に出る練習艦「筑波」の乗員を対象とした壮大な実験で証明した（明治17年）。森が脚気の原因としてあくまでも細菌感染説にこだわり，白米中心の日本食を続けていたのと対照的であった。その後，日清，日露の両戦役の折に陸軍が膨大な数の脚気患者の出現に苦しんだのに対し，海軍からはほとんど脚気患者を出すことがなかった。

このような高木によって指導された慈恵の学問的雰囲気は森田の気質と相通ずるものがあった。森田の精神療法もまたあまたのエビデンスの集積の上に成り立ったものである（「事実唯真」）。このように考えると慈恵は森田療法成立の舞台として最適な場所であったといえるのではないか。高木が残したと伝えられる言葉「病気を診ずして病人を診よ」はいま慈恵医大の建学の精神となっているが，80年前森田は「神経質ノ本態及療法」（昭和3年）の序の中で「病を治するのは，其人の人生を完ふせんがためである。生活を離れて，病は何の意味をもなさない。近来医学が益々専門に分るる事と，一方には通俗医学の誤りたる宣伝とのために，医者も病者も共に，人生という事を忘却して，徒らに病ということのみ執着し…」と述べ，この傾向を悲しむべき事であると言っている。これは高木の言葉と相呼応するものであるが，森田にとっても治療とは患者の症状を治すことではなく，人間を治すことであり，治療は生活であり，人生であった。森田を好んだ高木は大正9（1920）年に死去したが，これはちょうど森田がその精神療法を完成させたときにあたる。

森田が自己の精神療法を確立した大正8，9年頃から慈恵の卒業生の中で，森田療法に興味を持ち見学や研修に訪れるものや精神科を志望する医師が増えてきた。森田はこうした人たちを連れて東大精神科に行き入局を依頼している。自らも精神科医として出発した東大精神科で正統的な精神医学を勉強させることを願ったのである。その伝統のゆえかその後もかなり多くの慈恵出身者が東大で勉強していることは東大精神科の医局員名簿を見るとわかる。森田時代だけでも，宇佐玄雄を始めとして中里健三，奈良林真，野村章恒，津島衞，奥田三郎，西井烈，小泉信吉，松村英久，竹山恒寿などの名を見い出すことができる。また鈴木知準は東大を出て森田に師事した。

昭和の初め頃，日本神経学会では精神分析学

派の丸井清泰と森田との間にしばしば激しい論争があった。昭和9年東大で開催された総会の折には強迫観念の成因を巡って争われ、森田は精神分析説は学問的迷信であるとまで言ったが、これは森田が長い間積み上げてきた強迫概念の治療成績に対する自信から出たものである。しかしこの論争は立場の違いがはっきりしていて論点は噛み合わないことが多かった。戦後東大精神科出身で森田療法を精神分析の立場から取り上げたのは土居健郎である。土居は自身の提唱した「甘え」の理論が、神経質者の心性（とらわれ）を解く鍵となるとして、そこに「甘えたくても甘えられない」心をみた。外国語にはない言葉である「甘え」の心性が森田療法の治療過程に独自なものをもたらしているとした。また、森田は治療を教育とみなしたが、フロイト自身も精神分析を一種の教育とみたがっていた節があると述べ、分析と森田の接点を指摘した（「森田療法と「甘え」理論」、慈恵医大精神科開講百周年記念講演、平成14年4月）。

　森田より20年後の大正12年に入局し、のち22年にわたって東大精神科を主宰した内村祐之は、呉門下の三羽烏として林道倫、下田光造、森田正馬を挙げている（「わが歩みし精神医学の道」、昭和43年）。このうち下田は森田療法の最もよき、そして最も早い時期の理解者であった。森田より8年後輩であるが、慶應を経て九大教授となっていた。下田は大正15年に出した自著「最新精神病学」（第3版）の序で森田療法を激賞し、また昭和6年10月、森田を九州に招き、学生への講義を依頼するなど森田療法の啓蒙に盡力した。森田の後継者となる高良武久を推薦したのも下田である。

　昭和13（1938）年4月、京都で行われた第37回日本神経学会総会で森田は宿題報告を指名されていたが、病すでに篤かった森田に代って共同発表者の高良が講演した。「神経質ノ問題」である。この報告は聴衆に多大の感銘を与え大成功であった。森田の「神経質」は学会でもはっきりと認知されたのである。急遽森田の許に帰った高良の報告を聞いて喜んだ森田はその1週間後に64歳の生涯を閉じた。

　生前、森田が強く望みながら遂に果せなかった森田療法の海外への紹介、普及の仕事は、戦後森田学派の第二世代、第三世代といわれる後継者たちの努力によって成功し、今日では中国をはじめ米国、カナダ、ヨーロッパ諸国など国際的にも広く知られるようになり、森田の理念に基づいた治療実践が各地で熱心に行われている。はるか明治から平成へ森田療法にも新しい躍進の時代が到来したのである。

下田光造＝その足跡と人となり
── 臨床家として，研究者として，そして教育者として ──

■ 渡辺　憲

はじめに

　下田光造は，わが国におけるうつ病の病前性格として世界に先駆けて「執着気質」（immodithymia）を発表したことなどわが国の精神医学界に大きな足跡を残している。平成14年に横浜で開催された第12回世界精神医学会（WPA）総会においても下田の執着気質60年を記念したシンポジウムが行われた。下田は禅などの東洋の文化を精神療法へ広く取り入れるとともに，同門の先輩にあたる森田正馬が始めた森田療法を高く評価し自らの著書にも紹介し，治療にも積極的に組み入れた。これら精神療法，心理社会的治療学のみならず，神経病理学，生化学を基礎とした生物学的精神医学も同様に精力的に研究を行って，わが国の精神医学の科学的研究基盤を作った。

　また，その円熟期ともいえる九州帝国大学時代から，終戦直前の昭和20年7月に郷里の鳥取へ医学専門学校の校長として着任し，終戦を迎え，終戦直後の混乱期を通して，新設間もない医育機関を守った。以後，米子医科大学さらに鳥取大学学長として多くの弟子および医学生の教育にあたり，医師としての人格の陶冶を基盤とした医学教育者として地域に多大な貢献をした。

　これらには，一貫して流れる思想，信念が感じられる。以上について順次紹介したい。

生誕から東京在勤時代まで

　下田は，明治18年（1885年），鳥取県東部の八頭郡散岐村和奈見（現：鳥取市河原町）に下田家の次男として生まれた。兄勘次は戦前の憲政会代議士（衆議院議員），弟（田中）信儀は県会議長から戦後に参議院議員を努め，「下田三兄弟」として地元では有名であった。この二人の存在が後に山陰地方に初めての医育機関を設置し，下田を招聘するにあたって重要な役割を果たした。

　地元の鳥取中学校，第四高等学校（金沢）を経て，明治39年4月本学医科大学へ入学。明治44年3月に卒業し，直ちに呉秀三教授主宰の当（精神医学）教室副手となった。その後，当教室助手，講師ならびに東北帝国大学医科大学講師を経て，大正8年4月，東京府立巣鴨病院医長として着任した。下田の同級生で，当教室在籍中，さらに巣鴨病院時代を通じて親交のあったのが歌人として著名な斎藤茂吉である。実際，斎藤茂吉全集の中に，下田光造君という名がしばしば登場している。林道倫も明治44年卒業の同級である。

　東京在勤時代に学位論文となる「癲癇の病理」をまとめ，大正11年に神経学雑誌に発表する傍ら，脳病理学的研究を続け，さらに躁うつ病の病前性格論，治療法として後に開花する数々の重要な臨床的観察ならびに研究がなされた。一方，この頃に，下田は禅に深い興味を抱き，飯田黛隠老師から指導を受け，後に精神療法の技法にもつながってゆく心の深層への理解の努力が続けられた（写真1）。

写真1

写真2 齋藤茂吉（左）と下田光造（ベルリンにて）

慶應義塾大学教授からベルリン留学へ

北里柴三郎が衛生会伝染病研究所を辞して大正8年に慶應義塾大学に医学部を設立するため移り，医学部長として各大学から教授を招聘した．大正10年5月，下田は精神科の初代教授として着任した．当時，教授には志賀潔，秦佐八郎らわが国を代表する著名な研究者が名を連ねていた．

2年間慶應義塾大学で教えた後，下田は，大正12年5月，ドイツへ留学の途についた．留学先は恩師の呉秀三の師事したクレペリン教授の居るミュンヘンではなく，ベルリンのボンヘッファー教授のもとであった．ドイツへの留学は1年余りであったが，ボンヘッファー教授からは，神経学と精神医学を切り離さない基本姿勢や，綿密に患者を観察し忠実に患者の声を聞くという診療の基本など多くを学んだという．また，ベルリン留学時代，齋藤茂吉の訪問も受けている（写真2）．

留学から帰国後，九州帝国大学へ

留学から帰国後，九州帝国大学医学部精神医学教室に榊保三郎初代教授（本学明治32年卒業，本学精神医学教室初代教授榊俶の実弟）の後を受けて第2代教授として着任した．大正14年12月，下田が40歳という働き盛りの時であった．

下田は，九大に約20年間在籍するが，この間，東京時代に育んできた多くの臨床的経験に基づく仮説の実証に教室員を挙げて取り組んだ．その結果，わが国の精神医学界に大きな足跡を残す重要な業績を挙げ，また，多くの弟子を育てた．

下田はそれまでの榊教授の精神分析学，心理学を主体とした教室の研究体制を大きく変え，顕微鏡を持ち込み，脳病理研究を医局員とともに精力的に取り組み，多くの論文が生まれた．ニッスル染色，鍍銀法など下田自ら指導し，また，医局員の論文もすべて目を通し，ほとんど原文が残らないほど加筆修正されることがしばしばであった．

臨床にも慎重な観察と新しいアイデアを持ち続け，時々医局を訪れ，「君，視床下部から薬を作り給え」とか「瀕死の分裂病は常人だ」などと医局員に話しかけ，議論することを好んでいた．

下田の脳病理研究の究極の目的は，精神分裂病（統合失調症）の脳病理を明らかにすることであった。当時，九大医学部の病理学教室で解剖された脳はすべて精神科へ回されて，昭和10年代後半にはその数はおよそ3000に達していた。これらのうち，分裂病脳と非分裂病脳を丹念に比較検討する作業が弟子たちによって続けられ，その集大成が昭和17年3月に開催された第11回日本医学会総会において「精神分裂病の病理解剖」として報告された。そこで，下田は，分裂病特有の形態学的変化は認められないことを示し，「精神分裂病が器質的疾患であるという解剖学的根拠をいまだつかみえない」と結論付けた。

躁うつ病の研究

　下田は，数多くの臨床経験から，躁うつ病は「疾病への逃避反応」と考えた。以下，下田の論文から引用する。「定型的症例にあっては，ある時期の過労事情（誘因）によって，睡眠障害，疲労性亢進を始め各種の神経衰弱症候を発する。これは生物学的には自己保存のための疾病逃避反応（神経衰弱反応）というべく，正常人ではこの際，情緒興奮性減退，活動意欲消失が起こっておのずから休養生活に入るのであるが，執着性格者にあってはその標識たる感情興奮性の異常により，休養生活に入ることが妨げられ，疲憊に抵抗して活動を続け，従ってますます過労に陥る。この疲憊の頂点において多くはかなり突然に発揚症候群または抑うつ症候群を発生する。これによって，初めて疲憊の原因から逃避し得ることになるのである。……何故ある時は『躁』，ある時は『うつ』病発作が発現するか等の問題は，おそらく将来生化学的に解決されるであろう」。

　以上のように，下田は課題を図式化，単純化して明解な理論を展開することを常としていた。躁うつ病の病前性格としての下田の「執着気質」はすでに九大時代には確立されており，さらに，以上の理論に基づくスルフォナールを用いたうつ病への「持続睡眠療法」の研究および臨床応用が教室をあげて精力的に行われた。

下田光造と森田正馬

　大正後期から昭和初頭に活躍した精神医学者に森田正馬が挙げられる。森田は，東大における下田の9年先輩であった。下田が九大教授となって間もなく，当時，学会において必ずしも評価されていなかった森田療法ならびに森田の学説について，杉田直樹との共著「最新精神病学」第3版（大正15年）の序文において，「教授森田がその真摯なる思索と犀利なる観察により，東洋哲学の基地に神経質の体験療法を組成したることは，われわれのために万丈の気を吐くものと言わざるべからず」と高く評価し，紹介した。これに対し，森田も「賜はりし君が情けの衣の色　わが涙をもそえてみるかな」との歌を添えて，感謝の書面を送ったという。以来，下田と森田の親交は続いた。

　森田がある時，その「神経質療法」について，ドイツ語に翻訳して下田の紹介にてボンヘッファー教授の主宰する「精神神経学月報」へ投稿したところ，「理解困難」として送り返された。さらに訂正の上，再投稿したが同様の理由で謝絶された。その後，2年ほどして森田から論文について，「何とも残念であるが，何とかならないか。外国の通俗雑誌でもよいが……」という趣旨の手紙が下田のもとへ寄せられた。下田は，仏教理論を骨子とする森田の精神療法を日本人流のドイツ語で説明して外国人に納得させるのは容易でないと考え，以下の内容を返信した。「何故左様なくだらぬことに精力を費やされるのか。彼らが貴下の学説を知りたいと切望するなら，自ら日本語を勉強して原文を読めばよい。釈迦や孔子が自己の教義を外国文に翻訳して発表したという話を聞かぬ」。

　森田は納得したのか，以後，この話題は立ち消えとなった。

米子医学専門学校の創設＝鳥取への帰郷

　第二次世界大戦が終わりに近づいた昭和18年頃，日本軍の戦線拡大に伴って不足する軍医の養成を目的に，全国に医学専門学校を設立する動きがあった。この時に，鳥取県知事とともに積極的に誘致に動いたのが，当時県会議長であった下田の実弟，田中信儀であった。医師ならびに医学教育スタッフがきわめて不足するなか，当時，九大医学部長であった下田へ医学専門学校の開設準備の要請がなされ，受諾することとなった。昭和20年3月，米子医学専門学校が認可され，下田が校長に選任された。その後，教員ならびに教材の多くを九大から支援を得ながら，同年7月1日にようやく開校にこぎつけた。ところが，その1月半後には敗戦となり，教職員，生徒に動揺が広がった。しかし，校長下田はこの機に際しても，全教職員，生徒を一同に集め，毅然として「此の秋は雨か嵐か知らねども　今日の務めの田草取るなり」と明治天皇の御歌を引用して訓示し，生徒に平静に勉強を続けさせたという。

　その後，終戦直前に開校した医学専門学校はその目的を失い，教育設備の不備を理由に次々に廃校されるなか，米子医学専門学校も存続が危ぶまれる事態を迎えた。

　下田は東大，慶應大，九大などの中央での人脈を通じて強力に運動し，昭和22年に存続が決定された。この時，13校が廃止され，米子を含む5校が存続することとなった。しかし，医科大学への昇格が決まったわけではなく，下田はさらに各方面へ陳情を続け，昭和23年2月に米子医科大学への昇格が決まり，下田は学長に就任した。米子医科大学は昭和24年5月に鳥取大学へ統合されることとなり，下田は医学部長を務めた後，昭和28年7月から昭和32年7月まで学長を務めた。

　この頃の下田の地域への貢献，奮闘ぶりについて「米子の歴史と人物」（高木篤著）には，以下のように書かれている。「敗戦後，学校の存廃が議論され始めると，校舎の返還を求める市民の動きもあり，また，大学への昇格上の施設設備に格段のものが必要とされるために，廃校を免れ大学への昇格決定にこぎつけるまで，下田は精魂を傾けて，地元鳥取県，米子市などとの折衝や，文部省，進駐軍方面の働きかけ，陳情を行ったのであった。戦後の不便，困難な交通，食糧事情も厭わず，老軀をおして何回もの上京を繰り返したという。下田の苦労は報われて，米子医専の創立を基礎として米子医大，鳥大医学部への発展がみられ，米子の地盤確立に至っている。鳥大医学部は下田を学祖と仰ぎ，その時流に流されない堅実な学風を敬慕している」。

　鳥取大学医学部の本部ならびに記念講堂前には下田の銅像が建てられ，医学部の発展を見守り続けている（写真3）。

鳥取大学医学部神経精神医学教室

　下田は，医学専門学校の存亡の危機にあった時代も，神経精神医学教室の教授として学生の教育にあたった。下田の講義は明快で，原稿もなしに立て板に水を流すように滑らかに，ユー

写真3

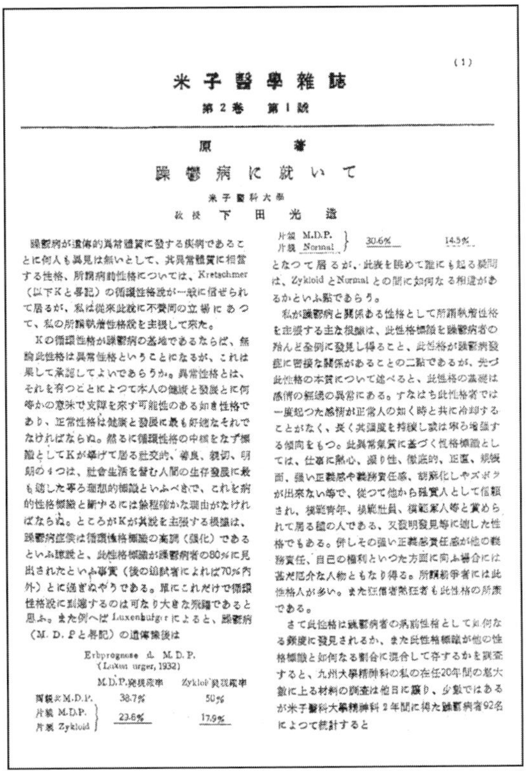

米子醫學雜誌 (1)

第2巻 第1號

原著

躁鬱病に就いて

米子醫科大學

教授 下田光造

躁鬱病が遺傳的異常體質に發する疾病であることに何人も異見は無いとして、其異常體質に相當する性格、所謂病前性格については、Kretschmer（以下Kと略記）の循環性格説が一般に信ぜられて居るが、私は従來此説に不賛同の立場にあつて、私の所謂執着性格説を主張して來た。

Kの循環性格が躁鬱病の基地であるならば、無論此性格は異常性格ということになるが、これは果して承認してよいであらうか。異常性格とは、それを有つことによつて本人の健康と發展とに何等かの意味で支障を來す可能性のある如き性格であり、正常性格は健康と發展に最も好適なそれでなければならぬ。然るに循環性格の中核をなす標識としてKが舉げて居る社交的、善良、親切、明朗の4つは、社會生活を營む人間の生存發展に最も適した寧ろ理想的標識といふべきで、これを病的性格標識と斷ずるには餘程確かな理由がなければならぬ。ところがKが其説を主張する根據は、躁鬱病症候は循環性格標識の高調（強化）であるといふ臆説と、此性格標識が躁鬱病者の80%に見出されたといふ事實（後の追試者によれば70%内外）とに過ぎぬやうである。單にこれだけで循環性格説に到達するのは可なり大きな飛躍であると思ふ。また例へばLuxenburgerによると、躁鬱病（M. D. Pと略記）の遺傳豫後は

Erbprognose d. M.D.P.
(Luxenburger, 1932)

	M.D.P.發現率	Zykloid發現率
兩親共M.D.P.	38.7%	50%
片親 M.D.P. / 片親 Zykloid	23.6%	17.9%
片親 M.D.P. / 片親 Normal	30.6%	14.5%

となつて居るが、此表を眺めて誰にも起る疑問は、ZykloidとNormalとの間に如何なる相違があるかといふ點であらう。

私が躁鬱病と關係ある性格として所謂執着性格を主張する主な根據は、此性格標識を躁鬱病者の殆んど全例に發見し得ること、此性格が躁鬱病發症に密接な關係があることの二點であるが、先づ此性格の本質について述べると、此性格の基礎は感情の經過の異常にある。すなはち此性格者では一度起つた感情が正常人の如く時と共に冷却することがなく、長く其強度を持續し或は寧ろ増強する傾向をもつ。此異常氣質に基づく性格標識としては、仕事に熱心、凝り性、徹底的、正直、几帳面、強い正義感や義務責任感、胡麻化しやズボラが出來ない等で、従つて他から確實人として信頼され、模範青年、模範社員、模範軍人等と賞められて居る種の人である、又發明發見等に適した性格でもある。併しその強い正義感責任感が他の義務責任、自己の權利といつた方面に向ふ場合には甚だ厄介な人物ともなり得る。所謂紛爭者には此性格人が多い。また狂信者熱狂者も此性格の所産である。

さて此性格は躁鬱病者の病前性格として如何なる頻度に發見されるか、また此性格標識が他の性格標識と如何なる割合に混合して存するかを調査すると、九州大學精神科の私の在任20年間の厖大數に上る材料の調査は他日に讓り、少數ではあるが米子醫科大學精神科2年間に得た躁鬱病者92名によつて統計すると

図1

モアも交えながら続けられ，学生に大変な人気であった。

昭和20年９月に同教室は開講され，昭和22年２月には病棟も開設。昭和24年には，長年のライフワークであった躁うつ病の病態ならびに病前性格論を米子医学雑誌に発表した（図１）。

下田は，昭和24年５月に医科大学学長に就任のため教授を辞した。後任には同年11月に奥村二吉が九大から着任。以後，昭和31年８月には新福尚武（九大），昭和41年８月には大熊輝雄（東大），昭和49年４月には挟間秀文（九大），平成６年５月には川原隆造（鳥大）が引き継ぎ，そして，平成17年７月には本学（東大）昭和59年卒業の中込和幸が下田から数え第七代教授として着任した。

鳥取大学医学部神経精神医学教室は，現在，統合内科医学講座精神行動医学分野と名称を変えているが，下田からの伝統である臨床を重視した研究体制は，現在なお神経生理学，神経薬理学・生化学などの領域で連綿と引き継がれ発展を続けている。また，下田は達筆でも知られており，同教室で毎年刊行される同門会誌の題字は下田の揮毫によるものが，現在まで引き継がれている。

輝き続けた晩年：多くの弟子たちとの交流，米子市名誉市民として

下田の人となりは，必ずしも社交的ではなかった。むしろ，地味で自らを評して“verschroben”（「ひねくれた」）と言う様に，他者に決して迎合しないところがあった。一方，臨床の場では誠実に常に優しさを湛えながら患者に接し，また，研究面では時流に流されないで，物事の奥深くを見極めようという強い信念と科学者としての冷徹な目を終生持ち続け，門下生の指導にあたった。

下田の教室には多くの入局者があり，九州および鳥取で数多くの弟子を育て，さらに，門下生から多くの教授を輩出した。九大時代の門下生は，下田が鳥取へ移ってから後も，鳥城会（「鳥城」とは鳥取城のことであるが下田の号でもあった）という同窓生の会を作り，下田の亡くなる直前まで師弟の交流が続けられた。また，鳥取においても神経精神医学教室の同門はもとより，鳥取大学医学部すべての卒業生にとっても父のような存在として慕われ続けた（写真４）。毎年，鳥取大学医学部における最優秀の研究論文に対して授与される「下田賞」として，下田の名は現在なお敬意をもって伝えられている。

下田は，昭和38年１月に米子市名誉市民として同市に対する貢献を顕彰され，尊敬を集めながら天寿を全うし，昭和53年８月25日，米子市皆生の自宅で93歳の生涯を閉じた。

写真4

おわりに

東京大学精神医学教室開講120周年を心からお慶び申し上げます．私に下田光造についての執筆のご依頼をいただいたのは，下田が私の大伯父（祖母の兄）にあたるという関係からと思われますが，世代も大きく離れており，直接会った記憶は私が中学生の頃に一度だけというのが実情で，果たして記念すべき本誌への責任を全うできるかと一抹の不安もありました．しかし，個人的には私の父（九大昭和16年卒業）の恩師でもあり，また地元鳥取大学同門の先生方からも数多くのエピソードを繰り返しお聞きしておりましたので，これらを縦糸に関連の資料等を横糸に補強しながら，下田の足跡と人となりを紹介させていただきました．

奇しくも下田が鳥取へ着任して60周年の平成17年7月に，中込和幸君（昭和59年卒）が精神科教授として鳥取に来られました．中込先生にも下田同様のパイオニアとしての活躍が大いに期待されます．

本稿に関して多くのご教唆を賜り，資料もご提供いただきました孫の下田光太郎先生（国立病院機構鳥取医療センター副院長）ならびに鳥取市の入江宏一先生（元鳥取県医師会長）に厚くお礼申し上げます．

林道倫について

■ 石井　毅

まえがき

　林道倫は東京大学精神医学教室の生んだ偉大な精神医学者の一人であった。私が昭和21年4月岡山医大に入学した時，学長室に呼ばれ，そこで初めて林道倫先生にお目にかかった。先生は，不自由はないかと言いながら，私にドイツ語の教科書を数冊貸して下さった。これが契機となって時々精神医学教室に遊びに行き，実験を手伝ったりした。林道倫先生にお会いしたことで，私の人生は大きく転回し，精神科医になり，思いもかけない経路を辿ることになった。私は上京し，松沢病院と東京大学精神医学教室に入局し，内村，秋元教授その他多くの先輩の指導を受け，さらに教室出身の同僚，後輩と幅広くお付き合い頂き，精神医学の研鑽を深めた。その幸福を思うと最早わが人生に悔いなしであるが，これひとえに林道倫のお陰である。

　林道倫は，世にも希な博学多識の人であり，その見識は医学を遙かに超えて，洋の東西に及ぶものであったと言われるが，精神医学における研究業績にも独創的な業績が多く見られる。明治以来の日本の学問の主流が西欧の輸入または模倣の傾向が強かった時代に，その独創性は特筆に値する。またその精神科臨床の深さ，広さ，鋭さにおいて追随を許さないものがあった。

1．林道倫の略歴

　林道倫は明治18年12月21日仙台に生まれ，昭和48年3月28日岡山で逝去された。享年89歳であった。その略歴を簡単に表にすれば次のようになる。

〔略歴〕

明治39年7月	第二高等学校卒業
同年9月	東京帝国大学入学
明治43年12月	同上卒業
明治44年1月	東京帝国大学医科大学病理学教室助手
同年12月	同付属病院助手，精神病学教室勤務
大正10年6月	ドイツ留学
同13年11月	帰国
同年6月	岡山医科大学教授
昭和21年5月	岡山医科大学長
昭和24年1月	朝日賞，精神分裂病の生物学的研究
昭和24年6月	岡山大学長
昭和25年12月	日本学術会議会員
昭和27年7月	岡山大学長辞職
昭和28年8月	林精神医学研究所開設
昭和48年3月28日	逝去

　先生は3歳の時から，ご祖父について中国の「詩経」の素読を始められ，8歳の頃からドイツ語を学習された。その後数カ国語をよくされ，その読書範囲も計り知れないほど広く，ことに「荘子」，「臨済録」，「碧岩集」に至り，またカント，ニーチェ，フッサールなどの著書を好んで読まれたと聞いている。先生は大学を卒業されてからまず病理学教室に1年間助手として働かれた。当時は有名な山際教授の時代で，動物にタールを塗布して発ガンさせた有名な研究が

行われていた．次いで精神病学教室に入局され呉秀三教授の指導を受けられた．教室におられたのはドイツ留学までの10年間で，その間すでに独創的な研究業績を残され，精神科の臨床に励まれた．

2．林道倫の研究業績

1）麻痺性痴呆の大脳皮質における鉄反応の研究

この研究は林道倫の最初の論文であり，1913年すなわち精神医学教室に入局してわずか1年3か月後に発表された（林道倫の回顧によれば入局して3か月で呉秀三に提出している）．すなわち，大正元年（1912年）11月の東京帝国大学医科大学医学教室で開催された精神病科談話会の第一席にこの題がみられる．これは世界に誇るべき新知見であり，全く林道倫の独創であった．入局1年生の林道倫がこの論文を呉秀三のもとに持参したところ，呉は"これは何かドイツの雑誌からヒントを得たのかね"といわれたというのもありそうな話である．当時意気軒昂，少壮気鋭の林道倫に，この言葉はよほど悔しかったと思われ，私は何度もこの話を伺った．

林道倫によれば，この論文のヒントは，彼が麻痺性痴呆の患者のリコールの検査をしている時にピグメントを持った細胞を見いだし，そのピグメントが鉄反応を示すのを見て，脳を調べてみようと思ったという．この論文を読み直してみると，組織切片の鉄反応の証明について，非常に綿密な理論的，技術的検討を行っていることに感銘を受ける．組織の固定法，鉄証明法としての硫化アンモン法とベルリン青法の優劣の検討，ことに顆粒細胞の中の鉄と膠細胞内の鉄の証明に対する種々の方法の検討など，極めて精密であり，単に病理的な観点のみならず，化学的な検討も加えている．鉄反応は主として動静脈管外リンパ道内の顆粒細胞に見られ，さらに膠細胞にもみられるが，神経細胞への沈着は少ない．鉄の沈着と同時に赤血球もみられ，次いでリポイドの沈着が起こることに触れている．そのような沈着は麻痺性痴呆の脳に顕著にみられるが，他の疾患の脳には殆どみられず，特徴的であるという．

林道倫はこの論文の序文でNissl's Arbeiten 1のアルツハイマーの麻痺性痴呆の検索は詳密ではあるが，鉄反応についての記載はないと批判し，また本作業中にボンフィリオの業績を知ったが，それは単に諸種の精神病の脳の膠細胞，その他に鉄を証明するというにすぎないと批判している．

2）日本脳炎ウィルスの猿への移植

林道倫が日本脳炎を世界に先駆けて猿に移植する実験に成功したのは1933年で，正に画期的な業績であった．上記の論文を読むと，動物実験に成功した秘訣として，なるべく早く剖検し，新鮮な材料を用いること，若い猿に接種することがあげられている．それは日本脳炎の患者が幼少児と老人に多いという臨床上の事実から考えられたという．いずれにしても当時ウィルスの実態はまだ知られておらず，スタンレーがタバコ・モザイク病のウィルスを結晶で取り出したのは1935年であり，林道倫の猿への日本脳炎の移植の成功によって初めて，日本脳炎のウィルス起因性が確立されたのである．

当時まとめられた日本脳炎の歴史に関する林道倫の総説はまことに徹底したものである．最初にみられた流行として，1871年の京都付近の流行をあげ，当時すでに新宮涼閣による"項髄疫説"と題する日本脳炎に関する単行本が書かれていたという．1970年に我々（松下正明，石井毅）は罹患後67年を経過したいわゆる吉原風邪の後遺症を剖検し，これが病理学的に典型的な日本脳炎であることを証明した．吉原風邪が日本脳炎であることは，すでに上記の日本脳炎の歴史に関する論文に詳しく記載されている．1903年吉原風邪の罹患者は全部で57人，うち16人が遊女であった．そして，1912年に長与又郎が組織学的検査により軟膜のリンパ球浸潤をみ

たと記載されている。林道倫は吉原風邪は日本脳炎だと言っていた。昭和24（1949）年頃，私は岡山大学精神科の2階の誰もいない，大きな病理研究室に，巨大なミクロトームが沢山置いてあったのを記憶している。半球標本も，ほこりをかぶったままになっていた。林道倫は退官のあと，病院開設の多忙な間に，これらの秘蔵の標本を再検し，日本脳炎の病理に関する論文を管野一と共同で執筆した。

3）精神分裂病の研究

林道倫は巣鴨病院以来，神経病理学によって，精神障害の原因に迫ろうとし，当時その道の大家であった。にもかかわらず，戦後に至って，突然精神分裂病の生化学研究を始めたのは何故か。その転換の秘密の一端は，林道倫の呉秀三生誕百年記念講演，日本精神医学の過去と展望（精神経誌67巻，1965年）の中にかいま見ることができる。この記念講演の終わりのほうに，林道倫がかって巣鴨病院で呉秀三の回診についていったとき，廊下で早発性痴呆について，呉に質問したことが記載されている。すなわち，"「今病院にはこんなに沢山の早発性痴呆患者がいる。殆ど全部の患者がそれであると言ってもよい。先生，こういう病人を放置していったいいいものでしょうか。何か治療の方法はないのですか。もしありとすれば，何故適切な療法を講じないのですか？」。蓋し盲蛇におじざる質問でした。先生はしばらく黙っておられましたが，「それがね，まあいろいろ訳があって，一寸できないね。しかし，君はまだ若いから，君の一生のうちには，早発性痴呆の治る時もくるだろう」こう云われました。おまえが治すだろうと云うのではない，治る時がくるだろうというのです。先生一流の含蓄の多いお言葉ですね。私は今でもこのお言葉を心に銘じているのです。"

林道倫は分裂病の器質原因論を確信していたと思われる。前記，呉秀三生誕百年記念講演の中で次のように述べている。"確実なことは，分裂病の脳にAtrophyのあるということです。分裂病の脳に全然変化が無いという方もあるようですが，それは誤りであると思います。……分裂病をもって遺伝病なりとしない人は別ですが，それがもし遺伝病ならば，雌雄因子の結合による何かしらの物質に依存する異常がなければなりません。あるいは教育を以て，あるいは精神療法を以て異常の程度をある程度撓めることはあるいはできることはできるかも知れません。だがMenschheitをvon Grund aus救う所以ではありません。このことなくしては精神医学などはnichtigであります。"

何という壮大な言葉かMenschheitをvon Grund aus救うことなくして，精神医学などはnichtigであるとは，何という徹底したラジカリズムであろうか。これは今日においても厳しい精神医学批判ともとれよう。そこにはメシア思想の片鱗さえ感じられる。

「精神分裂病の研究」は精神経誌51巻に掲載された。それは昭和23年の第45回精神神経学会の宿題報告をまとめたものであった。この研究は戦争中すでに行われた分裂病者の尿の蒸留，分析に続いて，戦後まもなく始まったものである。

この研究では脳代謝の動きを把握するために，同時採血による脳の動静脈血をvan Slyke法によるガス分析により，対照と分裂病患者200例について延べ377回測定した。その結果，分裂病者には呼吸系に何らかの異常があるらしいと推定された。

この研究が契機となって，昭和23年秋，林道倫の呼びかけで精神医学界に分裂病研究班が組織され，これが現在の日本神経化学会の母体となった。当時の写真の中には若い臺弘の姿も見いだされる。その後の分裂病研究の主流となったのは抗精神病薬の発展であろう。昭和30年代に始まった抗精神病薬に関する知見は膨大な知識の集積をもたらし，精神科治療の中心となった。D2受容体と精神症状の関連はほぼ決定的

なテーマとなり，新しい抗精神病薬が開発されている。林道倫の分裂病の生物学的研究は，クレッペリンの考え方の延長線上にあり，精神障害治療の思想的根源となるものである。

　4）その他の業績

小脳病理に関する一仮説，アルツハイメル氏原線維変化発生因の追補など多数の業績があるが，省略する。

3. 精神神経学会と林道倫

精神神経学雑誌を昔にさかのぼると，神経学雑誌となっていることに奇異の感を懐く人もいるかも知れない。神経学雑誌は明治36年，呉秀三が京都大学の三浦謹之助とともに日本神経学会を創設された時に，学会機関誌として創刊された。これが精神神経学雑誌となったのは昭和10年である。この時の日本神経学会は新潟で行われ，新潟革命と呼ばれている。この新潟革命で林道倫は会長中村隆治および斉藤玉男らとともに中心的な役割を果したといわれる。この学会で会則が改正され，日本神経学会は日本精神神経学会，学会誌は精神神経学雑誌と改編された。

精神神経学会はその後精神神経学教室を中心に発展した。しかし，昭和40年代に入って，世界的に神経学独立の動きが強まったとき，精神神経学会内部に種々の葛藤があり，内科系の神経学者は精神神経学会と袂を分かち，独立した神経学会を設立し，神経内科という講座も創立された。これは時代の流れでもあろうがその底流には新潟革命の影響もあったのではないかと私は想像している。一方，精神神経学会は昭和40年代に入って，方法論の多様化に対応できず，さらに大学紛争とセクトの争いに巻き込まれ，衰退の道を辿った。

　1）精神病学用語統一試案に関する覚書（精神経誌42巻，昭和13年）

神経精神病学用語統一委員会試案は昭和12年4月，林道倫，勝沼精蔵，斉藤玉男，内村祐之により学会に提唱された。この用語統一の仕事は学会としては初めての試みであり，様々な議論が交わされたことが林道倫による表題の覚書に記されている。これについて秋元波留夫先生が「林道倫論文集，昭和59年」の序に触れておられるが，その中に「精神分裂病を最も強く主張したのは林先生であった」との言葉がある。

4. 退官後の活躍。林道倫精神医学研究所の設立，その他

林道倫先生は定年退職の後，一時日本大学医学部精神科教授に招かれたが，年齢的に新しい教室を発足させるには時間の余裕がないと考えられたのか，研究続行の熱意に燃え，全財産を投じてすぐに林精神医学研究所を設立され，附属病院を開設された。林道倫病院はその後発展を続け，立派な病院として地元の患者さんに尽くしている。先生は前述のように日本脳炎患者の脳を再検され，それは管野一の論文として結実した。また病院経営に，研究続行に苦心をされながら，学会活動もなされ，東京の学会に出席されたとき，私が働いていた松沢病院の病理研究室に見えられ，何年かぶりにお目にかかって，学問の話などお伺いしたのも懐かしい思い出である。

林道倫先生の弟子の中で，新潟大学の上村忠雄先生は昭和13年から3年間，助教授として岡山大学で勉強され，深く林道倫先生を尊敬された。また，大熊泰治先生も岡山で林道倫先生の教えを受けられ，のちに北海道大学に赴任された。その他にも立派な弟子は数指を下らないが，もっと多くの俊秀が育っても良かったのではないかと残念に思われる。

先生の弟子は身近には少なかったが先生を尊敬する立派な精神科医は全国に散らばっている。私がご指導を受けた臺弘先生もその一人と伺っているが，皆非凡の人達ばかりである。知る人ぞ知る。先生の学問と患者に対する情熱は時代と空間を越えて広がり，その松明の火は，我々

の胸の中に，後世に，絶えることはないだろう。昭和48年2月28日，先生は87歳の生涯を閉じられた。病気は大動脈破裂であった。先生らしい壮烈な大往生であった。

文献
1) 林道倫：麻痺性痴呆大脳皮質に於ける鉄反応の組織的研究．神経学雑誌 2：18-22, 84-90, 131-136, 1913
2) Hayashi M：Encephalitis epidemica japonica. Allg Zsch Psychiat 95：55-58, 1931
3) Hayashi M：Auf Geschichte der epodemischen Encephalitis in Japan Arb. aus der Md. Univ. Okayama 3：201-218, 1932
4) Hayashi M：Uebertragung der Virus von Encephalitis epidemica japonica auf Affen. Folia Psychiat Neurol Jap 1：419-465, 1935
5) 管野一：日本流行性脳炎脳髄の病理．林精神医学研究所業績 1：1-143, 1959
6) 林道倫：精神分裂病の研究．精神経誌 51：193-245, 1950
7) 神経精神病学用語統一委員会試案．林道倫，斉藤玉男，勝沼精蔵，内村祐之，大熊泰治，荒木直躬．精神経誌，41, No.4（付録），1937
8) 精神病学用語統一試案に関する覚書．林道倫．精神経誌，43：446-457, 1938
9) 林道倫：日本精神医学の過去と展望。呉秀三先生生誕百年記念講演．精神経誌 67：916-924, 1965
10) 臺弘，奥村二吉，富井通雄：先覚者にきく―林道倫先生をたずねて(1)．精神医学 12：220-234, 1970，同上(2)精神医学 12：228-335, 1970
11) 林道倫論文集．林道倫論文刊行会，井原重彦，大重弥吉，管野一，佐々木高光編．昭和59年11月15日発行．国際医書出版．
12) 石井毅：林道倫の業績．精神医学 43：81-85, 2001
13) 松下正明，石井毅：罹患後67年を経過した日本脳炎後遺症と思われる一例．神経研究の進歩 14：214-257, 1970

戦前戦後の東大精神科と私

■ 川田　仁子

　小学校5年で肺滲潤か肺門淋巴腺腫脹などといわれ（この当時は結核というのは死に至る病のようにいわれていたので主治医は遠慮してこのような病名をつけたかと思う）1年休学した私は学力の余り高くない伊豆大島の小学校からでも入れる，そして試験勉強をしないで東京女子医学専門学校へ入れる所を必死に探してくれた母親の敷いた路線に乗って吉岡先生の学校に，しかも七番という好成績で入学できました。

　段々と学園を継がされるように思われて来て後半は余り勉強せずに多分，落第すれすれの卒業だったかと思います。

　昭和14年の入学ですが昭和16年の12月8日「太平洋戦争ニ入レリ。」というラジオ放送を寄宿舎の朝の集まりで聞きました。満州からの留学生の驚きの顔，台湾や朝鮮の人の複雑な表情とは別に日系二世として米国から来ていた人達の文化が違う，親の事は心配しないけど私自身が心配という言葉に意外で驚いた事を昨日のように覚えて居ります。戦争は激しくなり19年春の卒業のはずが半年繰上げとなり18年の秋に卒業しました。男子学生も繰り上げ卒業で学徒兵として出征して行く姿を明治神宮外苑で雨の中を制服制帽姿で涙をこぼしながら見送りました。その中に将来，結婚する事となった夫の姿も東京商科大学生の中にあったのです。

　卒業の日が近くなると，お互いに進路に就いて話す事が多くなります。友人のを当てっこする事もあるので私の友人達には小児科といわれました。私は藤倉学園に来る沢山の医学生に「これからの医学は精神科だ」と勧める両親が私には何も勧めてくれないのに腹を立て精神科を学びたいと思い自分なりに病理学をと思い九州帝国大学の教室に入れて貰おうと思い，この事を両親に話したところ，小学校6年間しか傍に居なかったので淋しかった，遠くに行かないでほしいといわれこれを諦めました。

　「じゃ東京帝国大学の内村先生のところに行

藤倉学園のあらまし

　大正8年（1919）に藤倉電線㈱の中内春吉氏が，社会事業家川田貞治郎に大島の土地3万坪と23万円の資金を託し，財団法人　藤倉学園として開設されました。その後，昭和26年に社会事業法が制定されました。厚生省の技官早尾虎雄氏の勧めもあり「之からは鴨が葱を背負って来る様に措置費というものが入る。今迄の様な御苦労をかけない」と云われ仕方なく昭和27年に社会福祉法人となりました。

　組織変更当初の役員は，常任理事　川田貞治郎，理事は精神医学界より内村祐之氏，社会福祉学界より徳永恕氏，藤倉電線㈱より兵頭嘉門氏，新聞業界より萩原忠三氏，そして川田仁子，監事は本田松治氏でした。

　昭和34年川田貞治郎召天ののち川田仁子が之を継ぎましたが70歳になってから常任理事（代表理事）の役職名を理事長と致しました。

　現在は大島に大人の知的障害者更生施設，八王子に子供の知的障害児入所施設（短期入所含む）があります。

けというの？ 入れてくれるかしら？」と尋ねると母親は「内村先生のお家の前で土下座して何卒，是非教室に入れて下さいとお願いしなさい」というのです。この言葉には聞き覚えがあってずっと前に両親の勧めもあってか東京帝国大学の医学部を卒業してから精神科を選ぶことになった秋元波留夫さんに内村鑑三先生の御子息で留学の後に30歳の若さで北海道帝国大学の精神科の教授になられた内村祐之先生の教室に入ることを勧めて，秋元さんが逡巡するのに対して，父は遠い北海道へ東大の出身者が行くのだから心配無用と言い，母は門前の土下座説を話したのを聞いていたのです。

　東大の医局長は学園にも度々来て下さっている島崎敏樹先生と知っているので電話して面会の日時を決めて頂き，面会に行き一生懸命お話しすると先生は呆気ない位に私に「良いですよ。」といって下さいました。私の熱心さに先生が承諾して下さったものと勝手な解釈をしていましたが，今思うと両親の何れかが，あるいは二人で頼んでくれたのかも知れません。島崎先生が教授に会わせてくれるという日に伺うと教授室で会って下さり「宜しい」と許可をして下さいました。女子医専の保証人を秋元波留夫氏に願って金沢に行かれた後，内村先生にお願いしていたのですが，この時は感激の余り更に立派に見えました。「何か云うことがあるか？」の問いに思い切って「卒業して医者になった以上，余り親から仕送りを当てにしたくない」と申上げると「貴方の先輩で竹内茂代さんという立派な方が居るので私の紹介といって訪ねなさい。」といって下さり竹内先生を訪ねるとすぐに嬌風会の守屋東女史が始めた上野毛のクリュッペルハイムを訪ねるようにということで，そこで朝夕の食事と部屋を頂いて東大の教室へ通うことができるようになりました。

　ある日，新入の医局員は成る丈け出席するように，といわれて赤門の近くにできた学士会館の分室のようなところに集まりました。粗末なテント張りのようなところで折り畳み椅子です。内村先生が東大に来られてから教授の講義を聞いて育った人達が30人も入局したのが最高であったと聞きますが，それ以上の人数のように感じました。ただその殆どの人が翌日には陸軍に，また海軍に入隊するとかで姓名や出身の大学等を自己紹介し陸軍，とか海軍とかいいました。私の隣の人は田縁修治さんで少しの時間の間に銀行員の息子で神戸の出身で神戸二中から一高へ行きフランス語をとった。戦争に行かない島薗さんは島薗内科の教授の息子で正統的なドイツ語をとっていて僕とは違う，僕が戦争から帰って来ても貴方から"貴方は誰方？"なんて尋ねられるかもしれないなど話して面白い青年だな，と思いました。

　沢山の謂わば同期の人はあっという間に居なくなり，結局残ったのは秀才のために残されたという噂の島薗安雄さん，結核の病歴で残った伊藤圭一さん，台湾出身のためという噂の林宗義さん，帝国女子医専（現在の東邦医大）を1年前に卒業して内科を勉強して実家の精神病院を継ぐ予定との噂の直井富美さん（後に斉藤姓）と私です。新ちゃん（新人を看護婦の人達はこう呼びます）は主に脊髄液を採る事をしました。私は比較的上手にできました。薬品を入れ梅毒があるかどうかを見る間，誰かが島薗さんの帽子の庇の所が少し折れていて角帽が黒光りしているのをどうしてこんなに格好よくなったのかを訊ねると，島薗さんは恥ずかしそうに「兄貴のを貰ったので少し手垢がついてます。」など答えてました。

　何とか内科に入局したという武蔵高校時代の親友の花岡和一郎という人が入局したての時に良く訪ねて来ましたが，二人の友情は子犬がじゃれているような感じで「兎に角，君には酒も煙草もムニャムニャも……」「シッ」と片方が私の耳目を気にして止めたりしてました。

　東大の教室に入り驚いたことには図書室の本がお粗末でした。父がよく丸善から輸入された

ばかりの書籍を，しかも2冊ずつ買ってくるうえに外国の雑誌も入れていましたから，藤倉学園の研究室の蔵書は立派なものだったのです。秋元さんなどに持ち返られても"何処かで役に立っているさ"と鷹揚に構える父でした。

ある時，病棟にアナウンスが流れました。「医局員の皆様，特に新人の方に告げます。2号室の患者がてんかんの発作を起こしたので見て下さい」確かにてんかんです。舌を嚙まないように舌圧子が差し込まれています。小学校に上る前から父や母や保母の人がやっている通りですし，てんかんの発作も軽いものでした。東大の人達もこんな程度かと思ったりもしました。そのうちに井上英二先生が結婚されることになりました。井上眼科のご子息でもあり，少し気取った先生でしたけど結婚式はどんなかしらと胸を踊らせて待ちましたけれども，私は招いて頂けませんでした。そのうちに教授・助教授・講師・助手・副手という順序があると知り教授の言葉使いの中にも東京帝大出と他の帝大，また国立大学，男子医専，そして私の女子医専はその下であり肩書きも介補というので最下級であると知りました。

内村教授の講義はソツなく何のメモもなしに流麗な言葉で話され，キッチリと無駄なく話され2時間半位を休みなく，しかもキチンとその時間に終わるのは驚きでした。当番で講義のノートを取り，それは残るのですが時々居眠りでもしたのか空欄のところがあったかも知れないし，読めない字もあったかもしれません。先生が綺麗な字で黒板に書かれたのを拭くのも当番の仕事です。私は150cm位なので上の方は飛び上がって拭かなくてはなりません。後年私の後輩の荒木仲さんの夫となった方は何処かの国立病院の院長で亡くなられましたけれど，私を覚えていて下さり，私のその仕草が可愛かったと仰云ったそうです。

学生のポリクリの際に新人のグループはポリクリを内村先生の指導で致しました。

私が纏めて先生の前で発表する事になり自信を以って鑑別診断として2〜3程の病名との差異を述べた上で"この方は Dementia praecox 早発性痴呆です"と申しますと先生はお腹を抱えて大笑いをされ仲間達も笑うのです。そして先生は「ハアー懐かしい言葉を聴くねえ。明治時代だよ，キミ，新しい言葉を仲間達から聞き給え」といわれました。その位東京女子医専の池田隆徳先生の講義は古かったのですし，精神病は治らないというスタンスで教わってきたことが本当だったのでした。

内村先生からは「君は女だし学位は時に邪魔になることもある。多分，学園を継ぐのだろうからここに居る間に良く知人を増やしなさい。一期一会という言葉もある。医局の人達や特に，尋ねて来た方々をよく覚えるように」といわれました。

浅井病院の浅井邦彦氏の父上の浅井陸軍少佐殿や海軍中尉位の歌舞伎好きとかの廣瀬貞雄先生の軍服姿など目に焼きついて居ります。

内村先生は時々意地悪な問い掛けをされました。御実家の精神病院を継ぐ予定で居られた方が出征されたために，他の大学の文学部を出られた男子の医専出身のⅠ先生が仰云る言葉で冠詞の女性か男性か不明瞭なとき何回も何回も，え？　え？　と聞き直すのになんとなく気の毒で体が縮むような思いをすることもありました。後年，昭和23年に結婚した私は，夫の会社も麻布の住居も空襲で焼かれたので葉山での生活をしていた折に，比較的近いという理由でⅠ先生の病院の副院長クラスで来て欲しいといわれたのですが，これは夫の反対で実現しませんでした。あるいはⅠ先生に同情申し上げている姿を見た誰方かが，この方に話でもされたためかと今となって想い返して居ります。

私は卒業間近に医師になる前にキリスト者として洗礼を受けたいと思い，有名な植村正久氏の令嬢で柏木教会の植村環女史の手で受洗しました。医局に顔を出すようになってから植村牧

師から「もう一人この教会から内村先生の教室に入る人がある」林宗義氏のことを話されました。台湾の方だという話でしたがハヤシムネヨシと名札を読んだものですから良く判りませんでした。台湾にでも帰っておられたのでしょうか，東大へ顔を出したのは少し遅れての日でした。林さんのことでは神田の元の主婦の友社の下にあった佐野病院ご子息で慈恵会医科大学出身の佐野新氏のところへ患者さんを紹介したところ，入院料が高くて困ったと泣きつかれて，「値段を負けてやってくれ」「都心にある病院なので高いのは当然。その位取らないとやっていけない。」等といい合いになり，林氏が佐野氏の頭をポカリとやった噂等あって植村先生に告げ口をしたりしました。先生は何も仰云いませんでした。

医局の人は段々減って行きます。急に部屋に入って来て机やロッカーの中のものをバタバタと片付けてパッと出て行く。その人はもう帰って来ません。残っている人は入院や外来の方で忙しくなる，益々忙しくなるという生活でした。口淋しい，配給もあるからと内村先生も吉益脩夫助教授も少年が初めて口にするような慣れない手つきで煙草を飲み始めました。内村先生も口髭をつけられました。

島薗安雄氏は脳研究所の方で過ごす時間が多くなりました。学習院出身の伊藤圭一氏は男爵の御曹司とのことで大人しい，きっちりした語り口で，文字は小さく綺麗でした。介補より更に地位の低いような「雑使婦」という名の医局の掃除や当直者のための部屋や布団の用意をする大柄な娘さんと仲良いのが少々気になる人でした。私の質問に良く丁寧に教えてくれる方でした。終戦の後かに結婚したのですが茨城の田舎から運ぶ野菜類に家族の方の心も解けて結婚へと進んだかと想像します。晩年に三重県の国立の結核病院に入院され，二度ほどお見舞いに上がり一人娘の方の看病ぶりに感心して，亡くなられたあとに私の関係の施設で働いて頂き，今はここでの中心人物です。

クリュッペルハイムでのある日，聖路加の日野原重明先生の訪問がありました。昭和16年ごろから母親の意向で休み毎に帰って来なくて良い，聖路加の橋本寛敏先生にもお願いしてあるし，他に東京女子医専の先輩も居るだろうから病院の各科で見学をするようにといわれ，その折に京都帝国大学出身で牧師さんの息子としての日野原先生は次の院長は間違いない，病院中の人気を一身に背負っている，という感じでお見受けして居りました。

クリュッペルハイムは半年程で経営不振のため閉じました。再び内村先生・竹内茂代先生の御紹介でニコライ堂の下の方の小原小児科病院の当直医となりました。

小原芳樹先生（少し前の女子医専の小児科教授）は花岡家から小原家へ婿入りした方と知りました。30人位の小児科の患者さんと主に母親の付添いが付く病院です。

母は聖書学院という牧師になる学校の出身ですが初代の中田重治校長が仲人で，しかも両親の結婚式が同日に挙式して二代目の校長になった車田秋次・敏子のお二人は同級生で親友の敏子さんのご自慢の従弟の花岡芳樹氏であると判明して大喜びでした。後日わかったこととして島薗さんと仲良しの花岡和一郎氏とは叔父，甥の仲だったのです。

小原病院では部屋と朝夕の食事の他に多少の金子も頂けて東大へは歩いて20分程で以前の，上野毛―五反田―御徒町より大分楽になりました。

戦争は益々激しくなり硫黄島の戦闘の後，小笠原島・八丈島と続いて伊豆七島をだんだんと北上するかと見た軍部は大島から疎開して欲しいと要請しました。直ちに私は藤倉学園の嘱託という名刺を持ち，父の出身地の茨城県，母の出身地の栃木県までそれぞれ訪問し，知事と面会し疎開先の斡旋を願いましたが聞いて頂けませんでした。絶望的な私の報告に内村教授は頷

くだけでしたが，数日の後に「軽井沢の方の別荘で聞いたが，小海線の清里に清泉寮という立教大学が持つ別荘があるという。同じクリスチャン施設として貸してくれるかも知れない」という話なので直ぐ池袋の立教大学の同窓会立教学院を訪ねたところ「そういう種類の人が入るなら壊される心配があるので買って欲しい」といわれ金額は7万円という事でした。中内春吉氏から頂いた23万円を三分して，国債，藤倉電線の株式として，7-8万円現金があったので緊急の理事会を開いて頂いて直ちに買い，次に子供達50人の内，家庭に引き取ってもらう10人と松澤病院に入れて貰う人10人として30人を二班に分けて疎開することとしました。

荷物を何に包み，如何して運ぶかを悩み東京駅の中央で絶望的に目をあげたところ，疎開相談所の文字が見え，其処を尋ねると若い駅員や鉄道学校の生徒達が有蓋貨車で同時に人も荷物も牛も到着するように計画してくれました。大島から伊東へ船，熱海―富士―甲府―小渕沢そして清里の清泉寮に着いたのは昭和19年8月15日でした。

その少し前のある日，教授が医局で島崎敏樹氏に「キミ，例の論文に少し手を入れて明日迄に仕上げて来てくれ給え。教授になるには学位があった方が良いと思うので。すぐ学位を渡すから東京医学歯学専門学校へ行ってくれ給え。これで君も僕と同じく30歳で国立大学の教授だ……」

私達の1年後に異色の新人が入りました。東北帝大出身の成城学園の英語の先生が母上と聞く塩月正雄氏。いきなり医局の最上席の，つまり教授の椅子に座って弁当を食べだそうにされて叱責！ ジュネーブ生まれで独仏英堪能の前田美恵子氏（後に神谷姓）5・6cmの厚さの原書を一晩で読んでくる方で内村先生も島崎先生も目を細めて期待されました。私より年長者なのに女子医専も医局も後輩。

小原病院である日，一同が院長室に呼ばれ「皆さんに保険を掛けた。余り大きい金額ではないが自宅へ保険証を送るように。ま，諸君が怪我や死んだりしないようにお守りと思ってくれ給え……」この言葉を伝え聞いた母は「小原先生って本当に立派な方」と。

それから少したって，先生が11時ごろ御自宅へ帰られて殆ど同時に空襲のサイレンが鳴って先生のご自宅方面が赤く見えました。御自慢の三階建ての鉄筋コンクリートの家で，特に室内の地下に防空壕を作られたと聞いていて私は直ちに婦長さんにお願いして御自宅に伺ったのですが広い……約1000平方メートルの中で木造の家は全て焼け落ちて先生のご自宅だけがポツリと中はガラン洞のように立っている。私は火を踏みながらその家へ進もうとするのですが兵隊さんに咎められ駄目。通る道だけ水をかけて私をあの家へ行かせて下さい，と言ったが駄目。病院に帰ってしばらくしてYMCAの地下に来るようにといわれ伺うと，小原家一号，二号，三号と白い荷札に書かれた御子さん達の死体があり，防空壕の中で蒸し焼き状態だったようでした。院長先生と御令嬢は上まで這い上がってすっかり焼けてしまった御様子でした。

小原病院は閉鎖が決まり私は退職金を頂きました。清里の生活が厳しく寒い零下20度のところで無医村なので帰ってほしいといわれ，この退職金で馬，木曽馬という足の短い日本人によく似た馬を買い往診にも役立ちました。

後で知ったことですが，松澤病院にも死亡者が多かったらしく私達が食べるものは殆ど毎日大豆だけでどんどん死んで10人もの人を失いました。

この清里を尋ねて来てくれた人は厚生省の人が一人，島崎敏樹先生，綾子夫人，哲君，三人は2回も来て下さり，島薗安雄氏も内村先生に頼まれましたといって訪ねて下さり，池田弥三郎氏が先生として敬愛していた吉田幸三郎氏は御子息の関係で数回来て下さいました。

私や妹の上京の時の宿は島崎敏樹先生の東京

医科歯科大学の教授室，ピッタリとベットを二つつけた所に私や妹がもぐり込むので二つのベットに5人で寝ることもあったのでした。

敗戦に終わり貨物列車や漁船に乗せてもらって大島に着くと50人程の子たちが15人程の職員と住んで居た所に朝鮮人の徴用で連れて来られた人4-500人住んでいたとかで，戸も押し入れも全くなし，折り重なるように寝ていたかと思います。畑はウンチの山である中に唐辛子が風に揺れていました。

少し落ち着いたので上京すると私が一番遅い教室への帰還者らしく，かつてと逆にバカバカと人が増え，それらの方があちこちの大学や病院にスカウトされて散って行く，という感じでした。

クリュッペルハイムも小原病院も無いので従兄の満川元行（東大出身で小児科）の奥さんの実家の医院を週2回程手伝って生活費に当てることができました。

東京女子医専が医大になるためには教室もベットもポリクリも必要なので東京第一病院の医長西丸四方氏を講師に願っていたものの手不足のために内村教授から母校を手伝うようにいわれ両方に患者を持つことになりました。

その折り，西丸先生は学校側に私を講師として遇するようにと交渉して下さいましたものの卒業の後，母校に残った同級生も講師になっていないので駄目という事でした。

たった一人の医局，たった一人の看護婦の大塚さんで，外来入院，西丸先生の講義用の患者集め，ポリクリ，インターンの指導と目巡るしい生活でした。入院患者の治療は持続睡眠，電気ショック，インシュリン療法が主でインシュリンショックを目覚めさせるのに葡萄糖の注射だけでなく，家人に証明証を書いて砂糖の配給を受けて，一杯の砂糖水を飲ませる。

やれやれと東大について，回診の途中でも女子医専の方の「患者がまたショックに入ったので帰って欲しい」との電話があって再び引き返すという生活でした。

そのうちに教授を決めなくてはならず当時，内村教授の手持ちの残りは二人だけ，某大学の文学部出身で何処かの医専を卒業した懸田克躬氏と千谷七郎氏。千谷氏は一高時代名捕手として鳴らし，余人ではできないとして一高に八年居たという，印度哲学に信奉したと聞く人でありました。

ある日私は東京女子医専の中の和風料亭のようなところに案内されて，ここで女子医専校長の吉岡博人氏，内村祐之氏，西丸四方氏と私の四者会談を行ったのです。私が是非とも西丸四方先生をというのは駄目で，次に懸田先生を推しました。理由としては語学に堪能で翻訳した著書もあり，私学にネームバリューも大切に思う，お金持ちで御自身で脳波の機械を輸入されて脳研へ寄付した方と伺った方だから，と申しました。

千谷七郎氏には女性を蔑視する性癖があることを申しました。その他にその場所で話すことを止めたこととして以下のことがありました。ポリクリで東大の秀才を前に精神薄弱の人が出ました。診断を聞いた上で書記をしている私を差して「皆さん，この人の父親は精神薄弱を教育するといって預かっている。女の子に関しては，そんなことしないで赤線に入れれば良いんですよ。世の中の男共は喜ぶし費用は要らないし，一石二鳥でしょ」。

私の幼い頃に両親がハガキを手元に置き喧嘩していたことがあったのです。「だから良く考えて教えないと……こんな悲しい思いはイヤ」「いやそうではない……」と。私は両親が見ていたハガキを隠したのです。そして女子医専に入ってから見ました。"大島のパパ・ママへ毎日キレイなべべきて，おいしいものたべてます"とあって差出人は女子部さんの名で，玉の井にてとあったのを思い出しました。私には千谷氏を許せなかったので吉岡校長の「私の調査した懸田氏はアカではないけど周囲にそれに近

い人が多いので千谷氏に決めた」との言葉で私は直ちに辞めて結婚しました。

　終戦ののち遅れて医局に戻った私はほぼ同年の菅又淳氏とペアを組むことになりました。二人で良く歩く姿を見た軽い，うつ病で入って居られた患者さんの娘さんが私から菅又さんを取ろう（？）とアタックをして見事に令夫人になりました。マタさんが中折帽を被り，洋服も急に素敵になったことを覚えております。

　医局に戻ってまもなく何処かの芸者さんが入院しました。回診に行くとオカッパのような髪でメガネの不思議な男性がお見舞いで居ました。「貴方お医者さん？　若いわねえ。可愛いわねえ。看護婦さんの服装とは違うわね？」「ハイ違います」「私，小さいこの位の猫の絵を持ってるの。気に入ってるけど可愛い貴方にお似合いと思うので，この次に持ってきてあげるわね」「私，猫嫌いですから要りません」。

　医局に帰って話すと何人かが，惜しい惜しい，藤田嗣治の猫なのに……といいました。

　著名な一流企業の社長さんなどが入院することが多いことから精神神経科教室となりました。

　内村先生の夫人も時々医局に顔を出されました。「アーラ白木先生。結構なものを……」とか「楢林先生，お宅から頂いた犬は流石に血統書付で特別利巧ですわね」一瞬医局の一同が，しらけました。

　長男が生まれ次男が生まれ医局への足が少々遠くなった私のことが医局で話題になりました。私の処遇のことです。来させないかどうかも含めて……ある方が仰云って下さいました。「決まった日にキチンと来て下さって報酬を求めず

に働いてくれることに感謝しても良い事だ，と思う」と。暫くたってから，年にいくらか費用を東大に納めるようにと通達があって私はそのように致しました。

　幼い頃から父の敬愛する先生方として，榊俶先生，呉秀三先生，三宅鑛一先生のお名前を伺って居ります。松澤病院にも医局長で親しい方が居られて，北海道の秋元さんから「近々，内村先生が東大の教授になられるらしい。私も上京したいので東大は無理と思うので松澤病院の方に行ける筋道をつけてほしい」とあるので急いで上京して，その結果上首尾で大層喜んで居りました。他に千葉の荒木直躬先生や名古屋の杉田直樹先生，その後の村松常雄先生に親しくして頂いたようです。村松先生は一中，一高，東大での秀才の塊のような方でしたが体全体から自信に満ちている方に見えました。その方の「剛（評論家）の父です」「英子（文学座）の父です」という言葉を耳にした時，親とはこういう者かと知りました。国立劇場ができて3年目位に三島由紀夫の"椿説弓張月"が上演され初日にお会いした時「こちらは三島由紀夫さんの母上で橋健行氏の娘さん」と紹介して下さり「アラ懐かしいわね。橋健行をご存知」「ハイ父が」と答えました。

　臺弘教授の頃に弟子としてはあるまじき行為をする人がありました。私の立場では何方の側にも着けませんでした。

　松下正明氏が教授の頃の忘年会で私に乾杯の指名がかかりました。「呉越同舟のこの夜を嬉しく思います。皆様，御唱和下さい。乾杯」

戦中戦後の東大精神科と松澤病院

| 臺　　弘
| 浦野シマ

1　東大精神科から

　内村祐之が北大から東大の精神科教授に転任した翌年，昭和12年（1937）夏に日支事変は北支に拡大して兵役への動員が始まった。同年春の入局者（9名）はそれぞれに対応を迫られた。当時の燃えるような研修の日々は余りにも短かっただけに，一層貴重なものになった。応召の先陣は袴田三郎（昭9入局）であった。彼は戦後早く亡くなったが，それは長崎原爆被害者の病理資料収集中に天然痘感染による殉職であった。教室員は次々に入隊してその際には様々な別れがあった。12年組の島崎敏樹は健康不適で除役，猪瀬・臺との3人は山中寮で復帰祝。13年組の新井尚賢は翌年兵役についた後，ノモンハン敗戦の補充に北満に配転され，途中当直室で1泊して戦車戦の惨状を物語った後，翌朝に別離。停戦のニュースは「尚賢が助かった」喜びであった（半藤一利『ノモンハンの夏』参照）。16年夏には，臺弘も小諸で地域住民精神障害一斉調査に参加中に召集を受け，教授と帰京の信越線の車中で当人は脳化学の将来を熱心に語った。精神科では日の丸の旗に皆が署名して出征兵に贈る習慣はなかったらしい。臺は教授からシュワイツァーA署名入りの『水と原生林のはざま』を，医局長・井村恒郎からは書込み一杯の彼の愛着本『純粋理性批判』を餞別に頂いた。これらのドイツ語本は危うく戦後に持ち帰ることができた。しかし後の大学紛争で臺の教授室から失われた。他日，戻って来てほしいものだが。

　太平洋戦争の開戦前から，陸軍の召集者は内地の軍病院や精神障害者のために作られた国府台陸軍病院をはじめ傷痍軍人武蔵療養所，頭部外傷者の下総療養所などに配属され，白木博次や広瀬貞雄（昭16）のように海軍に入った者もあった。外地の派遣先は広く分散して，石川準子は広東とサイゴン，臺と小林八郎はマレイとパラオ島，笠松章はジャワ，詫摩武元はスマトラ，加藤正明はビルマ，江副勉はルソン島，猪瀬正は満州など，各地で各様の経験に出会うことになった。兵隊の運命は全く偶然任せなものであるが，幸いに戦死者はなかった。ただし精神経誌の編集に尽力した吉松捷五郎（昭10）は18年軍属としてセレベスに赴く途中に，乗船が潜水艦による撃沈で亡くなられた。

　戦中戦後の教室や関連病院の状況と経歴は，内村祐之先生追悼記念『内村祐之—その人と業績』創造出版（1982）によく纏められている。そこでは学問の分野別に，病院や大学などの所属別に，公私また世代別に分担した執筆者が，それぞれ各自に当時の記録を残しているので，ここでの重複は避けたい。終戦が近づく頃には，教室の職員は教授と吉益脩夫助教授（脳研）の他には，若い男性は結核回復者の西丸四方と台湾出身の林宗義（松澤にも），大学院生島薗安雄くらいしかいなくなり，近喰（広瀬）勝世や前田（神谷）美恵子などの女性たちが教室を支えていた。教授をはじめ教室の諸氏も空襲で自宅を失い，病院や大学の一部も被害を受けて，それぞれに生活の維持と避難作業に忙殺された。

一方，松澤病院では，後述のように現場の職員は大勢の患者を抱えて厳しい苦難に直面することになった。

本書では内村祐之『わが歩みし精神医学の道』を参照して，当時の業績が現在にも関連する二・三の事項について述べることにしたい。わが国では昭和初年より民族主義的潮流が勢いを増しつつあって，ナチス・ドイツが悪質遺伝性疾患を排除する目標を掲げて断種法を制定したのに共鳴して，昭和9年（1934）から衆議院で民族優生保護法案が審議されていた。この案は日本民族衛生協会という精神医学界には関係のない人々によって提唱されたもので，精神疾患についての学識や経験をもつ人は提案者にはいなかった。昭和13年に厚生省が新設されたことは衛生行政の進歩として喜ばしい話だったが，設立がこれほどに遅れたのは若い方々には不思議に思われるかもしれない。またそこに戦時下における人口問題対策の一環として，結核対策と共に優生保護法の必要が強調された経緯も理解しにくいことであろう。厚生省による民族衛生協議会では，精神医学畑の人々は概して消極的で懐疑的な立場をとっていた。内村の遺憾は，法案の審議過程や国民優生法の可決（昭15・1940）までを通じて，それがわが国自体の学術的資料の皆無に近い状況でなされてきたことであった。彼は遅ればせでも自前の資料を得ようとして，教室と松澤の主力をあげて八丈島，三宅島，池袋と小諸に及ぶ4地域の一斉調査に取り組んだのであった。これらはわが国では初の調査であり，疾患の出現頻度は国民の精神健康度の尺度であるからには，九州その他の地域での調査の発動を促すことにもなった。一斉調査は，その後につづく立津政順による発端者法による遺伝負荷統計の調査や岡田敬蔵や井上英二らによる双生児法による研究と並んで，わが国民の精神医学的基礎的資料をようやく整えることになった。

わが国における内因性精神病の出現頻度が，欧洲の詳しい調査と近似の値を示した事実も注目に値することであった。それは教室と松澤の診断基準がクレペリン・シュナイダー流のドイツ精神医学に馴染んでいたことと無関係ではなく，また後年にWHOがICD-8を，APAがDSM-IIIを制定した時に，それらとの適応がわりに円滑になされたことも，互いに共通の基盤をもっていたためと思われる。林宗義が台湾で行った地域一斉調査や彼のWHOでの活動も日本での経験の延長であろう。ただしわが国では国際的な症状論的診断に盲従することはなく，多次元構造，心的力動，生活障害の方法論などからの治療や指導を忘れなかった点は意味が深い。また国民優生法がナチスの精神病者淘汰のような暴虐な堕落に陥ることなく済んだのは，精神科医の慎重な姿勢の反映であったといえるであろう。ただし他方で戦争は精神病院入院患者の生存を無視した食料配給不足をもたらして，患者淘汰ともいえるほどの悲惨な状況を作り出したのは残念という他はない。

2　松澤病院で

それは早くも昭和15年に現れた。古川復一は東京地方会「戦時下の精神病院統計」報告（精神経誌44）で，松澤病院入院患者の死亡の急増（15年/11年比が5.0）に注意を促した。聴衆の江副と臺は死亡者の公費/自費比が2.0と高いのは給食差別によると指摘して嘆息した。立津政順の「戦争中の松澤病院入院患者死亡率」（精神経誌 60：596, 1958）の報告は大戦前後20年間の変遷を示したものだが，昭16に一時改善した在院者死亡率は，以後急増して昭20には最高の478/691，79％となり，その凄惨な図表は後人が銘記すべきものとして本文にも再録した。図は男女別で公費・自費は合計してあり，数表による公費/自費比は昭15に2.4，昭20で1.1となっている。終戦時の給食カロリーは1日1000Kcal以下であり，動物蛋白，ビタミンを欠い

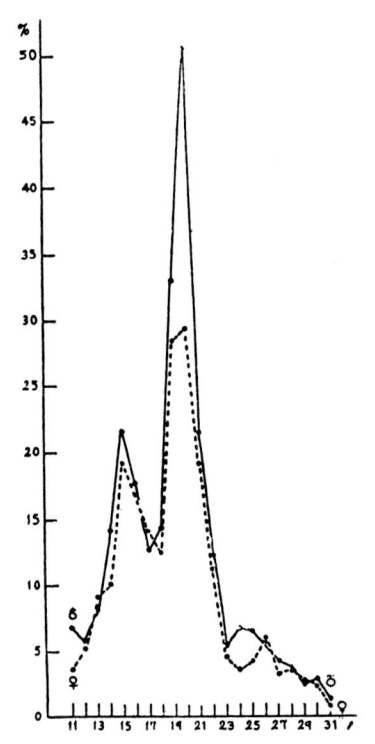

図　死亡率の年次別変遷　立津政順論文より

ていたと推定される。元吉功は井の頭病院（東京西郊）の戦時年間死亡統計が松澤と符を合わせたほどに似ていることを報告して，それが一般的傾向であったことを示した。臺は戦後に英国フルバーン病院を訪問してクラーク院長室の壁に掛けられた70年間の入退院・死亡統計図を見た時に，戦時の患者死亡が危機的な年次も含めて平常時と全く変らないのを知って，松澤の患者差別を認めざるをえなかった。戦時下の入院者の食料難の実況は，看護婦達の苦痛に満ちた報告に詳しい。

当時の病棟主任看護婦・浦野シマは，男子看護人の減少によって昭16から男性閉鎖病棟西2を看護婦だけで受持つことになった。彼女は男の患者は集団的に看護婦に要求を突きつける連中だと判って驚いた。まずタバコの時間を決めるのは不合理だから「マッチを持たせろ」が手始めで，それを担当医（吉松）の許可制によることで妥協したら，次に「鍵を持たせろ」と要求が高まった。閉鎖看護が常識だった時代には無理な注文だが，当時の厳しい食糧事情から病棟外の農作業に患者の参加が奨励されていた状況では，当然でもあった。この難問は病棟を半開放にして適格者をそちらに移すという処置で対応できた。精神病棟の開放看護は現在なら推奨されることだが，それが戦時の状況から生まれたとは筆者らにも思いがけない経緯でもあった。またある朝，浦野が急に呼ばれて病棟の食堂に行くと，患者全部が集っていて「こんなに少ない食事で作業をさせるとは何事だ，作業医長（菅　修）の公舎を焼き討ちにするから外に出せ」という騒ぎである。彼女にも食事の不足は承知の上で，食用課に何度掛け合っても改善されない難問となっていた。患者が無茶を言うのも仕方ないのである。腹を決めて「あなた達の気持ちはよく判りますよ，そうしたいなら自由にしなさい」とドアを開けて，「焼き討ちにして状態が変わるかしら，結果を考えてごらん」と任せたら，誰も出て行かなかった。中庭にテーブルを出して，院長，事務長，医長にも来てもらって，患者と一緒に食事をしながら皆で話し合ったこともある。その際に空襲の際の防火と避難方法や食事の混ぜ飯の工夫などの話も出た。そのうち数人の患者がリーダー格になって非常に協力的になった。こうして生活改善，生活新体制の懇話会が自然に生まれて，患者の自主性を尊重することの重要性が理解されるようになった。戦後に武蔵療養所の小林八郎が生活療法を提唱した時にも，それは患者の自由の獲得と結びついていたのであった。

昭和20年3月10日の東京大空襲では墨田・江東地区が壊滅して都民は莫大な被害を受けた。都立病院は各地の病院に応援看護を送り，浦野は淀橋病院で鈴木（増田）はる子は清瀬病院で，罹災者の救護活動に従事して地獄の惨状を経験した。続く2回目の大空襲の5月25日には，松澤病院も二つの病棟，書庫，看護人宿舎などを

焼かれ，患者2人と交換手（廉沢夫人）を失った。中1病棟主任の浦野は夜中に防空服のまま病棟に仮眠していたが，空襲警報で跳び起きて各部屋を駆け巡って患者を起こし，南側の出口に集めている最中に，大音響とともに北側の棟に焼夷弾が落下して燃え広がった。カルテなど必要書類を抱えて患者を池の方に誘導していると，看護婦が走ってきて「2人足りません」と報告した。直ぐに引き返して火の中に跳び込もうとしたら，2，3人の看護婦に押え込まれた。

鈴木はる子は隣りの中2病棟の主任である。彼女もがっちりと身支度して，非常袋を肩に鉄かぶとを枕元に靴をはいたまま寝ていたが，飛び起きて廊下に出た途端に隣りの中1に猛烈な音で焼夷弾が落ちたらしい。飛び出すと木造平屋建ての屋根に炎が見えた。患者の3分の2は避難準備にそれぞれの下駄を枕元に置いていたが，その管理ができない人のためには玄関の出口に30足ほどの下駄が並べてあった。中2の指定避難場所は講堂前で，患者の集合を確認してから病棟に引き返すと，中1は燃え落ちようとしていた。中1に隣接する中2便所を防火班が壊し，風呂場の浴槽の溜め水をバケツ・リレーの防火で，中2への類焼は免れた。中1は跡形もなく消失し，焼け跡は広々と見えた。憔悴しきった浦野看護婦と一緒に探すと北側廊下があったあたりに何かがまだくすぶっていた。「Tさん！」浦野が絶叫して顔をおおった。くすぶっている物体が焼死体だと気付くまでに時間がかかった。焼死体は南側にもう1体あった。浦野さんのショックはしばらく癒されなかった（参照，浦野シマ：『日本精神科看護史』牧野出版，1982，精神看護 1 (1), 1998，浦野シマ編：鈴木芳次著作集，『精神病院と患者給食』第一出版，1990，増田はる子『ともに生きる歳月—精神科看護への道』NOVA出版，1991，精神医療史研究会編『松澤病院九〇年略史稿』，1972には裏話までを含めて詳細が語られている）。

国府台陸軍病院は昭和12年に精神・神経疾患の専門病院として発足した。諏訪敬三郎軍医少佐が院長で，浅井利勇軍医中尉は東大教室（昭14）を経て国府台の中堅として活躍した。戦地・外地の軍人患者は野戦病院・兵站病院から内地送還後，広島・小倉などの第一収容病院で選別されて国府台に護送されてくる。終戦までに収容した患者は3万弱，うち精神神経疾患は1万余であったという。桜井図南男，諏訪望など後年の各地の大学教授や著名な精神科医が兵役によってこの病院に集められたことも注目された現象であった。長期療養を要する兵員のためには厚生省軍事保護院主管の傷痍軍人精神療養所が設立されて，昭15に松澤病院副院長・関根真一が国立武蔵療養所の所長に就任した。関根は医療看護に配慮が深く，男性対象の療養所でも看護婦主体の体制を維持し800床目標に8万坪の敷地をもち2万坪の作業用地を含む林野を整えて，生活指導や作業療法に熱意を示した。関根は戦後にも患者生活の回復・生活指導を強調する先導者となり，医務部長・小林八郎は病院精神医学懇話会（後に学会）の発起人の一人となって生活療法を提唱するなど，病院の伝統をつぐ活動を続けた。それが1970以降の学会紛争で抑圧されたのは残念であった。

3　戦後に

敗戦の年の暮れに，臺は米軍の上陸用舟艇に乗って南の島から日本に帰ってきた。明方に兵隊の叫び声で目を覚して甲板に出たら，真北の水平線の霞の中に小さな富士山が浮かんでいた。なるほど爆撃機の指標だった。傍らの将校が「元日や・一系の天子・富士の山」と話かけてきた。彼は郷里では俳人で，内藤鳴雪の句であったろうか。「4年の空しい戦争の果に，なおも伝統への復帰か，新しい民主的な社会が来るか」，臺は黙して語らなかった。熱帯の緑の世界は消え去り，冬の日本列島は紫に煙って美しかった。このような牧歌的な復員は少なく，長

い苦労の末に故郷にたどりついた人々が多かったろう。その家も焼けていたかもしれない。兵役を免れた者の中にも，両親を戦災で失った小川信男のような友人がいた。

　昭和21年正月に東大の教室に顔を出すと，西丸四方がいて二人は抱き合った。彼は臺と江副が小さな猿のようになって帰ってきたと回想記に書いている。彼が二つ折りの小布団を被って出かけるので空襲もないのに可笑しいよと注意すると，これは暖いのだと云う。昔からの超然ぶりは懐かしい。内村教授も少し痩せて，暖かく迎えて下さった。松澤行きをお願いすると，春まで外来を手伝ってくれと言われて6年ぶりの精神科通いとなった。少し増えてきた医局員を相手に，10数人で教授のセミナーも始まった。先生の「我らは如何にして精神科医となりしか」と「精神分裂病の研究」の二つの講演は記録として残されていない。外来診療で新人を指導したら，彼に診療経験は何年かと聞かれた，2年しかない。だが人生経験は6年もある，精神科ではそれがものをいうなどと新人に説教をする気にはなれない。戦争は兵隊を早く老けさせる。そして世の中の謎は余りに多く，自分は何をしたらよいか判らなかった。ただ松澤病院には患者さん達がいた。

　精神経誌は昭和19年7月で発行停止されていたが，松澤病院作業科の印刷工場で昭和21年6月に49巻1号（僅かに18頁）が再刊された。そこには43回精神神経学会総会が6月1日に東大医学部講堂で開催され，その中で小林八郎が戦時体験を報告することが記されている。ただし筆者には翌年の金沢学会からしか記憶がない。

　「戦後12年間の松澤病院の歩み」は江副勉と臺 弘の共著として，内村先生の還暦記念に捧げられた（精神経誌 60：991-1006, 1958）。前半を江副が後半を臺が別々に書いたものだが，つなぎ目が判らないほどに両人は一体になって協力した。ここに新しい病院が作り出されたと意気込んで原著を書いたのだが，残念ながら資料扱いにされた。改革の眼目は患者の生活改善で，「作業療法は民主主義の子供だ」と唱えたように，職員間に労働組合が生まれて，院長以下の縦の指令の他に，患者を囲んで医師・看護者・作業員の間に横の連繋が作られ，病院が活性化した。この論文の後には精神科薬物療法も始まって，治療目標に退院が具体的に取り上げられ，作業科に社会復帰委員会ができたのもその頃の話である。この論文は抗精神病薬以前にも治療改革で患者の病像の変化が起ったことを示した最終の報告となった。近頃，当時の退院患者の一人が70歳台の老婦人となって，半世紀ぶりに臺を訪ねて来た。私たちが最初に会ったのは何年だったろうかと聞くと「中ノ2に入ったら梅ちゃん（患者）に受持はウテカンよ」と言われたという。当時の患者は医者を渾名呼びにしていたらしい。江副はエゾベン，立津はタテッチャンなどである。その頃の雰囲気が偲ばれて懐かしい。

　昭和24年に地方公務員法の制定によって，内村教授は東大専任となり，松澤病院は林暲院長の時代となった。林はインターン制とは別に病院自前の専門医研修制を創設して，新人を養成した。研究面でも，昭和20年代の松澤病院はどの大学にも負けない活気をもっていた。後に松澤の敷地内にできた諸施設の所長たちが，加藤伸勝院長をはじめ蜂矢英彦世田谷センター長，石井毅都立精神研究所長の3人が，すべて病院独自の研修医出身であったことはその成果を示している。学会が専門医を作ったのはその半世紀後である。

小説『頭医者』の虚実──1954〜1960の精神医学

▎加賀　乙彦（小木貞孝）

　「頭医者」とは私の造語である。目医者，歯医者と同じで，外からよく見える人間の体の病という意味である。脳の研究のおかげでますます頭と精神病との関係が明らかになりつつあるので，そんなにおかしな言葉ではないと，私は考えている。どなたかが「心医者」としたほうがいいという主張でそういう本を書かれたが，心，心臓は外から見えないので，頭医者の持つわかりやすさがない。とまあ，そういう具合で私は頭医者という造語に満足している。

　ところで，まず言っておきたいのは，私の小説のモデルは，小説の中に登場する人物と同じではないということである。

　小説というのは，あくまでフィクションであって本当の事ではない。だから解説の仕様がないので，ふつう小説の作者はそういうことをしない。

　と，言っても小説はまったくの嘘でもなくて，嘘を本当らしく書き，本当を茶化して嘘らしくしてしまいという具合に，虚実をまぜこぜにしている。

　なぜ，そんなややこしいことをするのかというと，人間，本当のことは書きにくいので，とくに大学病院の医局というように，大勢の人間が集まっているところでは，本当のことを書くと，書かれた人間が困ってしまう事態になるし，また嘘を書いても，おれはそんなことを言った覚えがないという具合に怒る人もいるので，嘘も注意深く書かねばならないからである。

　とくに困るのは，作中の人物はだれをモデルにしたのかという詮索である。もう20年ぐらい前であったと思うが，ある大学の精神科に行ったときに，『頭医者』の登場人物とその元になった本当の人物との照合表が黒板に書いてあってびっくりした。

　私は，今評判の『ハリー・ポッター』シリーズのように自在な空想で小説を書く才能はない。小説の登場人物には実在の人物をモデルにしているが，それは，自分勝手に変形してあって，モデルと一致するところは存外に少ない。また一人の人間の特徴を二，三人に分解して書いてみたり，逆に数人の特徴を一人の人間にまとめあげたりしている。つまり小説内の登場人物とモデルとの関係は一対一ではないのだ。だから，ある大学の精神科のモデル探しは，はなから詮索方法が間違っているので，私はびっくりしたのである。

　以下の文章では，私は，小説の中のこの人物はだれをモデルにしたかという種あかしはあまりしたくない。それに，残念なことに，この小説を書いたときに私がモデルにした方々のかなりの方が，鬼籍にはいられてしまっている。いまに，これこそ確かなことだが，すべてのモデルも作者も死んでしまうので，モデル探しそのものが無意味でつまらなくなるに決まっている。

　ただこの小説では「おれ」なる人物の生きていた時代だけは，わりと正確に描写をしているので，ある時期の精神医学の様子や精神科医の生活の様子，また臨床の実際などは，一種の精神医学史として読んでいただいてもいいと私は

思っている。そして「おれ」という姓が「古義」なる人物の年齢と経験した出来事のなかに、私自身の年齢と経験が重なっていることは、その通りであるのだから、そう思って読んでいただいてもいい。いや、いいと断定はできないが、仕方がないと私はあきらめている。

『頭医者』は三部構成になっている。
第一部『頭医者事始』毎日新聞社，1976年刊
（講談社文庫，1978年刊）
第二部『頭医者青春記』毎日新聞社，1980年刊
（講談社文庫，1982年刊）
第三部『頭医者留学記』毎日新聞社，1983年刊
（講談社文庫，1988年刊）

第一部から第三部まで8年もかかっているのは、これが「毎日ライフ」という医学解説の雑誌にすこしずつ連載されたためである。つまり、小説ではあるが、医学を知らない一般の人々に精神医学の実態を知ってもらうという意図もあったのだ。今の人は精神科にわりあい簡単に行って診察をしてもらうが、そのころは、精神科医に診てもらうというだけで、家族中が患者を含めて大騒ぎをしたのであった。

第一部『頭医者事始』

「おれ」がT大学の精神科医になったのは1954年の春であった。まだ向精神薬など使われていない時期で、精神科にいっても電気ショックかインスリンショックか持続睡眠療法しかないという始末であった。電気ショックは電撃療法という恐ろしい名前で呼ばれて、それを行うのが新ちゃんの仕事であった。いや、すさまじい療法だった。四人の患者をならべて、端から電撃をかけていく。しかし、もたもたしていると四人目が逃げ出してしまって、それを追いかけるのが一仕事であった。このへんの描写は、この本ではよく書けているようだ。

教授回診が大名行列とまではいかないが旗本行列であったのも事実だった。教授回診のときだけ医局員の数が増えたのは、関連病院や私立病院にパート医者をしている人々が、その日は集まるからだった。

私が入局（この言葉も古くなったようだが）したときには、教授は内村祐之先生であった。小説の中の教授に、多少それらしい特徴がみられるかも知れないが、もちろん本当の内村祐之先生は、威厳のある立派な大学者であった。ドイツに留学されていたためドイツ語がお得意で、学生への講義でも溢れるようにドイツ語が黒板に書かれていたし、日常の臨床でもドイツ語が医局員との会話に頻繁に使われた。いきおい、医局員のカルテにもドイツ語が使用されていて、先輩のなかにはドイツ語の中に日本語が少し入っているというカルテを書く方もおられて、私は入局早々、ドイツ語に圧迫されて、おたおたしたものだった。そういう様子は、すこし小説に写されていると思う。

新ちゃんは無給だから、生活のために私立病院のパート医者として、週に二日か三日勤めることが許されていた。まだテレビが少ない時期で、もちろん東大の医局にもテレビがなかったから私が勤務した千葉の私立病院に各病棟にテレビが備えられていたのが珍しかった。この千葉の青葉病院とは、式場病院をモデルにしている。院長は式場隆三郎先生で山下清画伯を発見したり、ゴッホの診断もヤスパースの分裂病説に反して癲癇説をとなえたりした，芸術にも精神医学にも詳しい方だった。その面影は、小説の中にすこし写してあると思う。式場病院の火事も当時では大事件であったが、そのときの式場先生の立派な態度には感銘を受けたものである。

内村先生は、新ちゃん教育の一つとして大学病院で急性の患者ばかり診ているのではなく慢性の患者も診るべきだと、私たちを松沢病院の研修医とした。小説の梅沢病院のできごとにはフィクションが多いが、当時の松沢病院の雰囲気はかなり忠実に写されていると思う。

本郷の大学病院では、電撃療法，持続睡眠療

法などが行われていたが、松沢ではインスリンショック療法が行われていて、その詳細を私は初めて教わった。本郷ではほとんど診察の機会がなかったヒロポン中毒（覚醒剤中毒）にカルディアゾールショックが効くというので、その方法も教わった。それから陳旧性となった分裂病患者の大勢をも診ることができた。作業療法の大切さを教わったのもいい経験になった。内村先生の教育法に私たち新人は大いに感謝したものである。

第二部『頭医者青春記』

ここには、1955年から57年ごろの私の精神科医の経験がちゃかして書いてある。

私は、研究対象として犯罪者を選び、内村先生の助教授だった吉益脩夫先生の教えを受けることにした。先生は結核の持病をお持ちのために休みがちでおられたが、病気がおさまっている時には脳研で私たちに研究指導を熱心になさっていた。日本の犯罪精神医学の草分けとして、刑務所や少年院での実際の調査を分析して、つまり事実を分析する学風には実証の強い支えがあった。私が先生から教えていただいたことは、研究者の姿勢、研究分野の開拓、結果の整理法、その他、あまりにも大きく深い影響を受けたので、ここでは書ききれない。『頭医者青春記』の益田先生の人物像には、そのほんの一部を書いてあるだけである。

私は吉益門下の刑務所調査にせっせと参加し、先生の勧めもあって実際の犯罪者に接触する職場として東京拘置所の法務技官として医務部に就職した。55年の秋に就職し、57年の春まで二年足らずの拘置所での体験は、その後の私の一生を支配したと言える。それは、犯罪学者としても、その後の小説家の生活においても、このときの体験が大きな芯になって私を支えてくれたのだ。

ところで、小説にはあまり書かなかったが、そのころ、日本の精神医学は大きな転換期を迎えていたのだ。それは、分裂病に効果のある薬剤、クロールプロマジンの登場である。その効果を発見したのは、パリ大学医学部精神医学教室のジャン・ドレーとドニケルの二人である。最初の論文は1952年に出ていて38例の精神病者（おもに分裂病だが、フランスでは慢性妄想病 Dérir chronique と呼んでいた。また少数の鬱病者も含まれていた）にそれまで外科手術前の新陳代謝抑制剤として使用されていたクロールプロマジンを投与したところ、患者の興奮が治まり、とくに従来あらゆる薬において無効であった精神錯乱が治まった。また慢性妄想病の興奮、攻撃性、妄想、接触不能の改善などがみられた。鬱病に対しては効果はなかった。これはフランスの「神経学雑誌」に発表されて、私は54年に入局したときに読み大いに興味を引かれた。そこで臨床指導の先輩に話してみたところ、「分裂病に効くという薬は、これまでも沢山出たが、みんなインチキだった。そのクロールプロマジンというのもインチキに違いない」と一蹴された。54年から55年にかけて松沢病院に研修に行ったときにも、ちょっと話してみると、そんな薬があるわけはない。それよりインスリンショックとカルディアゾールショックの手技をよく勉強しなさいと叱られた。

しかし、フランスの雑誌には、ドレー教授の新薬の追試が続々と出ていて、どうやら画期的な薬らしいと思われた。そこで吉益先生に話してみると、ドイツの雑誌にもアメリカの雑誌にもクロールプロマジンの効果は絶大だという追試が沢山発表されているので、日本でも輸入して使ってみたらどうだろうという御意見だった。吉益先生と内村先生との間に、どのような話があったのか知らない。また日本で、誰がこの薬を最初に試用したのかも私は知らない。とにかく、56年から57年になると、クロールプロマジンは、少しずつ用いられるようになり、その効果が認められてきた。私は内村先生の命令で、フランスの精神医学関係の雑誌に丹念に目を通

して，この新薬について書かれたものは，すべて日本語に訳してお見せするようにした。しかし，小説のほうには，私のこの隠れた仕事のことはなにも書いてはいない。

第三部『頭医者留学記』

　私がフランス政府給費留学生の試験に合格して，渡仏のために横浜の大桟橋をフランス船カンボジ号に乗って出航したのは1957年の9月初旬である。そうしてフランスのマルセイユに着いたのは40日後の10月中旬であった。そのころは，よほどに金持ちでないと飛行機でフランスに行くことはできなかったのだ。

　航海中のことは小説にかなり忠実に書いておいた。マニラ，サイゴン，コロンボ，ボンベイなどに寄港したのだが，アジア諸国の貧困をまのあたりにして見ると，敗戦で焼け野原となり，戦後12年間にぽつぽつと復興した日本のほうがまだ裕福なのだと気づいた。そして，行き着いたマルセイユは，大富豪の街のように見えた。

　パリの南の端にある大学都市の日本館に落ちついた。2階の9号室で隣の10号室にはIという画家がいた。

　サンタンヌ精神医学センターに行き，沢山の施設のうちジャン・ドレー教授の主宰するパリ大学附属精神医学病棟が私の留学先であった。クロールプロマジンの開発で有名なドレー教授のもとには世界中から30人もの留学生が集まっていた。

　これは小説には書いてないが，私が最初に驚いたのは医師の処方箋である。日本ではクロールプロマジンは，25ミリグラムから始めて，100ミリグラム，200ミリグラムという具合におそるおそる使用していたのだが，ドレー教授の教室では，患者一人に1グラム，1.5グラムという大量が用いられていた。患者のほとんどが，副作用のパーキンソン症状をおこしていた。フランス人は日本人にくらべれば大柄だし，毎日ワインを飲んで育った人々だから，それだけの大量の薬量でもかまわないのだと納得はしたものの，最初は度肝を抜かれたものだ。

　日本館での生活や，当時のパリの雰囲気などは，今度読み返してみて，なかなか正確だと自分で思った。

　パリに1年半いたのち，北フランスの県立精神病院に1年間，医師として働いたすえ，1960年に私は，帰国した。ジェット機の時代になっていて，簡単にアメリカに渡り，東から西へと旅をしたのち，ハワイでちょっと遊んだすえ，日本に着いた。

　右の三部作をまとめて『頭医者』中公文庫，1993年刊とした。

　『頭医者』だけをお読みになると，私という人間がふざけたいい加減な人間だと誤解されそうなので以下に関連著書と文献をあげておきたくなった。

①東大医局と東京拘置所での生活

　(1)『雲の都』第二部『時計台』新潮社，2005年刊。『頭医者』よりも詳しく真面目に1954～57ごろの東大医局とその周辺のことをえがいている。また東京拘置所の様子も忠実に再現してあるつもりである。ただし人間関係はフィクションであるけれども。

　(2)小木貞孝著『死刑囚と無期囚の心理』金剛出版，1984年刊。私の犯罪学の主な論文と拘禁反応についての評論集である。

　(3)『宣告』新潮社，1979年刊。新潮文庫，1982年。新潮文庫，1953年刊。この小説は，慶應出身の美青年の犯罪として1953年には有名だった「メッカ殺人事件」の主犯正田昭をモデルにした作品である。時代を1960年代に移しているし，正田と小説の主人公とはずいぶん違うが，東京拘置所の内部や死刑囚の日常は詳しく正確に描かれたと思う。

　(4)『死刑囚の記録』中央公論社，1980年刊。

『宣告』で描いた死刑囚の生活を事実に則して書いた評伝，拘禁反応の様子を一般向きに解説した本．

　(5)『ある死刑囚との対話』弘文堂，1990年刊．正田昭との往復書簡である．1960年代のころの世相や思想がわりあい忠実に写されていると思う．

　(6)『死の淵の愛と光』弘文堂，1992年刊．正田昭がある女性にあてて書いた書簡集である．正田昭は1960年12月9日に死刑を執行されるが，その死の直前まで，書きつづけられた文章である．

②フランスでの生活

　(1)小木貞孝著『フランスの妄想研究』金剛出版，1985年刊．『頭医者留学記』でふざけていた私がけっこう真面目に勉強していた反証．

　(2)『フランドルの冬』筑摩書房，1967年刊．新潮文庫，1972年刊．『頭医者留学記』の細密編と言っていい．私の小説としての処女作である．フランスのアンシュタルトの状況がわりと正確に書かれていて，『頭医者』の簡単な記述を補ってくれると思う．

内村祐之教授を囲んで

東大分院に集いし人々

飯田　眞

　分院の神経科は2001年4月に本院と統合になり，その歴史を閉じたことは今でも残念なことと思っています．とりわけ分院独自の学問領域である精神病理学の学界にはたした役割の大きさを思うとひとしおです．

　「東大分院に集いし人々」という題名を頂きましたので，私が分院にいた時期の自分史を語りながら，記憶もだいぶ薄れてきましたので，主として執筆論文を頼りにして，分院で出会った人たちのことを述べることにします．

　私自身は分院の神経科でドイツ留学までの若き日を過ごし（1961.8.-1964.12.），帰国後，都立大学へ出向した（1971.4.-1975.3.）期間を除き，1983年3月，新潟大学に教授として赴任するまでの間，分院の生活を送りました．

　今から思うと，分院神経科は私のハイマートであり，分院の神経科で育てていただき，分院の神経科で若い人たちの育成にかかわることができたのは何と幸福なことであったかと思います．

　私が脳研の井上英二先生のもとで研究の厳しさと楽しさを教えていただきながら，神経症双生児研究を終えたのが1961年春のことでしたが，その年の夏，笠松章先生に分院に呼んでいただきました．当時は留学の夢をもっていましたので，その時までお世話になれればよいと単純に考えていました．私の生涯でこんなに長い間分院と関わることになるとは全く思っていませんでした．当時留学した方は同じような気持ちだったと思うのですが，留学中には帰国後のことは考えていませんでしたので，私のポストを空けて帰国を待っていて下さったことには，笠松先生はじめ分院の皆さまに今でも感謝の気持ちでいっぱいです．

I.

　留学前の分院では笠松先生の教科書の改訂がおこなわれていて，上下2巻の大部な教科書の出版が計画中でした（中外医学社，1966）．その教科書は東大精神科の総力をあげたと言えるもので，紛争前の良き時代の東大の学問的所産でした．各領域からの研究が組まれているのも特色でした．私は各論では躁うつ病の精神病理の項目を手伝わせていただき，K. Schneider や H.J. Weitbrecht らのうつ病のドイツ精神病理学，L. Klages の性格分析にもとづく千谷七郎先生の人間学的現象学などを総説的に紹介しました．後年，ドイツ時代の「引越しうつ病」や，「頻発うつ病」の状況分析などのうつ病の精神病理学研究を経て，「うつ病双生児」の精神病理学研究に結実するきっかけを与えてくださったことになります．各領域の研究では病跡学の項目を執筆させていただきました．この総説は病跡学の歴史的展望，日本の病跡学の歴史，当時話題となっていたフランスのドレイの「ジッドの青春」の紹介などから構成され，当時の私としては精一杯の内容でした．この執筆が後の「永井荷風」，「折口信夫」や「科学者の病跡」研究への道を開くことになりました．

　当時の臨床は外来は結構多忙だったように思

います。笠松先生には先見性があり，なかなかのアイデアマンで，本院の外来が主治医制ではなく，100人を超える再来の患者の顔を見て，ただ薬物を処方するだけの惨状を批判され，分院では完全な主治医制を導入し，また外来の固有空間を保つためにカーテンで仕切った再来でした。ただ一枚のカーテンでしたが，これでも無いよりあった方がはるかにましなことは後からわかりました。病棟は定床が15人のこじんまりしたものでした。改築前の古い病棟は中央にデイルームがあり，それをとりまくように病室があるという構造でした。分院に入院した経験のある私の友人は「分院ほど快適な病院生活を送れたところはない」と語っていました。

笠松先生は入院患者を大勢の医師の前で面接することの弊害に気づき，患者のプライバシーを保護することを考えておられ，外来に置いたテレビ画面を用いて入院患者面接を行っていたことも精神医学教育についての先生の先見性の現れです。

研究面では，笠松先生のアイデアで，平井富雄先生を中心に行われた高僧の脳波学的研究があります。高僧たちは座禅時の半眼でもアルファー波が出ることを発見されました。私などの素人はアルファー波は「無」のサインかと考えていましたので，開眼でも禅の高僧は無の境地に達するものかと感心しました。この境地を精神療法の究極の目標とし，精神療法の効果を脳波で測定できないかというのが笠松先生の仮説ではなかったかと私は思います。この成果は当時の分院の研究の独創性を示しています。

小児の精神発達と，脳波の発達との相関研究も，上出弘之先生のご指導の下，安藤信義，平井，伊澤秀而，栗栖瑛子の諸氏によって行われました。小児の脳波アトラスも完成しました。

当時の分院の医局はのびのびと，ゆったりとした雰囲気でした。これも笠松先生の個性の現れでしょう。この雰囲気は安永時代にも引き継がれ，分院の良き伝統となりました。

II.

3年近いドイツ留学から帰国すると分院の医局は新入局員が増え，だいぶ様子が変わっていました。東大紛争の影響も分院に及んでいたように思います。分院ではそれまで笠松先生—平井先生のラインで医局の方針がほとんどきめられていました。医局には平井先生に対する不満があるように感じられ，医局長役を務めていた私は笠松・平井体制と若い人たちの間に立って苦労しました。笠松先生の退職もあって，後に精神科を離れ，都立大学で4年間暮らすことになった理由のひとつです。その年に保健学科と分院が分離しそれぞれの後任に土居健郎先生と安永浩先生が就任されました。平井先生が精神神経学会の理事長として活躍されたのもこのころです。

しかし研究の上では京大から入局した中井久夫さんの果敢な精神療法で新しい気運が漂い，中井さんの生涯の重要な仕事となった分裂病の絵画療法が誕生し，後に風景構成法として発展することになります。東大出版会の分裂病精神病理シリーズが，ついで弘文堂の躁うつ病の精神病理シリーズが始まり，それが分院の精神病理学研究の発展のチャンスになりました。分裂病のシリーズでは，安永先生のファントム理論，中井さんの寛解過程論，私の双生児症例の精神病理学的解析，状況年代論が発表されました。躁うつ病のシリーズでは中井さんの「再建の倫理としての勤勉と工夫」，私の「メランコリー型の発達史」などがあります。なお中井さんとはW. Schulteの「精神療法研究」を翻訳し（医学書院，1969，岩崎学術出版，1994），「科学者の病跡」を雑誌「自然」に連載で発表しました（後に自然選書，中央公論社，1972，岩波現代文庫，2001）。この頃が私の精神科医の人生の中で学問的にもっとも充実し楽しい時間であったような気がします。中井さんとの共同の仕事の中で教育者としての自覚を初めて体験し

ました。

　当時中井さんは京王線の沿線に住んでおり，臨床心理学者で分院のロールシャッハ・テストを担当していた細木照敏先生も私も帰宅の方向が同じだったので，三人で新宿の喫茶店で執筆中の論文や今後の研究計画などを話し合ったのも楽しい思い出です。

　都立大学との縁はそれ以前から非常勤講師として精神医学の講義をしていましたが，突然都立大学の心理学科の辻正三先生から助教授ポストが空くので来る気がないかとさそわれました。もともと医学以外の領域に関心があり，分院の医局長としての仕事に疲れきっていた私には他の世界に身を置いてみることに魅力を感じました。当時の文学部には川村二郎とか篠田一士など著名な学者が沢山おられました。都立大学での経験は心理学の広範な領域を理解し，臨床心理学との関係で精神医学のアイデンティティーを明確にし，文学，哲学，社会学の学者に接し，精神医学の裾野をひろげるのに役立ったと思います。

　土居先生と井上先生の強いお勧めで，中井さんが名古屋市立大学に転出するのと入れ替わりに分院の神経科に戻ったのは1975年4月でした。

III.

　東大紛争が長引いたために本院の精神科希望者が分院の神経科に入局するという事態が起こっていたので，分院に戻った私は新人教育に取り組まなければなりませんでした。安永科長時代の診療はまったく自由で個人の資質に即した治療が展開されていたように思います。われわれ年長者の役割は治療の本質から逸脱のないように気を付けることでした。安永先生が本郷の紛争に巻き込まれず，英知と決断力で分院の名誉ある孤立を維持されたことが分院の治療レベルの高さ，精神病理学の発展につながったのだと思います。

　私の果たした臨床指導の実際についての記憶は薄れてしまったので，退職記念誌に載せた内海，五味渕，松浪さんの文章を部分的に再録させていただきます。過分な言葉をいただいていて気ずかしいのですが，「急所を突いたコメントをする。短い言葉の中に診断だけでなく治療的視点までこめられている」（内海）。「簡潔平明であるが，それが臨床経験に根ざした非常に現実的なアドバイスだった」（松浪）。「臨床で困った時に相談にのってくださった。口数は多くないが，実に的確にコメントされた」（五味渕）。

　以下は私の共同執筆の論文を基に，当時入局され，精神科医としての自立に関与した若い方たちを紹介することにします。

　大田省吾さんとは治療者と患者の相性から精神療法における治療者特性を論じた研究があります（精神療法，1977）。この問題は治療者の気質論からみても，今日なお残された魅力的な課題です。

　大平健さんとは民俗学的視点から食行動を眺めた論文があります。（「躁うつ病と食行動」，下坂幸三編「食の病理と治療」金剛出版，1983）。

　町沢静夫，飛鳥井望，松浪克文さんとの精神病者の配偶者関係と経過についての研究があります。この論文では今日でも通用する結論がえられ，外国でも引用されています（河合隼雄，岩井寛，福島章編「家族精神療法」金剛出版，1984）。

　町沢さんとは，サルトルとボーボワールの自由な配偶者関係をサルトルのパラノイアに対するボーボワールの生涯にわたる実存分析的な治療過程としてとらえた論文もこの頃のことです（精神療法，1978）。

　松浪，町沢，中野幹三さんとは現代におけるうつ病像の変遷について論じた論文があります（臨床精神医学，1980）。松浪，野津眞，町沢さんとは，宮本忠雄先生からの依頼で科学者のパトグラフィーというテーマの依頼でK. Jaspers と G. Jung をとりあげ，「精神医学者の精神医学」を論じました（臨床精神医学，1979）。

水上忠臣，五味渕隆志さんとは B. Pauleikhoff の論文を更に発展させ，「中年女性の幻覚妄想精神病―状況・年代論的考察」を「分裂病の精神病理 9」（1980）に発表しました。この論文はその後の私の新潟時代の年代論研究，中年・老年の精神医学研究の端緒となりました。

分島徹さんとは順天堂大学の阿部輝夫さん，飯塚礼二先生との共同研究で「単極性うつ病の慢性化―神経症化」について解析しました（精神経誌，1981）。

臨床遺伝学の領域では「躁うつ病の遺伝学的研究」の総説を，林直樹，南光進一郎さんと臨床精神医学誌に発表し（1981），加藤正明先生からの依頼で「臨床遺伝学からみた分裂病家族」という総説を，町沢，林，南光，五味渕さんと「家族精神医学」に寄稿したのはこの頃です（弘文堂，1982）。いずれも今後の研究のパースペクティブを開く力作であったと思います。

1983年には，笠原，河合，佐治，中井さんと一緒に岩波講座「精神の科学」の編集にたずさわり，「創造性」の巻（第9巻）を受け持ちました。その中で私が概説を書き，「創造性における媒介者」をルー・アンドレアス・ザロメを例にして町沢さんに，「夢・妄想・創造性」との関係をデカルトに即して内海さんに論じていただきました。また病蹟学の各論としては，思想家はルソー，音楽家はドビッシー，精神医学者はフロイト，ユング，サリヴァンをそれぞれ野津，松浪，町沢さんに執筆していただきました。今から考えるとこの巻は日本の病蹟学研究の上で一つのエポックを劃したのではないかと思います。

古典紹介や翻訳の仕事としては，大田さんと20世紀前半のドイツ精神医学に多次元精神医学の新風を吹き込んだ E. Kretschmer の論文「外傷性脳衰弱における心因性妄想形成」の論文を精神医学誌に（1976）中内雅子，大田さんとは，私の留学時代の恩師でありチュービンゲン学派で分裂病の精神療法家であった F. Mauz の「内因性精神病における精神療法の可能性―個人的回顧並びに展望」を翻訳して精神療法誌（1978）に掲載しました。

また私の恩師の一人である Pauleikhoff 先生の「30代の幻覚妄想精神病―発病・病像・経過」を村木健郎，五味渕さんと精神療法誌に2回に分けて発表しました（精神療法，1979）。

坂口正道さんとは非定型精神病を提示した K. Kleist の古典「循環様・妄想様・てんかん様精神病と変質性精神病の問題について」を翻訳して精神医学誌に2回に分けて掲載しました。（1977，1978）今日のてんかん学の本質を先取りしていた Mauz の痙攣準備体質を，中内，五味渕，野津，松浪さんと精神医学誌の古典紹介に2回に分けて掲載しました（1980）。また Mauz の追悼学術集会における G.W. Schimmelpenning さんの記念講演を林，松浪さんと翻訳して臨床精神病理誌に1982年に発表しました。

後年，新潟大学に赴任してからも医局員の論文指導をしましたが，できあがった論文が余りにも先生の指導に忠実で，あたかも自分の映し絵のように思われて慄然とすることがしばしばでした。

東大分院の人たちと多数の共著論文を書きながら結果的には論文指導の役割も果たしてきたように思いますが，新潟大学の人と違って東大の若い人たちにはオリジナルな発想があるのでそれを論文全体のテーマと調和させるのが私の役割だったようです。分院の人たちとの共同作業は私の知的関心を呼びさまし，私自身の学問的世界を豊かなものにしてくれました。教育者としての喜びを感じながらその恩恵に浴していたことに感謝しています。　　（2006．10．11．）

東大分院神経科がある風景

中井　久夫

　東大分院は，内科第四講座を例外として，他は助教授を科長とする「講座外研究施設」であった。演習林や天文台と同じ扱いである。研究目的は地域医療だったから臨床中心であった。目白台三丁目（旧高田老松町）にあった。目白駅から学習院，川村女子大，日本女子大の前を通るバスに乗る。つまり，私のいた時期には地下鉄有楽町線はまだなかった。

　患者は主に山手の人，それになぜか八丈島である。臨床中心なのを買ってか，産婦人科の患者は7割が東大関係者だという。一度『暮らしの手帖』でほめられたことがある。「クリスマスツリーのある病院」という題であった。ツリーは毎年玄関を入って右の，1階の廊下の突き当たりに置かれた。一事が万事，そういう心遣いがある病院だという記事であった。

　もとは「永楽病院」。速成医学校を出て国家試験を受ける人のための試験場と実習場であった。無料なので，一種の慈善施設でもあったが，受験者にいきなり虫垂炎を手術させる荒さもあったときく。1919年の制度廃止後は東大に移管され，1944年から数年間，東大付属医専となった。軍医戦死率の高さに驚いた軍が全国に作った速成医学校の一つである。徴兵を避けるためもあって優秀な人が集まった。幸い卒業生を出すまでに戦争が終わり，しばらくして，東大衛生看護学科となった。女性に限ってだが，高知女子大看護学科とともに今の4年制大学看護学部の先駆で，何人かの学士ナースを送り出した後，男女共学の保健学科に変わり，それが本郷に移って，分院は一時その実習病院となった。長く続いた精神科紛争の時代には，分院精神科は東大の第二の精神科病棟として独自の存在であった。それは最後の輝きであった。

　正門を入って玄関の前の大きなカナリア椰子は八丈島からの感謝の寄贈である。そして，オレンジ色タイル張りの東大ふうの，しかし小さやかな3階建てを入ると，1階，2階が外来，3階が教授室，そして地下が医局であった。これをファサードとして，後ろに新旧とりまぜた病棟が並んでいた。右横には亭々たるヒマラヤ杉の並木があって，ひときわ風格を添えていた。

　私は1966年から1975年まで分院に在籍した。ウイルス研究者から精神科医に転じるのに当たって，友人は東大分院を勧めた。「笠松章教授はきみのような立場を許容するからだ」という。そのとおりだった。初対面の日，教授室の先生は黙ってじっと私の顔をみてから一言「ではいっしょに勉強しましょう」とだけ仰った。私は1966年から1975年まで，すなわち笠松時代，土居健郎時代，安永浩時代を過ごして名古屋市大，ついで神戸大学に転じた。

　この一文に分院で育った人の多くが漏れてしまうのを申し訳なく思う。たとえば内沼幸雄，高野良英の両先生は大学院を終えて去っておられる。交代にやってきた南光，原の両氏とは紛争時代に分院の大学院に入って一緒にコンラートの『分裂病のはじまり』を原読講語した記憶がある。ブラジル人の女医ヴォリアさんがきて，

私がおぼつかないロシア語で児童の治療を見せて説明したこともあった。

分院は実は「精神科」でなく「神経科」で，15床の病棟は全開放である。急性錯乱や有熱性緊張病も開放のまま個室で診た。私の精神科医体験の原点である。

ナースは4名だった。医師も教授1，助教授1，講師2，助手1で後では研究生と時に大学院生だった。私が入った時の助教授は上出弘之，講師は平井富雄，安永浩の各先生で助手の飯田眞先生は西ドイツ留学中だった。もう一人，心理の細木照敏先生が助手でいた。大学院生は広瀬さんと栗栖さん，研究生は河津，安藤，木下，須佐，中内の諸氏であったかと思う。紛争の前後には後に高名となる人が何人も入っている。なお，土居健郎先生に学位を出したのは笠松先生だったと聞いているがどうであろうか。

1966年当時の病棟は平屋だった。旧放射線科で，その名のとおり，中央のホールを中心に放射線状に病室が並んでいたので，患者は窓からよく無断外出した。面接室は後で加えた別棟である。この化石的な木造病棟は2年余りで取り壊され，旧小児病棟に移った。短期間だったが優雅な明治建築での開放処置のやりやすさで自信がついた。そして，衛生看護学科の旧教室1棟が神経科病棟になってこれが分院神経科の終の住処となった。1教室を5人1部屋にしたから広やかであった。廊下も広い。それが三つ，それに個室が二つである。デザインは私たち若手に任された。研究生になっていた北大出身の高頭忠明氏が私と組んでアイデアを練った。

部屋と廊下の壁は淡いクリーム色とし，床にベージュのリノリウムを張った。廊下にフットライトをつけて，天井灯は9時以後消した。住宅地の中の小病院であるから深夜は実に静かで，廊下も部屋もほの暗く，ナースステーションにいるだけで全病棟の動静が自然に感覚できるのがよかった。

毎週月曜の午後「カルテ回診」の後，大きなテーブル一つを置いたデイルーム兼食堂で患者と会った。教授が患者と「徒然草」を読む日々もあった。本式の台所があって，給食は毎度ナースが温め直して出した。テレビの他に音楽が流れていた。

ナースステーションはその隣にあって，両側が大きなガラス窓であった。それもあって患者からの視線の被曝量が大きいので，ナースのためにカーテンで遮ることにした。さらにナースステーションの廊下側の壁に接して防音性の小部屋を作った。この「部屋の中の部屋」はナースの休養室である。とびきり上等のソファを置いた。ここでナースは食事を取り，同僚や医者と世間話をしたり，患者についての情報を語り合い，間食をした。分院を去る時の私は定番の「スパゲッティ・タラコネーズ」を作ってナースに振る舞ったと思う。

ナースステーションを挟んでその向こうにアートコーナーという部屋があった。机，椅子，スタンドランプ，応接セット，書棚，油絵道具一式を備えた。東大分院の事務方は，西武池袋店で私たち医員がみつくろって発注できるようにはからってくれた。

アートコーナーは学校に通う患者のための勉強部屋という建前だったが，こちらは患者のほうが人の視線にも曝されないでおれる部屋となった。「東大分院には「嫌人権」を行使できる嫌人部屋がある」という噂の種である。臨時面接室，患者の談話室，患者が孤独でいたい時の部屋など，この部屋は活用性の高い万能部屋だった。

面接室はアコーディオン・ドアで仕切って2室にしたのが失敗だった。声が漏れて1組しか使えなかった。ただ，一方に箱庭療法の設備があって，外来患者を連れて行うこともあった。

職員数が少なかったから当然当直が多かった。

ナースも1人当直で，自然，深夜勤務まで医師が病棟にいっしょにいるようになっていた。

　ナースは個性的だったが，いずれも看護日誌が非常に詳しく，そして患者の症状よりも生活に即して記されていた。この看護日誌を読むことが私の精神医学の原点の一つになった。ここでごく少数の患者を診るだけで私は2年を過ごした。患者が重症になると私は空いている個室に泊り込んだ。患者との距離は至って近く，私はゆっくり患者の生活をみることができた。

　ナースステーションでは患者の人柄について忌憚のない話も出た。それは社会的差別ではないと私は思う。患者は天使ではない。無理に天使にみられると患者は生きにくくなり，治りにくくなる。少数の患者だけを診ていると自然に病いよりも人柄のほうに焦点があたる。

　私は回復期の患者に絵画を通じての交流を図った。面接中に描く絵はいわゆる「患者の絵」とは遠く，実に美しいものや切ないものがあった。言葉に現れない変化が鮮やかに描きだされた。独りで描いた患者の絵とは全く別物である。あれはいわば独り言なのだ。

　絵は偽らない。絵に教えられて回復の過程を患者と私は歩んだ。しかし，一人の患者につき数百枚ある画の多くは失われている。少数の絵を安永先生が選んでスライドにしてあるが，それもいつの間にか数が減っている。惜しむ気持ちもないではないが，絵は生々しすぎて，40年前後経った今も同時に多数を見ることができない。それらは研究会の機会に少数の人の眼に触れただけで終わるだろう。最近はそれでよいという気持ちである。ただ，私の回復過程の段階論は身体症状と絵のスタイルの変化を見れば何型であろうと一目瞭然なことはいっておきたい。

　当時の雰囲気もある。研究自体が悪であった。症例検討会も人目を忍んで行われていた。私は民間精神病院の臨床医として生涯を通すつもりだった。ただ「精神科医であることは後ろめたい」という気持ちはなかった。与えられた条件で私なりにその時その時のベストを尽くそうとしたつもりである。

　画を通じて私は痛感した。研究の眼差しか治療の眼差しかに患者は敏感である。患者の症状を診るのはよいが，患者への眼差しの焦点はその人柄に置かれねばならない。でなければ，患者の自己規定は「精神科患者（入院者，通院者）」になってしまう。患者の価値観は世間と同じで，世間の偏見を取り込んで自己に向けられている。症状に対して医者が膝を乗り出すと患者を見失う。患者は治療者の意を迎えることに汲々として，すぐに医者の興味がある言葉を用意するようになるのだ。精神病理の陥穽である。西欧の高名な精神病理学者の大論文のもとになった患者で自死をとげている人の名を挙げることは実にやさしい。治療者に多くを与えすぎた患者は危ない。

　分院は，そういう点でもよくできていた。面接の場が少ないから，分院の敷地内，時にはそれを越えて近くの江戸川公園などを「散歩面接」することが少なくなかった。自然，それぞれの人柄が中心となる。患者の好みはカトリックの関口大聖堂だった。イースターには大聖堂を訪れた患者からのイースターエッグがいっぱい集まった。

　外来は2階の南向きで，爽やかな風が入ってきた。カーテンで仕切られた場での面接であった。隣の声に邪魔されもしたが，他医の面接態度がむきだしでわかった。患者が増えてきて部屋の隅で4組目の面接をおこなったが足りず，地下の医局や，果ては病棟の面接室を使うこともあった。

　分院は本院よりも先に主治医制をとっていた。当時の外来面接はどの大学も褒められたものではなかった。東大ではないが，大きな机の四隅で4組の面接が行われたり，1人の医師が3人

の患者を同時にみて，「きみはどう」「あなたは……」とやっていたりした。精神科は口腔外科とともに，遅れて必修となった科である。

　研究はしなかったが，勉強はした。特に飯田先生にはずいぶん多くのものを教わった。私はドイツ語やフランス語がまあ読めるほうだったのもさいわいしたと思う。実際，当時の私の「1冊の本」はコンラートの「分裂病のはじまり」だった。
　飯田先生は圭角のある私を受け入れて下さった懐の深い方である。先生のこの面はあまり知られていないのではないかと思う。私は，先生とシュルテの『精神療法研究』を訳し，雑誌『自然』に共著『天才の精神病理』の前身「科学者の精神病理」を連載したが，私にとってもっとも思い出の深い仕事である。先生もそうだと仰る。
　私は，先生の担当分に思う存分書き込み，つけ加えをした。世間的には非常識きわまりないことであるが，当時の私はそれに気づかなかった。ほんとうはどう思われたかうかがったことはないが，私に向かってはそれをむしろ喜ばれ，原稿と書き込みとをていねいに読まれて，容赦なく斧鉞を加えられた。そうなると私は安心して存分に枝葉を繁らせ，飯田先生は繁らせもするが，大いに剪定なさった。こういう共同作業で全体の樹容が整ったのが，2006年の今も岩波現代文庫に残る1冊である。飯田先生は時に「あの時代」を懐かしまれる。私にも昨日のごとくである。あれはひょっとすると希有な出会いだったのではないか。
　しばしば，おたがいの家で夜遅くまで残った。飯田先生が私の住む団地の最寄り駅「国領」に近づくと終電がホームに入ってきた。先生はやおら下駄を脱いで，改札から遠いホームの端をよじ登って車両に飛び込んだ。いつもは優雅な飯田先生の「火事場の力」を眼の前にみた。

　細木先生は，土居先生の一級下，昭和16年東大医学部の卒業試験に際して，「試験を受けて死ぬか，断念して結核を療養するか」と医師に迫られて，後者を選び，よくなられて日大文学部心理学科大学院を卒業し，長らく精神神経学会事務局にいらしてから，東大分院に来られて助手となった方である。最後は日大心理学教授として酸素ボンベを抱えながら70歳を超える天寿を全うされた。
　先生は長身の元テニスマンであり，いつまでも若やかで「細木少年」といわれていた。加藤周一が心を許した友でもあった。私のロールシャッハの師でもある。また，凄い教養人でもあった。私が先生の話相手になれたのは私の10代に教師だった人たちの教養が乗り移った，いわば隔世遺伝であったが，先生に仲間扱いされるのはうれしかった。細木先生と飯田先生と私とは占領下の学制改革に翻弄されながら，たまたま7年制高校（都立，成溪，甲南）で若い日を過したというご縁があった。飯田先生は福田恆存の門を叩いたこともあるとうかがった。
　自然，医局でも，また今はない新宿安田ビル2階の喫茶店でも3人は話に花を咲かせた。精神病理や患者についてだけでなく，四方山話，といっても主に文学や芸術に及び，終電近くまで居すわることもあった。この2人の先生とは長いお付き合いとなり，ご家族とも親しくなった。
　後に私は天をも恐れずヴァレリーの詩の新訳者となるが，それはこの時期なしでは考えられない。当時は，時計台の占拠から連合赤軍までの時代であった。私はそういう時に自由検討の立場を確かめるためによくこのフランスの詩人の本を開いていた。

　安永先生とは不思議なご縁がある。最初の1年間，先生は私が何を質問しても「あなたはどう考えますか」と答えられるのであった。それは私に対してだけでなく，研究生たちは「安永

先生は，ロジャーズの考えを実践しておられるロジェリアン」だと囁いていた。

　1年経った時，先生の私に対する態度が変わった。腹蔵なく私に語られるようになったのである。「先生の人間信頼度の観察期間は1年だ」と私は思った。私は先生のパターン理論はスッとわかった。ウォーコップの本は読んでいたが，先生の論文がなければわからなかったろう。ファントム理論は私の頭の中でイメージ化されていて，わかっているというお墨付きはいただいていない。私は数学より気象学のほうが合うのである。

　しかし，私は「ファントム理論」の誕生に立ち会ったと勝手に思っている。その時期，私はウィトゲンシュタインの「日記―1914―1916」を読んでいた。半地下の医局で先生にその話をした。邦訳はまだなかった。先生は「どれどれ」と本を手に取られた。以後40分，先生は凝固したように本に没入され，私はただじっと先生と机をへだてた向かいにいた。ファントム理論を語られたのは，その後ほどなくであった。この哲学者とファントム理論とがどう通じるのか，私にはわからない。何か決意のようなものが伝わったのかもしれない。

　さらに奇妙なご縁がある。東大出版会の「分裂病の精神病理」ワークショップの第1回の私は会場設営係であった。ところが，安永先生がインフルエンザで休まれた。土居先生が「ナカイ君，きみ，代わりに説明したまえ」といわれ，私はへどもどしながらとにかくファントム理論らしきものを語った。このことがあって，第2回は私がメンバーの一員となった。ところがこの時も安永先生が風邪で欠席されて，私は患者の画のスライドを駆使して4時間の発表を行った。私の論文の中でもっともよく引用されてきた寛解過程論である。先生は風邪によって私の出番を作って下さったのである。

　あの論文は読みにくいといわれ，「日本語訳」があるそうである。あの時は精神科紛争の最中だった。これが最初で最後の論文になるかもしれないと思い，証明抜きで一行に圧縮してでも書くべきことは書き残して書いておこうと思った。今の人には想像さえ難しいであろう。

　安永先生は，土居ゼミへの紹介者でもある。私の最初の発表は四周に患者の絵画を張りめぐらして行った。ジル症候群の少年で，ハロペリドールを使って改善したのだがテキサスの小児科医とほぼ同時とは知らなかった。以来，40年近い土居先生とのお付き合いである。私は伝説的な怖い土居先生を知らない。それは末っ子弟子だからであろう。

　同世代の研究生たちはおおむね笠松・平井門下の瞑想脳波の研究者で，その方面には私は暗いが，個人的には仲間として水郷などに旅をした。私の母の故郷は奈良県で山辺の道に近く，私は乞われて河津，中内両先生を何度かご案内したものである。これも懐かしい。対等の友人ができるのは何といっても肩書のないヒラの特権である。

　分院精神科占拠の風評下に，安永科長，河津医局長，そして私の病棟医長の非常時体制が発足した。翌日，私は占拠下の病棟で主張するべき第一は主治医権の不可侵であると安永先生に答申した。先生は「それで行きましょう」と言われ，そして占拠はなかった。名古屋市大への転勤の日，安永先生は，私をふっとやってきてふっと去ってゆく西部劇のガンマンに例えられた。その意味を尋ねたことはない。

東大闘争と東大精神科

■ 森山　公夫

1.　わたしたちの入局と60年安保；歴史

　人間の生は，深く歴史に規定され，どうしようもなくその激動に突き動かされている。わたしたちの世代は，第二次世界大戦の開戦があり，敗戦，そして飢えと大混乱，学制の変革，左翼運動の興隆とそれへの大弾圧，朝鮮戦争の勃興，日本資本主義の復興，といった大きな変転にある意味で翻弄され続けてきたともいえる。こうした歴史の爪跡に対する痛切な思いがわたしの中ではっきりとした形をとりはじめたのがちょうどその頃，いわゆる「60年安保」の前後だった。

　その年，1960年の4月，わたしたちは東大医学部精神科に入局した。そしてその6月15日，わたしは坂本哲彦君や亡き吉田充男君ら旧同級生と，国会前のデモの隊列に加わっていた。亡き樺美智子さんがわれわれの数列前にいたのを今でも鮮明に覚えているが，やがてすさまじい力で隊列は引き裂かれ，吉田・坂本の両君は捕まり，わたしは門の外に放り出されていた。

　素晴らしい大衆的盛り上がりを見せた安保闘争も，時間切れであっけなく終わった。やがて政府は岸内閣から池田内閣へと代り，「寛容と忍耐」をスローガンに，「所得倍増政策」を打ち出した。こうしてこの1960年は，戦後日本資本主義の大きな曲がり角となったのである。以後，長期に持続する好況の中で，社会の産業化・合理化が飛躍的に進行し，核家族化が進み，福祉政策が推進されて，この時期に日本社会は大きく変様していったのである。そして精神医療の分野では，1955年に成立した精神衛生法を基盤に，政府一マスコミは協働して「精神障害者野放しキャンペーン」をおこない，精神病院の爆発的設立・増築が続き，まさに雨後の筍のように粗製濫造の精神病院が林立していった。そしてこの精神病院を舞台に，「措置入院および同意入院」という強制入院制度により，精神障害者の隔離・収容政策が展開されていったのである。まさに精神医療における1955年体制の展開だった。

　さて精神科新入局者のわたしたちを迎えたのは，厳しい現実だった。医局で給料が貰えない代わりに，新人は週1回のパートに出されたが，行く先は大体新設の悲惨な精神病院だった。そこでは，強制収用された多勢の精神障害者が狭い病棟にひしめき，「3K」（汚い・危険・臭いなど）が支配し，人権侵害は日常的だった。すくなくとも普通の良識ある若手医局員は，この非道に我慢しかねたものである。一方，東大精神科の病棟も腐敗していた。研究至上主義が支配し，治療的ニヒリズムが闊歩して，「本当は研究者になりたいのだけど，それでは食っていけないから臨床をやるのだ」ということが病棟内で大声で語られていたほどである。患者は研究のための「マテリアル」であると見なされ，検査をするに説明も同意もほとんどなされなかった。こういうことがあった。ある偉いDr.のポリクリで，若い女性の患者が切々と失恋の痛みを訴えたのに対しDr.はおもむろに学生に向かい，「これが分裂病です。このレッピシュ

（児戯的）な訴え方を見てください。この失恋ということ自体が実際にあったことというよりは，妄想のはじまりだった，と言えますね」と嘲るような口調で説明したのである。人柄は良いそのDr.のその話を，じかに聞かされている患者さんの胸中を思い，わたしは思わずDr.を憎んだ。

当時，大学医学部の医局・講座制はどこでも「封建的」の代名詞とされ，教授は殿様で，あとは序列に従いそれに隷属するという，時代遅れの隷属的人間関係があたりまえ，と考えられていた。山崎豊子の「白い巨塔」が評判になった時代である。ただ，その中で精神科はもっとも民主化が進んでいる，と考えられていた。だがその東大医学部精神科の「民主化」の実体がどうだったかは，東大闘争により明らかにされていったところである。日本社会全体を襲う合理化・民主化の嵐の中でも大学の医局・講座制の古い体質は温存されたが，それにより腐敗度は一層高まったのである。

1960年代の10年間はこうして，矛盾の拡大の時代であった。大企業を中心に，産業の最先端は世界諸国に太刀打ちするレベルの合理化を推進してゆく一方で，社会の周辺的な諸分野では，半封建的ともいえる古い体質を温存していったのであり，この矛盾の拡大が次の時代の「革命」を醸成していったといえよう。

2. 東大闘争の勃発と精神科医局

安保闘争の後も，学生や若手労働者を中心に「反戦・平和」の闘争は間断なく続けられていった。そしてそれと軌を一にして，「インターン制度廃止闘争」が起こったのである。昭和25年にはじめ起きたこの運動は，相手の巨大さの故に一旦は潰え去ったかに見えたが，1964年卒の学生諸君の熱意によりこの時期に息を吹き返し，しかも今回は予想を超えて拡大していった。初めは小川のようであった運動が，やがて大河となり，学園闘争の海へとうねりをなしていったのである。

このインターン闘争激化のさなか，1968年3月，東大医学部で「医学部不当処分事件」が起きた。当時の上田病院長と交渉を持とうとして春見医局長らとかけあった学生・研修医集団が，暴力行為をなしたとして後に大量17名の処分を受け，しかもその筆頭に当日不在だった自治会委員長の名が挙げられていたのである。このあまりにずさんな処分を機に闘争は一気に全学化していった。こうしたずさんさに秘められた医学部教授会の古い体質への抗議が，同様に古い体質の教授会を持った他学部の学生をも撃ったのである。

6月15日，安田講堂を学生が占拠し，これに対し大学当局が機動隊を導入し排除を行った。これに怒った各学部の学生は決起し，7月には全学共闘会議が組織され，次々に各学部でストライキが決議されて，10月にはついに全学ストライキになだれ込んだ。まさに前代未聞の事態が現出されたのだった。それを背景に，学内全域にバリケードが張りめぐらされ，「テント村」が創られていった。まさに壮観であった。こうした運動の中心となったのは，かっての「自治会」とか党派とは異なり，「全共闘」というある意味では得体の知れないゆるやかな連帯の組織であった。これがこの時の運動の特徴だったといえよう。

さて，こうした学生たちによる運動は，全国の津図浦々に拡がっていった。都内では，「マンモス大学」と称された日本大学でも激しく闘われ，東大闘争と日大闘争が，この時代の学園闘争を象徴する両極として語られていったのである。

ところで，わたしが東大闘争を語るとき，ブント書記長だった亡き島成郎さんの存在をはずすわけにはいかない。わたしは一方で多くの優秀な若手諸君と，そして他方島さんと共に，あの東大闘争を闘ったものだから。実は，1966年の頃からわたしを東大闘争に誘った（オルグし

た）のは島さんだった。彼は，年々引き継がれ激化してゆくインターン廃止闘争が，さらに大きなうねりを作り出すであろうことを予想しながら，その質を一歩高めることを考えていた。晴和病院に就職して大学から離れていたわたしに，彼はこれから大事が起きるからとにかく「人を集めよう」と言い，共同で一つのフラクションをつくった。幸い，仲間は多かった。その集まりが定期化し，段々に大きくなるとともに，わたしたちは精神科をめぐる運動の方向を具体的に討論していったのである。その作業が本格化していったのは，なんといっても68年3月の処分問題以後だった。17名の被処分者の中に，精神科医局員だった宇都宮君が入っていたこともあり，処分への対応をめぐり精神科医局は一気に緊迫していった。事態のテンポは早まっていったのである。

　6.15の第一次時計台占拠の後，7.05東大全共闘結成，9.15赤レンガ研究棟封鎖（基礎病院連合実行委員会），などを経て，10.14精神科医局解散（119名）から10.21東大精神科医師連合結成（102名）へと運動は上行し，ついで11.7臺主任教授不信任，東大教授会総辞職要求により教授会との対立が明白となって運動はより熾烈な局面を迎えた。そして，69年1月に東大安田講堂の攻防戦により全共闘運動が一端の敗北を経てのち，4月後半には「8名の助手公選」の決定がなされ，その実現の過程で精神科医師連合は真っ二つに分裂し，8名の助手が外来に退き，共産党系学生諸君ならびに臺教授らと結合して連合と対抗するという状況となった。そして69年9月8日，精神科医師連合による病棟自主管理闘争が始まったのである。

　この「病棟自主管理闘争」は，まさに画期的な運動形態だった。実はこれも皆の討論の結果で，元来は島さんが「病棟乗り込み部隊」（仮称）をつくり病棟を諸活動の拠点としよう，と提起し，それが討論の過程で，時流に沿った「自主管理」を名乗ることになったのだった。

3．「1968年革命」としての学園闘争

　精神障害者への処遇の歴史をたどってゆくと，「振り子現象」と呼ばれてきた問題に突き当たる。差別的な処遇と寛容な処遇が，時計の振り子のように時代と共に交代して繰り返してきた現象である。だがより正確に見ると，それは「らせん運動」と表現されるべきものである。そしてこの問題をさらに突き詰めてゆくと，歴史的変動とか革命とかいう問題にさらに突き当たる。

　一つの政治構造の時代が幕をあけてゆくとき，その起点には必ずある「革命」ないし「革命的事件」があり，それは前の時代の政治課題を引き継ぎながらもそれを超えるある質を孕んでいる。それは，成功したか失敗したかを問わず，旧時代の終焉と，新時代の登場を告げるのであり，それ故各革命はそれぞれの相貌をもつのである。しかも，革命は常に多面的であり，「政治革命」はかならず「経済―社会」や「文化」の革命に伴われている。

　東大闘争とは，そしてこの時代を風靡した学園闘争とは，この意味で「革命」であり，「1968年世界革命」とも呼ぶべきものの一環であった，とわたしは考える。実際この1968年を中心に，世界各地で，学生を中軸にした若者の決起があった。反ベトナム戦争・反公民権運動などを軸に，西海岸を中心に闘われたアメリカがあり，学生の街頭デモとバリケード闘争に先導され，やがて労働組合による全国規模での一大ストライキの展開にいたるフランスの「5月革命」があった。同様の闘争は，ドイツで，イギリス・イタリアで，と，ほとんどすべての世界都市を襲ったのである。そしてこの68年革命以降，時代は大きく転回した。この革命の予兆したことは，基本的には産業化社会から消費社会にむけての転換であったといえよう。以後，対人関係も対自然関係も変わり，経済が変わり，関連して科学や芸術・宗教をはじめすべての人間的いとなみが変わっていったのである。

あの68年夏，全学ストライキに突入した後，東大の時計台前に次々に繰り広げられていったテント村をデモで回りながらわたしは，「これは祭りだ！」と実感した。そしてそれはわたしに，有名なパリ・コンミューンの乱の只中の1871年3月31日に書かれた，新聞「人民の叫び」の「祭り」と題する論説を想起させた。

「コミューンは，革命的で愛国的な，平和で陽気な，酔いしれて荘厳な，偉大で歓喜にみちた祭りの1日に宣言される。それは――，帝政の20年と敗北と裏切りの6ヵ月を慰めてくれる――。コミューンが宣言される。今日こそ，思想と革命の結婚の祭典だ。――。勝利の詩のあとに，労働の散文がはじまる。」（柴田三千雄著「パリ・コミューン」，中公新書，昭和57年，117ページ）

革命は祭りである。このことを，政治学者A.J.P.テイラーは，「社会にとって革命は，丁度，個人にとっての情熱的な恋愛のようなものである」，とも表現している。そうしたものとして，革命は共同幻想の転位・創造であり，共同社会の慣行の（世代的な）ズレ・空白を瞬時にして是正・統合しようする爆発的行為である。それこそが歴史的変動の原動力でもあるのだ。

ところで当然のことながら，革命にも，言い換えると「歴史的変動」にも規模の違いがある。「歴史的改革」と呼ばれる程度から，政権の根底をも揺さぶる「大革命」にいたるまでの幅がある。この差異をここで「小革命・中革命・大革命」と表現すれば，「小革命」はほぼ，10年に1回（経済史上のいわゆるジュグラー・サイクルに相当する），「中革命」はほぼ20年に1回（いわゆる構造循環に相当する），そして「大革命」はほぼ50年に一度（いわゆるコンドラチエフ長波に相当する）現れてくるということをわたしは見出すことができた。これをそれぞれ，「歴史的改革」，「変革」，「革命」と言い換えることもできる。69年革命はまさにこの「大革命」に相当するものである。

さて最後に，革命の「運命」について一言したい。エンゲルスは，ドイツ1848年革命の弾圧者だったビスマルクのドイツ国家統一に果たした役割について，「革命の墓堀人はその遺言執行者になった」という名句をはいている。これは1848年革命で提起された問題が，革命弾圧者だったビスマルクにより結局は実現されていったのであり，その最たることがドイツ国家統一だった，という歴史上の皮肉を突いた語である。

東大闘争もまた，瞬時にして祭り的・詩的空間を現出させながら，やがて潰されていったとはいえ，予示的に次の時代を予言し，その地平を切り拓いていったのである。その内容はきわめて多義にわたるのであり，これを整理してゆくのはこれからの課題と考える。ちなみに「医局講座制解体」に関しては近年やっと，厚生労働省の手により実現の運びとなってきたのも，エンゲルスの名句を想起させ，皮肉のきわみといえよう。

4. 赤レンガ自主管理闘争とその終焉

赤レンガ自主管理闘争は予想以上に長く続いた。当初大部分のわたしたちはごく短期間でそれは弾圧され，潰される運命にある，と覚悟していたのである。その意に反して長く続いた最大の理由は，それが多くの支持者をえたということにあろう。思うにそれは，大きくいえば，全国各地からの有形・無形の応援に支えられてきたのである。

東京大学の内では，69年の安田講堂の「落城」後，なお様々な運動が起こり続けては，やがて潰されていった。だがなおかつ，完全に潰えたわけではなく，いくつかの自主的組織として存在し続けた。そうした諸組織の連帯・支援がわたしたちにとって大きな力となったことは言うまでもない。

もう一つの支えは日本精神神経学会の動向を中心とした全国的な精神医療界の動きである。他の医学界に比して，ここでも精神医学会の革

新的な動向は際立っていた。まず，なんといっても1969年5月に開かれた「金沢学会」が画期的だった。全国諸大学および病院から集まった若手精神科医が期せずして，こぞって「決起し」，当時の学会理事会（ここでも理事長は臺東大教授だった）に退陣勧告をつきつけたのである。この勧告決議に至った拡大評議員会（評議員会をオープンにし，会員すべてが発言できるようにした）のすさまじい激動の場面もまた，まさに画期的だった。以後，学会理事会は全面的に改組され，わたしも全国の若手諸君とともに改革理事会のメンバーとなった。なんとわたしは，以後30年間にわたり学会の理事として活動を続けることになったのである。ともあれ，精神神経学会は以後連綿と，精神医療改革運動の全国的な舞台となってきたのであり，こうあらしめたのは全国的な精神医療の悲惨さだったといえよう。東大の自主管理運動はこうした全国的な改革の志と連帯し，支持されてきたことも大きい。

　もっとも，初期の頃わたしたちは，自主管理運動とか類似の運動が東大内外の他の職場にも起こり，それとの連帯行動が起こりうるだろうと信じていた。だがその希望は徒労に終わった。数年経ってもそうした動きの片鱗も見られず，わたし個人はついにその点での希望を絶った。その時同時に，わたしたちの自主管理運動の勝利の希望も消えたのである。代わって，様々な反動が起こった。その最たるものが，「精医研問題」と「産経新聞キャンペーン」であった。ここではこれらの問題に，ごく簡単に触れるに留めたい。

　「精医研問題」は，一つのセクト的な「内ゲバ」問題であり，当時の学生組織だった「全国精医研連合」が若手医師の集団である「全国精神科共闘会議」（「プシ共闘」）に攻撃を仕掛けてきたのだった。この問題は1975年9月から公然化し，77年2月，椿山荘で開かれた理事会でほぼ決着はついたものの，以後数年にわたりズルズルと続いた。それによる消耗・疲弊は大変なものであり，これを語ることすら著しい消耗感につきまとわれるような問題だった。一方，「産経新聞キャンペーン」は，精医研問題の直後，1978年1月から始まった。公的新聞である産経新聞が，約1年間にわたって反赤レンガキャンペーンを連日のように行ったのには驚いた。その内容は，（ほとんど忘れたが），「刃物治療をしている」とか，「危険な患者が野放しにされている」などのほぼデマに基づいた低次元のものであり，だから大したものではないとわたしたちは考えていた。ただ，そのキャンペーンと結びついて政治的な動きがあり，国会で問題を取り上げ，それに基づき政府が弾圧を仕組んでくるという形をとった。要請によりやむをえず，当時の文部政務次官と内密で会ったり，など様々な政治的交渉があり，最後に当時確か衆院議長をしていた社会党出身の岡田春夫さんと会い，事情を説明し，彼の決断で政治的問題は決着した。岡田さんのあの温容あふれる，しかも断固とした人柄には強い感銘を受けた。

　ところでこの問題の副産物が，赤レンガスタッフの正規職員化だった。1978年3月，医学部当局と精神科医師連合および赤レンガ職員とで確認書を取り交わし，病棟スタッフは病院当局と「信認関係」を取り結ぶことを確認した。そして6月，まずわたしが助手になり，翌年3月，亡き吉田哲雄君が，さらに翌80年11月には富田三樹生君が，とゆっくりと，だが連続して助手就任が実現した。ここで実質的には「自主管理」の看板を一部下ろしたことになる。

　ところでまさにこの1980年8月，「新宿バス放火事件」が起こり，奥野法相が改めて保安処分制度の推進を宣言した。これに対し，（第二次）保安処分反対運動が起こり，わたしたちは「保安処分に反対する百人委員会」を強化して，徹底してこの動きに反対した。それにより政府は最終的に，この法案化を見送る羽目に至ったのである。これに少し遅れて，宇都宮病院告発

闘争が起きた。北関東医療刑務所とも称され諸悪を担ってきた宇都宮病院に不当入院させられていた安井氏の志を支援してわたしたちは周到に準備し，同病院を告発し，これが1984年3月以降社会問題化し，さらには国際問題化して，1987年3月の精神衛生法改正を準備していったのである。これ以後，様々な法改正が引き続き，精神医療の今日の状況を導いていったのである。

さてわたしは1990年7月，賛否両論のさなか，20年にわたり苦闘した東大赤レンガを去り，練馬区にある陽和病院の院長に就任した。直接的には病に倒れた島さんの跡を継ぎ，陽和病院の改革を引き継ぐことが目標だったのだが，もう一つ大きなことは，わたしが赤レンガを辞めることにより，東大精神科の統合を促すことにあった。東大闘争勃発後すでに20年を経て，わたしたち精医連もそして赤レンガも大きく変わってきた。これ以上「自主管理」を続けることによる歴史的意義はすでに失われた，とわたしは判断した。最大の問題は，赤レンガが「閉ざされて」い続けざるをえなかったことにある。まさに潮時だった，と思う。

5．「和解」について

1980年代の真ん中頃，めずらしく新聞社に頼まれてわたしは精神病の治療について書くことになった。いろいろと考えるうちに，ふと脳裏に浮かんだのが「和解」という言葉だった。わたしはさっそく，精神病治療の基本は「和解」であること，世界との和解であり，自分自身との和解，自分の身体との和解でもあることを書いた。ところでその後，この和解論はわたしにとって，単に治療論としてのみでなく，哲学としても重大な課題となってきたのである。

よく聞かれることは，「君の和解論はどこから来ているの？」ということで，多くの人はこれがきわめて日本的概念である，と思っていたようだ。ところでわたしの和解論は，一方で志賀直哉の小説「和解」から，そしてもう一方ではヘーゲルの若年期における和解論から，影響を受けている。後に聞いてなるほどと思ったのは，和解論がキリスト教神学の中心的課題の一つだということだった。ヘーゲルの和解論は，そしてその弁証法はそこに根ざしていることを知らされた。

今，この和解論は改めて重要性を帯びてきている，と考える。例えば，現代の最大の難題であるアラブ対イスラエルの問題にしてもそうである。まことに和解こそは，人間の，いや生命の果たしうる最高の作業であり，人類がその都度この和解を目指して歩むことができるか否か，が決定的に重要である。

東大精神科統合が真に和解の成果であり，言い換えればここで真の和解がなされていれば，東大精神科教室は素晴らしい臨床教室に生れ変わり，今後の稔りを約束するはずである。

自主管理闘争の私的回顧

■ 富田　三樹生

　私に与えられた課題は，東大精神科医師連合（以下『連合』）による自主管理闘争という時代についてです。私は1971年9月から2000年3月まで赤レンガ―東大精神科にいました。「東大病院精神科の30年」（青弓社，2000年―以下『30年』）で，統合過程に参画したものとして，特に統合過程について重要なところは記しました。1986年は東大精神医学教室開設100年にあたり「榊先生顕彰記念事業」[注1]が当時の原田憲一教授のもとで行われ，東大精神科医師連合はそれへの批判活動を行いました。その理由は，人体実験問題や宇都宮病院問題に見られるような，100年の歴史の精神病者への医局講座制の罪悪を無視・隠蔽して賛美する傾向への危惧によるものでした。秋元波留夫は，ライシャワー事件を契機とした精神衛生法改正の65年から，精神保健法成立の1987年までの日本精神神経学会（以下『学会』）の状況を狂乱怒涛の歳月とし，それをコップのなかの嵐と揶揄（精神医学・医療―未曾有の変革がはじまった時代1960～1967「日本精神神経学会百年史」）していますが，学会の内外でこの時代に肉薄し，この精神衛生法体制に全力で戦っていたのがそれぞれの場所での連合員と自主管理闘争でした。

1）精神科医師連合の結成と自主管理闘争の開始

　連合は1968年10月21日に結成されました。それは二つの流れが東大精神医学教室において結び付いた運動組織形態でした。その一つは，戦後のインターン制度の医学生・青年医師の改革運動が世代を積み重ねて，全国の医学部当局・政府との徹底的対立を経て，インターン制度撤廃を方針として医学生青年医師による横断的研修協約闘争―青年医師連合結成という全国的運動の流れがありました。全国の医学部闘争の中でも先鋭な形で東大で，医局講座制解体闘争へと飛躍しました。二つめは，この医局講座制のもとでの教授による医師支配が研究至上主義によって貫かれながら，民間精神病院に寄生しつつ支配する抑圧的精神医療と構造的に結び付いていたことです。この時代は，世界的にはベトナム戦争の時代であり，反ベトナム戦争の運動は日本を含めた世界に巻き起こっていました。この世界規模の運動[注2]が大学闘争という形でもうねっていました。

　医学生・青年医師の，世代を蓄積した運動に対してインターン制に代わって報告医制法案が国会に提出され，東大ではこれに対抗して68年1月には昭和42年卒，昭和43年卒予定（43青年医師連合準備会）を含めて医学部学生全体の無期限ストライキに突入していました。68年2月

注1：東大精神医学教室120年を記念したこの本を含む企画と同時進行の形で，内村祐之先生顕彰記念事業が行われます。しかし，本稿から幾分かは推察できると思いますが，顕彰記念事業の方には私は参加しません。

19日のトラブル（「春見事件」）をとらえて，医学部・病院当局（豊川医学部長/上田病院長）と東大評議会（大河内一男総長）が大量処分を行いました。この処分は，その場所にいなかった学生まで含まれる政治的処分であり，その後の医学部・東大全学の闘争を一気に飛躍させました。処分対象者の中に精神科医局員にして，青年医師連合の全国的指導者でもあった宇都宮泰英も含まれており，精神科医局はその処分をめぐって臺教授との関係の選択を迫られていました。政府・東大・医学部当局との対峙の中で，6月15日，医学部学生は安田講堂の占拠（第一次時計台占拠）を断行しました。大河内総長はただちに機動隊を導入し，その圧倒的武力によって学生たちを排除しました。不当な処分に重ねたこの暴挙への憤激により全学の学生の運動は急速にひろがり，7月5日，東大全学共闘会議が結成されました。このような過程で，精神科医局は，10月8日医局解散決議をし，10月21日連合を結成したのです。

豊川，上田の医学部執行部は処分とその結果の混乱のなかで退陣し，68年11月3日白木博次脳研究所（1936年，三宅鑛一教授のもとで開設された脳研究所）教授が医学部長となり，白木は臺精神科教授を病院長に指名しました。11月4日，連合は医学部教授会総辞職要求声明を出し，臺教授に病院長就任を辞退するように説得工作を行いました。しかし，11月7日，臺は病院長就任を受諾してしまったのです。連合は臺教授のこの一連の行動に対して不信任を決議しました。

69年1月の東大全共闘等の安田講堂の占拠闘争が機動隊の武力により排除・弾圧されることとなりました。この正常化過程への抵抗が，より上の世代の青年医師運動として精神科以外の各科でも広がりつつありました。連合は助手の公選制（内村教授時代の1953年，医局長，病院助手の公選制度として教室内規で定められたが，1958年秋元波留夫が教授となりこの規定は教授の統制を強め，1960年に新たな教室内規として改正されました）を目指し，教授により指名された有給助手の辞表提出―公選実施の方針を議論の末に決定しました（助手の辞表提出は69年4月14日，公選制は最終的には6月19日に決定）。私の手元に，当時の中久喜雅文・浜田晋，岡田靖雄，藤沢敏雄・中川善資らの辞表提出を主張する議論がありますが，私より10歳から20歳以上の年上の人達の瑞々しい気概が見られます。

8名の有給助手（8人衆）は4月30日に辞表提出拒否を声明し，後の外来教室会議の母体となり，自ら不信任した臺教授とともに授業再開―正常化により連合の排除に乗り出しました。病棟自主管理闘争はこれへの抵抗運動形態として9月8日をもって開始されました。この時は，医師部門における分裂であり看護課はそのままの状態でした。

他方，69年5月の精神神経学会の金沢学会総

注2：東大精神科医師連合は全国各地の精神科医の運動と連動していました。広くとれば，68年革命といわれる世界各地の反乱の潮流の中にありました。世代的には，60年安保闘争の世代，ベトナム反戦と「70年闘争」の世代，それ以下の世代，の矛盾と連携のなかで成り立っていました。60年世代では，本稿には出て来ませんが島成郎の名を欠かせません。彼は，世界の思想潮流の屈曲点に位置付けられる反スターリニズムという思想を日本の左派の中に持ち込み安保闘争を指導しました。特に60年世代の精神科医師連合の人脈と思想には彼の存在は大なるものがあります。2000年3月に東大をやめ，高石利博に誘われて沖縄に1ヵ月滞在した時，私は初めて島さんと親しく酒を飲む機会を得ました。島さんは病身でしたが体調が大分復活してきていました。島さん夫妻がふるまってくれた泡盛と手料理が，赤レンガを「卒業」した自分には大層心地よいものでした。ところが，赤レンガでの30年の垢を，沖縄の風と海で洗われた思いがまだ強く残っている00年10月17日の朝，すでに知念譲二から危篤が伝えられていたのですが，高石から島さんの訃報が届いたのでした。

会は，全国の若手の精神科医の学会認定医制への批判を直接の糸口として，大学医局講座制総連合としての腐敗した実情を白日のもとにさらけ出し，臺理事長のもとにある理事会不信任―評議員会解散勧告がなされました。この学会の若手精神科医による圧倒的な「クーデター」は，刑法改正―保安処分推進のそれまでの学会の方針を完全に覆し（64年のライシャワー事件から65年の精神衛生法改正の過程と，それと重なっていた保安処分批判の精神科医とし声を上げ始めた頃については岡田靖雄の「日本精神科医療史」医学書院等を参照），学会は保安処分反対へと大きく舵を切ったのでした。

私自身は，新潟大学を69年に卒業しました。学生時代は無頼・無関心派で運動にはコミットしていなかったのですが卒業近くになると世代としての自らの選択を迫られ，ストライキ闘争などを経て医学部・大学での闘争に踏み込み，研修協約により新潟大学精神科で研修を開始していました。1月の安田講堂の事態は，全国の不均等な医学部・大学闘争の波を一気に深化させ，私は精神科研修に入って間もなく全学の学生の共闘組織とともにバリケードを築きました。その後，新潟大学から放逐・脱藩する事態となり，佐久病院に拾われたのでした。今から思えばその恩義があるにもかかわらず，佐久病院での矛盾に動きだし，放逐され（岩波新書，南木佳士著「信州に上医あり」に一部その経緯が記されています）ました。その結果，71年の秋に自主管理闘争のもとにあった連合に拾われたのでした。28歳でした。同期には三吉譲，花岡秀人がいました。余談ですが，佐久病院の若月俊一院長は[注3]，「解雇」するにあたって私を呼んで，君の言うような事を十年後も同様に言っていたら君を信用しよう，と諭しました。時々私は若月院長の言葉を思いだすことがありました。

2）新たな自主管理闘争へ

その当時の病棟の雰囲気は，私たち新人にとっては耐え難いものでした。病棟での医療の実際は臺―中久喜体制の治療共同体的枠組みはとっくに形骸化し，看護が生活療法的に「支配」していました。病棟の中は旧来の看護課がその日常を仕切っていたのです。生活療法を批判した烏山病院闘争の鮮烈な波が赤レンガにも及び，私たちは日常的な病棟運営の中に入るようにしました。そのために看護課（看護は病院職員組合が指導していました）との間に業務のレベルで矛盾が生じるようになりました。Oさんの入院はこのような状況の中で行われました。彼女は20代の女性でした。11月22日に病棟の会議で入院を決定したOさんが11月25日の入院予定の日に来ず，29日に来院しました。看護課は医師が勝手に入院させた，としてその入院を認めず，看護ボイコット（他の入院患者とは別にそのOさんに対しては一切を無視をするというのがその実際でした）という方針を実行してしまいました。この患者の担当医が私でした。看護課の背後に外来の教室会議と臺教授がいたのは当然のことでした。Oさん入院問題は，入院患者をも巻き込んで大問題となり，入院患者の側からの，看護ボイコットに対する批判活動を

注3：この稿を書き上げて後，報道により，若月俊一は06年8月22日肺炎のため死去した，と知りました。96歳ということでした。個人的にも残念なことでした。私は，赤レンガにあっても若月さん（偉い年上の先生に対しても，さんづけで呼ぶのは，赤レンガの文化でした）と，佐久総合病院があった臼田町での1年間の生活を時々思い出すことがあります。最近の数年は，一度お会いして，当時の無礼をおわびしたいと思うようになっていました。当時若い私たちが感じていた佐久病院の矛盾の指摘が誤っていた，というわけではありません。しかし，若月さんの仕事の大きさと背負っていた労苦の理解，病院というものが抱えるほかのない矛盾，が私には全くわかっていなかった，と思います。私が若月さんならば，やはり当時の私を解雇していたと思います。私は，「解雇」されてよかったのです。

呼び起こしました。病棟派と病院職員組合を含む外来派と院長との団交合戦となりました。Oさん自身や家族への教室会議からの働きかけを含めて，私は，対立状況にある患者の担当新米精神科医としての昼夜を分かたない体験を強いられることとなりました。

72年1月20日夜，病院長との病棟側の団交で，入院が公式に認められ，夜勤の看護婦は姿を消し，2名を残し看護の殆どが業務を放棄し，病棟を引き上げてしまいました。1月24日，赤レンガ内の医師，残った看護，OT，心理などの職員と入院患者は，その過程で形を現わした病棟の組織を「赤レンガ病棟自主管理会議」として具体化しました。この時から，私たち医師が病棟での看護当直業務を行う20数年にわたる自主管理闘争となりました。この「会議」は一時，コミューンのような色彩を持ち，GTと称していたミーテングは闘争会議の色彩も帯び，その後に自主管理に入って来た医師への容赦ない批判も行われました。会議の運動体的性格は間もなく消滅しましたが，治療共同体的運営は後まで続き，独特の治療環境を作りました。医師としての検証も問われましたが，ここでの，様々な患者との交流は，スタッフの心をもいやす場ともなりました。一泊旅行や，季節ごとの行事などにはビールなどが出るのも恒例で，事故には気を使いましたが大変楽しかったものです。当時，反精神医学という潮流が伝統的な精神医学に対するアンチテーゼとして世界で注目を集めており，その旗手の一人と目されるクーパーが75年の日本精神神経学会のシンポジウムに呼ばれ，赤レンガにも立ち寄りました。この時のエピソードは別（「反精神医学とくすり」拙著「精神病院の底流」青弓社，1992掲載）に記しました。

72年7月，患者職員により「赤レンガ」というガリ板刷りの雑誌が作られましたが，その中にOさんの「一人旅」という詩があるので一部を紹介しましょう。

青空が見たいから／汽車に乗ったのです。／貴方の中に私がいないと知った時／曇り空から雨が降ってきたのです。／私がどこにいるのか探したくて／汽車に乗ったのです。／涙の行くへを追いかけたのです。／中略／でも本当は／何も考えたくなくてみんな忘れたくて／あてのない汽車に乗ったのです。

これは，少女が，呪縛されている家族・家から出て「女」になる過程でのさまよいの詩とみることができます。彼女の入院はそのようなものとして私には理解されていました。

この当時，もう一人M君という男性の患者がいました。何人かいた学生の患者の中の一人で私の赤レンガにおける初めての担当患者でした。彼もまた，長男としての家の呪縛と両価的に苦しみ，赤レンガの状況にコミットし，治療者である私との激しい葛藤状況のなかで経過しました。この経験は，後に，「精神科医療における空間性と時間性―『自主管理』病棟におけるM君と私―」（精神医療19号/2000.7）において記しました。

1974年の臺教授退官では，自主管理闘争の持続か継続かで連合では討論がなされました。若手世代を中心とした継続の意見が結局連合の意見を集約しました。医学部当局の精神科管理は，74年8月高安医学部長，石田病院長，土居精神衛生学教授，逸見同助教授の四者体制となり，その後，75年4月五者（酒井学部長が交代して入る）さらに学部長交代（吉川医学部長）を経て佐藤倚男精神科科長代行となり，79年1月土居教授，84年4月原田教授と変遷しました。当時自主管理から，臺教授の松沢病院時代の人体実験（富田三樹生「臺氏人体実験批判決議―名古屋学会―の現場」日本精神神経学会百年史2003），佐野圭司脳外教授の鎮静的定位脳手術，白木博次脳研究所元教授が赤レンガにおいて昭

和24年に行った「生体解剖」死などが医局講座制批判として闘われました。さらに，1974年，赤レンガを事実上の拠点として，「保安処分に反対する百人委員会」という，患者，医師，弁護士，学生，市民，労働者が混然とした運動組織形態を生みだしました。代表幹事の一人に連合の委員長森山公夫，事務局長に小原基郎がなりました。全国レベルとは別に地方にそれぞれに百人委員会が組織されました。病者を含む同格の個人として様々な人々を結集し，後の各地の改革運動の核として残りました。同年に結成された全国「精神病」者集団は先鋭な患者運動体として時代を画し，百人委員会の重要な構成団体としても機能しました。保安処分反対運動は1977年の2月の札幌から始まった刑法改正─保安処分新設に関する公聴会への実力反対闘争は回をおうごとに膨らみ，政府の保安処分新設は瓦解しました。

このような自主管理病棟において，精神科医として私が経験したことは概ね以下のような事態でした。

①医師，看護，コメディカル，そして患者によって構成される病院という場をどうとらえるかということ（この問題意識について先述の「赤レンガ」に私は書いていました）でした。治療共同体またはチーム医療における共同性と統合の矛盾の問題ともいえます。

②医師という社会的・国家的存在様態をどうとらえるか。「医師」と「患者」の二者治療関係が社会と国家に包摂される越え難い矛盾とその乗り越え，という問題です。人体実験や保安処分問題もこのなかに含まれます。

③家族と性と国家の構造的関係。

④精神医療改革という運動における治療者と運動する患者には二つの関係の様態があること。一つは治療のその位相での関係と，二つは治療の位相の外での出会いにおける関係の持ち様です。

私はこれらの問題意識を踏まえてフロイト批判の形で「病態構造論試論」（精神医療6巻2号・1977年～9巻1号・1980年）として書きました。

④の問題は，赤レンガでは不断に直面していた事態でした。運動論としては，宇都宮病院事件の後，精神衛生法改正への道が敷かれたときに試されました。精神衛生法の撤廃を掲げる病者運動と，現実に精神医療の日常を引き受ける精神科医の運動とは別の道をたどることが必然でした。私の仕事は，百人委員会の消滅の後に，この運動の矛盾を組織として明確にすることでした（『30年』参照）。

3）自主管理体制への移行とその終結

1978年1月から，産経新聞による「東大精神科病棟これでよいのか」という大キャンペーンがほぼ1年に及んで行われました。国会調査団が派遣される状況の中で，いわゆる3.20確認が東大医学部当局と赤レンガの間で行われ，一歩進んだ合法的関係を病棟自主管理側が獲得することになりました。森山公夫（78年6月），吉田哲雄（79年3月），私（80年11月），佐々木由紀子（84年11月）とゆるやかに有給助手を獲得することになりました。自主管理闘争の70年代は，委員長は石川清から森山公夫に交替し，吉田が松沢病院より東大に移ってきました。佐々木は70年代から80年代の自主管理闘争の書記局の役割を一手に引き受け，ひそやかなジャンヌ・ダルクのような有り様を具現していました。初代連合委員長石川清は人体実験・研究至上主義批判にうちこみました。森山は内村祐之の最後の弟子といわれていたそうですが，連合の側に身を投じ，伝統的精神医学批判の筋道を，全国の精神科医に発信しました。「現代精神医学解体の論理」（岩崎学術出版，1974年）は，その代表でした。吉田はその人格的温厚さと，実直な学問的信頼で，私たちの運動の裾野を確実なものとしました。連合では，助手の公選が

定められていましたから、この有給助手も2年に1回の公選により更新されました。

1980年の新宿バス放火事件は、再び政府の保安処分新設策動を発動させましたが、それも赤レンガを含む全国の反対運動によって挫折しました。この時の1981年12月の刑事局案は03年7月に成立し、05年7月から施行されている医療観察法の原型になったものです。

1980年代の赤レンガは、上述の80年の保安処分反対運動、83年の精神衛生実態調査反対運動、1984年の宇都宮病院事件とその後の1987年の精神衛生法改正問題と続く激動の中にありました。1990年にいたり、自主管理闘争の客観的主体的状況の変化の中で、教室統合へと舵を切ることになりました。自主管理とは抵抗運動形態であり、その運動の思想とともに、医師の看護夜勤を含む組織運動に連綿と医師を供給し続けることが必要でした。精神医療運動として、医療そのものの深みにおいて問われる転換が迫られていました。

宇都宮病院事件は、戦後の精神医療を語るときのターニングポイントになります。東大の精神医学教室や脳研そのものがスキャンダルにまみれたこの事件は連合にとっても自分たちの運動の総括を迫られる危機でした。この事件の精神医療史における意味は「精神病院の底流」(青弓社、1992)に、事件と東大精神医学教室の総括の過程、運動論的な意義については『30年』に記しました。

94年1月、診療統合が開始され、連合は94年12月活動停止の声明を出しました。93年4月5日の第1回宇都宮病院問題シンポジウムを経て病棟改修工事が行われ、診療統合の準備過程が始まった頃、10月7日にTさんは自主管理闘争の継続を求めてハンストに入りました。そして、私への激しい非難の言葉を叫んだ末、焼身自殺を企図し結局死亡するという事件が起こりました。これは、上述の④の問題の悲劇的な現れでした。Tさんは私への信頼をかねてから公言するような人でしたが、私はこの悲惨な結末を、一人の医師としてと共に、自主管理が立ち向かった壁と内部に生じた腐敗の結末として、疼きをもって放ちたい言葉がありますが、その言葉は直ちに自分にむかうものであるために何も言うことができない事態に戻ります。私が酒を飲んでいるテーブルに重なって、彼女が亡霊のようにほほ笑んでいる不思議な写真が手元に遺されています。

96年6月、松下正明教授のもとで教室の組織統合が実行されました。精神科医師連合と自主管理闘争は東大の現実の形においては消滅しました。「革命」とは敗北するものでしょう。連合と共に、全国各地の精神科医や当事者の活動が広く深く連動していました。東大精神医学教室での敗北した「革命」の30年の過程は、日本の精神医療の歯車を確実に回しました。

注/当時、精神科医師連合や自主管理闘争周辺から出されたパンフは以下のものがあります。ビラ、集会などの基調報告類をあわせれば相当量の資料となります。

「われわれの主張と行動」(その1) 1968.11/「われわれの主張と行動」(その2) 1969.3/「病棟自主管理の思想と展望」1969.10.8/「病棟自主管理闘争」1971.1/「東大精神科医師連合からのアピール」1971.2『病棟「精神医療」NO.1 (1971)〜NO.6 (1972)。以後は全国誌に発展。自主管理と医療実践(1))1972.1/「病棟自主管理と医療実践(2)」1972.2/「病棟自主管理と医療実践(3)」1973.2.15発行者:精神科医師連合・赤レンガ精神科看護室・赤レンガ精神科作業療法室・東大病院反戦青年委員会・東大医学部共闘会議

臺弘氏「人体実験」問題に関する資料1972.10.6
臺氏「人体実験」批判73.4
臺氏人体実験糾弾73.5
佐野脳破壊手術を告発する1973.9
白木糾弾——東大脳研教授白木博次の犯罪性を暴く——白木博次糾弾共闘会議1975
「人体実験糾弾闘争総括と病棟自主管理闘争の発展にむけて」1976.10.18東大精神科医師連合:東大病院反戦青年委員会・東大病院労働者評議会・青年医師連合東大支部・東大病院刑法改「正」保安処分研究会

「精医研運動」の解体と東大労学の闘いの発展にむけて1977.11東大百年祭糾弾全医学部実行委員会（東大病院反戦・東大精医連・青医連東大支部・医学部学生有志）坂本君裁判 東大脳外科人体実験糾弾1979年7月12日 坂本一仁君を支援する会

その他，百人委員会ニュース/精神医療従事者連絡会議ニュース

なお「臺氏人体実験を糾弾する」73.5は関西の小沢勲が執筆して，精神神経学会評議員会有志9名の名前で名古屋学会で出されました。/また臺弘著「誰が風を見たか」星和書店，1993があります。/教室会議による「教室ニュース合本」が1990年に作成されています。

精神神経科外来における脳波・臨床神経生理研究

■ 丹羽　真一

「病棟自主管理」問題のために精神医学講座での脳波・臨床神経生理学の研究活動は限定的なものとなった。というよりも、研究室を使用しての研究活動は不可能となったために、研究活動そのものが限定的なものとなった中で、生物学的な研究活動は脳波・臨床神経生理関係の分野、および臨床内分泌学、睡眠学の分野に限定されてしまった、というのが正確である。ここでは昭和45年から平成5年にかけての当該分野の研究活動について紹介する。なお、敬称を略することをおことわりしたい。

「病棟自主管理」により病棟にあった研究室が使用できなくなった後、斉藤陽一、神保真也は精神神経科外来の置かれていた外来棟地下のスペースで研究活動を再開継続した。外来区域の一番奥に脳波検査室があり、その部屋が外来区域における当時の生物学的な研究活動のための唯一のスペースであった。

斉藤は東大工学部および早稲田大学理工学部の研究者と脳波の各種リズム生成のメカニズムについての数学的なモデル構築の研究および脳波解析の工学的・情報科学的基礎研究を行った。データ解析には計算機が必要とされたが、外来区域にはそれはなかったので、東大大型計算機センター（当時）を利用した。データ解析の一部は目黒にあった楢林博太郎先生の神経科クリニックの計算機を使用させていただいた。研究には大型の磁気テープに記録された脳波データが使用され、大型計算機に演算を指示するための膨大なパンチカードを必要とした。

神保は臨床脳波の視察的な研究を行った。対象はてんかん、発達障害（主に小児自閉症）などであった。てんかんについては側頭葉てんかんの脳波所見と性格行動特徴の関係についてであり、それには樋口輝彦、加藤進昌、丹羽真一が参加した。この研究を出発点として、後にてんかんとその脳波の臨床研究グループが研究活動を展開することとなるが、それについては後述する。小児自閉症の脳波についての研究は神保と太田昌孝が中心となって行ったが、発達障害の治療のためのデイケアを担当していた小児部（当初、上出弘之が責任者）で臨床活動を行った者がその研究活動に参加した。それには加藤進昌、清水康夫、川崎葉子、本田秀夫などがいる。当時は小児自閉症が発達障害であるという確固とした認識はまだなく、自閉症の脳波研究は自閉症の本態解明に大きく寄与することとなった。小児自閉症の脳波基礎律動の解析結果から自閉症では外的刺激による周波数変動が少ないこと、自閉症には基礎律動の遅い群と健常対照と同程度の群と2群があることなどの知見が得られた。自閉症についての研究はてんかん性異常波の出現と臨床てんかん発作の発症の関係についてもなされた。自閉症ではてんかん性異常波の出現率および臨床てんかん発作の発症率が高いこと、小学高学年相当年齢の患児では頭頂部に好発すること、などが確かめられた。なお、加藤は精神保健研究所へ転出したが、そこでダウン症の早期老化現象を中枢における変化として脳波所見を通して捕らえる研究を、樋

口，丹羽と共同して行った。

臨床神経生理学の分野での研究活動としては町山幸輝，岡崎祐士，中安信夫，豊嶋良一らが行った統合失調症における視標追跡時の眼球運動の研究がある。統合失調症では追跡眼球運動に衝動性成分（サッケード）の混入が多いこと，衝動性成分には大きな階段状の成分と振幅が小さく律動的な成分とがあること，それらと患者の臨床的な特徴との間に関連があることなどが見出された。この研究は統合失調症の病態解明，特に注意機能や情報処理機能の問題点解明に寄与する研究活動であった。

てんかんの脳波の研究からてんかんの臨床的な研究グループが生まれた。それには丹羽真一，安西信雄，亀山知道，斉藤治，増井寛治，土井永史，福田正人，永久保昇治，熊谷直樹などが参加した。側頭葉てんかんの脳波についての研究が主であったが，発作波焦点の定常性と変動性についての研究，記憶機能障害と脳波の関連についての研究などが行われた。この研究グループはてんかんの臨床脳波研究にヒントを得て，てんかん以外の精神疾患の脳波研究も行ったが，その中で不規則速波の臨床的な意義についての研究が生まれた。その結果，精神疾患の治療（不機嫌，攻撃性，持続する自律神経症状などの改善）に抗てんかん薬（特にバルプロ酸）の使用が有用であることが報告された。現在ではバルプロ酸は多くの精神疾患治療に使用されているが，その先駆をなす研究として評価されるべき研究成果を生んだといえる。なお，精神疾患に抗てんかん薬を使用する意義については，織壁永次が米国留学の際に行った抗てんかん薬の細胞内エネルギー代謝に及ぼす影響についての研究結果がヒントとなっており，この研究の隠れた指導者は織壁である。

統合失調症の生物学的な病態研究，特に情報処理機能についての研究は昭和50年代から新しい内容で開始された。その研究活動には岡崎祐士，丹羽真一，豊嶋良一，安西信雄，中安信夫，平松謙一，亀山知道，斉藤治，福田正人らが参加した。岡崎，豊嶋，中安らは町山の群馬大学への転出後も町山との共同研究を引き継ぎ，追跡眼球運動の研究を薬物による実験精神病のモデルにも応用して進めた。脳波研究の新しい手段として誘発電位の一種である事象関連電位の研究が昭和50年代に臨床神経生理学の研究分野に導入された。事象関連電位を用いた研究方法は，ブラックボックスとして扱われていた脳内の情報処理の様子を知ることができる検査法として，精神疾患の研究にも大きな力を発揮した。丹羽，亀山，平松，斉藤，福田らは東大医学部音声言語医学研究施設の伊藤憲治と共同して事象関連電位計測を用いた統合失調症の情報処理機能，認知機能についての研究を行った。このグループの一連の研究は統合失調症には認知機能の障害があること，治療によりその障害を一定程度改善することができることなどを明らかにして，統合失調症の生物学的病態研究に寄与するものとなった。なお，臺弘先生は大学の外であったが岡崎，丹羽，平松，斉藤，福田らとしばしば勉強会を開催して彼らに刺激的な意見を述べ研究活動にヒントを与えられた。なお，この研究は福田により平成5年以降も継続され，笠井清登らによるその後の統合失調症の脳画像研究・臨床神経生理学的研究に受け継がれることとなった。

日本精神神経学会と東大精神科

■ 鈴木　二郎

I. はじめに

　明治35（1902）年，呉秀三と三浦謹之助によって創立された日本神経学会（現日本精神神経学会）は，その時々における東大精神科の在りようと深くかかわってきた。また東大精神科は我が国の精神医学，医療を多くの時期に主導し，その状況を如実に反映してきた。以下に東大精神科と日本精神神経学会の関係をきわめて大雑把に概観する。資料的意味もあると思われるので，できるだけ主観を排し事実だけを記すことに徹するが，事実の取捨選択に異論の向きもあるかも知れないがご容赦を願う（本文中敬称略）。また多くの事実関係は日本精神神経学会百年史[2,6]によった。

II. 日本神経学会草創期[1,2,3,9]

　1902（明治35）年4月2—5日日本連合医学会が東京，上野公園で開催された。その第11分科会（神経病学及精神病学部）として日本神経学会が4月4日，帝国大学法科大学第29番講堂で三浦謹之助（シャルコーの弟子，医科大学神経学専攻）を座長として第1回集会を開いた。三浦の追悼講演[1]によると，谷中の百體祭（解剖祭）の折に，呉が三浦に神経学会を拵えてはどうかと話し，三浦は余り賛成しなかったが，青山（医科大学内科）に相談してやることになったとのことである。続いて三浦は，自分は余り働かなかったが，呉さんは，始終お世話をされたということを話している。呉[1,3]によると，本学会は，三浦，呉を発起人とし（後に主幹と称する），精神病学者，神経病学者，心理学者，啞学校長，法学者，呉の実兄の統計局長など50人（実際は47人）の賛成を得て，その顔ぶれは多彩であった[9]。この中には，片山国嘉，三宅鑛一（明34卒）のほか，当時の東京帝大の教授の名が数名見える（東京帝大医大卒は，28名）。こうしたことは，当時の東京帝大の勢威をよく示している。名簿会員は492人に達し，事務所を東京帝国大学医科大学精神病学教室内に置き（従って，東京府巣鴨病院内，ついで文京区本富士町，本郷7丁目），隔月1回日本神経学雑誌を発行することにし，第1号は，同年同月に発行した[9]。

　「神経学雑誌」（日本が略されている）発刊の序（おそらく呉秀三によると，岡田[3]は推測している）に雑誌刊行と学会設立の意図が述べられている。「（前略）或は精神病と云ひ，或は神経病と名くるも，等しく是れ神経器官の機能障礙にして，其徴候に多少の差異あるのみ。両者の間毫も劃然たる限界の存するを認めず，（中略）之を思はずして徒に精神病を内科の圏外に放念して，全然神経病と区別せんとするが如きは，抑も思はざるの甚だしきものと云ふべし。（中略）夫れ精神及神経の研究は以前西欧の天地に踟躕せしも，今や，東西歩を一にして其講究に従事し，業績日を踵て出で，新説月を追て唱へられ，吾人は唯之を発表し之を紹介するの機関なきを憾みとす。此に於て乎則ち同学の士に檄して専門の学会を組織し，名けて日本神経学会と云ひ，精神機能と神経系統との生理的及

び病理的講究を主旨とする雑誌を発刊し，普く斯道学者の研究業績を世界の学会に紹介して，専門学上に我国学者の旗幟を明にし，尚広く内外に於ける嶄新の論説を採輯して学会の輿論を示さんとす。敢て抱負と希望とを述べて発刊の辞と為す」。すなわち，呉，三浦は，精神疾患，神経疾患をともに神経系の病態ととらえ，その研究発表の場として，学会を設立と機関誌を発刊した。この発刊の辞を読むと，精神医学，神経学の発展を期するとともに，西欧文化に追いつこうとする明治の先人の意気込みと希望が強く伝わってくる。しかし学会の名称を日本神経学会としたのは，のちの斉藤玉男（明39卒）（岡田[3]）によれば，「呉先生が主導された。学会の名称をつけるのにそのころの時世は精神をくわえるとはやるまいということで神経という名にした」とあり，現代も残る名称に関わる混乱の元になっている。

この発足時の意気込みはあったが，その後本学会は，体裁を整えての活動は順調ではあるが，必ずしも活発でなかった[9]。その間1923年（大正12年）の関東大震災による精神障害について杉田直樹（大正元卒）が2年にわたって貴重な報告をしている[9]。この間毎年の学会を主宰したのは，呉，三浦のほか，今村新吉（明30卒），榊保三郎（明32卒），丸井清泰（大正2卒）らで，1930年（昭和5年）に初めて和田豊種が東大出身以外で学会を主催した[2]。

1931年（昭和6年）3月東大精神科で行われた評議員会で主幹に三宅鑛一，島薗順次郎（明37卒）を加え，4名になった[2]。翌1932年（昭和7年）呉が逝去した。

III．新潟革命期から第二次大戦まで

1935年（昭和10年）新潟で開催された第34回総会で，林道倫（明43卒），中村隆治（明44卒）らの主張によって，学会運営の規則変更や，学会の名称が日本精神神経学会に，機関誌も精神神経学雑誌と改称され，横書きになった。以後これらの変革は，新潟革命と呼ばれた[7,9]。

1937年（昭和12年）島薗の逝去に伴い，三浦，三宅両主幹が辞任し，名誉会長に推薦された。実質的には，発足以来数人余の幹事が運営にあたり，その大部分は，東京帝大精神医学教室の教室員であった〔荒木直躬（大正12卒），大熊泰治（大正9卒），内村（大正12卒），勝沼，斉藤，林，後藤城四郎（明43卒），林暲（大正15卒）〕。

この後，日中戦争から第二次大戦によって学会も大きい打撃を受ける。ことに1943年（昭和18年）頃から，学会誌用紙の配給減少，1944年（昭和19年）後半には，配給途絶，印刷所罹災で発刊不能，休刊に至る。またこの年の第43回学会総会は，中止され，代わりの評議員会で組織変更が審議されている。

IV．大戦後，社団法人化

敗戦の翌1946年（昭和21年）6月第43回総会が，内村会長のもと東京で開催された。また同月，東京帝大の臨床の場でもあった松沢病院（内村院長）の印刷所で，学会誌第49巻1号が再刊された。この総会で学会の社団法人化が決定され，同年8月に登記が完了して，初代理事長に内村が就任した。この頃の苦難を，内村[7]は，「この戦後の困難に輪をかけたのは，会員の減少と会費の滞納者の多いことで，そのため学会の経済的基礎はほとんど破綻に瀕したといってよい。学会の事務所を預かる者の苦労は並みたいていのもではなかった」と後にしるしている。そこで法人化が進められたのであるが，2年前にすでに諮られ，決定されていたので事柄が迅速に運んだ。

V．評議員公選制，日本神経学会独立期

戦後の苦難期を経て，学会活動は，内村理事長の下，次第に活発化し始めた。その中から当然のように，「民主化運動」が起こってきた。学会百年史（山口成良）[9]と内村[7]によれば，

その動きは，2通りあり，一つは学会評議員の公選制であり，他は，神経学専門家の独立の動きであった．いずれも1954年（昭29年）名古屋総会，翌1955年（昭30年）京都総会で熱い議論がなされた．評議員公選制は，1955年に決定され，翌年実施された．神経学部門の独立は，1956年に同好会，1960年に日本臨床神経学会（1963年に日本神経学会）の成立の形をとった．これは，学会創立期の学会の名称の曖昧さによるところが大きい．しかし学問の進歩，社会の変化による必然の動きといえるであろうか．このことは，必然的に精神神経学会の内容にも変化をもたらした．内村[7]は，これらの動きを"騒ぎ"と表現して，必ずしも賛同せず，ことに神経学部門が，精神神経学会を二分する動きには，理事長最後の年であったが，孤軍奮闘の形で反対し，臨床神経学会が別の形で独立するに至った．筆者は，1962年に入局したが，その頃も，日本臨床神経学会に対して，教室内に何か釈然としない空気があったように感じられた．

VI. 社会的活動開始，諸学会分化期[2,9]

1950年（昭25年）精神衛生法が公布されたが，この制定には，精神厚生会の内村理事長の努力と日本精神病院協会の金子準二委員（大正6卒）の私案が大きくあずかっているが，学会としての活動ではないようである．

1955年（昭30年）学会が，ようやく対外的に眼を向けるに至る．内村理事長名で，「精神神経科領域における診療報酬の点数改正に関する意見書」を関係方面に提出した．これが，以後学会から厚生省等へ発せられた意見書，陳情書，声明等の嚆矢といえよう．

また折から論議されていた刑法改正に関連して保安処分も含め学会としての意見をまとめるため，1962年（昭和37年）「刑法改正問題研究委員会」が設置された．委員長は，吉益脩夫（大13年卒），委員に新井尚賢（昭13年卒）が加わっている．一方で1963年（昭38年）精神医学教育委員会も設置され，40余年後の現在に至っている．

この間1950年（昭25年）神経病理懇話会が，本学会総会後に開催されたのをはじめとして，1954年（昭29年）日本精神分析学会（東大脳研），1957年（昭32年）日本病院・地域精神医学会，1958年（昭33年）日本神経化学懇話会，1960年（昭35年）日本児童青年精神医学会など次々と精神医学や関連分野の専門分化に伴い，それぞれの学会が誕生した．本学会を母体としたこうした動きは，現在も続き，それぞれに東大精神科関係者が密接に関わっている場合もあれば，そうではない場合も多い．

VII. 精神神経学会大激動期[2,9]

1964年（昭和39年）3月24日の精神分裂病（統合失調症）の青年によるライシャワー駐日米国大使刺傷事件を契機として，我が国の精神医学，医療界は，激動の時代に入った．同年4月28日警察庁から厚生省に治安に重点を置いた精神衛生法の改正意見が申し入れられ，それに基づく精神衛生法改正案が上程される形勢になった．この事態に，5月2日，松沢病院，桜ヶ丘保養院，烏山病院の医局員が，松沢病院に集合して対策を協議した．ついで5月4日，同院に東京都および関東の大学，精神病院から有志88名が集合して緊急対策委員会が組織された．東大精神科から，医局長以下数人が参加したが，筆者も片隅で参加した．薄暗い松沢病院医局に初めて普段学会以外で集まり行動したことのない精神科医皆の表情が，異様に緊張していたのが記憶に残っている．

同月5月7日東大精神科医局に都内各大学の精神科医局の代表が集まり，同5月9日に関東大学精神神経科医局連合が結成され，翌10日には全国大学病院精神神経科医局連合（仮称）が結成された．いずれも東大精神科医局が主導し，当時の医局長栗原雅直（昭29年卒）が責任者になり，当時まだ教室に在籍していた吉田充男

(昭34年卒），吉田哲雄（昭35年卒）らが中心であった。当時筆者は，大学院生だったので医局におり，都内や，全国の大学医局に電話連絡した。そのとき大学病院医局という概念が必ずしも一般的でなく，いちいち説明するのに苦労した。

その時期，日本精神神経学会秋元波留夫理事長（昭4年卒），江副勉（昭12年卒）ら幹部は，5月4日からのロサンジェルスのアメリカ精神医学会総会に参加するため訪米中で，即刻帰国するように対策委員会から連絡して，速やかに帰国した。その間対策委員会は，厚生省等を歴訪し，一部改正案の不備を説明した。同月9日厚生省は，精神衛生法の全面改正を内村精神衛生審議会長に正式に諮問した。同日，学会は，緊急理事会を開き，緊急対策委員会の活動を承認し，精神衛生法改正対策委員会を組織した。それには，理事会，医療対策委員会，緊急対策委員会，医局連合からそれぞれ委員が加わった。

精神衛生法改正は，1965年（昭和40年）に精神衛生審議会の答申に基づいて，公布施行された。詳細は省くが，通院医療費公費負担制度，精神衛生センターの設置，地域精神衛生行政における保健所の役割などが定められた。一方通報や，入院制度なども設けられた。この法施行に関して，内村精神衛生審議会会長，秋元本学会理事長の尽力はいうまでもない。さらに，この間の一連の運動に対し，都立松沢病院，昭和医大烏山病院の貢献目覚しく，翌1966年呉秀三賞が授与された。同年暮，本学会の紋章が徳田良仁会員（昭27年入局）によって作成され，現在に至っている。

1966年（昭和41年）に臺弘（昭12年卒）が，教授に就任した。翌年，臺教授が，学会理事長に就任し，東大教授が，学会理事長になる慣習の最後の理事長になった[8]。この頃以前から検討されていた刑法改正問題が，患者の人権の面からも一段と注目されてきた。さらに大学医学部卒業後の教育が，殊にインターン制度の不備を中心として問題化し，全国の医学生によるインターン闘争が展開されていた。本学会では，精神医学教育，専門医制度の検討が進んでいたが，翌1968年（昭和43年）3月長崎総会において理事長提案が可決されずに終わった。この時，十分な討議がなされなかったこともあり，翌年の金沢総会が一段と激しさを増した。その少し前，同年2月東大病院におけるインターン生の行動の処分問題が大きく広がり，瞬く間に全国の大学の既成制度に反対する運動になった。これは既に1964年カリフォルニア大学，1968年パリ大学などで始まり，全世界的な広がりを見せていた若者や学生の反権威，反体制風潮，運動とも軌を一にしたものであった。この潮流の背景には，1966年中国の毛沢東による文化大革命の影響がさまざまな形で大きい。この反体制運動は，既成の精神医学・医療への反発として，反精神医学，さらに反研究（ことに反生物学的研究）の運動と化したのである。

反インターン闘争は，医学部学生の1966年1月スト，1967年1月61日スト，1968年1月からの無期限ストに入った。各年代の医学生は，四一青医連，四二青医連などと称し，病院の各科への（精神科へも）入局も条件付ないし拒否というような事態になった。それでも学生やインターンの運動と医局員の間は，ある距離があった。ところが，1968年2月の東大病院内の事件の際，医局員宇都宮泰英（昭40年卒）がその騒動の現場にいたことから，一気に精神医学教室も大きい波の中に飲み込まれることになった。こうした状況は，本書別項を参照願うとして，詳細は省き，本題に関係する部分だけ簡略に述べることにする。

臺教授[8]が，精神科医局会議で，「宇都宮には責任をとって辞めてもらうしかない」といったことから，医局内で教授への反感の空気が高まり，その後の様々な局面に影響した。1968年3月豊川行平医学部長から，宇都宮はじめ学生たちに対する処分が発表され，学生たちの反対

行動は一段と激しくなった。さらに加えて、この被処分者のなかに現場に居なかった粒良邦彦が含まれていたことが、物療内科、高橋晄正講師と精神科、原田憲一講師（昭29年卒）の調査で判明した。医学部卒業が延期になり、学生の運動は、激しさを増し、東大全学ストライキ、2度の安田講堂占拠、医学部図書館、本館占拠、封鎖、大河内一男総長辞任、加藤一郎総長代行就任などが続いた。同年9月精神科教室の一時封鎖があり、学会事務の停滞があったが、同じ建物の病室で再開された。同年11月、白木博次脳研教授（昭16年卒）が医学部長、臺教授が病院長に就任し、精神科医局員の反発は、理由は様々であったが一層高まり、11月10日に不信任が決議された。筆者は、同年9月臺教授の要請で、内村所長の神経研究所晴和病院から、教室の助手についた。教授の話では、筆者にとっての先輩某氏が、「火中に栗を拾う気はありません」といって断ったため、お鉢が筆者に回ってきたとのことであった。

　当時、左翼勢力の対立がそのまま影響した学生運動の分裂で、全共闘系と民青系の対立、それに労働組合の活動などが加わり、学内は、騒然というより、危険な感じさえあった。精神科内にもその影響は及び始め、1968年10月東大精神科医師連合（精医連、俗称米つき青医連、代表石川清講師、昭24年卒）が結成され、教授不信任、医局解体などを次々決議していった。そのころ全国的に青年医師連合（青医連）が結成されていて、のちの精神神経学会の活動にも関係している。1969年（昭和44年）1月18，19日、安田講堂の占拠開放が行われた。同年2月3日に学生のストライキは、終了したが、入学試験は、中止された。ただ依然として東大病院内は、青医連の活動が盛んで、精神科教室は、医局長（神保真也、昭30年卒）、浜田晋講師（昭30入局）、岡田靖雄（昭30年卒）を中心に運営されていたが、当然決定権は、教授にあり、そのことでしばしば細かい揉め事があった。同年6月に森山公夫（昭34年卒）が、教室助手につき、この後教室と学会のあり方に長く大きい影響を与えた。

　同1969年（昭44年）5月20—22日の第66回総会、金沢学会は、評議員会で専門医制度の報告をめぐって、理事会が不信任され、新理事会が選出された（島薗[4]）。このとき小沢勲らの京大精医連による従来の精神医学、医療の慣習に対する批判が強い衝撃を与え、この大会の雰囲気を決定し、その後の本学会の方向を大きく根本的に変更させた。この間、島成郎（昭39年卒）、森山らも批判の動きの中心であった。この学会では、学術的なシンポジウム、発表は、すべて中止された。また学会賞も受賞予定の浅香昭雄（昭37年卒）、森山公夫両人が辞退した。この金沢学会は、さまざまな意味で日本の精神医学、医療に革命的な変化をもたらしたが、日本精神神経学会そのものも東大中心に動いてきた歴史を大きく変えた。まず学会理事会には、東大教室員あるいは出身者が、まだ7名いたが、理事長には、保崎秀夫（慶應義塾大）が選ばれた。

　金沢学会の雰囲気が続く感じで、東大精神科は、1969年（昭和44年）9月から、精医連による精神科病棟の自主管理に入った。学会事務所は、1969年9月17日東洋文庫に移転した。筆者は前年からの契約により渡米し、その後の経緯を詳らかに知らない（本書別項参照）。ただ自主管理派とそれに反対するメンバーの対立が、学会理事会の場にも持ち込まれており、1994年前半頃まで続いた。1971年3月、石川清が、昭和25年に発表された臺弘の実験を人体実験として、告発した。この告発は、1973年名古屋総会で、総会決議がなされた。このとき吉田哲雄（昭35年卒）が、松沢病院患者の死後脳を学会場で提示した。こうした事柄が、その後の生物学的研究批判の流れを加速した。世界的には、こうした批判は、次第に少なくなり、国内でも日本生物学的精神医学会（1979年、昭54年）や、

行動遺伝学研究会などが関西方面から始まり，東大は取り残されていった．内村が班長として始まったてんかん研究会（1967年，昭42年）も，1970年代は，秘密に開催されていた．1972—74年頃，筆者は既に帰国して，当時建設途上にあった東京都精神医学研究所の研究員を求めて，石井毅研究部長（昭27年入局）と方々の大学を訪ねた．そのとき，東大のせいで大学や研究の体制が破壊されたと年配の先生たちから筆者が非難された．

一方では，精神医療の劣悪さや，遅れに対する批判や改善への行動がたえず学会で論議され提案されていった．そのなかで，精神病院不祥事が多発し，なかでも1984年（昭和59年）3月に発覚した宇都宮病院事件は，患者の人権無視の最たるもので，国際的にも未だに悪名高く記憶されている．この病院には，東大脳研や，精神科教室の医師数名が深く関わっていた．

その間学会理事長に1971年（昭和46年）大熊輝雄（昭24年卒），1973年（昭和48年）平井富雄（昭25年卒）が就いている．しかし東大精神科教室としては，1974年（昭和49年）臺教授が退職して以来，学会内では，1971年から2003年まで理事に在任した森山公夫を中心として，東大精医連が批判勢力として存在していた（本書別項参照）．

VIII. 世界精神医学会（WPA）開催[5,9]とその後

世界精神医学会（WPA）に関しては，1960年代当時の秋元理事長の頃，既に早く日本開催の打診がされている．具体的には，1967年臺理事長に1971年大会の開催依頼があった．いずれも時期尚早とのことで，見送られた．その代わりに1982年（昭和57年）京都で地域シンポジウムが，関西地方の学会メンバーが主体になって開催された．学会内外は，依然混乱を極めていたが，国際化もまた関西から始まった．

2002年大会開催が，当時の笠原理事長に申し入れがあったのは，1994（平成6年）のことである．翌95年浅井昌弘理事長が理事会に諮り，さらに翌96年山口成良理事長代行が札幌総会で承認を求め，2002年が学会百周年にあたることから，さしたる質問もなく承認された．

1997年（平成9年）5月筆者（当時東邦大教授）が理事長に就任し，直ちにWPA特別委員会を設置し，横浜を会場に決定した（この年以降，学会事務所は文京区本郷5-25-18 ハイテク本郷ビルに移転）．同年8月WPA理事会8名全員が訪日，会場を視察して，パーフェクトとの印象を持って帰った．このWPA理事会の訪日は，学会として国際的に閉鎖的であった日本精神神経学会にとって，幕末のペルリの黒船に匹敵するインパクトを与えた．これは，当日出席していた京大出身の某理事が，WPA理事側に伝えてくれと自ら筆者に言ったことに如実に表わされている．同年10月北京のWPA理事会後，他6カ国との競合の末，横浜開催が正式に筆者に伝えられた．ただ二つの条件があり，一つはアジアを主とする発展途上国の若い精神科医250人を招待すること，二つはアジアの発展途上国の精神医学・医療を支援すること（例えば世界の精神医学雑誌を5年間贈る）であった．

その後精神科七者懇談会に諮り，大熊輝雄名誉総長を組織委員長に選任し，筆者が実行委員長，事務局長は，広瀬徹也帝京大教授（昭36年卒）として活動を開始した．組織委員会メンバーには東大関係者から松下正明教授（昭37年卒）をはじめ何人かを依頼して，東大精神科OB3人が主力であるにも関わらず，何故か当時の医局長がWPAには協力しないと言ったと伝えられ，あまり協力が得られなかった．翌1998年の学会評議員会で横浜大会開催を報告したところ，すでに承認済みの案件であるのに，議論されていないなどの異論が出て大変であったが，最後は1人の保留以外全員賛成であった．しかし2001年の理事長選挙で筆者は選任されず，WPA大会開催に対する批判であったのであろ

う。その後もさまざまな困難を乗り越えて，2002年第12回WPA横浜大会は成功することができた。

この大会の意義は，21世紀最初のWPA大会であったこと，アジアで最初の大会であったこと，日本精神神経学会百周年にあたったこと，製薬会社との関係を透明にしたことの四つである。しかし我が国の精神医学，医療にとって，もっと大きい影響を残したといえる。まず少なくともそれまで混乱していた精神医学・医療関係者が成功に向かってに協力したこと，日本精神医療界の非常な閉鎖性を払拭し，国際性を獲得する方向に向かったこと，そして日本の精神科医の資格の曖昧さが問われたことである。

横浜大会後の大きな変化として，長年の課題であった学会専門医制への動きが急となり，2006年には，第1回の試験が実施された。この動きには東大精神科出身理事が多数関係している。これまで学会に精神医学・医療批判の波が強いときには影を潜めていた人びとが表に現われ，余談であるが，その人びとの動きで筆者は疎外されてしまった。

さらにこの大会の日本開催が，今後一層大きい影響を残し，我が国の精神医学の進歩，ひいては患者に治療の成果，社会復帰，共存への道を開くことを望めるのではないか。

IX．おわりに

東大精神科が呉秀三の日本神経学会創設から，絶えず学会を建設的にも，破壊的にも主導して来たことは否めない。これは，学会運営のみならず学問的にも主導的立場にあったといえよう。しかし創設者呉が喝破した「此邦ニ生レタルノ不幸ヲ重ヌルモノト云ウベシ」の言にあるような患者さんたちの精神医療あるいは保健福祉の面において，必ずしも東大精神科が十分な貢献をして来たとは言えないのではないかと思える。

今後とも東大精神科は，学問的に学会を主導してゆくであろう。しかし未だに精神科病院の不祥事は，あとを絶たず，障害者自立支援法の実施に伴う諸問題は，むしろ山積しているのではないか。こうした問題に対しても，東大精神科が貢献することを願う。

（附）学会と東大精神科の関係の一つの現われとして，呉賞，森村賞，学会賞受賞者のうち東大精神科関係者名をまとめた。（論文題名省略）

呉賞：昭和41年　都立松沢病院，44年　金子準二

森村賞：昭和23年　岡田敬蔵，諏訪望，26年　猪瀬正，27年　白木博次，30年　楢林博太郎，31年　臺弘，江副勉，加藤伸勝，32年　春原千秋，39年　小木貞孝，石川義博，菅又淳

学会賞：昭和40年　小田雅也，41年　古閑永之助，高橋康郎，浜田晋，石井毅，42年　加藤尚彦，鈴木二郎，43年　佐々木雄司

文献
1) 呉博士伝記編纂会：呉博士小傳，精興社，1933年
2) 日本精神神経学会百年史編集委員会編：日本精神神経学会百年史，日本精神神経学会，2003
3) 岡田靖雄：呉秀三その生涯と業績，思文閣出版，1982
4) 島薗安雄：第66回日本精神神経学会総会について，精神経誌 71：517-518, 1969）
5) 鈴木二郎：第12回世界精神医学会（WPA）横浜大会を主催して，（日本精神神経学会百年史編集委員会編：日本精神神経学会百年史），741-751, 2003
6) 東京大学医学部鉄門倶楽部：会員氏名録，東京大学医学部鉄門倶楽部，2005
7) 内村祐之：わが歩みし精神医学の道，みすず書房，1968
8) 臺弘：誰が風を見たか　ある精神科医の生涯，星和書店，1993
9) 山口成良，昼田源四郎：第1章　沿革―日本精神神経学会の歴史，（日本精神神経学会百年史編集委員会編：日本精神神経学会百年史），80-111, 2003

第四部
おわりに

榊　俶先生胸像 　　　　呉　秀三先生胸像 　　　　内村祐之先生胸像

昭和41年秋元波留夫教授の退官にあたって

4列目
岡田靖雄
内田 亨
大橋増幸
斉藤陽一
中久喜雅文
長畑正道
矢部 徹
新井 進
長谷川保
吉松和哉
森山公夫
石川信義
大塚俊雄
豊田純三
土居健郎
宮下正俊
加藤尚彦
鈴木二郎

3列目
佐久間もと
原田憲一
平野源一
山田 実
後藤蓉子
大内田昭二
中村 豊
室伏君士
小林 司
平山 皓
成田四郎
小川信男
新井尚賢
梶山 進
岩城 清
羽場令人
猪瀬 正
中村陸郎
本多 裕
山崎達二
広瀬徹也
藤澤浩四郎
高野良英

2列目
2者おいて
遠藤美智子
林 秋男
河津 緑
野口拓郎
徳田良仁
佐々木邦幸
式場 聡
平井富雄
成瀬 浩
遠藤俊一
葉田 裕
菅又 淳
中川四郎
塩月正雄
鈴木知準
宮澤 修
江副 勉
大熊輝雄
黒須健一
秋元波留夫
林田豊次
内村祐之
栗原徹郎
清水健太郎
武村信義
臺 弘
石川 清
懸田克躬
西井 烈
宮城二三子
三友正之助
広瀬貞雄
後藤綾子
斉藤富美
宮崎千代
栗原雅直
安藤 烝
広瀬勝世
浜田 晋
山田和夫
金子嗣郎
髙橋 良
小倉 清
吉田哲雄
高橋哲郎

1列目
鈴木 喬
島崎敏樹

（敬称略）

内村先生胸像建立
――榊先生と呉先生の胸像とともに――

■ 加藤　進昌

　精神医学教室には初代榊俶教授（長沼守敬作）と第3代の呉秀三教授の胸像（石川方堂作）が赤レンガの研究棟2階の廊下に安置してある。2体の胸像は1世紀の間の教室の変遷をどのように眺めておられたのだろうか。あの病棟封鎖にはじまる紛争期を無事にやりすごすことができたこと，もっと昔をいえば，あの第二次大戦末期に吹き荒れた銅像類すべてを大砲に変えてしまえという「戦時供出」の狂乱をのりこえて，今日私たちの仕事ぶりを見守っていただけることは実に幸運というほかはない。もっとも私は東大に25年ぶりに戻って以来，毎日お二人の胸像にこころで挨拶しながら通勤していたのであるが，最初は呉先生像のほうは台座にお名前が書いてあるのですぐにそれとわかったのに比べ，榊先生像のほうは何も記載が無いために，久しく「これは誰だろう？」とさっぱりわからず，また関心も持たなかったことを告白しなければならない。

衣食足って礼節を知る

　私が東大に赴任した1998年当時，教室内は見事にきたなかった。壁には紛争当時のビラが残っており，廊下の壁も天井もそのビラの汚さがすぐには実感できないほどにすすけていたものである。研究室だったと思われる部屋に入ってみたら，窓が割れたまま放置してあり，床には砂が積もっているのを見て暗澹たる思いにとらわれた。医局事務室は当時2階精神科区画の入り口にあったが，これもすすけた部屋であった。

赤レンガ病棟には鉄格子が残り，和服姿の看護師さんが似合うかもという病室の風情であったのを思い出す。まったく明治村じゃないんだから。この病棟は，精神科を除く（！）全科の病室が新装なった現A病棟に移転したあとのB病棟に2002年改装移転することができ，ようやくその歴史を閉じた。私は結局自分の外来患者さんに赤レンガ病棟にはほとんど入院してもらうことがなかった。自分でも入院したくないような病室に患者さんを紹介する気になれなかったからであるが，考えてみれば悲しいことではあった。

　汚い話で恐縮だが，医局のトイレもちょっと使いたくないなあという代物であった。真偽のほどを確かめたのではないのだが，赤レンガに同居している他科のトイレをつい借用することが私のみならず医局員一同きっと目立ったからだと思う，あるときその科の医局員から，そのトイレの清掃などは医局の費用でやっている云々ということを誰かが言われたという噂を耳にした。ほとんど涙が出た。絶対に任期中にトイレを改修してやると心に誓ったものである。その後はとにかく研究費を獲得すること，そのおこぼれで研究機器関連の部屋を徐々に整備すること，最終的には医局費や校費に余裕を作ってトイレもきれいに！　というのが私の心中での一大目標になったのである。

　幸いに大型の研究費ももらうことができ，数年後には研究室は見違えるようになった。病棟移転に伴う改装という幸運も，またその時期に

病院長になるという僥倖も手伝って廊下も階段もすっかりきれいになった。医局員が増えてくると医局費にも余裕ができ，自然に教室校費を整備費に回すことも可能になってきた。万事（でもないか）が良い方向に回るようになってきたのである。当初2階の医局事務室を1階（ここの1階はむしろ地下室という雰囲気がする）に移そうと提案したら，事務のお嬢さんたちに猛反発を受けたことがある。地下なんていやです，暗い！　というわけである。しかし，新装なってスペースも格段に広くなったら，見事沙汰やみになった。女性は恐いからといささかサービスしすぎたかも。きれいになったトイレに時々他科の人たちが来るのを見るようになった。私は内心で叫ぶのである。やった！

廊下がすっきりすると胸像の汚れが目立つようになった。ようやく美術品に目がいくようになったのである。榊先生と呉先生にはちょっとお風呂に入ってもらおうということになった。呉先生には「わが国十何万の精神病者は，実にこの病を受けたるの不幸のほかに，この国に生まれたるの不幸を重ぬるものというべし」（1918年）という有名な言葉が残っている。生涯を精神保健改善運動に捧げた先生の面目躍如というべき名言であり，この文言を日英ならべてプレートに飾ろうと思ったこともあるのだが，これはまだ実現していない。

長沼守敬先生と榊先生像の除幕

あるとき，教授室の前にある胸像の前でがやがやと声がする。「これだこれだ」という声とともに皆さんが記念撮影を始めた。それでこの胸像が初代榊教授であること，その作者が長沼守敬（もりよし）先生という東京藝大の初代塑造科教授であることを知った。長沼先生は岩手県一関市の出身で彼の地ではたびたび展覧会が開かれており，2006年秋にも「長沼守敬とその時代展」（図1）が開催され，われらが榊先生も長期の出張をされた。東大構内に残っている

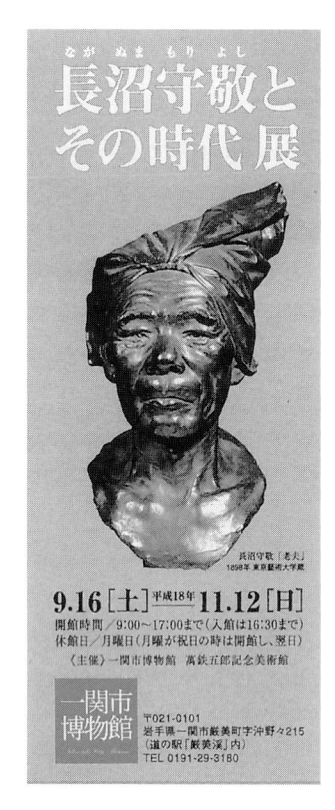

図1　「長沼守敬とその時代展」の入場券

塑像群のなかにも彼の作品があり，有名なベルツ・スクリバ両博士像も彼の手になる。その他に毛利家の歴代藩主像などは巨大なものだったようだが，戦時供出でもはや現存しない。したがって榊先生像は現存するまさに代表的作品なのである[1]。

長沼先生（1857—1942）は伝記[1]によると，イタリアに1881年から7年間滞在し，ヴェネツィア美術学校で塑像製作の手ほどきを受けている。その留学もそもそもは語学習得が目的であったようで，しかも榊先生のような官費留学ではなく，ヴェネツィアで日本語を教える講師の職を得て生活費を得るといういわば私費留学であった。しかもその仕事が夜学であったことから日中なにかを勉強しようということで，塑像を選んだものであり，それ以前に彫刻の素養はまったくなかった。明治維新・文明開化の時代にふさわしい積極的な人物であったことがうかがわれる。きっと語学も優秀だったと予想され

る。

　わが国では彫刻というと仏像を想像すればわかるように，外側から削り込んでいく木彫などがすべてであり，かつ仏師という「職人芸」の世界であった。全く土壌の無い日本に，彫刻について素養の無い長沼先生が粘土で無から形を創りあげていく塑造の世界を持ち込み，新たに設立された塑造科の初代教授に就任したのである。長沼先生自身がいわば塑造の作品のようなストーリーともいえようか。仏師出身で木彫科の主任教授であった高村光雲とは無二の親友であったとされ，その子高村光太郎は長沼先生を尊敬し，塑造の世界で頭角を現していく[2]。

　イタリア語が堪能な長沼先生は現地でわが国の政官学それぞれの世界の重要人物の通訳として重宝がられたと想像され，その交友関係者には森鷗外，原敬，浜尾新，医者では青山胤道といった錚々たる名前がみられる。美術学校教授就任もそういった交友関係が役立ったのではないかと思われるが，ヴェネツィア美術学校では，正規の学生でもない長沼先生に対して，例外的な「特別賞」ともいえる表彰をしたという記録がある[1]ことから，その才能に非凡なものがあったことも確かであろう。

　どういう経緯で榊先生の胸像を長沼先生が手がけられたかは今日知る由も無い。しかし，榊先生の末弟である保三郎先生は兄と同じ精神科医を志し，九大精神科の初代教授になっているが，音楽の素養著しく，九大フィルを創設，揺籃期の日本洋楽界を先導した[3]ことからも，どこかに芸術家との接点があったのかもしれない。胸像は1898年12月5日に松沢病院の前身である東京巣鴨病院で除幕されたが，榊先生はすでに咽頭がんのためこの世の人ではなかった。記録によると胸像製作は弟子25名が教授在職10年（1896）を記念して企画したもののようであり，記念写真（図2）が教室に現存する。ということは榊先生のご存命中に計画が進められたことになる。それにしても25名で醵金したのかしらん。

呉先生の胸像建立

　呉先生の胸像は1939年11月19日に除幕された。時の教授は内村祐之先生であったので内村先生の企画だったのではないかと思われる。内村先生の在任は1936―1958年の22年にわたるが，着任当初は前任の三宅鑛一教授が自ら創設した脳研究所でまだ所長として在任しておられたはずである。着任の年の入局者であった高橋角次郎先生の回想録[4]によれば当初の教室の雰囲気は冷ややかなものであった。前任の北大精神科の教室は内村イズムに満ちた環境だったことからすると，きっとつらかったろうなと私なんかは慮ってしまう。内村先生は呉先生の教授在任のほぼ最後の頃の入局にあたる。呉先生の胸像建立を発案された時の心境はどうだったのかなと。

　呉先生の胸像の作者は石川方堂と記録にある。この石川先生というのがわからなかった。思い余って東京藝大の学長室秘書の平田さんにSOSをメールしたら，なんと本名を石川確治（1881―1956）といわれる東京美術学校（藝大の前身）卒業生であることを突き止めていただいた。本名で検索していくと，どうも彫刻家であると同時に画家，歌人で歌集も出しておられる。しかも教室の同窓でもある齋藤茂吉に短歌の添削指導を受けていたという記録もみつかった。山形県出身なので茂吉とは同郷であり，そういったところから胸像製作依頼につながったのかと想像されるが確実なことはわからない。

　内村先生の胸像を製作していただいた東京藝大の宮田亮平学長の解説によると，榊先生の方は，おそらく当時のヴェネツィアの写実主義の作風を受けてと思われるが，肌や洋服の質感がそのまま感じられるような胸像であるのに対して，呉先生の胸像は荒々しいタッチでいわばざっくりというような作風である。これは当時の作風の変遷を反映しているとのことで，私などの素人は言われてみるとなるほど，と納得した

図2　榊教授在職10周年記念写真（1896年11月）
島邨俊一（京都府立），大西鍛（大阪），荒木蒼太郎（岡山）の各大学初代教授，および呉先生の肖像が見られる。

次第，まさに見れども見えずという典型ではあった。

内村先生の胸像建立を思い立つ

　私がどうして内村先生の胸像製作なんていう大それたことを考えたのか。東大病院退職の挨拶文を院内報に依頼されて私は「さようなら，東大病院」という駄文を寄せたが，そこにこんなことを書いた。『なんといっても（病院長時代の仕事で）一番大きかったのは「22世紀医療センター」構想でした。第二期中央診療棟着工が差し迫ってきた時期に，突然それまでの7階建てを2階上に建て増す，それを寄付でやるといっちゃったのです。事務に試算してもらうと最初30億円必要といってきました。内心，うそ!?　と思いましたが，一方で大変なアドバルーンを揚げたもんだとも。しかししかし，その後の皆さんの協力で，今は立派にできてしまいました。ヒットラーではないですが，はったりは大きいに限ります。』性は争えないというか，退職にあたって何か記念に残るものはないかしらと考えた末の「思いつき」であった。

　しかし，誰に頼むのか，きっとアナクロニズムの典型だと笑われるだろうなあ，と腹案のまま数ヶ月は無為に過ぎた。たまたま教室からも医師を派遣している東京藝大保健センター（精神科は小野博行助教授）を副学長として担当しておられた宮田亮平先生が，平山郁夫先生の後任の学長になられた。いよいよ雲の上の人だと思って，つい腹案を相談してみたところ「私でよければ」といわれてしまったのである。なんとなんと。宮田先生は佐渡で代々続く有名な鋳金の家系に生まれた鍛金の大家である。代表的なモチーフはイルカであり，三越日本橋本店の

玄関の上に泳いでいるのが見える。このお披露目の展覧会に私も招待状をいただいたが時間の工面がつかず，家内に出席して挨拶してくるように依頼したことがある。ところが，家内は行ってみたら展示品がわが家の家計水準からみて想像を絶する値段になっているのを見てそそくさと逃げ帰ってきたというのだ。その宮田先生が破格の費用でやってくださるというのだ。

さて，作者にはこれ以上は望めないという見通しがついた。もう引き返せない。お安いといっても相当である。少なくとも我が家では買えない。で，歴代の教室の教授にお電話で相談申し上げた。一蹴されることを覚悟していたのだが，皆さん大変に乗り気であった。特に学問の流れを異にされる土居健郎先生から「内村先生を十分後世の人たちは顕彰していない」と強い賛同の言葉をいただいた。秋元先生も臺先生からも強く励ましの言葉をいただいた。いよいよ抜き差しならない。ちょうど当教室は2006年12月に120周年を迎える。完成予定をその時に設定し，逆算して費用の工面，醵金趣意書の作成という作業がはじまった。

醵金には教室同窓に広く呼びかけるのは当然であるが，内村先生が北大初代教授であることから，当時北大で弟子であった秋元先生の示唆で，北大同門会にもおうかがいした。幸いに現教授である小山 司（つかさ）先生から力強いご賛同をいただいた。宮田先生には娘婿である大熊輝雄先生といっしょに藝大学長室におうかがいして正式な依頼をした。それにしても学長室は広かった。醵金は上記のほか教室関係者に限り，製薬メーカーなどには一切依頼しなかった。矜持をしっかりもった，といえば格好いいのだが内心はひやひやもの。医局の秘書さんたちには事務をやってもらいながら，ホントにできるんですかあ？ といわれるし。こけたら知らないぞって。まったく。

ついに除幕式敢行

醵金の依頼書を発送してしばらくして，秘書の三村さんが電話してきた。大変です，次から次に入金です！ って。この入金のお知らせはその後も途切れることがなかった。涙までは流さなかったけれど，改めて内村先生は偉大だった，教室は見事に再生した，よかったと大きく安堵した。結局250名の同窓，関係者から賛同をいただくことができ，大学に安置する胸像のほかに内村先生が創立された神経研究所晴和病院におく複製1体，さらに除幕式の費用までもまかなえることになったのである。

除幕式は2006年12月9日，教室120周年記念講演会に合わせて，内村先生のご遺族の皆様にもご賛同いただき，参加者は総計なんと200余名という，教室行事ではかつてない規模の中で執り行われた。ちなみに3体の除幕式は11月と12月に分かれている。これは榊教授就任（11月）と開講（12月）のどちらを最初とするかの見解による。

恥ずかしながら私は除幕式というものに出たことがない。司会の大役も勝手がわからず，参加していただいた宮田学長に手取り足取り教えてもらうという体たらくであった。しかし，とにもかくにも，ご遺族に紐をもってもらい，秘書さん手作りの白い布を合図とともに「除幕！」。当然ながらその瞬間まで完成した胸像を，宮田先生以外には私を含めて誰も見たことがない。除幕の瞬間，会場にほう！ というような間合いが流れた。いいものだと改めて感じ入った。その瞬間を，まさに参加者一同が共有した（図3）。

胸像製作の過程を，宮田学長が途中経過の映像を示しながら解説してくださった。宮田先生は当然ながら内村先生に生前会っておられない。実は私も直接の面識は無いのであるが，写真などから塑造するのであるが，問題は背中だそうである。確かに見えないし，注意も通常払わないところであるが，でも背中は無いわけにいか

図3　内村先生胸像除幕の瞬間（ホテルオークラにて）

ない．それがご長男である内村篤様の背中を見た途端，内村先生がいる！　と直感されたそうである．まさに芸術の生まれた瞬間であろうか．

　最後に，胸像建立について反対もあったことに触れておかなければならない．本書の著者でもある富田三樹生先生から書面による反対意見をいただいた．これに対しては私からやはり書面で疑義にお答えし，そのやりとりを了解の上で除幕式の会場で公開した．実際には消極的に反対という方は同窓の中にもっとおられたはずで，いわばその代表という形で私どもに気づかせてくださった富田先生には感謝しなければと考えている．積極的に賛同していただいた同窓の皆さんのお名前は銅像台座に刻ませていただき，後世に遺すこととした．

おわりに

　内村祐之先生の胸像は，今は静かに医局の前でまっすぐ前を眺めておられる（図4）．教室の3体の像はいわば明治・大正・昭和の時代を代表するかのようである．教室開講120年を経て，時代はいよいよ平成，そして21世紀を迎えた．これからの100年，3先生の目には何が映ることになるのだろうか．また楽しからずや．

図4　内村祐之第5代教授胸像

文献
1）千葉瑞夫ほか編：「長沼守敬とその時代展」解説書，萬鉄五郎記念美術館，2006
2）高村光太郎：現代美術の揺籃時代―長沼守敬，中央公論，1936年7月号
3）半澤周三：光芒の序曲―榊保三郎と九大フィル，葦書房，2001
4）高橋角次郎：我が回想―精神医学・神経学の今昔，牧野出版，1985

東大精神神経科臨床統計120年

湊　崇暢，滝沢　龍，加藤進昌

はじめに

　明治19年（1886），本教室は東京府癲狂院内に「精神病学教室」の名のもと産声をあげた。そして，平成18年（2006），精神医学教室は120年を迎える。東大精神医学教室120年という歴史は，わが国の精神医療・精神医学の歴史と共に歩んできたといっても過言ではないであろう。しかし全ての歴史がそうであるように120年という年月は決して平坦な道程ではなく，様々な変遷・改革を経て，現在に至っている。そうした諸先輩方が築き上げた歴史を私も含めた若手医師は，常に謙虚に学び，決して無駄にすることなく生かし，次の時代へ正しく伝えていかなければならない責務があることを認識すべきであろう。そして常に感謝の念を忘れてはならないのである。

　今回，当科加藤進昌教授より，東京大学精神医学教室120年記念文集作成の中の「東大精神神経科臨床統計120年」という題目で執筆するよう依頼を受けたのは2006年7月も下旬のことだ。突然の申し出に，私は何も考えず，軽い気持ちでこれを引き受けてしまった。ただ純粋に東大精神神経科とは何か，どのような歴史を経て現在に至るのかを知りたかったのである。しかし各方面の先生方にご協力いただき，集まってきた膨大な資料は，私に120年という歴史の重さを感じさせるのに十分だった。その資料をまとめる責任と栄誉を感じつつ，これら散在する資料を整理し，そこから当教室120年の歩みの一端でも感じ取れるよう，できる限り整理しなおした。

　この稿では，東大精神神経科の歴史を，I. 明治・大正期，II. 昭和期，III. 平成期と分け，残存する臨床的データの中から，東大精神神経科120年の変遷を検証してみることとした。

　なお，東大精神神経科臨床統計120年をまとめるにあたり，三つの点に注意していただきたい。

　1. 今回，東大精神神経科臨床に関する様々な文献やデータを可能な限り収集し，数え直したデータもあるが，一部は二次資料であり必ずしも正確ではない可能性もある（資料毎，時代毎にデータが断片的であり，欠如するデータも存在する）。

　2. 時代とともに診断概念・疾患概念も変わり，一概に比較検討することができない。

　3. 今後，臨床統計等の資料として活用できるよう，今回新しく収集したデータを可能な限り掲載し欠如データの補完に努めた。なお今回，東大病院分院の臨床統計に関する資料を入手できず，本院の資料のみとさせていただいた。

　上記のような制約はあるが，年毎の推移・時代間の推移を大まかにみていただけたら幸いである。この稿の作成にあたり，御協力いただいた諸先生方，同僚に心から感謝しつつ，「はじめに」と代えさせていただきたい。

I. 明治・大正期

　明治・大正期は東大精神神経科創成期にあたる。臨床統計を，時代背景からも理解していた

だくために，病院・病棟（施設）・法制からみた年表を以下に簡単に示した。

年表，臨床データは「呉教授莅職二十五年記念文集別刷・東京府立松澤病院ノ歴史及患者統計　東京帝国大学精神病学教室ノ歴史及患者統計」，「東京帝国大学醫学部附属醫院綜覽」，「榊俶先生顕彰記念誌」，「松沢病院百年のあゆみと現況」，「私設松沢病院史」（岡田靖雄著）を参考とした。

年代	病院・病棟（施設）・法制の変遷
明治5年 (1872)	養育院設立．当時240名程度の浮浪者を収容
明治8年 (1875)	養育院の中に「狂人室」5室設置
明治10年 (1877)	内務卿大久保利通は東京に「脚気病院並びに癲狂院設立の議」を決する
明治12年 (1879)	上野の養育院内病室の一部に精神病床を設置．東京府癲狂院と命名 同年7月時，癲狂者71人を収容
明治14年 (1881)	本郷区東片町一番地に新築移転．患者約150人を収容．松澤病院の前身．わが国初の公立精神病院が独立建設
明治19年 (1886)	東京府癲狂院（巣鴨駕籠町に移転）に東京帝国大学医科大学精神病学教室創設（大正8年まで本教室は現都立松沢病院内に設置）
明治22年 (1889)	東京府癲狂院より東京府巣鴨病院と改名
明治27年 (1894)	当時の病室数146室（通常病室110　隔離室36） 男子室78（通常：60，隔離18） 女子室68（通常：50，隔離18）
明治33年 (1900)	精神病者監護法公布
明治42年 (1909)	煉瓦造棟1棟増築し，合計7棟完成（明治19年より増築）．木造は30棟
大正3年 (1914)	東京帝国大学構内において精神病科外来診療所設置
大正5年 (1916)	精神病科外来診療所隣接地に病室の建設に着手（当時病床13床）
大正8年 (1919)	東京府巣鴨病院を荏原郡松澤村に移し，東京府立松澤病院開院．東京帝国大学医科大学精神病学教室はこの時をもって松澤病院と分離し，東京帝国大学構内に移動．同年，精神病院法公布

表1-1　東京府立松澤病院　入院患者数の推移・表
（明治35年～大正10年）

年度	男性	女性	入院合計
M35	141	76	217
M36	72	53	125
M37	77	63	140
M38	107	76	183
M39	97	62	159
M40	97	87	184
M41	99	67	166
M42	79	61	140
M43	92	58	150
M44	85	44	129
T 1	72	56	128
T 2	56	28	84
T 3	67	50	117
T 4	64	50	114
T 5	72	41	113
T 6	97	58	155
T 7	119	96	215
T 8	167	106	273
T 9	274	122	396
T10	488	200	688
合計	2422（人）	1454（人）	3876（人）

注；M：明治，T：大正　年は省略

東京大学精神医学教室120年

表1-2　東京府立松澤病院　入院患者数の推移・グラフ　　（明治35～大正10年）

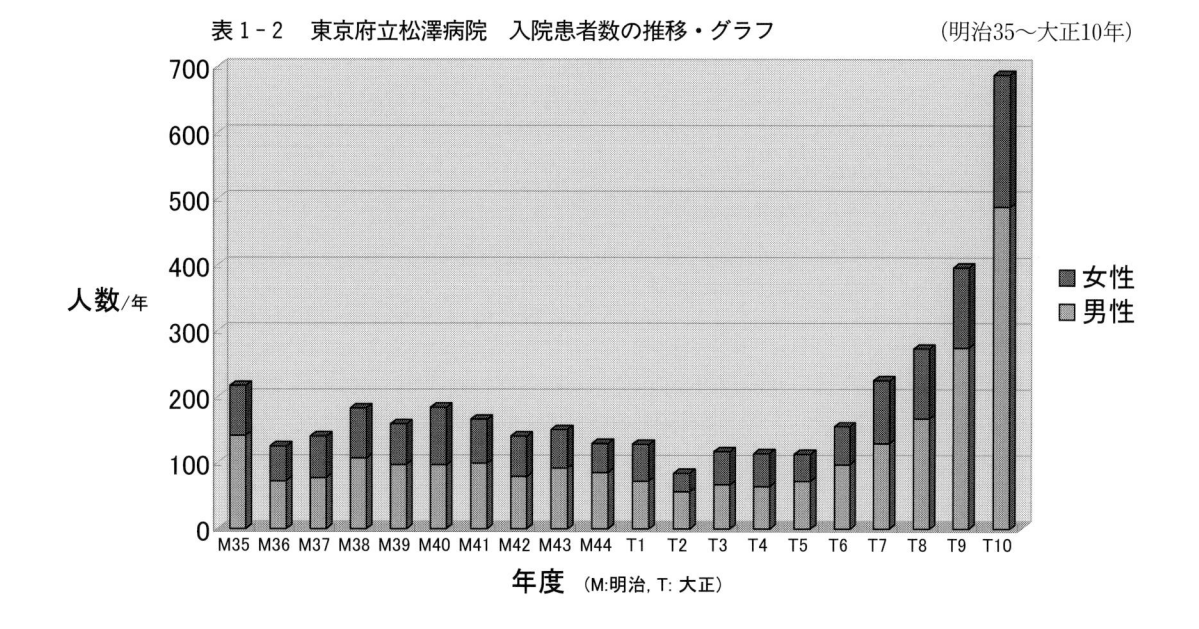

表2　東大病院精神科創成期の疾患名と年度（東大外来）

疾患	大正3年 1914年 人数 %	大正4年 1915年 人数 %	大正5年 1916年 人数 %	大正6年 1917年 人数 %	大正7年 1918年 人数 %	大正8年 1919年 人数 %	大正9年 1920年 人数 %	大正10年 1921年 人数 %	累計 人数 %
麻痺性痴呆	58　13.5	92　19.7	79　17.7	147　24.3	109　15.8	167　22.3	124　14.8	111　11.4	887　17.1
早発性痴呆	72　16.8	74　15.8	66　14.8	68　11.3	74　10.8	69　9.2	127　15.1	131　13.4	681　13.1
躁鬱病	32　7.5	38　8.1	43　9.6	73　12.1	86　12.5	43　5.7	20　2.4	33　3.4	368　7.1
老年性痴呆	3　0.7	2　0.4	1　0.2	6　1.0	4　0.6	0　0.0	4　0.5	6　0.6	26　0.5
白痴	21　4.9	10　2.1	17　3.8	57　9.4	66　9.6	76　10.2	90　10.7	60　6.1	397　7.6
変質症	3　0.7	0　0.0	3　0.7	1　0.2	8　1.2	7　0.9	3　0.4	4　0.4	29　0.6
癲癇	17　4.0	24　5.1	12　2.7	23　3.8	26　3.8	44　5.9	6　0.7	23　2.4	175　3.4
脾躁病	5　1.2	7　1.5	12　2.7	8　1.3	12　1.7	11　1.5	36　4.3	44　4.5	135　2.6
神経衰弱症	149　34.7	171　36.6	145　32.4	143　23.7	216　31.4	201　26.9	288　34.3	375　38.4	1688　32.5
中毒性精神病	1　0.2	2　0.4	2　0.4	2　0.3	5　0.7	4　0.5	6　0.7	9　0.9	31　0.6
感染病性精神病	0　0.0	0　0.0	0　0.0	0　0.0	5　0.7	8　1.1	8　1.0	14　1.4	35　0.7
脊髄癆	0　0.0	0　0.0	1　0.2	2　0.3	1　0.1	6　0.8	9　1.1	4　0.4	23　0.4
脳梅毒	0　0.0	0　0.0	3　0.7	4　0.7	12　1.7	4　0.5	3　0.4	11　1.1	37　0.7
脳出血及び片麻痺	6　1.4	3　0.6	5　1.1	4　0.7	3　0.4	4　0.5	2　0.2	11　1.1	38　0.7
動脈硬化症	0　0.0	1　0.2	0　0.0	0　0.0	5　0.7	0　0.0	5　0.6	19　1.9	30　0.6
神経痛	0　0.0	0　0.0	0　0.0	0　0.0	0　0.0	0　0.0	0　0.0	13　1.3	13　0.3
脳腫瘍及び脳水腫	0　0.0	0　0.0	3　0.7	3　0.5	1　0.1	0　0.0	3　0.4	4　0.4	14　0.3
神経炎及び末梢神経麻痺	0　0.0	4　0.9	0　0.0	0　0.0	0　0.0	0　0.0	4　0.5	7　0.7	15　0.3
その他	26　6.1	10　2.1	17　3.8	11　1.8	29　4.2	38　5.1	53　6.3	53　5.4	237　4.6
不明	36　8.4	29　6.2	38　8.5	52　8.6	26　3.8	66　8.8	48　5.7	44　4.5	339　6.5
合計	429　100	467　100	447　100	604　100	688　100	748　100	839　100	976　100	5198　100

表3　東大病院精神科創成期の疾患名と年度（東大入院）

疾患	大正5年 1916年 人数 %	大正6年 1917年 人数 %	大正7年 1918年 人数 %	大正8年 1919年 人数 %	大正9年 1920年 人数 %	大正10年 1921年 人数 %	大正11年 1922年 人数 %	大正12年 1923年 人数 %	累計 人数 %
麻痺性痴呆	10　35.7	21　46.7	8　18.6	20　46.5	9　20.0	16　23.9	12　23.1	13　26.5	109　29.3
早発性痴呆	4　14.3	6　13.3	10　23.3	9　20.9	17　37.8	17　25.4	12　23.1	12　24.5	87　23.4
躁鬱病	3　10.7	4　8.9	4　9.3	2　4.7	3　6.7	6　9.0	4　7.7	2　4.1	28　7.5
老年性痴呆	0　0.0	1　2.2	0　0.0	1　2.3	0　0.0	3　4.5	0　0.0	0　0.0	5　1.3
白痴	0　0.0	0　0.0	1　2.3	3　7.0	0　0.0	2　3.0	0　0.0	1　2.0	7　1.9
変質症	1　3.6	0　0.0	4　9.3	0　0.0	0　0.0	0　0.0	2　3.8	4　8.2	11　3.0
癲癇	0　0.0	0　0.0	0　0.0	3　7.0	1　2.2	3　4.5	1　1.9	3　6.1	11　3.0
脾躁病	0　0.0	0　0.0	2　4.7	1　2.3	6　13.3	4　6.0	3　5.8	4　8.2	20　5.4
神経衰弱症	2　7.1	1　2.2	2　4.7	0　0.0	2　4.4	2　3.0	3　5.8	0　0.0	12　3.2
中毒性精神病	0　0.0	2　4.4	3　7.0	0　0.0	1　2.2	3　4.5	3　5.8	1　2.0	13　3.5
感染病性精神病	0　0.0	0　0.0	0　0.0	0　0.0	0　0.0	4　6.0	3　5.8	1　2.0	8　2.2
脳梅毒	0　0.0	0　0.0	4　9.3	1　2.3	0　0.0	1　1.5	2　3.8	2　4.1	10　2.7
動脈硬化症及び精神異常	0　0.0	0　0.0	0　0.0	0　0.0	0　0.0	1　1.9	2　4.1	0　0.0	3　0.8
脳出血後精神異常	1　3.6	2　4.4	0　0.0	0　0.0	0　0.0	2　3.0	0　0.0	2　4.1	7　1.9
脳腫瘍及び脳水腫	0　0.0	0　0.0	1　2.3	0　0.0	2　4.4	0　0.0	1　1.9	0　0.0	4　1.1
嗜眠性脳炎	0　0.0	0　0.0	0　0.0	0　0.0	2　4.4	0　0.0	1　1.9	0　0.0	3　0.8
その他	7　25.0	8　17.8	4　9.3	3　7.0	2　4.4	4　6.0	4　7.7	2　4.1	34　9.1
合計	28　100	45　100	43　100	43　100	45　100	67　100	52　100	49　100	372　100

II　昭和期

　昭和期は中期〜後期の臨床データが存在したので記載した。昭和期は太平洋戦争開戦，また東大紛争による伴う患者数の変化や影響も考慮し，時代背景を理解していただくため，これも年表に記載させていただいた。

　年表・臨床データは，「東京大学百年史・部局史二」，「東京帝国大学醫学部附属醫院綜覧」，「教室ニュース合本」を参考とし，東京大学医学部附属病院医事課・総務課の協力も得て収集した。

年代	病院・病棟（施設）・法制の変遷・その他
昭和9年（1934）	当科病棟が赤煉瓦棟に移動
昭和11年（1936）	医学部脳研究所が新築
昭和12年（1937）	満州事変
昭和15年（1940）	国民優生法公布
昭和16年（1941）	太平洋戦争開戦
昭和20年（1945）	太平洋戦争終戦
昭和25年（1950）	精神衛生法公布
昭和31年（1956）	東京大学医学部附属病院分院神経科設置．また同年，赤煉瓦棟の地階の中庭側を一部増築して外来待合室を拡張．新築部分に電気治療室，患者休養室，臨床検査室を設置
昭和33年（1958）	教室の名称を「精神医学教室」と改名．診療名は「神経科」
昭和34年（1959）	分院神経科病室（15床）新設
昭和39年（1964）	病院の診療科に「神経内科」が加わり，当科の診療科名を「精神神経科」と改名
昭和40年（1965）	精神衛生法改正
昭和41年（1966）	全国大学病院インターン制度反対のストライキ
昭和42年（1967）	東大紛争　精神神経科外来が中央診療棟地階に移り，赤煉瓦棟の旧外来の一部が研究室として改装
昭和63年（1988）	精神保健法制定

表4　新来患者の疾患別実数と百分率（東京大学精神神経科外来）

	'66年 (S41年)		'72年 (S47年)		'84.4～9 (S59年)		'84.7～'85.3 (S59年～60年)	
統合失調症圏	802	23.5	637	26.3	140	20.3	189	19.2
感情病圏	268	7.9	274	11.3	111	16.1	155	15.7
神経症圏	939	27.5	539	22.3	104	15.1	141	14.3
てんかん圏	353	10.3	219	9.1	47	6.8	55	5.6
小児精神障害	15	0.4	128	5.3	55	8.0	88	8.9
その他の疾患	1035	30.3	621	25.7	234	33.9	357	36.2
総　数	3412	100(%)	2418	100(%)	691	100(%)	985	100(%)

	'85.4～'86.3 (S60年～61年)		'86.4～9 (S61年)		'88.10～'89.9 (S63年～H1年)		'91.10～'92.9 (H3～4年)	
統合失調症圏	310	23.0	160	20.9	228	21.0	234	22.4
感情病圏	244	18.1	134	17.5	146	13.4	137	13.1
神経症圏	273	20.3	137	17.9	200	18.4	196	18.8
てんかん圏	80	5.9	39	5.1	99	9.1	65	6.2
小児精神障害	124	9.2	65	8.5	123	11.3	103	9.9
その他の疾患	317	23.5	229	30.0	291	26.8	310	29.7
総　数	1348	100(%)	764	100(%)	1087	100(%)	1045	100(%)

注；S：昭和，H：平成　アミの部分は平成初期

表5　昭和期における東大精神神経科　臨床統計

年度	病床数	新入院患者数	入院患者延数	退院患者延数	新来患者数	外来患者延数	1日平均入院患者数	1日平均外来患者数	平均在院日数	病床利用率	病床回転率	平均通院日数
S33	39		12,993			27,556	35.6	92.5	63.1			4.3
S35	39		12,557			32,286	34.5	108.3	76.7			5.2
S36	39											
S37	39		14,760			32,490	40.4	108.3	100.4			5.0
S38	39		13,474			29,430	36.9	97.8	31.3			4.9
S39	39		13,760			28,249	37.6	94.2	58.6			5.4
S40	39		13,435			26,267	36.8	88.2	95.0			5.9
S41	39		13,471			39,243	36.9	133.0	92.3			10.3
S42	43	81	12,687	89	3,649	42,594	34.7	141.0	149.3	80	2	11.6
S44	43	31	5,561	28	1,832	10,416	15.2	35.3	18.9	35	19	5.7
S45	43	26	5,956	28	2,263	12,655	16.0	42.0	220.6	37	2	5.6
S46	43	28	6,247	30	2,241	15,511	17.0	52.0	215.4	40	2	6.9
S47	43	19	5,794	17	2,671	21,353	16.0	72.0	321.9	37	1	8.0
S48	43	13	6,358	12	2,389	24,640	17.0	84.0	508.6	40	1	10.3
S49	43	21	5,457	25	1,849	24,715	15.0	84.0	237.3	35	2	13.4
S50	43	33	6,557	30	1,896	24,144	18.0	82.0	208.2	42	2	12.7
S51	43	25	6,477	22	1,953	25,759	18.0	88.0	275.6	42	1	13.2
S52	43	23	5,979	29	1,924	27,993	16.0	95.0	230.0	37	2	14.5
S53	39	33	7,038	31	1,908	30,743	19.0	105.0	219.9	44	2	16.1
S54	39	28	7,299	32	1,882	32,960	20.0	112.0	243.3	51	2	17.5
S55	39		7,303			36,361	20.0	123.0	265.6			19.1

S56	39	7,541		39,542	21.0	134.0	203.8	20.9
S57	39	7,743		38,995	21.0	131.0	224.4	23.7
S58	39	7,543		38,756	21.0	130.0	149.4	26.4
S59	39	7,904		39,679	22.0	134.0	179.6	26.4
S60	39	6,086		39,652	17.0	134.0	176.0	27.0
S61	39	5,306		43,664	15.0	148.0	87.0	29.0
S62	39	6,262		46,119	17.0	155.0	108.0	33.0
S63	39	7,790		45,316	21.0	154.0	110.0	37.0

注；S34, S43のデータは欠如．

III 平成期

現在の東大精神神経科の臨床統計を記載する。年表・臨床データは東京大学精神医学教室「年報」を参考とし、東京大学医学部附属病院医事課・総務課の協力も得て収集した。また一部欠損していたデータは外来台帳を参考とし、データの補完に努めた。

年代	病院・病棟（施設）・法制の変遷
平成5年（1993）	精神保健法改正
平成7年（1995）	精神保健及び精神障害者福祉に関する法律成立（精神保健福祉法）
平成11年（1999）	精神保健福祉法改正
平成13年（2001）	東京大学医学部附属病院分院が本院と統合
平成14年（2002）	入院病棟が赤煉瓦棟から入院棟B棟2階の精神科閉鎖病床へ移転 入院棟B棟2階の精神科閉鎖病床34床および、3階共通床17〜21床
平成15年（2003）	精神神経科専門外来スタート
平成16年（2004）	国立大学の独立行政法人化・新研修制度スタート（臨床研修必修化）
平成17年（2005）	精神神経科から小児部が独立し、「こころの発達」診療部、「こころの発達」臨床教育センター始動
平成18年（2006）	3階共通床を改築し、精神開放病床に変更 （2F閉鎖病棟29床・3F新開放病棟29床　計58床）

表6　ICD-10コードによる近年の東大病院外来患者の初診診断

		平成10年 1998年		平成11年 1999年		平成12年 2000年		平成13年 2001年		平成14年 2002年		平成15年 2003年		平成16年 2004年	
		人数	%	人数	%	人数	%	人数	%	人数	%	人数	%	人数	%
F0	症状性を含む器質性精神障害	67	7.0	56	6.0	40	4.0	25	1.9	35	3.1	44	3.9	37	3.0
F1	精神作用物質使用による精神・行動障害	13	1.4	16	1.7	14	1.4	16	1.2	9	0.8	19	1.7	17	1.4
F2	統合失調症およびその関連障害	219	23.0	165	17.5	209	21.2	215	16.7	156	13.7	184	16.2	183	14.7
F3	気分障害	135	14.2	130	13.8	186	18.8	160	12.4	172	15.1	193	17.0	186	14.9
F4	神経症性/ストレス関連/身体表現性障害	190	20.0	173	18.4	188	19.0	161	12.5	187	16.4	227	20.0	223	17.9
F5	生理的障害	48	5.0	56	6.0	47	4.8	35	2.7	30	2.6	36	3.2	39	3.1
F6	人格/行動の障害	27	2.8	35	3.7	23	2.3	32	2.5	29	2.5	37	3.3	30	2.4
F7	精神遅滞	19	2.0	31	3.3	26	2.6	15	1.2	26	2.3	19	1.7	30	2.4
F8	心理的発達障害	106	11.1	103	10.9	72	7.3	33	2.6	66	5.8	73	6.4	133	10.7
F9	小児期・青年期の行動/情緒の障害	34	3.6	32	3.4	47	4.8	35	2.7	62	5.4	72	6.3	79	6.3
―	診断保留	2	0.2	42	4.5	85	8.6	478	37.0	291	25.6	151	13.3	266	21.3
―	その他	91	9.6	102	10.8	51	5.2	86	6.7	75	6.6	79	7.0	23	1.8
		951	100	941	100	988	100	1291	100	1138	100	1134	100	1246	100

表7　平成（現在）における精神神経科　診療統計

年度	病床数	入院患者延数	新来患者数	外来患者延数	1日平均入院患者数	1日平均外来患者数	平均在院日数
H 1	39	6,736		43,595	19	148	173
H 2	39	4,965		42,522	14	145	88
H 3	39	6,005		42,793	16	146	88
H 4	39	6,104		42,064	17	170	106
H 5	39	5,166		41,124	14	169	72
H 6	39	8,723		31,802	24	130	100
H 7	39	9,540		33,443	26	136	121
H 8		11,265		34,391	31	140	130
H 9		11,143		31,477	31	129	111
H10		11,091		28,632	30	117	96
H11		11,892		29,838	33	122	72
H12		11,772		30,006	32	123	53
H13		11,438		34,011	31	138	44
H14		10,833		34,581	30	141	52
H15	43	11,199		35,075	31	143	63
H16		16,851	792	34,773	46	143	43
H17		14,221	929	37,554	39	154	32

注；H：平成

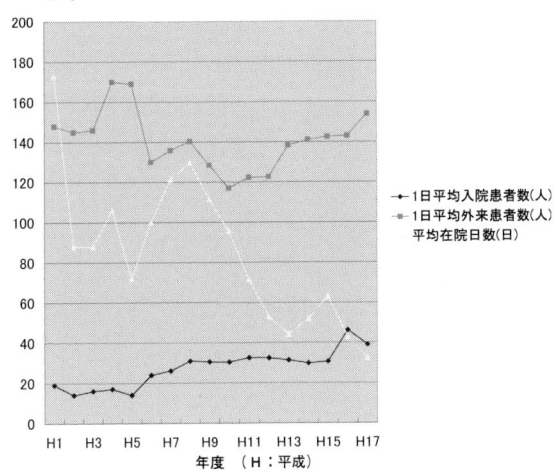

表8　近年の1日平均入院・外来患者数と平均在院日数の推移

まとめ

　以上，東大精神神経科120年の臨床統計の一端を，残存する資料をもとに断片的ではあるがまとめてみた。いくつか気がついた点を挙げてみることとする。

　まず，精神医療・精神医学の発展と共に，疾患概念も大きく変化していることがわかる。明治・大正期の疾患名はどのような病態を呈し，疾病の間にどれほどの差異があるのか，今となっては明確ではない。明治・大正期に用いられている「神経衰弱症」という診断名も，現在の神経症性障害に近い概念と考えるべきか，軽度の統合失調症に近い概念と考えるべきか不明であるが，入院統計をみると極端に減少すること

などから現在の神経症性障害に近いのではないかと推測される。また，「麻痺性痴呆」は神経梅毒による進行麻痺を指していると思われるが，以後の統計には独立してあらわれていない。恐らく「その他」に含まれるまでに減少したと考えられるが，このことはペニシリンなどの抗生剤治療がいかに効果的であったか如実に示しているともいえるだろう。現在の精神科病棟において進行麻痺患者をみかけることはほぼ皆無となった。今後もこうした「劇的」な変化が，治療法の確立とともにあらわれることを期待して止まない。

現在は，ICDやDSMといった操作的診断基準の導入で，統計面における一定の統一はなされるようになった。しかしこの診断基準にも賛否両論あるように，精神障害の病態をすべて捉えたものとは到底いえず，DSMの序文で触れられているようにディメンジョナルな診断法への可能性も含めて，今後も改訂を繰り返しながら進化していくことが望まれる。

現代にも共通する点として，入院における統合失調症圏の比率が高いことが挙げられる。気分障害圏においては病相期が過ぎると寛解して退院し，器質性精神障害や老年精神障害では死亡率が比較的高いこともあり，長期入院の要因とはなりにくい。一方で入院を要する統合失調症圏の場合，その多くは慢性的に経過し，平均入院期間も長く，次第に社会的に孤立してしまう傾向が強い。現在，こうした状況は入院病棟からデイケア，社会復帰支援施設，そして家庭からの外来診療へと大きく見直されつつある。今後，こうした傾向は東大病院のみならず，全国的な広がりをみせ加速してゆくことが予想される。

昭和から平成にかけて，特にここ数年で大きな変化の目立つものがある。平均在院日数の短縮と，小児精神障害の取り扱いの増加である。平均在院日数の短縮は，精神科医療に対する国としての見直しやより副作用の少ない新規抗精神病薬・治療法の登場，早期社会復帰への取り組みなどが実を結び，生活機能を低下させずに症状を改善できるようになった結果なのかもしれない。また発達障害など小児精神障害の疾患概念の確立，そしてその啓蒙活動は，これまで家庭や社会で見過ごされていた患者層をようやく医療の現場へと導きつつある。今後，この分野における社会の需要はさらに増加してゆくことが予想され，わが国における小児精神医療の発展に，当科としてもその一端を担うべく，大いなる活躍が期待される。

一方で，外来初診での神経症圏，てんかん圏の減少が目立つ。これは外来患者延数の減少とも同じ理由と思われるが，昨今，外来クリニックが数多く開業されるようになり，軽症な不安・抑うつについてはそのような場で治療されることが多くなってきたためとも推察できる。てんかん圏については，各科の連携に伴い，神経内科や脳神経外科を受診するケースも増え，臨床の一端を担うようになってきたことも要因であろう。より重症であり，入院を必要とする症例は精神科病院，大学病院へ紹介するなど，精神科医療における分業の仕組みも成り立ちつつあるといえる。今後の大学病院の役割として，緊急入院が必要である症例に対しても速やかに対応できる，脱落例をより少なくするため外来における待ち時間を少なくするなど，大学病院特有の構造的問題の解決に，他科同様，当科としても積極的に対応してゆくべきであろう。

こうした120年の臨床統計から，当科が精神障害者に対する医学的治療へのわが国初の取り組みを開始し，その時代背景に伴って役割を変化させながら，当事者やその家族を含め，社会への一定の貢献をなしてきたことが読み取れる。開設当時は，年表の「収容」という言葉が示しているとおり，病気に対する不理解や治療法の不確立など，医療者も手探りの状態であったと考えられる。しかしそうした逆境の中においても，先輩方は試行錯誤を繰り返すなかで改善策

を見い出し，やがてそれは1950年代からの向精神薬の発展も伴って，精神医療に大きな変化をもたらし，心理社会的な治療法と両輪となって，現在では多くの社会復帰への道筋を形作るまでになっている。しかし現在の診断法や治療法も決して完全なものではなく，精神科医療や精神障害者に対する偏見もなお色濃く残存している。

今後はそうした点の改善に，当科が一致団結してわが国の精神医学・精神科医療の先頭に立ち，社会に大きく還元できるよう努力してゆくことが必要であろう。先輩方の築いてきた長い歴史への責任を胸に，自戒することを忘れず，今後の当科のさらなる発展を祈りこの稿を結ぶこととしたい。

診療統合後世代からみた東大精神科の歩みと将来

■ 笠井　清登

はじめに

　私は1995年に当科で精神医学研修を開始した。現在に至るまでの12年間のうち，国立精神・神経センターでの臨床研修と海外での研究留学それぞれ2年間を除いた8年間，当科の診療に従事している。本書の執筆者の中で唯一，病棟・外来診療統合がなされた1994年以降に医師となった世代であること，統合後もっとも長く赤レンガ（南研究棟）に机を置く者の一人であることを踏まえ，当科の最近の軌跡と今後の方向性を述べるのが筆者の役割であろう。最初のうちは技量を学び取ることで精一杯であったが，ここ数年は科の発展に対して個人の微力でどのような貢献が可能かを考えるようになった。しかしながら当科の今日と将来について総括することは私の能力・立場を超えるので，個人史に沿って筆を進めさせていただくことをお許し願いたい。同窓の先生とそうでない先生を区別せずお名前を挙げていることについてもご了承いただきたい。

精神科に進むまで

　筆者は高校生のころから精神科医にあこがれ，大学に入学してはみたものの，当初の志はどこへやら，鉄門バドミントン部の練習に明け暮れる6年間を過ごしてしまった。5年生になると臨床実習が始まり，進路について考えることになる。私は病識だけは十分持っていたので他科に進む選択肢は全く考えていなかったが，実習で各科を回るたびに教授試問でどこの科に行きたいかと聞かれ，「精神科です」と答えると，「ばかをいうな，あそこだけは辞めろ」と言われた。病棟自主管理に至る歴史や診療統合に向けた努力への認識に乏しい一面的な意見ではあるが，少なくとも当時の他科からみた当科，ひいては日本の精神医学・医療に対する偽らざる評価であった。それでも私は当初の志を貫いて，といえば聞こえがよいが，精神科に進めば時間に余裕があり（実は大きな計算違いだった），鉄門バドミントン部のコーチになって駒場の体育館に足繁く通うのに都合がよいという不謹慎な打算も加わって，精神科に進むことになった。

東大病院研修医時代（1995年）

　診療統合後2年目となる1995年に当科（本院）での研修を開始したのは，大野孝浩先生，坂本英史先生，そして私の3名であり，2年目の研修医には澤明先生らがおられた。当時の赤レンガ病棟は40床弱で50-60％程度の稼動率であった。全開放でL字型構造だったこともあって，患者さんの無断離院は絶えず，本富士警察署に保護願いをしたり，家に迎えにいったりすることがしょっちゅうであった。Nsステーションの処置ベッドや患者さん用の団らん室で寝そべっているスタッフがいたり，患者さんが病院食をキャンセルして「てんやもの」を当直医（三人称で表現しているが実は私も）と一緒に注文したりといった光景がみられた。松下正明教授は教授回診を行わず，白衣をつけずに，時に用務員さんと勘違いされながら入院患者さ

んに話しかけにいらしていた。さまざまな精神医学的立場のスタッフが勤務しており，入院申し込みした外来医と受ける側の病棟医の間で，入院形態や患者さんの枠組み設定で食い違いが生じたり，カンファランスでは，個人の生活史から心因論的に理解しようとする立場と，診断・薬物療法を重視する立場の先生方が議論を戦わせたりしていた。中安信夫先生の初期分裂病の本を必死に読破してカンファランス向けに理論武装しようとしたことも懐かしい。研修開始後まもなく統合の経緯もよく理解せぬうちに，宇都宮病院事件の裁判の傍聴に誘われたりもした。

病棟当直の研修医は，夜勤のNsが休憩室で夕食をとっている間，ステーションに集まってくる患者さんと雑談したり，外来患者さんからの電話を受けたりするのが任務であった。電話の内容は，現在の当直医が急性増悪した患者さんから伺っているような深刻な内容ももちろんあったが，「パチンコで○○円負けた～」といった内容も多かった。当時はあまりの枠組みのなさに正直うんざりすることもあったが，今振り返ると患者さんの生活ぶりを知り，話を傾聴する姿勢が養われたのではないかと感謝している。面接室であまり打ち解けない患者さんと三四郎池まで散歩する，部屋の電気類をつけっぱなしにしたまま入院してしまった患者さんの家にいって電気を消す，デイケア探しのために患者さん本人，区の保健婦さんと一緒に出かけ，帰りに3者で食事する，など，今の研修医には考えられない体験もした。看護師と医師の役割分担もあいまいで，シーツ交換，おむつ交換，食事介助など，今から思えば貴重な経験だったと思う。しかし当時の私はそう達観できないときもあり，同じ思いをしていた大野君とつるんで，天野直二先生を誘って居酒屋で憂さを晴らした。天野先生は，その人望の厚さからさまざまな立場のスタッフの愚痴を受容的に聞き，調整役をなさっていたが，そのことで相当なストレスがたまっていたらしく，酔うと口癖の「ここは最悪です」を連呼されていた。

当時の病棟医長は斎藤正彦先生で，病棟指導医は富田三樹生先生，福田正人先生，中込和幸先生，佐野威和雄先生というそうそうたるメンバーであった。富田先生は別格としても，他のお三方は当時経験年数10年前後であったことを考えると，今の自分の臨床能力を恥じざるを得ない。富田先生は，薬物を増量してもむしろ情動不安定が増すばかりの非定型精神病の患者さんで私が困っているのをみて，「時間だよ，時間」とおっしゃったり，バセドウ病による精神症状が疑われて入院した患者さんについて，「なんか，色（異性）のことがある気がする」と予言され，それがぴたりと命中したりしたことが記憶に鮮明に残っている。福田先生の脳波判読や微妙な向精神薬の使い分け，中込先生の患者さんに親しみやすい接し方，佐野先生の見事な救急患者対応，いずれも大変勉強になった。研修初期にすばらしい指導医に恵まれることは研修医にとってかけがえのないことである。

外来では，半年間にわたって毎週宮内勝先生（故人）の新患予診をする幸運に恵まれた。まさに名人芸という言葉がぴったりであり，絶妙な眉毛の動かし方とあいづちの打ち方（「うん」または「ん？」）で，予診で口をつぐんでいた防衛の強い患者さんからどんどん話を引き出しつつ同時に精神療法的対応を行っておられた。脳波異常をもつ（てんかん発作はない）不登校児にバルプロ酸少量を投与したところ，次回診察時には学校に行くようになっていて，「先生すごいですね」と言うと，ハハハとはぐらかしておられたのが忘れられない。軽度の思考障害を伴う抑うつ状態の来談者に抗うつ剤を避けハロペリドール0.375-0.75mgを絶妙な勘所で使いこなしておられたが，定型抗精神病薬の少量投与によって，当時本邦未発売の非定型抗精神病薬様の薬理効果を経験的に出しておられたのかもしれない。こうした"evidence-based"な

らぬ "experience-based" medicine には批判もあろうが，私には貴重な体験であった．宮内先生が築かれたデイホスピタルでの診療は，患者さんへの対応における個別化の視点を提供してくれる，今の私にとって大切な営みとなっている．

　一つ特筆しておきたいことがある．研修医時代にお世話になり私が尊敬している先生方は，いわゆる旧病棟派・旧外来派といって元々の立場を異にしていた人々であるが，その実際の臨床スタイルは意外にも共通点が多いと，少なくとも初心者の目には映った．

武蔵病院レジデント時代（1996-97年）

　医師2年目，3年目は国立精神・神経センター武蔵病院で研修させていただいた．同窓では院長（後に総長）に高橋清久先生，部長（後に副院長）に宇野正威先生がいらっしゃり，大変居心地のよい研修生活を送らせていただいた．当時の武蔵病院は，急性期病棟に堀彰先生・綱島浩一先生，てんかん病棟に大沼悌一先生，アルコール・薬物依存病棟に小宮山徳太郎先生，老人病棟に朝田隆先生，放射線科に松田博史先生といった日本を代表する専門医が集まっていた．こうした先生方に直接指導を受けられたことは大変幸運であった．男子急性期病棟では，研修初日に緊張病性亜昏迷状態の統合失調症患者さんの入院受けをし，東大で習ったハロペリドール経口投与の指示を出して，夕方帰宅しようと荷物をまとめていたところ，堀先生がドニケルの臨床薬理教科書を手に研修医室まで追いかけてきて rapid neuroleptization の説教をされた．あわてて病棟に戻ったところ，患者さんが入院時よりさらに精神運動興奮を強めており，ハロペリドール経静脈的投与に切り替えた．まさに禅僧に竹刀で思いきり叩かれたような思いであった．アルコール・薬物依存病棟では，退薬兆候で衝動性の激しい覚せい剤依存患者さんに殴られ，頭の周りに星が飛ぶのは漫画だけだと思っていたのが間違いであることがわかった．翌日まだ頭がくらくらしたまま病棟間を結ぶ廊下を歩いていると，（うわさがすぐ広まって）他の病棟の看護師さんたちが口々に大変でしたねと声をかけてくれたので，それがなによりの精神療法だった．てんかん病棟では脳波・ビデオ同時記録，発作時SPECT，難治性てんかんの薬物療法などの技法を学ぶとともに，歯状核赤核・淡蒼球ルイ体萎縮症（DRPLA）の臨床研究にも携わることができた．老人病棟では，次々と検査入院される認知症疑いの患者さんの画像診断の他，朝田先生の名人芸を真似ながら腰椎穿刺も多数例行って自信がついた．なかでも朝田先生・松田先生に感謝しているのは，音楽性幻聴患者の神経画像研究のテーマを与えていただいたことである．私が臨床研究に従事し続けているのもこのビギナーズ・ラックのおかげが大きい．

　やや特殊な環境で1年目の研修を行った私にとって，武蔵病院での毎日は非常に新鮮であったが，逆に東大研修医時代に身に着けたフットワークの軽さが生きたと思えることも多かった．例えば，退院を控えた統合失調症の患者さんと一緒に徒歩圏のデイケアの見学にいったところ，そこのスタッフからは武蔵病院の先生が来てくれたのは初めてとすごくほめられた．措置入院患者さんが外出できずイライラしていたので，自己判断で院内のウサギ小屋まで連れて行ったり（今から思えば，もし離院されたら重大なオカレンスであったと冷や冷やするが），院内売店に売っていない入れ歯用品をデパートで買ってきてあげることによって新巻鮭の刺青の入った措置入院患者さんとラポールを築いたり，無断離院中に覚せい剤使用して保護された入院患者さんを歓楽街の警察署まで迎えにいったりした．どれも懐かしい思い出である．一方，郷に入っては郷に従って武蔵病院に溶け込めば溶け込むほど，武蔵病院の先生方の口から出る東大精神科への批判を聞くことが増えて，大変参考

になった．エビデンスが確立されていない抗てんかん薬の適用外使用が多い，統合失調症の診断を幅広く取りすぎる，抗精神病薬の処方量が少なく十分鎮静できておらず武蔵病院にたどり着く患者が多い，腰の低い医師が少ない，など．一部に誤解を含むゴシップも含まれていたが，外から見た自分を意識することの大切さを教わった．

その間の東大精神科の状況は，週に一度精神生理の研究で教えを乞うていた中込和幸先生の研究室を訪ねる際に見聞きするのが主であったが，徐々に毎年の研修医数が増えるとともに，スタッフが入れ替わり，私の研修医時代のやや特殊な状況から，標準的な診療体制へと着実に移行し始めていた．

医員・助手時代（1998-99年）

武蔵病院での2年を終えて東大病院に戻ってくると，加藤忠史先生がDSM-IVを手に新しい風を吹き込んでくださっており，1999年には岩波明先生が病棟医長となり，稼動率が格段に高まった．数年前まで立場を異にして打ち解けあわなかった先生同士が検査所見を教えあったりしており，診療統合が形式だけでなく精神面に及びつつあることが感じられた．私はデイホスピタルに関わるようになり，次いで中ベンとして病棟業務に従事するようになった．この頃は，診療統合後初の研修世代である松尾幸治先生や，1996年世代の野瀬孝彦先生・古川俊一先生などが，それぞれ2年間の外病院での研鑽を終えて中ベン助手（研修医の病棟指導医）として大学に戻る流れが確立し，その好影響は計り知れなかった．研修医にとっては若くて手本になる先生に直接手取り足取り教わるようになったことが福音であったろう．他の拠点病院での急性期治療の経験を積んだ人が揃うようになったことで，病棟診療上も，救急外来や往診（リエゾン）など他科との連携においても，精神科のレベルや病院内での評価・地位が上昇していることを肌で感じた．

この頃東大精神科では，本書の別項で加藤忠史先生が詳細に書かれているようなさまざまな分野の研究が行われていたが，私は中込和幸先生に飲みに連れて行っていただくのが嬉しくて精神生理学的研究の手習いを始めていた．当時の精神生理研究室（Cognitive Psychobiology；CP研）は，1992年に丹羽真一先生が福島県立医大に赴任されたのち，平松謙一先生，福田正人先生，中込和幸先生などの主要メンバーが相次いで東大を去られた時期であり，日本全体の精神生理学的研究も，グループとしても，やや下降気味であった．動物実験や遺伝子研究の先生方から脳波は間接的な手法だといわれると返す言葉がなかった．しかし私は心理行動レベルと分子レベルの病態をつなぐ役目を果たす臨床研究の重要性は今後とも失われることはないと考え（ていたかどうかは false memory かもしれないが），ひたすら修道僧のように研究を続けた．外来やデイホスピタルで信頼関係を築いた患者さんたちが快く被験者を引き受けてくださった．スタッフは，私と目が合うと，また被験者を頼まれるのか？　という顔をした．基準電極をつける鼻尖部を当時はやりのあぶらとり紙で拭くと劇的によい事象関連電位が取れる裏技を工夫し，これこそ日本オリジナルな研究などと自己満足していた．1998年には検査部に導入された全頭型の脳磁図を用いて，認知機能に関わる事象関連電位成分の発生源を同定し，解剖学的基盤に基づいて議論しようと考えた．その際，同一被験者のMRIをとって，脳磁図の結果を重ね合わせる作業が必要となるが，問題はMRIの撮像である．そこでまず鉄門バドミントン部の同級生の放射線科医に相談したところ，その同僚で神経放射線科専門である山田晴耕先生が協力してくださることになった．その後今日まで続く当科神経画像グループと放射線科の共同研究の発端である．東大全体に通じることかもしれないが，お互いの利害や複雑な

人間関係図式により，学内で共同研究が生まれにくい土壌にあったため，give & take の give を相対的に高め，安定した信頼関係を築けるよう努力した。また私は，事象関連電位による認知機能計測に加え，MRI による脳局所体積計測を組み合わせることの重要性を痛感し，ハーバード大学マッカーレー教授の門をたたくことを決意した，といえばまたまた聞こえがいいのだが，英語に自信がなかったので日本人研究者がいるラボでないと適応できないだろうと考えたのである。CP 研の先輩である平松謙一先生にマッカーレー研究室で活躍していた平安良雄先生を紹介してもらい，その後マッカーレー先生の面接を受けて留学できることになった。

留学時代（2000-02年）

　自分の留学体験記を長々と書くことはやめるが，当時すでに平安先生は杏林大に赴任されており，ラボに日本人研究者はいなかった。生活のセットアップやラボでの研究テーマのお膳立てをしてくれる先輩がいないことは本当に辛いもので，同じ研究室に入れ替わり留学するようなコネクションの確立の重要性を痛感した。幸い，同ラボには私のあとも，黒木規臣先生，荒木剛先生が続いてくださっている。私が留学で学んだのは，単に研究手法や論文の書き方だけではなかった。むしろ，研究体制の作り方（PhD 研究者やリサーチアシスタントの登用），他分野との共同研究，グラントの獲得プロセス，ポスドクへの研究者教育（Clinical Research Training Program）などの優れた臨床研究システムの実際に触れたことが，帰国後の私の指針となった。研究プロジェクトが high impact journal に掲載されるまでに，被験者リクルートに足掛け10年かかっているものもあり，米国の臨床研究のスケールの大きさには驚くばかりである。1-3年間の小規模の研究費が多く，たまたま別経費で高い機械が入るとものめずらしいので使ってみて，またすぐ廃れ，いつまで経っても海外の規模に追いつかない日本の臨床研究と対照的である。米国のシステムにはもちろん弊害もあって，グラントの獲得が至上命令であるがためにポジティブデータのみが公表されるバイアスを生む可能性，単純化された仮説を実証するための研究が主体となり，臨床的観察に根ざした探索的な研究がしづらい，などの懸念もある。日本の精神医学的研究が臨床経験の豊富な医師によって担われていること自体は，真に臨床的に重要な研究が生まれるには有利な土壌である。しかしそれを成果につなげるためには，米国のシステムの優れた点を取り入れ，日本の臨床研究の水準を高めることが急務であると考えるに至った。

帰国後当科のスタッフに戻って

　2002年の帰国後，私を待っていたのは，赤レンガでの長い歴史に終止符をうち，北病棟（入院病棟 B）2階に移って閉鎖病棟として再出発した病棟でのオーベン業務と，加藤進昌教授らが苦労して獲得したストレス性精神障害のビッググラントの運用であった。2001年には本院と分院が合併し，分院から小野博行先生，津田均先生が大変エレガントで丁寧な臨床を持ち込まれた。この頃は加藤教授による教室運営が確立し，新研修医制に移行するまでの間，研修医数が10名を超える好況が続いた。私は大島紀人先生，管心先生などの2002年世代の研修医たちと接して驚きを禁じえなかった。従来の当院であれば臨床実習中に他科に青田刈りされていたような，頭脳と人柄，常識的対応を兼ね備えた，およそエキセントリック精神科医らしからぬ医師ばかりであり（これが，柴山雅俊先生の言う "common sense" のことだろうか），彼らが中堅となる10年後には，当科がすばらしい診療科として他科と肩を並べるであろうことを確信した。2004年からは，土井永史先生・鮫島達夫先生を招聘して無けいれん ECT が始まり，病棟の在院日数は驚くほど短縮した。2006年春から

は新人の金原明子 PSW を迎え，他病院との連携やベッドコントロールに大活躍している。この春には10年近く精神科病棟を支え，スタッフからの信望の厚かった胡桃沢美智子師長が退職したが，精神科経験の豊富な前田利津子さんが新師長となられ，閉鎖病棟・開放病棟2フロア合わせて60床の病棟として生まれ変わった新病棟の運営も順調に推移している。2005年からこころの発達診療部がスタートし，社会からの要請の強い発達障害の診療やスタッフ教育に力を入れていることも特筆すべきであろう。

学生教育においては，他科が繁忙に押されて外来ポリクリ実習や他病院の見学実習を削る中，当科は幸いにも同窓の非常勤講師の先生方の絶大な協力を得て，外来ポリクリ実習，専門領域の講義，都立松沢病院・国立精神・神経センターの見学実習を堅持しており，学生からの評判は非常に高い。3，4年生（M1，M2）の学生に研究を実体験させる研究室配属・フリークオーターも当科への配属希望が多く抽選になるほどである。研修医教育においては，新研修医制への移行にともなって，2005年4月から毎月5-10名のスーパーローテーターを受け入れることとなった。病棟は一時混乱しそうになったが，この頃山梨医大より移られた工藤耕太郎先生らの活躍で乗り切ることができた。学生・研修医教育は大切な業務ではあるが，目に見える報酬がないため，指導医側のモチベーションを保つのが大変である。しかし有能な医師の養成がひいては精神科の地位の向上や精神医療の発展につながるとの信念を持つこと，大学スタッフに学生教育の大切さの自覚（大学病院勤務医の臨床・教育・研究のジレンマをむしろ楽しむ internal motivation）を持ってもらうこと，そもそも大学スタッフの要件の一つとして教え好きなことを評価することも大切なことと思われる。群馬大学医学部の学生から best teacher 賞に選ばれた経験を持つ福田正人先生が紹介してくださった"A good physician will improve the lives of thousands of patients. A good teacher will improve the lives of thousands of doctors and millions of patients."という言葉には鼓舞される。

研究においては，加藤進昌教授の強力なリーダーシップのもと，綱島浩一先生や保健センターの佐々木司先生とグラント提出や報告書のまとめに追われることが多いが，おかげで実験機器の整備，研究補助者の安定的雇用が可能となり，当科の研究体制は飛躍的に進歩した。その経過や各研究グループの活動内容は加藤忠史先生の項や当科ホームページに詳しく（http://npsy.umin.jp/），垣内千尋先生，栃木衛先生，山末英典先生など顕著な業績を上げる若手も育ってきている。私自身は，CP研の流れを汲む神経画像グループを運営している。先に述べた研究留学の経験から，日本における臨床精神医学研究ラボのモデルとなるような研究体制の確立が大切な役割であると考えている。日本においては，大学病院医師は研究のみを行うというスタイルはありえず，臨床や教育の業務の方が圧倒的に従事比率の高いことを鑑みるに，臨床・教育とのバランスの取れた大学研究者の育成も大切なミッションと考えている。当科の歴史を認識すれば，昨今叫ばれている研究倫理の遵守は当たり前の前提であるが，これが風化するようなことがあってはならない。インフォームドコンセントの遵守とともに，個人情報保護，研究費の適正使用，データ解析の不正防止，当事者の福祉や医学の発展に結びつく研究デザインの選定などを，研究者に対して継続的に教育する必要があろう。

現在の東大精神科は，出身大学・医局等を問わず受け入れ，程よく出入りがあって，本人の希望を尊重して方向性を決める風通しのよい人事スタイルとなっている。このスタイルを継続することによって，診療を始めとする諸活動において外的妥当性が保たれるであろう。臨床・教育・研究の全てにわたって，当科が苦手とし

てきたのは「他流試合」であり，他との交流を進め，独善的とならないスタンダードを確立することが重要であろう．さまざまな治療スタイル，研究の方向性を持つ人たちが常時入り混じることによって，お互いに刺激しあいつつ共存することが，偏った方向に進まない抑止力ともなりうるからである．戦後生まれの日本人が戦争のことは知らないと開き直ることは許されない．これと一緒というとお叱りを受けるかもしれないが，診療統合後世代のわれわれも，分裂・統合の歴史をこうした機会に学び，その意義を風化させない必要があると思われる．

日本の精神医療・医学は診療報酬・研究費の配分などにおいて厳しい立場に置かれており，当事者の福祉のためには，その地位を向上させる努力も重要であろう．「精神医学は社会でもっとも理解されていない方々の人生に寄り添う，医学の中でもっとも全人的な営みであり，この職業に従事することを誇りに思う」とAmerican Journal of Psychiatry誌の編集主幹であったNancy C. Andreasen先生がその退任挨拶で語っている．この言葉を励みに日々の努力を積み重ねていきたい．

加藤進昌教授を囲んで（平成18年11月20日赤レンガ棟中庭にて）

東京大学医学部精神医学教室年表

▎岡田靖雄

　関連事項・参考事項は，その年の最後に頭に○をつけてまとめた。
　教室が東京府巣鴨病院をはなれてからの巣鴨病院および東京府立松沢病院に関する事項は，関連事項とした。

1872年（明治5年）9.05〔旧8.03〕　学制頒布，東校は"第1大学区医学校"と改称
　　　　　　　　　　11.15〔旧10.15〕　会議所附養育院開設
1873年（明治6年）2.05　養育院上野護国院の一部に移転
　　　　　　　　　○11.11　内務省設置
1874年（明治7年）5.07　第1大学区医学校は"東京医学校"と改称
　　　　　　　　　　東京府病院開設
　　　　　　　　　○8.18　医制76条3府に達せられる
1875年（明治8年）5月　医師速成のため東京医学校に通学生教場（のち"別課"と改称）を置く
　　　　　　　　　10.07　養育院狂人5名を収容（狂人室）
　　　　　　　　　○6.28　衛生行政は文部省から内務省へ
　　　　　　　　　○7.25　京都癲狂院開業
　　　　　　　　　○9.23　警視庁裁判医学校開校（→警視医学校～1878），ここでWilhelm Dönitzが講義した「断訟医学」中に精神病学あり
1876年（明治9年）5.26　養育院は東京府養育院となる
　　　　　　　　　　11.27　東京医学校，下谷和泉橋通より本郷の新校舎に移転開始
1877年（明治10年）4.12　東京大学成立し，医学校は"医学部"と改称
1878年（明治11年）○5.21　瘋癲人鎖錮についての警視庁布達甲第38号
　　　　　　　　　○5.25　癲狂病院設立（←狂疾治療所）
　　　　　　　　　○12.18　瘋癲病院開業
1879年（明治12年）夏学期（6－11月）に東京大学医学部でドイツ人教師Elwin Baelz精神病学を講義
　　　　　　　　　7.25　東京府病院が養育院癲狂室をかりうけ，病者治療の責任をおうことになる（東京府癲狂院の創業）
　　　　　　　　　10.10　養育院，神田和泉町に移転
　　　　　　　　　○4.16　相馬家，当主誠胤を居室に外囲いして監禁
　　　　　　　　　○9月　愛知県公立医学校でAlbrecht von Roretz「断訟医学講義」をはじめる

(「裁判上精神学」は翌年にはいってから)
1880年（明治13年）○3.27　警視庁甲16号（私宅鎖錮出願手続き）
1881年（明治14年）　4月　東京府癲狂院の事務は府病院から分離（府病院は7.08廃止）
　　　　　　　　　　8.30　東京府癲狂院向ケ岡へ移転
1882年（明治15年）2.04　東京大学医学部助手榊俶，精神病学専攻のためドイツ留学に出発
　　　　　　　　　○10.―　京都癲狂院廃院
1884年（明治17年）○1.16　私擅瘋癲人鎖錮，違警罪の対象となり，警視庁布達甲第3号
　　　　　　　　　○8.18　警視庁布達甲第15号（私立癲狂院入院も私宅鎖錮同様にあつかう）
1885年（明治18年）12.20　東京医学会創立
1886年（明治19年）3.02　帝国大学令公布，東京大学医学部は"帝国大学医科大学"と改称
　　　　　　　　　　6.20　東京府癲狂院は巣鴨駕籠町へ移転
　　　　　　　　　10.21　榊俶帰朝
　　　　　　　　　11.09　榊俶，帝国大学医科大学教授に任ぜられる
　　　　　　　　　12.03　榊俶教授，精神病学講義をはじめる
　　　　　　　　　12.21　癲狂院の件で帝国大学より東京府への交渉がはじまる
1887年（明治20年）1.31　旧相馬藩士錦織剛清ら入院中の相馬誠胤を東京府癲狂院からつれだす
　　　　　　　　　3.10から4.19まで榊教授は相馬誠胤を帝国大学医科大学第一医院に入院させて
　　　　　　　　　　診察
　　　　　　　　　3.20　東京医学会は機関誌『東京医学会雑誌』を創刊
　　　　　　　　　4.30　帝国大学医科大学が東京府癲狂院の治療を負担することになり，中井常
　　　　　　　　　　次郎院長辞任し，榊教授医長となる（東京府癲狂院は院長制から医長制に）
　　　　　　　　　5.02　榊医長，中井前院長より東京府癲狂院の医務をひきつぐ
　　　　　　　　　5.30　榊教授，東京府巣鴨病院で第1回精神病学臨床講義
　　　　　　　　　9.19　東京府巣鴨病院に講義室落成
　　　　　　　　　○3.15　国政医学会第1次総会
　　　　　　　　　○9.30　府県立医学校費目の地方税支弁禁止（→多くの公立医学校廃止）
1888年（明治21年）11.23　10.30に帰国の片山國嘉，帝国大学医科大学教授（裁判医学）に任ぜら
　　　　　　　　　　れる（1889.1.08裁判医学開講）
1889年（明治22年）3.01　榊医長の発意により東京府癲狂院を"東京府巣鴨病院"と改称
　　　　　　　　　4.09　帝国大学医科大学各教室に主任を置く
　　　　　　　　　6月　別課医学，最後の卒業生をおくりだして消滅
　　　　　　　　　12.14　片山教授の発意によって帝国大学医科大学に国家医学講習科を新設
　　　　　　　　　○2.11　大日本帝国憲法発布
1890年（明治23年）○4.01　第1回日本医学会開催
　　　　　　　　　○10.30　教育勅語発布
　　　　　　　　　○11.25　第1回通常議会召集
1892年（明治25年）7月　助手島村俊一狐憑病調査のため島根県下へ出張
　　　　　　　　　○2.22　相馬誠胤死去
1893年（明治26年）9.07　帝国大学に講座制がしかれ，榊教授は精神病学講座担任に

		11.08	東京府巣鴨病院の院内規律紊乱があきらかになる
		○7.17	錦織剛清，相馬順胤・中井常次郎・志賀直道らを相馬誠胤毒殺で告訴
		○10.24	相馬誠胤毒殺事件は証拠不充分で免訴となる
1894年（明治27年）	7.09	東京府より東京府巣鴨病院の医長・医員に嘱託の辞令
	9.14	呉秀三『精神病学集要』前編発行（後編は1895.8.23）
	○8.01	清国に宣戦布告（1895.4.17日清講和条約調印）
1895年（明治28年）	○3.11	錦織剛清の有罪確定（誣告罪）
1896年（明治29年）	4.30	呉秀三，医科大学助教授に任ぜられる
1897年（明治30年）	2.06	榊教授死去
	2.25	呉秀三助教授，精神医学講座担任を命ぜられる
	3.05	呉助教授，巣鴨病院医長心得
	5.10	呉巣鴨病院医長
	8.05	片山教授，精神病学講座兼担，巣鴨病院医長
	8.08	呉助教授，西航の途につく
	○6.22	京都帝国大学設置（帝国大学は"東京帝国大学"に）
1898年（明治31年）	12.16	患者手記『東京府巣鴨病院』
1900年（明治33年）	○3.10	精神病者監護法公布（7.01施行）
1901年（明治34年）	10.17	呉助教授帰朝
	10.23	呉，東京帝国大学医科大学教授に任ぜられる
	10.31	呉教授，東京府巣鴨病院医長を嘱託される（翌日には手革足革を禁止）
1902年（明治35年）	1.11	呉医長，東京府巣鴨病院の手革足革をあつめて廃棄
	12.27	榊保三郎，東京帝国大学医科大学助教授に任ぜられる
	○4.02	第1回日本聯合医学会開催（現在の日本医学会総会のはじまり）
	○4.04	呉秀三・三浦謹之助 日本神経学会を発足させる（機関誌『神経学雑誌』は4.01創刊）
	○10.10	呉秀三主唱による精神病者慈善救治会発足
1903年（明治36年）	5.26	榊助教授，ドイツ留学を命ぜられる
	11.04	呉医長の"放縦主義"をたしなめる東京府内訓
	○3.25	京都帝国大学福岡医科大学設立（→1911九州帝国大学医科大学）
	○12.14	榊助教授，京都帝国大学福岡医科大学助教授に任ぜられる（1906教授）
1904年（明治37年）	4.01	東京府単鴨病院，院長制に復帰（呉院長）
	12.12	精神病科談話会設立（呉会長）（→東京精神病学会）
	○2.10	ロシアにたいし宣戦布告（1905.9.05日露講和条約調印）
1906年（明治39年）	○3.17	帝国議会で医学校に精神病科設置をのぞむ建議案を可決
	○5.02	医師法公布
1907年（明治40年）	12.04	三宅鑛一講師，東京府巣病院副院長を嘱託される
	○3.19	法律第11号「癩予防ニ関スル件」公布
	○6.22	東北帝国大学設立
1909年（明治42年）	5.03	三宅鑛一，東京帝国大学医科大学助教授に任ぜられる

	6.15	東京府癲狂院創立30年記念式
1910年（明治43年）	7月	精神病学教室は精神病者私宅監置の実態調査をはじめる
	12.16	東京府会の調査委員会は巣鴨病院新築移転案を可決
1911年（明治44年）	9.03	呉教授在職10年祝賀会
	○2.11	施薬救療の勅語
1912年（明治45年・大正1年）	8.20	呉教授「我邦ニ於ケル精神病ニ関スル最近ノ施設」発表
1914年（大正3年）	4.18	東京帝国大学医科大学に精神病科外来診療所設立
	○7.28	第1次世界大戦はじまる
1915年（大正4年）	○7.14	東北帝国大学医科大学開設
	○10.28	大阪府立高等医学校を"大阪府立医科大学"と改称（1931→大阪帝国大学医学部）
1916年（大正5年）	3.15	呉秀三『精神病学集要』増訂第2版，前編発行（後編第1冊1918年12月11日，第2冊1924年4月5日，第3冊1925年6月28日，あとは発行されず第2版は未完におわった）
	5.21	精神病者慈善救治会の寄付により東京帝国大学医科大学に精神病科病室落成
1917年（大正6年）	○11.07	ロシヤ10月革命，ソヴェト政権樹立
1918年（大正7年）	2.26—7.20	東京府と東京帝国大学，巣鴨病院をめぐっての関係を調整（旧関係は翌年3月末をもってうちきる）
	5.20—7.05	呉秀三・樫田五郎「精神病者私宅監置ノ実況及ビ其統計的観察」を発表
	6.04	呉教授，精神病者保護に関する懇談会をひらく
	○4.02	日本神経学会，精神病者保護治療の設備整備に関する決議
	○8.03	米騒動はじまる
1919年（大正8年）	2.06	帝国大学令改正，東京帝国大学医科大学は東京帝国大学医学部となる
	8.01	東京帝国大学医学部精神病学教室は大学構内へ移転
	○1.18	ヴェルサイユ講和会議開催
	○3.27	精神病院法・結核予防法・トラホーム予防法公布
	○10.03	東京府立松沢病院開院式
	○10.15	東京府巣鴨病院を"東京府立松沢病院"と改称
	○11.07	東京府立松沢病院は，松沢村の新病棟（現在地）へ移転
1920年（大正9年）	○4.03	日本精神病医協会発足（→1935）
1921年（大正10年）	4.25	杉田直樹講師，東京帝国大学医学部助教授に任ぜられる
1922年（大正11年）	11.04	呉教授在職25年祝賀会
	○4.22	健康保険法公布
1923年（大正12年）	○9.01	関東大震災
	○12.27	虎の門事件
1924年（大正13年）	○6.10	東京帝国大学セツルメント，本所柳島に開設
1925年（大正14年）	3.31	呉秀三，東京帝国大学教授を退官

　　　　　　　　　　　　6.08　三宅鑛一，東京帝国大学教授に任ぜられる
　　　　　　　　　　　　6.09　赤れんが棟落成
　　　　　　　　　　　○3.19　治安維持法成立
　　　　　　　　　　　○6.30　呉秀三，東京府立松沢病院長を退職し，三宅鑛一院長・橋健行副院長が就任
1926年（大正15年・昭和1年）9.21　精神病科研究室木造平屋建て1棟が落成
1927　（昭和2年）10.13　杉田直樹助教授辞任（→松沢病院副院長）
　　　　　　　　　　　○3.15　金融恐慌はじまる
1928年（昭和3年）3.31　精神科病室落成（池の端門ちかく）
　　　　　　　　　　　4.17　精神病科赤れんが棟2階にうつる（たぶん，教授室・研究室だけ）
1930年（昭和5年）○11.30　民族衛生学会創立（→日本民族衛生協会，断種法制定に力をそそぐ）
1931年（昭和6年）11.03　片山國嘉死去
　　　　　　　　　　　○6.13　日本精神衛生協会発会
　　　　　　　　　　　○9.18　"満州"事変はじまる
1932年（昭和7年）1.15　三宅鑛一『精神病学提要』発行
　　　　　　　　　　　3.26　呉秀三死去
1933年（昭和8年）○2.27　日本，国際連盟を脱退
1934年（昭和9年）9.08　精神病科・外来は赤れんが棟1階にうつる
1935年（昭和10年）4.28—29　日本神経学会第34回総会，名称を"日本精神神経学会"と改称
1936年（昭和11年）3.16　医学部脳研究室落成，主任三宅教授（1942年まで）
　　　　　　　　　　　3.31　三宅鑛一教授退官（精神病学講座担任としての）
　　　　　　　　　　　5.01　内村祐之東京帝国大学医学部教授となる
　　　　　　　　　　　○6.30　東京府立松沢病院三宅鑛一退職，内村祐之院長
1937年（昭和12年）○7.07　対中国戦争のはじまり
1938年（昭和13年）○1.11　厚生省設置
1939年（昭和14年）5.15　東京帝国大学に臨時付属医学専門部設置（1947年に"付属医学専門部"と改称）
　　　　　　　　　　　○9.03　第2次世界大戦勃発
1940年（昭和15年）○5.01　国民優生法公布
　　　　　　　　　　　○11.30　紀元2600年奉祝式典
1941年（昭和16年）○12.08　太平洋戦争開戦
1943年（昭和18年）○3.11　救治会（←精神病者慈善救治会）・日本精神衛生協会・日本精神病院協会を統合して，精神厚生会設立
　　　　　　　　　　　○7.01　東京都制施行
1945年（昭和20年）○5.11　東京都立松沢病院梅ケ丘分院発足（青山脳病院を買収して）（→1952年都立梅ケ丘病院として独立）
　　　　　　　　　　　○8.15　戦争終結詔書
1946年（昭和21年）○8.30　医師の実地修練制度・国家試験制度を採用
　　　　　　　　　　　○11.03　日本国憲法公布

年	月日	事項
1947年（昭和22年）	5.25	吉益脩夫『精神医学』発行（簡約医学叢書，いわゆるブルーライン）
	9.30	東京帝国大学を"東京大学"と改称
	○1.31	GHQ ゼネスト中止を命令
	○4.07	警察署の衛生警察事務はすべて衛生行政部門にうつされる
	○5.03	日本国憲法施行
	○12.31	内務省廃止
1948年（昭和23年）	10.01	内村祐之『精神医学教科書』（上）（日本の資料だけでかこうとした，下巻は発行されなかった）
	○1.26	帝銀事件
	○7.13	優生保護法公布
	○7.30	医療法公布
	○10.27	医療法の特例等に関する政令
1949年（昭和24年）	5.31	国立学校設置令公布（新制国立大学の発足）
	○2.08	東京都立松沢病院長は内村祐之から林暲に交代（国家公務員法の規定による，―これで1897年からの大学―病院関係は形式上は完全にきれる）
	○7.05	下山事件
	○7.22	日本精神病院協会設立
	○10.01	中華人民共和国成立
1950年（昭和25年）	○5.01	精神衛生法公布
	○5.04	生活保護法公布
	○6.25	朝鮮戦争はじまる
1951年（昭和26年）	○2.01	財団法人神経研究所開設（係属晴和病院開設11.21）
	○9.08	対日平和条約・日米安全保障条約調印
	○10.08	精神厚生会，"日本精神衛生会"と改称
1952年（昭和27年）	3.31	東京大学付属医学専門部を廃止
	○4.26	国立精神衛生研究所開所
1953年（昭和28年）	4.01	医学部に衛生看護学科設置
	7.28	東京大学医学部の脳研究施設の官制なる
	○7.27	朝鮮休戦協定調印
1954年（昭和29年）	7.06	三宅鑛一死去
1955年（昭和30年）	○11.15	自由民主党結成（保守合同）
1956年（昭和31年）	2.01	1月に新設された東京大学医学部付属病院分院神経科に，講師笠松章が助教授・医長として就任
	3.01	脳研究施設脳心理学部門教授に吉益脩夫（助教授）が就任
	11.01	講師島薗安雄，医学部助教授に就任
	○2.24	フルシチョフ第1書記，ソヴェト共産党第20回大会でスターリン批判演説
	○4.01	厚生省公衆衛生局に精神衛生課新設
	○10.02	刑法改正準備会発足

年	月日	事項
1957年（昭和32年）	1.01	椿忠雄，脳研究施設臨床部門助教授（神経学）に就任
	4.01	前年4月に開設された臨床医学看護学第4講座の教授に笠松章助教授が昇任
	○4.01	水俣市郊外不知火海岸に奇病発生（水俣病の公式確認の最初）
	○8.13	朝日茂，生活保護法による入院患者日用品費につき厚生大臣に訴状呈出
	○11.07	第1回病院精神医学懇話会（→病院精神医学会→日本病院地域精神医学会）
1958年（昭和33年）	3.31	内村祐之教授退官
	4.01	秋元波留夫教授着任
	4月	教室名を"精神医学教室"と改称
1959年（昭和34年）	2.28	笠松章『臨床精神医学』発行
	3.01	脳研究施設神経病理学部門教授に白木博次助教授昇任
	4.01	島薗安雄助教授，金沢大学教授として転出
	5.01	田縁修治，助教授に就任
	○1.15	『精神医学』誌創刊
1960年（昭和35年）	3.31	吉益脩夫，脳研究施設教授を退官
	○4.15	第1回日本臨床神経学会（→1963年日本神経学会）
	○6.19	日米新安全保障条約，自然成立
	○7.19	池田勇人内閣成立
1961年（昭和36年）	5.16	上出弘之臨床医学看護学第4講座助教授に昇任
1962年（昭和37年）	12.10	脳研究施設脳心理学部門教授に井上英二助教授が昇任
1963年（昭和38年）	○5.10	中垣国男法相，法制審議会に刑法全面改正の要否などにつき諮問
	○5.13—16	日米合同精神医学会
	○11.09	三池三川鉱炭塵爆発
	○11.20	合州国ケネディ大統領暗殺される
1964年（昭和39年）	○3.24	ライシャワ合州国大使刺傷事件
	○5.01	池田勇人首相，精神衛生法緊急一部改正につき指示
	○5.04	合州国ロスアンジェルスで第200回アメリカ精神医学会総会開会（日本から日本精神神経学会幹部ほか多数の精神医学者参加）
	○10.01	東海道新幹線営業開始
	○10.10	第18回オリンピック東京大会開会
	11.16	豊倉康夫，脳研究施設臨床部門教授に就任，医学部付属病院に診療科として神経内科を開設
1965年（昭和40年）	4.01	医学部衛生看護学科は保健学科に改組され，臨床医学看護学第4講座は精神衛生学講座となる
	6.—	武村信義，脳研究施設脳心理学部門助教授に就任
	○6.22	日韓基本条約調印
	○6.30	精神衛生法一部改正法公布
	○9.04	全国精神障害者家族連合会結成（→全国精神障害者家族会連合会）

	○10月	日本精神神経学会刑法改正問題研究委員会「刑法改正に関する意見書」（案）を公表
1966年（昭和41年）	2.25	笠松章『臨床精神医学』大改訂4版・Ⅰ発行（Ⅱは1966年4月25日発行）
	3.31	秋元教授退官
	4.01	臺弘教授（群馬大学）併任
	7.06	臺教授専任
	9.30	田縁修治助教授辞職し関東逓信病院へ
	12.16	高橋良，助教授に就任
	○5.16	中国文化大革命はじまる
	○11.06	青年医師連合は実地修練制度廃止のため国家試験ボイコットを決議
1967年（昭和42年）	6月	精神科外来が中央診療棟にうつる
1968年（昭和43年）	1.27	東京大学医学部自治会・42青年医師連合合同学生大会はストライキ権を確立
	10.14	精神科医局，医局解散を決議し，10.21に東大病院精神神経科医師連合を結成
	○3.28	日本精神神経学会，学会認定医制度の基本方針を決定せず
1969年（昭和44年）	1.19	東京大学封鎖解除
	8.01	高橋良助教授，長崎大学教授として転出
	9.11	上出弘之，保健学科助教授より助教授に就任
	○5.20	金沢における第66回日本精神神経学会総会で理事会不信任
1971年（昭和46年）	3.17	日本精神神経学会で石川清評議員，臺弘前評議員を告発
	3.31	保健学科笠松教授退官
	4.01	保健学科精神衛生学講座教授に土居健郎就任
	6.01	安永浩，分院神経科助教授に就任
1972年（昭和47年）	1.20	精神科病棟からほとんどの看護婦がひきあげる
	7.14	吉益脩夫死去
	○2.21	合州国ニクソン大統領中国訪問
	○9.29	中国との外交関係樹立
	○10.01	東京都立世田谷リハビリテーションセンター開設
1973年（昭和48年）	10.16	黒川正則（助教授）脳研究施設脳生化学部門教授に昇任
1974年（昭和49年）	3.31	臺教授退職
	5.—	加藤尚彦，脳研究施設脳生化学部門助教授に就任
	7.03	上出助教授辞職，東京都へ
	○5.29	法制審議会，刑法全面改正案を法務大臣に答申
1975年（昭和50年）	1.16	逸見武光，保健学科助教授に就任
	12.01	脳研究施設白木教授退職（定年前）
	○4.30	サイゴン陥落してヴェトナム戦争終結
1976年（昭和51年）	○9.09	毛沢東中国共産党主席没

1979年（昭和54年）	1.16	保健学科土居教授，医学科教授（精神医学担当）を兼任
		佐藤倚男，保健学科助教授に就任
	2.01	脳研究施設神経病理学部門教授に山本達也（助教授）が昇任
	○1.01	合州国・中国の国交回復
	○11.07	東京都立松沢病院創立100年記念式典
1980年（昭和55年）	4.01	土居教授退職，脳研究施設井上教授退職
	8.16	保健学科助教授より佐藤倚男，医学科教授に就任
	8.17	内村祐之死去
	10.11	逸見助教授，保健学科教授に昇任
1981年（昭和56年）	○3.16	臨時行政調査会第1回会合
1982年（昭和57年）	○11.27	第1次中曽根内閣成立
1983年（昭和58年）	4.01	脳研究施設脳心理学部門は神経生理学部門に改組される
1984年（昭和59年）	3.14	報徳会宇都宮病院事件が報道される（教室関係者も宇都宮病院とのかかわりがあった）
	4.01	佐藤教授退職
		原田憲一教授，信州大学との併任で着任
	7.01	原田教授専任となる
	10.15	脳研究施設武村助教授辞職
1985年（昭和60年）	3.31	脳研究施設山本教授退職
		保健学科逸見教授退職
	4.01	西山詮，助教授に就任
		佐々木雄司，保健学科教授に就任
	○3.22	エイズ第1号患者が確認された
	○7.06	衆議院議員・参議院議員の同日選挙で自由民主党圧勝
1986年（昭和61年）	9.22	脳研究施設，3号館，4号館への移動終了して旧脳研の歴史おわる
	12.07	榊俶先生記念行事
	○4.26	ソヴェトのチェルノブイリ原子力発電所事故
1987年（昭和62年）	7.19	笠松章死去
	11.15	『榊俶先生顕彰記念誌』発行
	○4.01	国鉄分割民営化
	○9.26	精神保健法公布
1988年（昭和63年）	3.31	脳研究施設黒川教授退職
1989年（昭和64年・平成1年）	4.01	分院安永助教授退職，関根義夫分院神経科助教授に就任
	○1.07	裕仁天皇没
	○4.01	一般消費税はじまる
	○6.03	第2次天安門事件
	○11.09	ベルリンの壁崩壊
1990年（平成2年）	1.01	山田和夫保健センター教授に就任
	3.31	原田教授退職

　　　　　　　　　　保健センター山田教授退職
　　　　　　　　6.01　松下正明，教授に就任
　　　　　　　　8.04　山本達也死去
　　　　　　　○4.01　大阪で"花の万博"開催
　　　　　　　○10.01　バブル崩壊
　　　　　　　○10.03　ドイツ統一記念式典
　　　　　　　○12.25　中国共産党，鄧小平の改革・開放路線を確認
1991年（平成3年）3.31　西山助教授退職
　　　　　　　　6.—　中安信夫助教授就任
　　　　　　　○1.17　湾岸戦争勃発
　　　　　　　○4.24　自衛隊初の海外派兵
　　　　　　　○8.24　ソヴェト共産党事実上解散
　　　　　　　○12.26　ソヴェト連邦消滅
1992年（平成4年）3.31　保健学科佐々木教授退職
　　　　　　　　4.01　保健学科，健康科学・看護学科に再編
　　　　　　　　　　　健康科学・看護学科教授に栗田広就任
1993年（平成5年）○8.09　細川連合内閣成立（55年体制崩壊）
　　　　　　　　○8.23—27　世界精神保健連盟1993年世界会議（幕張）
1994年（平成6年）1.—　精神神経科病棟・外来診療体制統合
　　　　　　　　12.—　精神神経科医師連合，活動停止を声明
　　　　　　　○6.27　松本サリン事件
　　　　　　　○12.03　障害者基本法公布
1995年（平成7年）○1.17　阪神淡路大震災
　　　　　　　○3.20　地下鉄サリン事件
　　　　　　　○6.17　日本精神科診療所協会設立
1996年（平成8年）4.01　健康科学・看護学科の精神衛生・看護学講座，健康科学講座・看護学講座に
　　　　　　　　6.—　教室の組織統合
　　　　　　　○3.27　らい予防法廃止に関する法律成立
　　　　　　　○6.26　母体保護法公布（優生保護法の優生部分廃止）
1997年（平成9年）4.01　東京大学，大学院大学化
　　　　　　　　　　　脳研究施設閉設
　　　　　　　○12.19　精神保健福祉法公布
1998年（平成10年）3.31　松下教授退職
　　　　　　　　7.—　加藤進昌教授着任
1999年（平成11年）○8.09　国旗・国歌法成立
2001年（平成13年）3.31　分院関根助教授退職
　　　　　　　　4.—　分院を閉設し本院に統合
　　　　　　　　4.—　教員任期制導入

		10.— 新入院病棟A完成
		○1.01 中央省庁再編成（厚生労働省，文部科学省など）
		○4.26 小泉内閣成立
		○5.11 熊本地方裁判所，ハンセン病国家賠償請求訴訟で国の隔離政策は違憲の判決
		○6.08 大阪教育大学付属池田小学校に男が乱入し，児童8名を刺殺
		○9.11 ニューヨーク世界貿易センタービルに旅客機激突（同時多発テロ）
		○10.07 合州国アフガニスタンに侵攻
2002年（平成14年）	4.—	精神科デイホスピタル，リハビリテーション部へ移管
	5.—	病棟移転（赤れんが病棟から入院病棟B〔旧北病棟〕2階へ）
	○8.24—29	第12回世界精神医学会横浜大会
2003年（平成15年）	8.—	綱島浩一助教授昇任
	12.01	教室同窓会発足（『年報』発刊）
	○7.16	心神喪失者等医療観察法公布（2005.7.15施行）
2004年（平成16年）	2.19	白木博次死去
	4.01	東京大学，独立行政法人化して国立大学法人東京大学へ
	11.11	睡眠障害解析学寄付講座開設，海老沢尚助教授着任
2005年（平成17年）	2.02	佐藤倚男死去
	4.01	こころの発達臨床教育センター・こころの発達診療部設置され，旧精神科小児部移管
	4.01	新研修医制度で精神科が必修化され，必修研修医の精神科ローテート開始
	7.31	健康科学・看護学科の栗田教授退職
	○11.07	障害者自立支援法公布（施行は2006.4.01および10.01）
2006年（平成18年）	1.11	こころの発達臨床教育センター・こころの発達診療部に金生由紀子助教授着任
	3.16	黒川正則死去
	8.—	入院B病棟3階を改修し，内科共通床から精神科固有の開放病棟へ，——これにより精神科病床はB棟2階の閉鎖病棟をあわせて計60床に増床
	10.—	新中央診療棟2期工事完成
	12.09	東京大学医学部精神医学教室120周年記念講演会，内村祐之先生胸像除幕式

　この年表は『榊俶先生顕彰記念誌』（1987年）所載の「東京大学医学部精神医学教室略年表稿」を一部訂正・増補し，その後の主要事項をおぎなった．ただし，小児部および紛争時代の外来側については，予定原稿をみることができないままに作業したので，それらの関連事項は不充分なままである（岡田）．

編集後記―120年は重かった

　1886年12月若き榊俶教授はいかなる思いで学生に講義したのだろうか。榊教授の没後，その末弟保三郎先生は初代九大教授になっているが，当初は巣鴨病院で東大の呉教授と一緒に臨床講義を行ったそうである。そこで学生の前に登場したのが「葦原将軍」である。この自称桓武天皇九代の後胤は1910年，視察に訪れた本物の乃木将軍と「会見」している。新聞記事によると，乃木に「将軍」は「あの（日露の）戦さ（の指揮）を俺にやらせたら，あれほど大量に兵を殺さなんだ」といったそうである（半澤周三「光芒の序曲」2001より）。彼でなければ軍国主義日本を批判できなかったとはいえ，なんとも痛快な逸話ではないだろうか。

　年はめぐって120年，2006年は奇しくもクレペリンとフロイトという精神医学の巨人が生まれて150周年にあたる。100周年にあたる1956年は，今はなき分院神経科が産声を上げた年であり，今年はちょうど50周年にあたることになる。同じ年，本院の内村教授はクレペリン生誕100周年記念会をみずから提唱し，ドイツに出かけてアイヌの「いむ」の講義をしている。クレペリンはかなりの国粋主義者だったようで，ドイツと戦った第一次大戦のあとミュンヘンを訪れた教室の先輩である齋藤茂吉には握手もしてくれなかったそうであるが。これもまた痛快なことではなかろうか。わたしたちはそのような先輩をもつことができたことを，まずもって喜びたい。

　このような歴史を後世に遺すべく，ここに教室120周年記念誌をお届けする。本来なら100周年記念事業がそれにふさわしかったかもしれないが，20年前私たちの教室はまだ紛争の淵に沈んでいた。それから20年，ようやく教室はその本来の地力を発揮しはじめた。21世紀に入って時代はあきらかに「こころの世紀」に向かってもいる。本書の執筆に40名余の教室同窓の方々，いくばくかの関連教室の方々の快いご協力を得ることができたことを，編集委員を代表してお礼申し上げたい。それもこれも，教室が次の時代を先導するだけの陣容をようやくもつことができたからこそと思っている。なお，もっともっと多くの諸先輩からご寄稿をいただくべきところ，紙面の制約からかなわなかったことをお詫び申し上げたい。

　年が明けて2007年，春をもって編集委員の一人である加藤進昌は，教室を退職する。それに間に合わせるべく，新興医学出版社の服部治夫氏には無理に無理を重ねていただいた。中でも一番の遅筆が誰あろう，私であった。彼の忍耐と不退転の意欲なくしては，本書は世に出ることもかなわなかった。ここにいたる教室と同窓の皆様のご協力への感謝とともにあらためて謝意を表したい。

　それにしても，120年は重かった。

2007年3月

編集委員を代表して　加藤進昌

東京大学精神医学教室120年

2006年12月9日教室開講120周年に際して（I）ホテルオークラにて

東京大学精神医学教室120年

2006年12月9日教室開講120周年に際して（II）ホテルオークラにて

©2007　　　　　　　　　　　　　　　　　　　　　　第1版発行　2007年3月31日

東京大学精神医学教室120年　　　　　　編　集

　　　　　　　　　　　　　　　　　東京大学精神医学教室120年編集委員会

定価はカバーに表示してあります。

　　　　　　　　　　　　　　　発行者　　　服　部　秀　夫
　　　　　　　　　　　　　　　発行所　　株式会社新興医学出版社
　　　　　　　　　　　　　　〒113-0033　東京都文京区本郷6-26-8
〈検印廃止〉　　　　　　　　　　　電話　03（3816）2853
　　　　　　　　　　　　　　　　FAX　03（3816）2895

印刷　明和印刷株式会社　　ISBN978-4-88002-661-9　　郵便振替　00120-8-191625

- ・本書のおよびCD-ROM（Drill）版の複製権・翻訳権・譲渡権・公衆送信権（送信可能化権を含む）は株式会社新興医学出版社が所有します。
- ・JCLS 〈㈱日本著作権管理システム委託出版物〉
  本書の無断複写は著作権法上での例外を除き禁じられています。複写される場合は，その都度事前に㈱日本著作権管理システム（電話03-3817-5670，FAX 03-3815-8199）の許諾を得て下さい。